KB246401

내 눈으로 읽은 주역 — 역전편 · 하권

김상섭 지음

# 내 눈으로 읽는 주역(역전편 하)

ⓒ 2011 김상섭

초판 1쇄 인쇄일 | 2011년 11월 20일
초판 1쇄 발행일 | 2011년 11월 25일

발행처 지호출판사
발행인 장인용
출판등록  1995년 1월 4일
등록번호 제10-1087호
주소 경기도 고양시 일산동구 호수로 662 삼성라끄빌 1319호
전화 031-903-9350
팩시밀리  031-903-9969
이메일 chihobook@naver.com

ISBN  978-89-5909-060-0
ISBN  978-89-5909-057-0(세트)

내 눈으로 읽은

# 주역 周易

역전편 — 하권

김상섭 지음

지호

하늘과 땅의 도는
바른 것으로 보여주는 것이다.


해와 달의 도는
바른 것으로 밝게 비추는 것이다.


천하의 변화는
바른 것 그 하나인 것이다.


天地之道, 貞觀者也.
日月之道, 貞明者也.
天下之動, 貞夫一者也.


「계사」하·1장에서.

# 목차

# 계사繫辭

## 상

# 제1장

天尊地卑, 乾坤定矣. 卑高以陳, 貴賤位矣. 動靜有常, 剛柔斷矣. 方
以類聚, 物以羣分, 吉凶生矣. 在天成象, 在地成形, 變化見矣.

하늘은 높고 땅은 낮으니, 건과 곤이 정해진다. 낮은 것과 높은 것이 배열
해 있으니, 귀한 것과 천한 것이 자리를 잡는다. 시초를 합하고(動) 나눔
(靜)에 일정한 법칙이 있으니, 강과 유가 나누어진다. (시초를 셈하여 얻
은) 같은 부류의 시초를 같은 방향으로 모으고, 시초를 네 개씩 무리로 덜
어내니, 길흉이 생겨난다. 하늘에서 상을 이루고, 땅에서는 형을 이루니,
변화가 나타난다.

---

[天尊地卑, 乾坤定矣.] 통 속에 들어있는 50개의 시초를 잡아내어, 그중 하
나를 뽑아 다시 통 속에 넣고, 나머지 49개의 시초를 임의로 두 손에 나누어
쥐고, 왼손에 쥔 것을 상牀 위쪽에 가로로 놓고 하늘(天)을 상징하며, 오른
손에 쥔 것은 상 아래쪽에 가로로 놓고 땅(地)을 상징한다. '천지天地'는 곧
상의 위아래에 가로로 놓여 있는 시초를 가리킨다. '존尊'은 높다는 뜻의 고
高, '비卑'는 낮다는 뜻의 저低이다. 이것은 높고 낮다는 위치 개념과 존엄과

비천이라는 가치 개념을 동시에 나타낸다. '건곤乾坤'은 천지를 본떠 정한 것이다. 상·5장에 "하늘의 상을 이루는 것을 건이라 하고, 땅의 법을 본받는 것을 곤이라 한다(成象之謂乾, 效法之謂坤)"고 하였다. '정定'은 정하다는 뜻이다. 하늘(天)은 상牀의 높은 곳(尊)에, 땅(地)은 상의 낮은 곳(卑)에 놓여 있으니, 이를 본떠 건곤이 정해진다는 말이다. '건곤'은 곧 상의 위아래에 가로로 놓여있는 하늘(天)과 땅(地)을 가리켜 말한 것이요, 이것은 주역점을 시작하는, 주역점의 또 다른 표현이다. 「계사」는 주역점의 하늘과 땅을 가지고 건곤 두 괘를 설정하였다.

자연계로 말하면, '천지'는 형체를 가진 하늘과 땅을 말한다. 이것은 인간의 감각에 의해 인식되는 구체적인 하늘과 땅이다. 하늘은 사람의 위에 있고 땅은 사람의 아래에 있다. 하늘과 땅은 객관적 실체이고, 높고 낮다는 인식의 주체는 사람이다. 그러므로 『역전』은 객관 우주론의 입장을 취하는 것이다. 송대의 객관 유심론(이학파)에 속하는 정이와 주희가 『주역』을 바탕으로 이학의 형이상학 체계를 세운 반면에, 주관 유심론(심학파)에 속하는 육구연과 왕수인이 『주역』을 거의 말하지 않은 철학적 이유가 바로 여기에 있다. '건곤'은 『주역』 64괘 중 처음에 나오는 두 괘의 이름이다. 건괘는 순수한 양효로, 곤괘는 순수한 음효로 구성되어 있다. '천지'는 만물의 근원이고, 건곤은 64괘의 근원이다. '정定'에 대해, 우번은 "배열을 이루는 것(定, 謂成列)"이라고 하였는데, 건곤을 상대개념으로 파악한 것이다. 「계사」는 하늘과 땅이 높고 낮다는 위치개념에서 존엄과 비천이라는 가치개념을 이끌어내 건괘와 곤괘의 성질로 이어지도록 말하였다. 즉 높은 하늘과 낮은 땅을 본떠 건괘와 곤괘가 정해진 것인데, 건괘는 순수한 양효로 구성된 괘로써 강건하고(健) 굳세며(剛) 귀한 것(貴)이고 양을 상징하며, 곤괘는 순수한 음효로 구성된 괘로써 유순하고(順) 부드러우며(柔) 천한 것(賤)이고 음을 상징한다. 건 「단」에 "만물은 이것에 의해 비롯된다(萬物資始)"고 하였고, 곤 「단」에는 "만물은 이것에 의해 생겨난다(萬物資生)"고 하였다. 건은 만물의 시작을 나타내는 것으로 시간을 상징하고, 곤은 만물의 완성을 나타내는 것으로 공간을 상징한다. 『주역』에서 건곤 두 괘 다음에 전개되는 62 괘는 곧 자연계의 만물이며, 시간과 공간속의 현상계를 말한 것이다. 「계사」 는 자연계의 하늘과 땅을 가지고 『역』의 건곤 두 괘를 설정하였다.

[卑高以陳, 貴賤位矣.] '비卑'는 상牀 아래쪽에 놓여있는 땅(地)을, '고高'는 상 위쪽에 놓여있는 하늘(天)을 가리킨다. 한강백은 '이진以陳'을 기열旣列 이라고 하였는데, 공영달은 '기이진열旣以陳列'이라고 해석하였다. '이以'는 이미라는 뜻의 이已, 기旣이다. 『백서』에는 '이已'로 되어 있다. 또 『예기』 「악기」의 똑 같은 구절에도 '이已'로 되어 있다. '진陳'은 배열, 나열되어 있 다는 뜻의 열列이다. '귀貴'는 귀한 것, 즉 천天, 건乾, 양陽을 가리키며, '천 賤'은 천한 것, 즉 지地, 곤坤, 음陰을 가리킨다. '위位'는 동사이며, 바르게 자리를 잡는다는 뜻이다. 49개의 시초를 두 손에 나누어 쥐고, 왼손에 쥔 것 은 상 위쪽에, 오른손에 쥔 것은 상 아래쪽에 놓으니, 높고 낮은 것이 배열 해 있으며, 위쪽에 놓아둔 하늘과 건은 귀한 것이고, 아래쪽에 놓아둔 땅과 곤은 천한 것이니, 귀하고 천한 것이 자리를 잡는다는 말이다. 이 구절은 주 역점의 하늘과 땅이 낮고 높게 배열되어 있는 위치 개념을 가지고 '귀천'이 라는 가치 개념을 설정하였다.

자연계로 말하면, '비고卑高'에 대해 한강백은 "만물에 연관된다(涉乎萬 物)"고 하여, 하늘과 땅, 그리고 그 사이에 있는 만물이 위치상 낮고 높은 것 이라고 보았는데, 뒷사람들은 모두 이에 따랐다. 주희는 "천지만물의 위아 래의 위치를 말한다(天地萬物上下之位也)"고 하였다. 예를 들어, 산은 높고 강은 낮다. '귀천貴賤'은 음양과 상하 위치를 가리키며, 양은 귀하고 음은 천 하다(陽貴陰賤)는 가치상의 차등과 위아래라는 위치상의 차등을 동시에 말 한 것이다. 우번은 한 괘의 여섯 효 중 다섯째 효는 높고(高) 귀한 것(貴)으 로, 둘째 효는 낮고(卑) 천한 것(賤)으로 보고(貴賤者, 易中卦爻上下之位也), 효의 위치(爻位)로 귀천을 말하였다(乾高貴五, 坤卑賤二). 다섯째 효는 양이 며 둘째 효는 음이므로 양과 음의 위치로 귀천이라는 가치를 말한 것이다. 주희와 래지덕도 괘효의 위아래의 위치로 귀천을 말하였다. 유백민은 '효위

爻位'라고 하였다. '위位'는 바르게 자리를 잡는다는 뜻이며, 여섯 효의 위치(爻位)를 말한다. 『백서』에는 '위'를 서다는 뜻의 '입立'으로 하였는데, 이렇게 읽어도 뜻은 같다. 천지만물은 낮은 것과 높은 것이 잘 배열되어 있으니, 이에 따라 한 괘의 여섯 효도 음양으로 잘 배열되어 있다는 말이다. 처음 효(初爻)는 양, 둘째 효(二爻)는 음, 세째 효(三爻)는 양, 네째 효(四爻)는 음, 다섯째 효(五爻)는 양, 꼭대기 효(上爻)는 음이 그 바른 자리이다. 음양이 위아래로 잘 배열되어 있으므로 귀하고 천한 것(陽貴陰賤)이 자리가 확립된다고 말하였다. 상·3장에도 "귀한 것과 천한 것을 배열한 것은 여섯 효의 자리에 있다(列貴賤者存乎位)"고 하였다. 이 구절은 천지만물의 낮은 것과 높은 것이 배열되어 있는 것을 가지고 괘의 음양효가 위아래로 바르게 자리를 잡은 것을 말하였다.

[動靜有常, 剛柔斷矣.] 「계사」에서 '동정'은 시초를 셈하는 것을 가리킨다. 상·6장에 "건은 고요하면 둥글고, 움직이면 곧으니, 그래서 크게 생한다. 곤은 고요하면 닫히고, 움직이면 열리니, 그래서 넓게 생한다(夫乾, 其靜也專, 其動也直, 是以大生焉. 夫坤, 其靜也翕, 其動也闢, 是以廣生焉)"고 하였는데, '정'은 아직 시초를 셈하지 않은 것, '동'은 시초를 셈하는 것을 가리킨다. 「계사」에서 '동정', '합벽闔闢'(상·11장), '출입出入'(상·11장, 하·8장)은 같은 말이다. 즉 '일동일정', '일합일벽', '일출일입'은 모두 시초를 합하고 나누어 셈하는 것을 나타낸 말이다. 이 구절에서 '동정'은 시초를 셈할 때 시초를 합하고(聚) 나누는(分) 것을 가리킨다. '상常'은 곧 도道이며, 일정불변의 법칙, 변하지 않는 규율이다. '동정유상'은 시초를 셈하여 효를 얻고 괘를 얻는데, 시초를 때로는 합하고(동) 때로는 나누어(정) 신출귀몰하게 셈하는 것이 일정한 법칙이 있다는 말이다. '강'은 굳셈, '유'는 부드러움이며, '강유'는 곧 시초를 셈하여 얻은 양효와 음효를 가리킨다. 주희와 래지덕은 "강유는 괘효의 음양을 말하는 것(剛柔者, 易中卦爻陰陽之稱也)"이라고 하였다. '단斷'은 나누어진다는 뜻의 분分이다(우번). 래지덕은 "'단'은 나누어 가른다는 것이며, 곧 자연적으로 나누어지는 것이지, 사람에게서 비롯

664

되는 것이 아니다(斷, 判斷, 乃自然分判, 非由人也)"라고 하였다. 49개의 시초를 때로는 합하고(동) 때로는 나누어(정) 셈하는 것이 일정한 법칙이 있으니, 시초를 셈하여 양효와 음효가 나누어진다는 말이다. '동정', '상', '강유'는 모두 노자 용어이다. 『역전해설』을 참고하라.

자연계로 말하면, '동'은 움직임, '정'은 고요함이다. '동'은 하늘(天)과 양을, '정'은 땅(地)과 음을 가리킨다. 하늘은 움직이고 땅은 고요하며(天動地靜), 양은 움직이나 음은 고요한 것(陽動陰靜)은 일정불변한 것이다. 우번은 "건은 강하며 항상 움직이고, 곤은 부드러우며 항상 고요하다(乾剛常動, 坤柔常靜)", 공영달은 "하늘의 양은 움직이는 것이고, 땅의 음은 고요한 것이다(天陽爲動, 地陰爲靜)", 주희와 래지덕은 "움직임(動)은 양이 항상 그러함이고, 고요함(靜)은 음이 항상 그러함이다(動者, 陽之常. 靜者, 陰之常)"라고 하였다. 하늘은 움직이고 땅은 고요한데(天動地靜), 여기에는 일정불변의 법칙이 있으므로 이에 따라 효에도 강과 유의 분별이 있게 되었다는 말이다. 이 구절은 하늘은 움직이고 땅은 고요한 것을 가지고 효상에도 강유의 분별이 있게 되었음을 말하였다.

[方以類聚] '방方'에 대해 해석이 분분하다. 구가역은 '방'을 도로 해석하였고(方, 道也. 謂陽道施生, 萬物各聚其所也), 공영달은 '방'을 법술로 해석하였으며(方謂法術性行, 以類共聚), 주희는 '방'을 성향性向으로 해석하여, "'방'은 사물의 성정이 향하는 바이며, 사물의 선악이 각각 동류에 따라 나누어짐을 말한다(方謂事情所向, 言事物善惡, 各以類分)"고 하였다. 래지덕은 "'방'은 동남서북의 사방(方者東南西北之四方也)"이라 하고, "남방의 유는 남방과 서로 모이고, 북방의 유는 북방과 서로 모인다(南方之類與南方相聚, 北方之類與北方相聚)"고 하였다. 왕부지는 "'방'은 효위이다. 위아래 괘는 각각 세 자리가 있는데, 처음과 넷째, 둘째와 다섯째, 셋째와 꼭대기는 동류로써 서로 응한다. 이웃에 있으면서 서로 친한 것은 동류로써 서로 이어 서로 모인다(方者, 位也. 貞悔各有三位, 而初四, 二五, 三上, 以類相應. 其近而相比者, 以類相系, 交相聚也)"고 하였다. 유백민은 "곤「단」의 이른바 '서남쪽에

는 벗을 얻으니, 곧 동류와 더불어 행하는 것이다'고 하였는데, 서남쪽은 손·리·태의 음괘가 처하는 곳이며, 곤괘와 더불어 동류이다(坤象傳所謂 '西南得朋, 乃與類行也'. 西南, 爲巽離兌陰卦所處, 與坤爲類也)"라고 하였다. 래지덕과 유백민은 '방'을 방위로 해석하였다. 굴만리는 '방'을 '사事'로 읽었다.

고형은 "방은 당연히 사람이라는 인으로 해야 한다. 전문에 인은 ⋀으로 하였고, 방은 ⼒으로 하였는데, 모양이 비슷하여 잘못되었다(方當作人, 篆文 人作⋀, 方作⼒, 形似而誤)"고 하였다. 원문을 분석해 보면 '천天'과 '지地', '존尊'과 '비卑', '건乾'과 '곤坤', '비卑'와 '고高', '귀貴'와 '천賤', '동動'과 '정靜', '강剛'과 '유柔', '취聚'와 '분分', '길吉'과 '흉凶', '상象'과 '형形', '변變'과 '화化'는 모두 서로 짝을 이루고 있다. 그러나 오직 '방'과 '물'은 서로 짝이 되지 못한다. '방'을 '인'으로 한다면, '인'과 '물'은 서로 짝이 되어 문장이 통하니, 고형의 주장이 맞는 것처럼 보인다. 그러나 「계사」의 이 구절은 주역점을 설명하고 있으므로 문맥으로 보아 '인'이 들어갈 수가 없다. 『백서』에는 '방'으로 하였다. 또 『예기』 「악기」의 똑 같은 구절에도 '방'으로 하였다.

『역전』에 '방'자는 모두 12곳 나오는데, 두 가지 뜻으로 사용되었다. 하나는 반듯하다는 뜻이다. 곤괘 둘째 음효 「상」에 "둘째 음효는 그 덕행이 곧고 반듯하다는 것이다(六二之動, 直以方也)", 곧 「문언」에 "지극히 고요하나 덕은 반듯하다(至靜而德方)", "반듯한 것은 곧 올바른 것이다(方其義也)", "의로써 그 밖을 반듯하게 한다(義以方外)", 「계사」 상·11장에 "괘의 덕은 반듯하고 지혜롭다(卦之德方以知)" 등의 '방'자는 모두 반듯하다는 뜻으로 사용한 것이다. 또 하나는 방위의 뜻이다. 리離 「상」에 "대인은 이 괘상을 본받아 밝음을 이어서 사방을 비춘다(大人以繼明照於四方)", 구姤 「상」에 "임금은 이 괘상을 본받아 교령을 베풀어 사방에 알린다(后以施命誥四方)", 미제未濟 「상」에 "군자는 이 괘상을 본받아 신중히 사물을 분별하여 각각 그 자리에 있게 한다(君子以愼辨物居方)", 「계사」 상·4장에 "신묘함은 방향이 없고, 역은 형체가 없다(神无方而易无體)" 등의 '방'자는 모두 방위의 뜻으로 사용한 것이다. 이 두 가지 외에 몇 가지 예외적인 것이 있다. 관觀「상」에 "선왕은 이 괘상을 본받아 나라를 순시하여 백성을 살피며 교화를 베푼다(先王以省 方觀民設教)"고 하였는데, '방'은 나라 방邦의 뜻으로 사용하였다. 항恒「상」 에 "군자는 이 괘상을 본받아 변하지 않는 항구한 도를 확립한다(君子以立不 易方)"고 하였는데, '방'은 곧 항도恒道의 뜻이다. 「계사」하·8장에 "처음에 그 점글을 따라 도를 헤아린다(初率其辭而揆其方)"의 '방'은 의義 혹은 도道 의 뜻으로 사용되었다.

필자는 '방'을 방향으로 해석하였다. '유類'는 시초를 셈하여 얻은 같은 부류의 시초이다. '취聚'는 시초를 셈할 때 시초를 모으는 것이다. 즉 49개 의 시초를 두 손에 나누어 쥐고, 왼손에 쥔 것은 상牀 위쪽에 가로로 놓고, 오른손에 쥔 것은 상 아래쪽에 가로로 놓는다. 위쪽의 시초 하나를 뽑아 위 와 아래쪽에 놓아둔 시초 사이에 세로로 놓는다. 왼손으로 위쪽의 시초를 쥐고, 오른손으로 네 개씩 셈하여 덜어내어, 시초가 네 개 이하가 남으면 이 것을 세로로 놓아둔 시초의 왼쪽에 세로로 놓는다. 오른손으로 아래쪽에 놓 아둔 시초를 쥐고, 왼손으로 네 개씩 셈하여 덜어내어, 시초가 네 개 이하가 남으면 이것을 세로로 놓아둔 시초의 오른쪽에 세로로 놓는다. 세로로 모아 둔 시초를 모두 합하여 상 한쪽에 세로로 놓아둔다. 이것이 제1변인데, 3변 하여 한 효를 얻고, 18변하여 한 괘를 얻는다. '방이류취'는 곧 시초를 셈하 여 얻은 같은 부류의 시초를 같은 방향으로 모은다는 뜻이다.

자연계로 말하면, '방'은 방향이며, '천방天方'에는 일월성신 등이 모이 고, '지방地方'에는 산천초목금수 등이 모인다는 말이다. 이것을 괘로 설명 하면, 「설괘」3장(선천도)에서 건·태·리·진 등 양괘는 동방에 배열되고, 손·감·간·곤 등 음괘는 서방에 배열되는 것이며, 64괘도 이와 같다. '유 類'는 같은 무리(同類)의 뜻이다. '취聚'는 모이다는 뜻의 집集이다. '방이류 취'는 동류는 같은 방향으로 모인다는 뜻이다.

[物以羣分] '물物'은 시초를 가리킨다. 상·11장의 '천생신물天生神物'의

‘물’이며, ‘신물’은 곧 시초를 가리킨다. 「계사」의 ‘물物’의 개념에 대해 『역전해설』에 자세히 정리해 두었으니 이것을 참고하라. ‘군분羣分’은 시초를 네 개씩 무리로 덜어내는 것을 말한다. ‘분’은 앞의 ‘취’와 짝되는 말이며, 시초를 덜어내는 것을 말한다. 이 구절에서 ‘취’와 ‘분’은 모두 시초를 셈하는 것, 즉 시초를 모으고 덜어내는 것을 가리켜 말한 것이다. ‘물이군분’은 곧 시초를 네 개씩 덜어낸다는 뜻이다.

자연계로 말하면, ‘물’은 만물을 가리키며(래지덕), 괘로 설명하면 곧 괘를 가리킨다. 하·6장에 ‘건乾, 양물야陽物也. 곤坤, 음물야陰物也.’라고 하였다. 「설괘」 10장(후천도)에서 건·진·감·간은 남자이고, 곤·손·리·태는 여자이다. 왕부지는 “‘물’은 효이다. 효의 강유는 각각 스스로 무리가 되어 성정이 나누어진다. 같은 무리는 믿고 다른 무리는 응하니, 그 도와 같으면 길하고, 그 도가 아니면 흉하다(物者, 爻也. 爻之剛柔, 各自爲群, 而性情分焉. 同群者孚, 異群者應, 如其道則吉, 非其道則凶)”고 하였다. ‘군羣’은 무리, 집단이며, 어떤 공통된 특성을 가진 사물의 집합체를 가리킨다. ‘분分’은 분별이라는 뜻이다(래지덕). ‘물이군분’은 만물은 무리에 따라 갈라진다는 말이다.

[吉凶生矣] ‘길흉’에 대해, 주희와 래지덕은 “괘효의 점이 판단한 글(易中卦爻占決之辭也)”이라고 하였다. ‘길흉’은 점의 판단사이며, ‘길’은 좋은 것이고 ‘흉’은 나쁜 것이다. 시초를 셈하여 얻은 시초를 같은 방향으로 모으고(聚), 또 네 개씩 덜어내고(分) 하여 효를 얻고 괘를 얻어 점을 판단하니, 길흉이 생겨난다는 말이다.

자연계로 말하면, 이 세 구절은 우리말에 “끼리끼리 어울린다”는 말과 같다. 호랑이는 호랑이대로 한 부류가 되고, 쥐는 쥐끼리 갈라진다. 서로 간에 같은 부류끼리 모이며, 이들이 갖는 공통된 특성에 의해 다른 부류와 구분되고 갈라지게 되는 것이다. 천지만물은 이와 같이 필연적으로 같은 부류와 다른 종류가 있어 모이기도 하고 갈라지기도 한다. 인간계로 말하면, 군자는 군자들과 어울리고 소인은 소인끼리 무리를 짓는다. 군자가 군자들과 어울리게 되면 알아주는 사람들을 얻게 되어 좋은 것(吉)이지만, 군자가 소인들과 어울리게 되면 배척을 당하고 모함을 받게 되므로 나쁜 것(凶)이다. 한강백은 "그 같은 바를 따르면 길하고, 향하는 바를 어기면 흉하다(順其所同則吉, 乖其所趣則凶)"고 하였다. 동류는 같은 방향으로 모이고, 만물은 무리에 따라 갈라져, 서로가 길을 좇고 흉을 피하니, 따라서 괘효사에도 길흉이 있게 되었다는 말이다.

[在天成象, 在地成形, 變化見矣.] '천天'과 '지地'는 49개의 시초를 임의로 두 부분으로 나누어, 상妌의 위 아래쪽에 가로로 놓아둔 것을 가리킨다. '상象'과 '형形'은 같은 개념이며, 시초를 셈하여 얻은 괘와 효를 가리킨다. 상·11장에 "나타난 것을 상이라 하고, 형체가 드러난 것을 기라 한다(見乃謂之象, 形乃謂之器)"고 하였고, 또 12장에 "시초를 셈하여 아직 괘와 효가 형체를 갖추지 않은 것을 도라 하고, 형체를 갖춘 것을 기라 한다(形而上者謂之道, 形而下者謂之器)"고 하였다. '상'과 '형'은 곧 시초를 셈하여 얻은 괘와 효를 가리킨다. '재지성형'에서 '상'이라 하지 않고 '형'이라고 한 것은 자연계의 땅(地)을 가지고 설명했기 때문이다. 「계사」는 항상 '천'과 '상', '지'와 '형'을 짝으로 들었다. '변화變化'는 시초를 셈하여 얻은 효는, 노양 9는 음으로 노음 6은 양으로 변화한다는 말이다. 효가 변하면 괘도 따라서 변한다. '현見'은 나타나다는 뜻의 현現으로 읽는다. 상의 위(天) 아래쪽(地)에 놓아둔 시초를 셈하여 효를 얻고 괘를 얻으면(성상, 성형), 효가 변화하고 괘도 변화한다는 말이다.

자연계로 말하면, 한강백은 "'상'은 일월성신에 비유한 것이고, '형'은 산천초목에 비유한 것이다. 상을 걸어 운행하여 어둠과 밝음을 이루고, 산과 못이 기를 통하여 구름이 흐르고 비가 내리니, 그러므로 변화가 나타난다(象, 況日月星辰. 形, 況山川草木也. 懸象運轉以成昏明, 山澤通氣而雲行雨施, 故變化見矣)"고 하였다. 뒷사람들은 모두 이를 따랐다. 주희는 "'상'은 해와 달과 별에 속하는 것이고, '형'은 산과 내, 동물과 식물에 속하는 것(象, 日月星辰之屬. 形, 山川動植之屬)"이라고 하였다. '변화'에 대해, 우번은 "하늘에서

는 ‘변’이라 하고, 땅에서는 ‘화’라고 한다(在天爲變, 在地爲化)”고 하였고,
주희는 “음효가 ‘변’하여 양효가 되고, 양효가 ‘화’하여 음효로 된다(陰變爲
陽, 陽化爲陰)”고 하였다. 래지덕은 “역중의 변화는 음이 극에 이르면 양으
로 ‘변’하고, 양이 극에 이르면 음으로 ‘화’한다(易中變化, 則陰之極者變乎陽,
陽之極者化乎陰也)”고 하였다. 하늘에는 해와 달, 바람과 우레, 밤과 낮, 사
계절의 변화 등의 현상이 있고, 땅에는 산과 못, 풀과 나무, 새와 짐승 등의
형상이 있다. 이러한 것들은 때에 따라 변화하니, 괘효 또한 때에 따라 변화
한다는 것을 말하였다.

「계사」의 이 첫 단락은 『예기禮記』「악기樂記」에 “하늘은 높고 땅은 낮으
니, 임금과 신하가 정해진다. 낮은 것과 높은 것이 배열해 있으니, 귀한 것
과 천한 것이 자리를 잡는다. 움직임과 고요함이 일정한 법칙이 있으니, 작
은 것과 큰 것이 다르게 된다. 동류는 같은 방향으로 모이고, 만물은 무리에
따라 갈라지니, 성명性命이 같지 않게 된다. 하늘에서 상을 이루고, 땅에서
는 형을 이룬다(天尊地卑, 君臣定矣. 卑高已陳, 貴賤位矣. 動靜有常, 小大殊矣.
方以類聚, 物以羣分, 則性命不同矣. 在天成象, 在地成形)”고 한 것과 서로 비슷
하다.

<hr>

是故剛柔相摩, 八卦相蕩. 鼓之以雷霆, 潤之以風雨, 日月運行, 一寒
一暑. 乾道成男, 坤道成女.

그러므로 강과 유가 서로 마찰하고, 팔괘가 서로 움직인다. 우레와 번개로
써 만물을 고동하고, 바람과 비로써 만물을 윤택하게 하며, 해와 달이 운행
하고, 한 번 추워지고 한 번 더워진다. 건도는 남성을 이루고, 곤도는 여성
을 이룬다.

<hr>

[是故剛柔相摩] ‘시고是故’는 앞 구절의 주역점을 이어서 말한 것이다. ‘강
유’는 시초를 셈하여 얻은 양효와 음효를 가리킨다. 공영달은 “강은 양효,

유는 음효(剛則陽爻也, 柔則陰爻也)"라고 하였다. '마摩'는 『석문』에 '마磨'로
하였다(本又作磨). '마摩'와 '마磨'는 같으며, 마찰하다, 뒤섞인다는 뜻이다.
한강백은 "서로 마찰하는 것이다. 음양이 교감하는 것을 말한다(相切摩也.
言陰陽之交感也)"고 하였고, 공영달은 "양이 극에 이르면 변하여 음이 되고,
음이 극에 이르면 변하여 양이 된다. 양은 강이고 음은 유이므로, 강유가 서
로 마찰하여 차례대로 변한다(陽極變爲陰, 陰極變爲陽. 陽剛而陰柔, 故剛柔共
相切摩更遞變化也)"고 하였다. 강과 유는 음양의 성질을 나타내며, 음양의
또 다른 표현이다. 래지덕은 "팔괘는 강유의 몸이고, 강유는 팔괘의 성이다
(八卦者, 剛柔之體, 剛柔者, 八卦之性)"라고 하였다. 음양(剛柔)의 마찰은 주
역점과 자연계에서 모든 변화의 시작이다. 시초를 셈하여 얻은 강과 유가
서로 뒤섞인다는 말이다.

[八卦相盪] '팔괘'는 시초를 셈하여 얻은 여덟 개의 기본 괘, 즉 건(☰),
태(☱), 리(☲), 진(☳), 손(☴), 감(☵), 간(☶), 곤(☷)을 말한다. 래
지덕은 "팔괘는 하늘·땅·물·불·산·못·우레·바람 등 팔괘의 상으로
말한 것이지, 건·감·간·진·손·리·곤·태가 아니다(八卦以天地水火山
澤雷風八卦之象言, 非乾坎艮震巽離坤兌也)"라고 하였다. '탕盪'은 밀치다는
뜻의 추推, 움직이다는 뜻의 동動이다. 한강백은 "서로 밀어 움직이다(相推
盪)"라고 하였다. 주백곤은 '탕'을 덜어서 없애다는 뜻의 탕거盪去로 읽고,
"건괘(☰)는 양효 한 획을 없애고 음효가 생겨나니 손괘(☴)가 되고, 곤괘
(☷)는 음효 한 획을 없애고 양효가 생겨나니 진괘(☳)가 된다"고 하였다.
시초를 셈하여 효를 얻으면, 양효(剛)와 음효(柔)가 뒤섞여(剛柔相摩) 팔괘
가 구성되며, 팔괘는 서로 움직여(八卦相盪) 64괘를 형성하게 된다. 또 팔괘
는 우주의 여덟 개 기본 물상, 즉 건은 하늘, 곤은 땅, 진은 우레, 손은 바람,
감은 물, 리는 불, 간은 산, 태는 못을 상징한다. 이 여덟 물상의 움직임에 의
해(八卦相盪) 자연계의 모든 변화를 형성하게 된다. 아래 구절에서 그 실제
를 말하고 있다. 이것은 주역점의 변화를 가지고 자연계의 변화를 말한 것
이다. 주희는 "이 구절은 역괘의 변화를 말한 것이다. 64괘의 처음에는 강유

두 획만 있었다. 이 둘이 서로 마찰하여 넷이 되고, 넷이 서로 마찰하여 여덟이 되고, 여덟이 서로 움직여 64가 되었다(此言易卦之變化也. 六十四卦之初, 剛柔兩畫而已. 兩相摩而爲四, 四相摩而爲八, 八相盪而爲六十四)"고 하였다. '마摩'와 '탕蕩'을 음효와 양효, 팔괘가 서로 조합한다는 뜻으로 본 것이다.

[鼓之以雷霆] '고鼓'에 대해, 『집해』에서 우번은 움직이다는 뜻의 동動, 『석문』에서 우번, 육적, 동우는 모두 '고동'이라 하였다(虞陸董皆云 鼓, 鼓動也). 공영달도 '고동鼓動'이라고 하였다. '지之'는 만물을 가리킨다. '뇌'는 우레이며, 진괘(☳)의 상이다. '정'은 번개이며, 간괘(☶)의 상이다. 우레와 번개로써 만물을 고동한다는 말이다.

[潤之以風雨] '윤潤'은 우번이 "윤택하다는 뜻의 택澤"이라고 하였다. 공영달은 적신다는 뜻의 자윤滋潤이라고 하였다. '풍'은 바람이며, 손괘(☴)의 상이다. '우'는 비이며, 태괘(☱)의 상이다. 바람과 비로써 만물을 윤택하게 한다는 말이다.

[日月運行] '일월'은 해와 달이며, 리괘(☲)와 감괘(☵)의 상이다. 해와 달이 번갈아 운행한다는 말이다.

[一寒一暑] '한寒'은 추위며, 건괘(☰)의 상이다. '서暑'는 더위며, 곤괘(☷)의 상이다. 추위와 더위가 교대로 찾아온다는 말이다.

우번은 우레는 진, 번개는 간, 바람은 손, 비는 태, 해는 리, 달은 감, 추위는 건, 더위는 곤에 해당시켰다(雷震霆艮, 風巽雨兌也. 日離月坎, 寒乾暑坤也). 자연계의 변화는 하늘에 있어서 우레와 번개로 고동하고, 바람과 비로 윤택하게 하여 만물은 성장한다. 해와 달의 운행에 의해 사계절은 순환하며, 추위와 더위는 교대로 오는 것이다. 이러한 자연계의 변화를 '강유상마' '팔괘상탕'이라는 주역점의 변화를 가지고 설명한 것이다.

[乾道成男, 坤道成女.] '건도'는 천도天道, 양도陽道, 부도父道이며, 그 성은 순수한 양으로써 강건하다. '곤도'는 지도地道, 음도陰道, 모도母道이며, 그 성은 순수한 음으로써 유순하다. '성成'은 이루다의 뜻이다. 고형은 '위爲'로 해석하였다. '남녀'는 인간에 한하여서만 말하는 것이 아니라, 생물의 암

컷과 수컷 모두를 가리킨다(주희). 이 구절은 자연계의 변화는 땅에 있어서 남성과 여성으로 말한 것이다. 건과 곤 역시 강유의 마찰, 팔괘의 밀고 당기는 것에 의해 양성의 물질을 이루고 음성의 물질을 이룬다. 즉 건은 음에 의해 남성을 이루고, 곤은 양에 의해 여성을 이룬다(공영달). 순상은 「설괘」 10장의 '건곤생육자괘乾坤生六子卦'를 들어 설명하였다. '성남成男'은 곧 장남 진(☳), 중남 감(☵), 소남 간(☶)이며, '성녀成女'는 곧 장녀 손(☴), 중녀 리(☲), 소녀 태(☱)를 말한다고 하였다. 「계사」 하·5장에 "남녀가 정기를 합하니, 만물이 화육하고 태어난다(男女構精, 萬物化生)"고 하였다.

이 단락은 앞 단락을 이어서, '강유상마, 팔괘상탕'은 주역점의 변화를 말한 것이고, 이어 자연계의 변화를 말하면서, 하늘에 있어서는 우레와 번개, 바람과 비, 해와 달, 추위와 더위의 변화를 각각 진 · 간 · 손 · 태 · 리 · 감 · 건 · 곤의 팔괘에 해당시켰고, 땅에서는 건곤을 남성과 여성, 수컷과 암컷에 해당시켜, 주역점의 변화를 가지고 자연계의 변화를 말하였다.

이 단락은 『예기』 「악기」에 "음양이 서로 마찰하고, 천지가 서로 움직이며, 우레와 번개로써 고무하고, 바람과 비로 떨치며, 사계절로써 움직이고, 해와 달로써 따뜻하게 하니, 백 가지 조화가 일어난다(陰陽相摩, 天地相蕩, 鼓之以雷霆, 奮之以風雨, 動之以四時, 煖之以日月, 而百化興焉)"고 한 것과 비슷하다.

---

乾知大始, 坤作成物. 乾以易知, 坤以簡能. 易則易知, 簡則易從. 易知則有親, 易從則有功. 有親則可久, 有功則可大. 可久則賢人之德, 可大則賢人之業. 易簡而天下之理得矣, 天下之理得, 而(易)成位乎其中矣.

건은 (주역점의) 위대한 시작을 행하고, 곤은 (주역점의) 효를 이룬다. 건은 쉬움(易)으로써 시작을 행하고, 곤은 간단함(簡)으로써 효를 이룬다. (주역점이) 쉬우면 알기 쉽고, 간단하면 따르기 쉽다. (주역점이) 알기 쉬우면 친근해지고, 따르기 쉬우면 공적이 있게 된다. (주역점과) 친근해지면 (주역점과 더불어) 오래갈 수 있고, 공적이 있으면 (주역점과 더불어) 위대할 수 있다. (주역점과 더불어) 오래갈 수 있는 것은 현인의 덕이요, (주역점과 더불어) 위대할 수 있는 것은 현인의 사업이다. (주역점은) 쉽고 간단하여 천하의 이치가 얻어지니, 천하의 이치가 얻어지면, 주역점은 쉽고 간단한 가운데에서 이루어진다.

---

[乾知大始] 시초를 셈할 때, 49개의 시초를 두 손에 나누어 쥐고, 왼손에 쥔 것은 상㶊 위쪽에 가로로 놓고 하늘(천)을 상징하는데, '건'은 곧 이것을 가리킨다. '지知'에 대해, 사마광은 "'지'는 주관하다는 뜻의 주主와 같다. 만물이 처음 낳는 것은 건이 주관하는 것이고, 이루는 것은 곤이 하는 것이다(知猶主也. 萬物始生者, 乾之所主. 終成者, 坤之所爲也)"고 하였다. 주희는 이를 따라 "'지知'는 주관하다는 뜻의 주主와 같다. 건은 만물의 시작을 주관하며, 곤은 이것을 완성시킨다(知猶主也. 乾主始物而坤作成之)"고 하였다. 왕념손王念孫은 "'지知'는 행하다는 뜻의 위爲와 같다. 위爲는 또한 만들다는 작作과 같다. 건은 위대한 시작을 행하니, 만물은 이것에 의해 비롯된다. 곤은 만물을 완성하니, 만물은 이것에 의해 자라난다(知猶爲也. 爲亦作也. 乾知大始, 萬物資始也. 坤作成物, 萬物資生也)"고 하였다. 고형은 "주희와 왕념손의 해석은 같다. 그 일을 주관한다는 것은 그 일을 행한다는 것이므로, '지知'의 새김은 주관하다는 뜻의 주主나 행하다는 뜻의 위爲나 같은 것이다"라고 하였다. '대시大始'는 위대한 시작이라는 뜻이며, 주역점을 시작하는 것을 말한다. '대시大始'는 곧 건의 작용을 가리킨다. 시간적 순서로 가장 앞서는 것이며, 건의 작용을 시간으로 파악하였다. '건지대시'는 건을 자연계의 하늘에 비유하여, 건은 주역점의 위대한 시작을 행한다고 한 것이다. 시초점은 건에서 셈을 시작하는 것이다. 진고응은 '지知'를 지智라는 명사로 읽고, '건지乾智'는 곧 건의 기능, 성능의 뜻이며, "건의 기능은 위대하게 시작하는 것"이라고 해석하였다.

[坤作成物] 시초를 셈할 때, 49개의 시초를 두 손에 나누어 쥐고, 오른손에 쥔 것은 상牀 아래쪽에 가로로 놓고 땅(지)을 상징하는데, ‘곤’은 곧 이것을 가리킨다. ‘작作’은 만들다는 뜻의 조造이며, 앞의 ‘지知(위爲)’와 같이 동사이다. 『집해』에는 ‘곤화성물坤化成物’이라고 하여, ‘작作’을 화化로 하였다. ‘물物’은 효를 가리킨다. 하·10장에 “효에는 차등이 있으니, 그러므로 물이라 한다(爻有等, 故曰物)”고 하였다. ‘성물成物’은 시초를 셈하여 얻은 효이며, 곤의 작용을 가리킨다. 곤의 작용을 공간으로 파악하였다. ‘곤작성물’은 곤을 자연계의 땅에 비유하여, 곤은 주역점의 효를 이룬다고 한 것이다. 시초점은 곤에서 셈이 끝나 효를 얻고 괘를 얻는 것이다. 진고응은 ‘작作’을 작용이라는 명사로 읽고, ‘곤작坤作’은 곧 곤의 작용의 뜻이며, “곤의 작용은 만물을 이루는 것”이라고 해석하였다.

자연계로 말하면, ‘건지대시’는 건은 강건하고(健) 능동적(動)이니 만물은 이것에 의해 비롯되는 것(萬物資始)이므로, 곧 위대한 시작을 행한다고 한 것이고, ‘곤작성물’은 곤은 유순하고(順) 수동적(靜)이니 만물은 이것에 의해 자라나는 것(萬物資生)이므로, 곧 만물을 완성시킨다고 한 것이다. 건을 시간 개념으로, 곤을 공간 개념으로 파악하여, 천지만물은 모두 이 시간과 공간속에 존재하는 것임을 말하였다.

[乾以易知, 坤以簡能.] 『예기』「악기」에 “큰 음악은 반드시 쉽고, 큰 예는 반드시 간단하다(大樂必易, 大禮必簡)”고 하였다. ‘이易’는 쉽다, 평이平易하나, 용이容易하다는 뜻이며, 건의 특성을 가리킨다. 하·12장에 “무릇 건은 …덕행은 항상 쉽다(夫乾 …德行恒易)”라고 하였다. ‘덕행’은 건이 갖고 있는 성질 혹은 작용이다. ‘지知’는 건지대시乾知大始의 ‘지’와 같으며, 주관하다, 행하다의 뜻이다. ‘간簡’은 간단하다는 뜻이며, 곤의 특성을 가리킨다. 하·12장에 “무릇 곤은 …덕행은 항상 간단하다(夫坤 …德行恒簡)”라고 하였다. ‘덕행’은 곤이 갖고 있는 성질 혹은 작용이다. ‘능能’은 능히 효를 이룬다는 뜻이다. 건은 쉬움(易)으로써 주역점의 위대한 시작을 행하고, 곤은 간단함(簡)으로써 주역점의 효를 이룬다는 말이다. ‘쉬움(易)’과 ‘간단함

(簡)’은 곧 건과 곤, 즉 주역점의 특성이다. 건과 곤은 주역점으로 들어가는 길이요(상·12장), 문이다(하·6장). 시초를 셈하여 효를 얻고 괘를 얻는 것은 어렵거나 번거로운 것이 아니다. 이 구절은 건곤의 쉽고 간단함이라는 특성을 들어, 주역점이 바로 쉽고 간단하다는 것을 말하였다.

자연계로 말하면, 하늘과 땅이 만물을 낳고 기르는 것은 쉽고 간단한 것이다. 한강백은 “하늘과 땅의 도는 인위적으로 행하지 않아도 잘 시작하며, 힘쓰지 않아도 잘 이룬다. 그러므로 쉽고 간단하다고 하였다(天地之道, 不爲而善始, 不勞而善成, 故曰易簡)”고 하였다. 건의 쉬움과 곤의 간단함은 결국 인위적으로 조작하지 않는, ‘스스로 그러하다(自然)’는 것이다. 이것은 노자를 가지고 해석한 것이다. 자연계에도 주역점에도 의도적인 행함이나 인위적인 수고 등, 어렵거나 번거로운 것이 있을 수 없다는 말이다.

[易則易知, 簡則易從.] ‘이易’는 쉽다는 뜻이다. ‘지知’는 알다, 이해하다는 뜻이다. 건의 특성은 쉬운 것이므로 사람이 쉽게 알 수 있다. ‘종從’은 따르다, 순종하다는 뜻이다. 곤의 특성은 간단한 것이므로 사람이 쉽게 따를 수 있다. ‘이즉이지’는 건의 특성은 쉬움으로써 위대한 시작을 행하므로, 사람은 쉽게 이것을 이해할 수 있음을 말한 것이고, ‘간즉이종’은 곤의 특성은 간단함으로써 효를 이루니, 사람은 이것을 쉽게 따를 수 있음을 말한 것이다. 공영달은 “‘건이이지, 곤이간능’은 건곤의 체성을 말한 것이고, ‘이즉이지, 간즉이종’은 건곤이 이미 이러한 성을 갖고 있으면, 사람은 쉽게 본받을 수 있음을 말한 것이다(乾以易知, 坤以簡能, 論乾坤之體性也. 易則易知, 簡則易從, 此論乾坤旣有此性, 人則易可做傚也)”라고 하였다. 즉 ‘쉽다’는 것은 건의 특성을 말한 것이고, ‘알기 쉽다’는 것은 사람이 건의 특성인 쉬움을 쉽게 안다는 것이다. ‘간단하다’는 것은 곤의 특성을 말한 것이고, ‘따르기 쉽다’는 것은 사람이 곤의 특성인 간단함을 쉽게 따른다는 것이다. 다시 말해, 주역점이 쉬우니 사람들이 쉽게 이해하고, 주역점이 간단하니 사람들이 쉽게 따른다는 말이다.

[易知則有親, 易從則有功.] ‘친親’은 친근, 친숙하다는 뜻이고, ‘공功’은 공

적의 뜻이다. '이지즉유친'은 사람이 쉬움으로써 위대한 시작을 행하는 건의 특성을 알기 쉬우면, 주역점과 친근할 수 있게 되고, '이종즉유공'은 사람이 간단함으로써 효를 이루는 곤의 특성을 따르기 쉬우면, 주역점을 치는 공적이 있게 된다는 것이다.

[有親則可久, 有功則可大.] '구久'는 오래라는 시간개념이며, '대大'는 크다는 공간개념이다. '크다'는 것은 곧 위대하다는 뜻이기도 하다. 이것은 각각 건과 곤, 즉 주역점을 이어 말한 것이다. '유친즉가구'는 사람이 주역점과 친근하면 주역점과 더불어 오래갈 수 있으며, '유공즉가대'는 사람이 주역점을 치는 공적이 있으면 주역점과 더불어 위대할 수 있다는 것이다.

[可久則賢人之德, 可大則賢人之業.] '현인'은 성인의 도를 따르는 사람을 말한다. '덕德'과 '업業'에 대해, 주희는 "'덕'은 자신에게서 얻는 것을 말하고, '업'은 일에서 이루는 것을 말한다(德謂得於己者, 業謂成於事者)"고 하였다. '덕'은 곧 덕성을 가리키고, '업'은 곧 사업을 가리킨다. '덕'과 '업'은 곧 주역점과 함께하는 덕과 업이다. 주역점과 더불어 오래갈 수 있는 것은 현인이 이루는 덕이요, 주역점과 더불어 위대할 수 있는 것은 곧 현인이 이루는 사업이라는 말이다. 즉 사람은 주역점과 더불어 오래갈 수 있고, 위대할 수 있다면 현인의 경지에 이른 것이라는 말이다.

[易簡而天下之理得矣] '이易'는 건의 특성을, '간簡'은 곤의 특성을 말한 것이다. '이理'는 이치, 원리의 뜻이다. '천하지리天下之理'는 바로 쉬움(易)과 간단함(簡)이나. 쉬움과 간단함은 천하만물의 이치이다. 한강백은 "천하의 이치는 쉬움과 간단함에서 비롯되지 않음이 없다(天下之理, 莫不由於易簡)"고 하였다. 주역점은 쉽고 간단하여 천하의 이치를 얻은 것이라는 말이다.

[天下之理得, 而成位乎其中矣.] '위位'는 '입立'으로 읽는다. 『백서』에는 '입立'으로 되어 있다. '성위成位'는 곧 성립, 성취하다는 뜻이다. 전통적인 해석에는 '위位'를 자리, 위치로 해석하였다. '기其'는 쉽고 간단함(易簡)을 가리키며, '기중其中'은 쉽고 간단한 가운데라는 말이다. 천하의 이치를 체득하였다면, 무엇이 쉽고 간단한 가운데에서 이루어지는가? 이 구절에 대해

해석이 분분하다. 첫째, 『집해』에는 '성위成位' 앞에 '역易'자가 들어가 있다. 『석문』에 "마융과 왕숙은 '이역성위호기중'이라 하였다(馬王肅作而易成位乎其中)"고 하였다. '성위成位' 앞에 '역易'자가 있는 것이 맞다. 상·7장에 "천지가 자리를 정하니, '역'은 그 가운데에서 운행한다(天地設位, 而易行乎其中矣)"고 하였고, 12장에 "건곤이 배열을 이루니, '역'은 그 가운데 성립된다(乾坤成列, 而易立乎其中矣)"고 하였다. '역易'은 곧 주역점을 가리킨다. 『집해』와 『석문』에 의하면, '역'이 하늘과 땅 가운데에서 자리를 이룬다는 것이다. 둘째, 순상은 "양의 자리는 다섯째에서 이루고, 음의 자리는 둘째에서 이룬다. 다섯째는 윗괘의 가운데이고, 둘째는 아랫괘의 가운데이다. 그러므로 역은 그 가운데에서 자리를 이루는 것이다(陽位成於五, 陰位成於二. 五位上中, 二爲下中. 故易成位乎其中也)"라고 하였다. 셋째, 한강백은 "'성위成位'는 상을 세우는데 이르는 것(成位至立象也)"이라고 하였다. '성위'는 곧 '성상成象'이다. 공영달은 이를 더욱 자세히 설명하여 "괘상을 천지의 가운데 성립할 수 있다(能成立卦象於天地之中)"고 하였다. 넷째, 정이는 "원리가 있은 후에 상이 있다(有理而後有象)"고 하고 "상이 그 가운데에서 자리를 이룬다"고 하였다. 다섯째, 주희는 "'성위'는 사람이 자리를 이루는 것을 말하고, '기중'은 천지의 가운데를 말한다(成位, 謂成人之位. 其中, 謂天地之中)"고 하였다. 래지덕은 주희의 주장을 따라 "사람이 천지의 가운데에 자리를 이루는 것을 말한다(言人成位乎天地之中)"고 하였다. 사람은 하늘과 땅 가운데 올바른 자리를 확립하여, 하늘과 땅과 더불어 천지조화, 만물화육의 공에 동참할 수 있다는 것이다. 여섯째, 왕부지는 "이것은 『역』을 공부하는 사람이 건곤의 쉽고 간단함을 체득하면, 원리가 궁구되고 본성이 다하여져, 천지와 더불어 덕을 합할 수 있음을 말하였다(此言學易者, 能體乾坤之易簡, 則理窮性盡, 而與天地合德也)"라고 하였다. 일곱째, 굴만리는 "천하의 이치는 모두 역의 여섯 자리(六位) 가운데 들어있다"고 하였다. 여덟째, 고형은 "천하 만물의 원리를 얻었으니, 음양·강유·상하·귀천의 자리를 그 가운데에서 정할 수 있다"고 하였다. 아홉째, 유백민은 "현인이 하늘과 땅 가운데에 자리를 이룰 수 있다"고 하였다. 열째, 주백곤은 "음양·강유·상하의 자리가 확립된다"고 하였다. 열한 번째, 진고응은 "천하의 모든 도리를 파악하면, 하늘과 땅 가운데 만물만사를 성취할 수 있다"고 하였다. 필자는 "천하의 이치가 얻어지면 주역점은 쉽고 간단한 가운데에서 이루어진다"고 해석하였다. 필자의 해석이 「계사」의 본뜻일 것이다.

이 단락은 앞의 '건도성남, 곤도성녀'를 이어서 건곤, 즉 주역점의 특성을 말한 것이다. 세 부분으로 구성되어 있는데, '건지대시乾知大始'에서 '곤이간능坤以簡能'까지는 건곤의 특성을 쉬움(易)과 간단함(簡)으로 시작과 완성을 말하였고, '이즉이지易則易知'에서 '가대즉현인지업可大則賢人之業'까지는 주역점이 쉽고 간단하니 사람들이 쉽게 알아 친근하고 따르는 것을 말하였으며, 나머지 부분은 주역점은 쉽고 간단하여 천하의 이치를 얻은 것이니, 주역점이 쉽고 간단한 가운데에 성립한다는 것을 말하였다.


여기까지가 제1장이다. 본장의 주제는 주역점이며, 첫째 단락에서 주역점을 자연계와 결부시켜 설명하고, 둘째 단락에서 주역점의 변화를 가지고 자연계의 변화를 말한 후, 마지막 단락에서 주역점이 쉽고 간단하여 천하의 이치를 얻은 것임을 말하였다.

통 속에 들어있는 50개의 시초를 잡아내어, 그중 하나를 뽑아 다시 통 속에 넣고, 나머지 49개의 시초를 임의로 두 손에 나누어 쥐고, 왼손에 쥔 것을 상 위쪽에 기로로 놓고 하늘(天)을, 오른손에 쥔 것은 상 아래쪽에 가로로 놓고 땅(地)을 상징한다. 하늘(天)은 높은 곳(尊)에, 땅(地)은 낮은 곳(卑)에 놓여 있으니, 이를 본떠 건곤이 정해지고, 높고 낮은 것이 배열해 있으니, 위쪽에 놓아둔 하늘과 건은 귀한 것이고, 아래쪽에 놓아둔 땅과 곤은 천한 것이므로, 귀하고 천한 것이 자리를 정하게 되었다. 49개의 시초를 때로는 합하고(動) 때로는 나누어(靜) 셈하는 것이 일정한 법칙이 있으니, 시초를 셈하여 강과 유가 나누어진다. 시초를 셈하여 얻은 시초를 같은 방향으로 모으고(聚), 또 네 개씩 무리로 덜어내어(分), 효를 얻고 괘를 얻어 점을 판단하니, 길흉이 생겨난다. 위쪽(天)과 아래쪽(地)에 놓아둔 시초를 셈하여 효를 얻고 괘를 얻으면, 효가 변하고 괘도 변하여, 변화가 나타난다.

시초를 셈하여 효를 얻고 괘를 얻으면, 강유가 서로 뒤섞이고, 팔괘가 서로 움직이고 겹쳐 자연계의 모든 변화가 일어난다. 하늘에서는 우레와 번개로써 만물을 고동하고, 바람과 비로써 만물을 윤택하게 하며, 해와 달이 번갈아 운행하고, 추위와 더위가 교대로 찾아온다. 땅에서는 건도는 양성의 물질을 이루고, 곤도는 음성의 물질을 이룬다. 양성과 음성의 물질이 서로 정기를 합하여 만물은 태어나고 자라나 변화는 끝이 없는 것이다.

건은 주역점의 위대한 시작을 행하고, 곤은 주역점의 효를 이룬다. 건은 쉬움(易)으로써 주역점의 위대한 시작을 행하고, 곤은 간단함(簡)으로써 주역점의 효를 이루니, 주역점은 곧 쉽고 간단한 것이다. 주역점이 쉬우면 사람들이 알기 쉽고, 간단하면 사람들이 따르기 쉽다. 알기 쉬우면 사람들은 주역점과 친근해지고, 따르기 쉬우면 주역점을 치는 공적이 있게 된다. 주역점과 친근해지면 주역점과 더불어 오래 갈 수 있고, 공적이 있으면 주역점과 더불어 위대할 수 있다. 주역점과 더불어 오래갈 수 있는 것은 현인이 이루는 덕이요, 주역점과 더불어 위대할 수 있는 것은 현인이 이루는 사업이니, 사람은 주역점과 더불어 오래갈 수 있고 위대할 수 있다면 현인의 경지에 이른 것이다. 천하의 이치란 쉽고 간단한 것이며, 주역점은 쉽고 간단하여 천하의 이치를 얻은 것이니, 천하의 이치가 얻어지면, 주역점은 쉽고 간단한 가운데에서 이루어진다.

# 제2장

聖人設卦, 觀象, 繫辭焉而明吉凶(悔吝). 剛柔相推而生變化. 是故吉凶者, 失得之象也. 悔吝者, 憂虞之象也. 變化者, 進退之象也. 剛柔者, 晝夜之象也. 六爻之動, 三極之道也.

성인이 괘를 그리고 상을 살펴 점글을 이어서 길하고 흉하고 (뉘우치고 어려움을) 밝혔다. 강과 유가 서로 바뀌어 변화를 낳는다. 그러므로 길함과 흉함은 잃음과 얻음의 상이다. 뉘우침과 어려움은 근심과 놀라움의 상이다. 효의 변화는 나아감과 물러남의 상이다. 강과 유는 낮과 밤의 상이다. 여섯 효의 변화는 천 인 지 삼극의 도이다.

[聖人設卦] '성인'은 주역점을 만든 사람이다. 「계사」에 '성인'은 모두 25곳 기록되어 있는데, 하·2장의 황제·요·순을 가리키는 3곳 외의 22곳은 모두 주역점을 만든 사람을 가리킨다. '설設'은 베풀다, 진열하다는 뜻이다. '괘卦'는 팔괘와 64괘를 가리킨다. '설괘設卦'는 팔괘와 64괘를 만드는 것이다. 이 구절에 대해 두 가지 독법이 있다. 하나는 『집해』에서 '聖人設卦, 觀象繫辭焉, 而明吉凶.'으로 읽었다. 이정조는 '성인'은 '설괘'한 사람이며 복희를

가리키고(聖人謂伏羲也. 始作八卦, 重爲六十四矣), '관상'하여 '계사'한 사람은 문왕이라고 여겼다(文王觀六十四卦, 三百八十四爻之象, 系屬其辭). 정이와 주희가 이 독법으로 읽었다. 또 하나는 한강백이 '聖人設卦觀象, 繫辭焉而明吉凶'으로 읽었는데, 그는 '설괘관상'한 사람과 '계사'한 사람을 따로 보았다. 뒷사람들은 대개 이 독법을 따랐다. 전통적으로 복희가 팔괘를 그렸으며(「계사」하·2장), 이를 겹쳐 64괘로 만든 사람은 문왕(사마천, 반고), 혹은 복희(왕필), 혹은 신농(정현), 혹은 하우(손성)로 여긴다. 또 '계사'한 사람에 대해, 사마천과 반고는 문왕이, 후한의 마융과 오의 육적은 괘사는 문왕, 효사는 주공이 지은 것이라고 여겼다. 래지덕과 왕부지는 '성인'을 문왕과 주공이라고 하였는데, '설괘'하고 '관상'하여 '계사'한 사람을 문왕과 주공으로 여긴 것이다. 이러한 주장은 모두 「계사」이후에 만들어진 말이고. 「계사」는 복희가 팔괘를 그렸고(하·2장), 이를 겹쳐 64괘로 만든 사람은 복희인지 분명히 밝히지 않았으며, '계사'한 사람에 대해서는 전혀 언급하지 않았다. 그러나 상·12장에 "聖人立象以盡意(성인이 상을 세워 뜻을 다하였고), 設卦以盡情僞(괘를 그려 참됨과 거짓을 다하였으며), 繫辭焉以盡其言(점글을 이어 말을 다하였고), 變而通之以盡利(변하고 통하게 하여 이로움을 다하였고), 鼓之舞之以盡神(고무하여 신묘함을 다하였다)"고 하여, '입상', '설괘', '계사'를 나란히 열거하였는데, '성인'은 주역점을 만든 사람이며, 이 사람이 '설괘'하고 '관상'하여 '계사'한 것임을 말하고 있다. 따라서 「계사」의 독법은 당연히 "聖人設卦, 觀象, 繫辭焉而明吉凶"이 맞다.

[觀象, 繫辭焉而明吉凶(悔吝)] '관觀'은 자세히 살피는 것, 관찰하다는 뜻이다. '상象'은 괘효의 상을 가리킨다. '관상'은 괘효상을 살피는 것이다. 공영달은 자연계의 물상을 본떠 괘상을 만들었다고 하여, "성인이 괘를 처음 그릴 때, 물상을 살피지 않음이 없었고, 물상을 본뜬 후에 괘상을 베풀었으니, 곧 길한 것이 있고 흉한 것이 있다(聖人設畫其卦之時, 莫不瞻觀物象, 法其物象, 然後設之卦象, 則有吉有凶)"고 하였다. '계繫'는 잇다, 매다는 뜻이다. '사辭'는 괘효사를 가리키며, 곧 점글이다. 공영달은 "괘상과 효상은 길도 있고

흉도 있다. 만약 점글을 잇지 않는다면 그 이치는 드러나지 않는다. 그러므로 괘와 효의 아래에 길흉에 속하는 글을 이어서 그 괘와 효의 길흉을 드러내었다(卦象爻象, 有吉有凶, 若不繫辭, 其理未顯, 故繫屬吉凶之文辭於卦爻之下, 而顯明此卦爻吉凶也)"고 하였다. '계사'는 곧 괘 아래에 괘사와 효 아래에 효사를 잇는 것이다. 『석문』에 "우번본에는 '회린' 두 글자가 더 있다(虞本更有悔吝二字)"고 하였는데, 바로 다음 구절에 의거하면 '길흉' 뒤에 '회린' 두 글자가 더 있어야 맞다. 『백서』에는 '회린' 두 글자가 없다. 성인이 괘효상을 살펴 괘효 아래에 점글을 이어서 길흉회린을 밝혔다는 말이다. 상·8장과 12장에 "점글을 이어 길흉을 논단하였다(繫辭焉以斷其吉凶)", 12장에 "점글을 이어 말을 다하였다(繫辭焉以盡其言)"고 하였다.

[剛柔相推而生變化] '강'은 양효를, '유'는 음효를 가리킨다. '추推'는 번갈아 바뀐다는 뜻이며, 변화의 개념이다. '변화變化'는 효의 변화이다. 우번은 "강이 유로 바뀌어 '변'을 낳고, 유가 강으로 바뀌어 '화'를 낳는다(剛推柔生變, 柔推剛生化也)"고 하였고, 주희는 "괘효의 음양이 차례로 서로 바뀌고 움직여, 음이 혹 양으로 '변'하고, 양이 혹 음으로 '화'하는 것을 말한다(言卦爻陰陽迭相推盪, 而陰或變陽, 陽或化陰)"고 하였다. 시초를 셈하여 한 효를 얻으면 그 효는 9·7·8·6 가운데 하나의 수를 갖게 된다. 9는 노양이고 7은 소양이며, 8은 소음이고 6은 노음이다. 노양 9와 노음 6은 변하는 효이니, 노양 9는 음으로, 노음 6은 양으로 변화시켜 점을 판단한다. 한 괘의 여섯 효는, 그 가운데 한 효 혹은 여러 효가 노양 9 혹은 노음 6이어서, 강에서 유로 변하거나 혹은 유에서 강으로 변한다. 이것이 '강유상추'이다. 강유가 서로 변하니 그래서 '생변화'라고 한 것이다. 하·1장에도 "강유가 서로 바뀌니, 효의 변화가 그 가운데 있다(剛柔相推, 變在其中矣)"고 하였다. 괘효의 변화는 음양 두 효가 서로 변하는 것에서 나온다. 그러므로 강유가 서로 바뀌는 것은 괘효상의 변화의 기본 원칙이다.

[是故吉凶者, 失得之象也.] '실失'은 잃는 것, '득得'은 얻는 것이다. 상·3장에 "길과 흉은 잃음과 얻음을 말한 것(吉凶者, 言乎其失得也)"이라고 하였다.

우변은 "길한 것은 얻는 것을 상징하고, 흉한 것은 잃는 것을 상징한다(吉則象得, 凶則象失)"고 하였고, 한강백은 "길흉이라는 것은 인간사에 있다. …잃고 얻는 것에서 길흉이 나온다(吉凶者, 存乎人事也. …由有失得, 故吉凶生)"고 하였다. 사람이 행하는 일이 당연함을 얻으면 길하고 잃으면 흉하다. '길흉'이라는 것은 곧 행하는 일의 득실의 상이라는 말이다.

[悔吝者, 憂虞之象也.] '회悔'는 뉘우친다, '인吝'은 어렵다는 뜻의 난難이다. 상·3장에 "회린은 조그마한 흠을 말한 것(悔吝者, 言乎其小疵也)"이라고 하였다. 주희는 "'회'는 흉에서 길을 좇는 것이고, '인'은 길에서 흉을 향하는 것(悔, 自凶而趨吉. 吝, 自吉而向凶)"이라고 하였다. 고형은 "'회린'은 조그마한 과실이 있는 것이며, 흉보다 가벼운 불행이다"고 하였다. 유월俞樾은 "『광아』「석고」에 '우는 놀라다는 뜻의 경(虞, 驚也)'이라고 하였으니, '우우憂虞'는 근심과 놀라움(憂驚)이라는 말과 같다"고 하였다. '회린'이라는 것은 곧 사람이 조그마한 불행을 만나 마음속으로 근심하고 놀라는 상이라는 말이다.

[變化者, 進退之象也.] '변화變化'는 곧 효의 변화를 가리킨다. '진퇴進退'에 대해, 순상은 "괘가 자라나는 것이 '진'이고, 괘가 사라지는 것이 '퇴'이다(息卦爲進, 消卦爲退)"라고 하였는데, 주희는 "유가 변하여 강을 좇는 것은 물러남이 극에 이르러 나아가는 것이다. 강이 화하여 유를 좇는 것은 나아감이 극에 이르러 물러나는 것이다(柔變而趨於剛者, 退極而進也. 剛化而趨於柔者, 進極而退也)"라고 하였고, 래지덕은 "유가 강으로 변하는 것은 나아감의 상이고, 강이 유로 화하는 것은 물러남의 상이다. 나아가는 것은 자라나 가득한 것이고, 물러나는 것은 사라져 비는 것이다(柔變乎剛, 進之象. 剛化乎柔, 退之象. 進者, 息而盈也. 退者, 消而虛也)"라고 하였다. '진퇴'는 곧 효의 변화로 인하여 나타나는 것이며, 음효가 양효로 변하는 것이 '진', 양효가 음효로 화하는 것이 '퇴'라는 것이며, 또 음효가 양효가 '변'하여 한 괘에서 양효가 자라나고 음효가 사라지는 것이 '진'이고, 양효가 음효로 '화'하여 한 괘에서 음효가 자라나고 양효가 사라지는 것이 '퇴'라는 말이다. 효의 변

화는 곧 나아감과 물러남의 상이라는 말이다.

[**剛柔者, 晝夜之象也.**] '강'은 양효요 낮을 상징하며, '유'는 음효요 밤을 상징한다. 래지덕은 "강은 양이고 밝음에 속하니, 낮의 상이다. 유는 음이고 어둠에 속하니, 밤의 상이다(剛屬陽明, 晝之象. 柔屬陰暗, 夜之象)"라고 하였다. 강유가 번갈아 바뀌는 것은 자연계의 밤낮이 서로 연이어 교체하는 것을 상징한다. '주야晝夜'는 낮과 밤을 가지고 음양의 변화를 말한 것이다.

[**六爻之動, 三極之道也.**] '육효六爻'는 한 괘의 여섯 효이다. '동動'은 변화를 말한다. 주희는 "'동'은 곧 변화(動, 即變化也)"라고 하였다. 여섯 효에서 강이 유로, 유가 강으로 변하는 것을 말한다. '삼극三極'은 천 · 인 · 지 삼재를 가리킨다.『석문』에 정현과 한강백은 "삼극은 삼재(三極, 三才也)"라고 하였다. '극極'은 지극히 높다는 뜻이다.『설문』에 "'극'은 마룻대(極, 棟也)"라고 하였는데, 집 위에 가장 높은 곳의 마룻대를 극이라 칭하며, 이 뜻이 파생되어 지극히 높다(至高)는 뜻이 되었다.『광아』「석고」에 "'극'은 지극하다는 뜻의 지(極, 至也)"라 하고, 또 "'극'은 마룻대라는 뜻의 동(極, 棟也)"이라고 하였다. '삼극'은 천 · 인 · 지 삼재는 우주 속에서 지극히 높은 것이라는 뜻이다.『노자』는 "하늘은 위대하고, 땅도 위대하며, 사람 또한 위대하다(天大, 地大, 人亦大)"라고 하였다(25장). 하·10장에 "『역』이라는 책은 넓고 커서 모든 것을 갖추고 있으니, 천도도 있고, 인도도 있고, 지도도 있다. 삼재를 겸하여 둘로 하므로 여섯 효이다. 여섯 효는 다른 것이 아니라, 삼재의 도이다(易之爲書也, 廣大悉備, 有天道焉, 有人道焉, 有地道焉, 兼三才而兩之, 故六. 六者, 非他也, 三才之道也)"라고 하였고, 「설괘」2장에 "옛날 성인이 역을 지을 때, 사물의 본성과 운명의 원리에 순응하였으니, 그러므로 하늘의 도를 세워 음과 양이라 하고, 땅의 도를 세워 유와 강이라 하며, 사람의 도를 세워 인과 의라 하였다. 이 삼재를 갖추어 둘로 하였으니, 그러므로 역은 여섯 효로써 괘를 이룬다(昔者聖人之作易也, 將以順性命之理. 是以立天之道, 曰陰與陽. 立地之道, 曰柔與剛. 立人之道, 曰仁與義. 兼三才而兩之, 故易六畫而成卦)"라고 하였다.

'삼재三才'에 대해 세 가지 주장이 있다. 첫째, 정현의 주장이다. 그는 건괘 둘째 양효 주에서 "둘째 효는 삼재에서 지도이다(二於三才爲地道)"라고 하고, 또 셋째 양효 주에서 "셋째 효는 삼재에서 인도이다(三於三才爲人道)"라고 하고, 또 다섯째 양효 주에서 "다섯째 효는 삼재에서 천도이다(五於三才爲天道)"라고 하였다. 그는 '삼재'를 둘째, 셋째, 다섯째 효로 본 것이다. 둘째, 육적은 "이것은 삼재의 지극한 도이다. 처음과 넷째는 하극이고, 둘째와 다섯째는 중극이며, 셋째와 꼭대기는 상극이다(此三才極至之道也. 初四下極, 二五中極, 三上上極也)"라고 하였다. 그는 '삼재'를 처음과 넷째, 둘째와 다섯째, 셋째와 꼭대기 효로 본 것이다. 셋째, 공영달은 건괘 둘째 양효 주에서 "처음과 둘째는 지도이고, 셋째와 넷째는 인도이고, 다섯째와 꼭대기는 천도이다(一二爲地道, 三四爲人道, 五六爲天道)"라고 하였다. 『집해』「계사」 하·10장의 '삼재지도三才之道' 주에서 최경은 "겹친괘 여섯 효에는 또한 천·지·인도를 겸하였다. 두 효가 한 재가 되니, 여섯 효는 삼재가 된다(言重卦六爻, 亦兼天地人道, 兩爻爲一才, 六爻爲三才)"고 하였다. 주희는 "여섯 효에서 처음과 둘째는 땅이고, 셋째와 넷째는 사람이며, 다섯째와 꼭대기는 하늘이다(六爻初二爲地, 三四爲人, 五上爲天)"라고 하였다. 이들은 처음과 둘째는 지도, 셋째와 넷째는 인도, 다섯째와 여섯째는 천도로 여긴 것이다. '육효지동, 삼극지도야'의 의미는 역의 여섯 효에서 강이 유로, 유가 강으로 변화하는 것은 곧 천도, 인도, 지도의 변화를 상징한 것이라는 말이며, 이것은 곧 자연계와 인간계의 변화의 법칙을 나타낸 것이라는 말이다.

---

是故君子所居而安者, 易之序也. 所樂而玩者, 爻之辭也. 是故君子
居則觀其象而玩其辭, 動則觀其變而玩其占. 是以自天祐之, 吉无
不利.

그러므로 군자가 편안히 거하여 관찰하는 것은 역의 순서(혹은 괘효의 상)이다. 즐겨서(혹은 괘효의 변화를 보고) 음미하는 것은 효사이다. 그러므로 군자는 움직이지 않을 때는 괘효의 상을 관찰하고 그 점글을 음미하며, 움직일 때는 시초의 변화를 보고 점을 음미한다. 그래서 하늘의 보우를 받아 길하여 이롭지 않음이 없다.

---

[是故君子所居而安者, 易之序也.] '군자'는 우번이 문왕이라고 하였다. 「계사」에 '군자'는 모두 19곳 기록되어 있는데, 그중 12곳은 도덕 수양의 경지가 높은 사람을, 7곳은 점술가를 가리킨다. 본장에서 '군자'는 점술가를 가리킨다. 당시 점술가는 당대 최고의 지적 엘리트였다. '거居'는 편안히 처하는 것이다. '안安'은 '안按' 혹은 '안案'으로 읽으며, 관찰하다는 뜻이다(고형). '서序'는 64괘와 각 괘 여섯 효의 순서를 가리킨다. 한강백은 "역상의 순서(序, 易象之次序)", 공영달은 "역의 효위의 순서(易位之次序)", 주희는 "괘효가 드러내고 있는 사리 당연한 순서(易之序, 謂卦爻所著事理當然之次第)"라고 하였다. 『석문』에 육적은 '서'는 상이라 하였다(陸云 序, 象也). 『집해』에는 '서序'가 '상象'으로 되어 있다. 우번은 "옛날에 '상'을 후厚 혹은 서序로 잘못 읽었는데, 틀린 것이다(舊讀象誤作厚, 或作序, 非也)"라고 하였다. 원문에서 바로 다음 구절에 '관기상觀其象'이라고 하였으므로 우번의 주장이 맞다. '상'은 곧 괘효상을 가리킨다. 군자가 편안히 거하여 관찰하는 것은 역의 괘효상이라는 말이다. 『백서』에는 '서序'로 되어 있다.

[所樂而玩者, 爻之辭也.] '완玩'은 『석문』에 정현이 "완상하다는 뜻의 완翫"으로 하였다. '완'은 완미玩味, 즉 글을 음미하는 것이다. 주희는 "보는 것이 자세한 것(玩者, 觀之詳)"이라고 하였다. '효지사'는 곧 효사이다. 『집해』에는 '낙樂'이 '변變'으로 되어 있다. 우번은 "옛날에 낙으로 하였는데, 글자가 잘못되었다(舊作樂, 字之誤)"고 하였다. 원문에서 바로 다음 구절에 '관기변觀其變'이라고 하였으므로 우번의 주장이 맞다. '변變'은 곧 괘효의 변화를 가리킨다. 군자가 괘효의 변화를 관찰하여 음미하는 것은 효사라는 말이다. 『백서』에는 '낙樂'으로 되어 있다.

[是故君子居則觀其象而玩其辭, 動則觀其變而玩其占.] '거居'는 뒤 구절의 '동

動'과 짝이 되므로 '움직이지 않을 때'라는 뜻이다. '관觀'은 관찰하다는 뜻이다. '상象'은 괘효상이다. '완玩'은 글을 음미하는 것이다. '사辭'는 괘효사, 즉 점글이다. '동動'은 군자가 장차 뭔가를 도모하고자 할 때라는 뜻이다. '변變'은 시초의 변화이다. 상·10장에도 "역을 가지고 움직이고자 하는 사람은 그 시초의 변화를 숭상한다(以動者尙其變)"고 하였는데, '변'은 시초를 셈하는 변화이다. 시초의 변화란 시초를 셈하여 주역점을 치는 일이다. '점占'은 시초점, 즉 주역점이다. 상·5장에 "책수를 다하여 미래의 일을 예지하는 것을 점이라 한다(極數知來之謂占)", 10장에 "역을 가지고 점을 치고자 하는 사람은 그 점을 숭상한다(以卜筮者尙其占)"고 하였다. 점은 곧 미래의 일을 예측하는 것이다. 군자는 움직이지 않을 때는 괘효상을 관찰하고 그 점글을 음미하며, 움직일 때는 시초의 변화를 보고 점을 음미한다는 말이다. '점을 음미한다'는 것은 시초를 셈하여 효와 괘를 얻어 미래의 일을 예측한다는 말이다.

　[是以自天祐之, 吉无不利.] 대유괘 꼭대기 양효의 효사를 인용한 것이다. '우祐'는 돕는다는 뜻의 조助이다. 군자가 움직이지 않을 때는 괘상을 관찰하고 그 점글을 음미하며, 움직일 때는 시초의 변화를 보고 점을 음미하니, 그래서 하늘의 보우를 받아서 길하여 이롭지 않음이 없다는 말이다.


　여기까지가 제2장이다. 본장의 주제는 주역점이며, 성인이 주역점을 만들었으니 군자는 자나 깨나 주역점을 칠 것을 강조하였다. 즉 군자는 평소에는 괘효상을 관찰하고(觀象) 괘효사를 음미하며(玩辭), 일을 도모하고자 할 때에는 시초의 변화를 보고(觀變) 점을 음미하여(玩占), 주역점을 생활화할 것을 기술하였다.

　성인이 팔괘와 64괘를 그리고, 괘효의 상을 살펴, 괘와 효 아래에 점글을 이어서 인간사의 길하고 흉하고 뉘우치고 어려움을 밝혔으니, 이로써 주역점은 완성되었다. 주역점을 쳐 효를 얻으면 노양은 음으로, 노음은 양으로, 강유가 서로 바뀌어 변화를 낳는다. 그러므로 점글에서 길함과 흉함은 곧 인간사에서 잃고 얻음을 상징한다. 뉘우침과 어려움은 곧 근심과 놀라움을 상징한다. 효의 변화는 나아감과 물러남을 상징한다. 강유가 번갈아 바뀌는 것은 낮과 밤이 교대로 찾아오는 것을 상징한다. 여섯 효에서 강이 유로, 유가 강으로 변화하는 것은 천도·인도·지도, 삼극의 변화를 상징한 것이다. 그러므로 군자가 평소에 편안히 처하여 관찰하는 것은 괘효의 상이고, 괘효의 변화를 보고 음미하는 것은 효사이다. 그러므로 군자는 움직이지 않을 때는 괘효의 상을 관찰하고 그 점글을 음미하며, 장차 무슨 일을 도모하고자 할 때에는 주역점을 쳐 시초의 변화를 보고 점을 음미하여 앞날을 예측한다. 이렇게 '관상', '완사'하고, '관변', '완점'한다면 주역점을 생활화하여 잘 활용하는 것이니, 하는 일마다 하늘의 보우를 받아 길하여 이롭지 않음이 없다.

# 제3장

象者, 言乎象者也. 爻者, 言乎變者也. 吉凶者, 言乎其失得也. 悔吝者, 言乎其小疵也. 无咎者, 善補過也. 是故列貴賤者存乎位, 齊小大者存乎卦, 辯吉凶者存乎辭, 憂悔吝者存乎介, 震无咎者存乎悔. 是故卦有小大, 辭有險易. 辭也者, 各指其所之.

괘사는 괘상을 말한 것이다. 효사는 변효를 말한 것이다. 길과 흉은 잃음과 얻음을 말한 것이다. 뉘우침과 어려움은 조그마한 흠을 말한 것이다. 허물이 없다는 것은 과실을 잘 보완한다는 것이다. 그러므로 귀한 것과 천한 것을 배열한 것은 여섯 효의 자리에 있고, 작은 것과 큰 것을 배열한 것은 괘에 있으며, 길과 흉을 분별하는 것은 점글에 있고, 뉘우침과 어려움을 근심하는 것은 미세한 일에 있으며, 움직여 허물이 없는 것은 뉘우침에 있다. 그러므로 괘에는 작은 것과 큰 것이 있고, 점글에는 험한 것과 평이한 것이 있다. 점글은 각각 그 나아갈 바를 가리킨다.

[象者, 言乎象者也.] '단彖'은 괘사를 가리킨다. 「계사」에 '단'은 모두 4곳 나오는데(상·3, 하·3, 9, 12장), 이 중 하·9장만 효사를 가리키고, 나머지는

690

모두 괘사를 가리킨다. '단'은 단정하다, 판단하다는 뜻의 단斷이다. '상'은
괘상을 가리킨다. 괘사는 괘상에 근거하여 길흉을 논단한 것이다. 한강백은
"'단'은 한 괘의 뜻을 총괄한 것(彖, 總一卦之義也)"이라 하였고, 공영달은
"'단'은 괘 아래의 글을 말하며, 한 괘의 상을 말한 것(彖謂卦下之辭, 言說乎
一卦之象也)"이라고 하였다.

[爻者, 言乎變者也.] '효'는 효사를 가리킨다. 주희는 "'효'는 효사를 말한다
(爻謂爻辭)"고 하였다. '변變'은 변효를 가리킨다. 점을 쳐 효를 얻고 괘를
얻으면, 변하는 효인 노양 9 혹은 노음 6이 변효가 되거나, 혹은 변하지 않
는 효인 소양 7 혹은 소음 8이 변효가 되거나, 주역점은 변효의 효사를 위주
로 길흉을 판단한다. 여섯 효의 효사는 모두 변효를 가리켜 말한 것이다. 우
번은 "효에는 여섯 획이 있는데, 변화를 보고 음미하는 것은 효사이다. 9와
6의 변화를 말한다(爻有六畫, 所變而玩者, 爻之辭也. 謂九六變化)"고 하였고,
한강백은 "효는 각각 그 변효를 말한 것이다(爻各言其變也)"라고 하였으며,
공영달은 "효 아래의 글을 말하며, 이 효의 상이 변하는 것을 말한 것이다
(謂爻下之辭, 言說此爻之象改變也)"라고 하였다.

[吉凶者, 言乎其失得也.] 괘효사에서 '길흉'이라는 것은 사람이 장차 일을
행함에 잃고 얻음을 말한 것이다. 우번은 "바른 자리를 얻으면 길을 말하고,
자리를 잃으면 흉을 말한다(得正言吉, 失位言凶也)"고 하여, 효위를 가지고
'길흉'을 해석하였다.

[悔吝者, 言乎其小疵也.] '회悔'는 뉘우침이고 '인吝'은 어려움이다. '자疵'
는 『석문』에 마융이 "흠, 결점이라는 뜻의 하瑕"라고 하였다. '소자小疵'는
조그마한 흠이라는 뜻이다. 괘효사에서 '회린'은 사람이 장차 일을 행함에
비록 큰 과실은 없으나, 조그마한 흠이 있는 것이라는 말이다.

[无咎者, 善補過也.] '구咎'는 허물이라는 뜻이다. '무구无咎'는 허물이 없다
는 말이다. '선善'은 잘하다는 뜻의 부사이다. 『백서』에는 '언言'으로 되어
있다. '보補'는 보완하다, '과過'는 잘못, 과실이라는 뜻이다. 괘효사에서
'무구'는 사람이 장차 일을 행함에 본래 허물이 있으나 과실을 잘 보완하기

때문에 허물이 없다는 말이다.

[是故列貴賤者存乎位] '열列'은 배열하다는 뜻이다. '귀천貴賤'은 양귀음천
陽貴陰賤이다. '위位'는 여섯 효의 자리, 즉 효위爻位를 가리킨다. 한강백은
"효가 처한 것을 위라 한다(爻之所處曰位)"고 하였고, 주희는 "'위'는 여섯
효의 자리를 말한다(位謂六爻之位)"고 하였다. 효위는 사람이 처한 사회 지
위를 상징한다. 그래서 귀한 것(陽)과 천한 것(陰)을 차례로 배열한 것은 여
섯 효의 자리에 있다고 말한 것이다. 한강백은 "여섯 효의 자리에는 귀한 것
과 천한 것이 있다(六位有貴賤也)"고 하였는데, 공영달은 "여섯 효의 자리는
모두 위는 귀하고 아래는 천하다(六爻之位皆上貴而下賤也)"라고 하였고, 후
과는 "둘째와 다섯째는 공명과 영예의 자리이고, 셋째와 넷째는 흉함과 두
려움의 자리이다. 무릇 효가 바른 자리를 얻으면 귀하고, 자리를 잃으면 천
하다(二五爲功譽位, 三四爲凶懼位, 凡爻得位則貴, 失位則賤)"라고 하였다.

[齊小大者存乎卦] '제齊'에 대해, 왕숙은 바르게 하다는 뜻의 '정'(齊猶正
也), 한강백은 분별하다는 뜻의 '변'(齊猶言辯也)으로 읽었는데, 공영달이
이를 따랐다. 주희는 정하다는 뜻의 '정'(齊猶定也), 래지덕은 등분하다는
뜻의 '등'(齊者, 等也), 왕부지는 배합하다는 뜻의 '제'(齊與劑通)로 읽었다.
유월은 "'제'는 열을 말한 것과 같다(齊猶言列也)"고 하였다. '제齊'는 앞의
'열列'과 같은 뜻으로 사용하였다. '소대小大'에 대해, 괘와 효 두 가지로 설
명할 수 있다. 왕숙은 "양괘는 크고, 음괘는 작다(陽卦大, 陰卦小)"고 하였는
데, 괘로 해석한 것이다. 고형은 "건乾·진震·감坎·간艮은 양괘이고, 곤
坤·손巽·리離·태兌는 음괘이다. 양괘는 임금을 상징하고 남자를 상징하
고 군자를 상징하므로 크다. 음괘는 신민을 상징하고 여자를 상징하고 소인
을 상징하므로 작다. 64괘는 모두 두 괘가 합하여 이루어지니, 위아래의 두
괘가 큰 것(양괘)과 작은 것(음괘)으로 구성되어 있다. 그러므로 작은 것과
큰 것을 배열한 것은 괘에 있다는 것이다"고 하였다. 주희는 "'소'는 음,
'대'는 양을 말한다(小爲陰, 大爲陽)"고 하였는데, 효로 해석한 것이다. 한
괘에는 음효와 양효가 자리를 정하고 있다는 말이다. 굴만리는 소사小事, 대

사大事로 읽었다. 이러한 해석은 모두 통한다. 『백서』에는 '極大小者存乎卦'로 되어 있다.

[辯吉凶者存乎辭] '변辯'은 변辨으로 읽으며, 『석문』에 촉재는 "분별하다는 뜻의 별別"이라고 하였다. '사辭'는 괘효사를 가리킨다. 길함과 흉함을 분별하는 것은 괘효사에 있다는 말이다. 공영달은 "괘와 효의 길흉을 분별하여 밝히는 것은 괘효 아래의 점글에 있다는 말이다(辯明卦之與爻之吉凶, 存乎卦爻下之言辭是也)"라고 하였다.

[憂悔吝者存乎介] '개介'에 대해 몇 가지 해석이 있다. 첫째, 우번은 미세하다는 뜻의 '섬'(介, 纖也)으로, 한강백 역시 미세하다는 뜻의 '섬개'(介, 纖介也)로, 공영달 역시 같은 뜻(介謂纖介)으로 읽었다. 정이는 '미소微小'로 읽었다. 사람이 뉘우침과 어려움을 근심하는 것은 아주 미세한 일에 있다는 말이니, 비록 미세한 일이라도 아무렇게나 해서는 안 된다는 뜻이다. 둘째, 주희는 "'개'는 분별하는 단서이다. 선악이 이미 움직였으나 아직 드러나지 않았을 때이다. 여기에서 근심하면 뉘우침과 어려움에 이르지 않는다(介謂辯別之端. 蓋善惡已動而未形之時也. 於此憂之則不至於悔吝矣)"라고 하였다. 즉 뉘우침과 어려움을 근심하는 것은 선악을 분별하는 데 있다는 말이다. 래지덕은 '개'를 나누다는 뜻의 '분'(介者, 分也)으로 읽고, 주희의 해석을 따랐다. 왕부지는 "'개'는 선과 불선의 사이(介, 善不善之間也)"라 하고, 주희의 해석을 따랐다. 셋째, 고형은 개忿로 읽었다. 『설문』에 "'개'는 소홀히 하다는 뜻의 홀忽(忿, 忽也)"이라고 하였다. 사람이 뉘우침과 어려움을 만나 근심하는 것은 일에 대하여 소홀히 하여 경계하지 않는데 있다 말이다. 이러한 해석은 모두 통한다. 『백서』에는 '存乎分'으로 되어 있다. 뉘우침과 어려움을 만나 근심하는 것은 일을 분별하는 데 있다는 말이다.

[震无咎者存乎悔.] 「서괘」에 "'진'은 움직인다는 뜻의 동(震者, 動也)"이라 하였고, 우번과 한강백도 "'진'은 움직인다는 뜻의 동(震, 動也)"이라고 하였다. 뒷사람들은 모두 이를 따랐다. 움직여 허물이 없다는 것은 지난 일의 잘못을 뉘우치는데 있다는 말이다. 한강백은 "움직여 허물이 없는 것은 잘

못을 뉘우치는데 있다(動而无咎, 存乎悔過)"고 하였다. 정이는 '진'을 두려워하다는 뜻의 구懼로 읽었는데, 상병화는 이를 따라 "두려워하면 뉘우치고, 뉘우치면 허물이 없다(懼則悔, 悔則无咎)"고 하였다. 유백민이 이를 따랐다. 『백서』에는 '振无咎存乎謀'로 되어 있다. "(과실을) 구제하여 허물이 없는 것은 점을 꾀하는 데 있다"는 말이다.

[是故卦有小大] 괘에는 작은 것과 큰 것이 있다는 말이다. 해석은 앞의 '齊小大者存乎卦'와 같다.

[辭有險易] '사辭'는 괘효사를 가리킨다. '험險'은 험하다, '이易'는 평이하다는 뜻이다. 『석문』에 경방은 '험'은 악惡, '이'는 선善이라고 하였다. '험險'은 흉, '이易'는 길이다. 괘효사에는 길을 말한 것도 있고 흉을 말한 것도 있다는 말이다.

[辭也者, 各指其所之.] '각各'은 64괘사와 386효사를 가리킨다. '지之'는 가다는 뜻의 왕往이다. 괘효사는 사람에게 길을 좇고 흉을 피하는 바를 알려준다. 길한 곳을 향하여 가면 길을 얻고, 흉한 곳을 향하여 가면 흉을 얻으니, 괘효사는 각각 나아갈 바를 가리킨다는 말이다. 래지덕은 "'지'는 가다는 뜻의 왕이다. '각'은 길·흉·회·린·무구 다섯 가지이며, 각각 같지 않다. '각지기소지'는 각각 가는 곳을 가리킨다는 것이다(之者, 往也. 各者, 吉凶悔吝无咎五者, 各不同也. 各指其所之者, 各指其所往之地也)"라고 하였다.


여기까지가 제3장이다. 본장의 주제는 주역점이며, 주역점은 괘사와 효사, 즉 괘상과 변효를 위주로 점친다는 것을 밝히고, 괘효사가 갖추고 있는 점의 판단사 길흉·회린·무구 등에 대해 해설하였다.

주역점은 괘효사를 가지고 점을 판단하는데, 괘사는 괘상이 가지고 있는 의미를 말한 것이고, 효사는 변효의 점글을 가리켜 말한 것이다. 여섯 효의 효사는 모두 변효의 점글이다. 주역점의 판단사인 '길흉'은 사람이 장차 어떤 일을 행할 때 잃음과 얻음을 알려주는 말이다. '회린'은 사람이 장차 어떤 일을 행할 때 조그마한 흠이 있다는 것을 알려주는 말이다. '무구'는 사람이 장차 어떤 일을 행할 때 본래 허물이 있으나 과실을 잘 보완하기 때문에 허물이 없다는 것을 알려주는 말이다. 그러므로 효의 여섯 자리는 귀한 것(陽)과 천한 것(陰)이 배열되어 있는데, 이것은 곧 사람이 처한 사회 지위를 상징한다. 괘에는 음괘(음효)와 양괘(양효)가 배열되어 있는데, 음괘(음효)는 작은 것이고 양괘(양효)는 큰 것이다. 이 역시 인간사회의 높고 낮음, 크고 작음의 차등을 나타낸 것이다. 길흉을 분별하는 것은 점글에 있고, 뉘우침과 어려움을 근심하는 것은 미세한 일에서 비롯되며, 움직여 허물이 없는 것은 지난날의 잘못을 뉘우쳐 앞날의 경계로 삼는데 있다. 그러므로 괘에는 음과 양, 높고 낮음, 작은 것과 큰 것이 있고, 점글에는 흉·여 등 험한 것과 길·무구 등 평이한 것이 있다. 점글은 각각 사람들이 길을 좇고 흉을 피하는 방향을 알려준다.

# 제4장

易與天地準, 故能彌綸天地之道. 仰以觀於天文, 俯以察於地理, 是
故知幽明之故. 原始反終, 故知死生之說. 精氣爲物, 游魂爲變, 是故
知鬼神之情狀.

역은 천지와 같다. 그러므로 천지의 도를 두루 포괄할 수 있다. 우러러 천문을 살피고, 굽어 지리를 살피니, 그러므로 어둠과 밝음의 까닭을 안다. 시원을 살피고 종말을 밝히니, 그러므로 죽음과 삶의 도리를 안다. 기가 응취하여 만물이 되고, 기가 흩어져 변화를 이루니, 그러므로 신기한 현상의 정황을 안다.

[易與天地準, 故能彌綸天地之道.] '역'은 주역점을 가리킨다. '천지'는 천지 만물, 삼라만상을 포괄하여 말한 것이다. '준準'에 대해, 『석문』에 경방이 "같다는 뜻의 등等", 『집해』에 우번은 "같다는 뜻의 동同", 주희 역시 같다는 뜻의 '제준齊準'이라고 하였다. 『백서』에는 '순順'으로 되어 있다. '역은 천지와 같다'는 것은 다음 구절의 '역은 천지의 도를 포괄하고 있다'는 말과 같다. 『석문』에 경방은 "'미'는 두루라는 뜻의 편, '륜'은 안다는 뜻의 지(彌,

696

遍. 綸, 知也)", 『집해』에 우번은 "'미'는 크다는 뜻의 대, '륜'은 싸다는 뜻의 락(彌, 大也. 綸, 絡也)"이라고 하였다. '미륜'은 두루 포괄한다는 뜻이다. 주역점은 천지와 같아서 천지의 도를 두루 포괄하고 있다는 말이다. 정이는 "'미'는 두루라는 뜻의 편, '륜'은 다스리다는 뜻의 리(彌, 徧. 綸, 理也)"라 하고, "천지의 도를 두루 다스린다(徧理天地之道)"고 하였다. 『집해』와 『석문』에는 '천지'가 '천하'로 되어 있다. 『백서』에는 '彌論天下之道'로 되어 있다. 역은 천지와 같으니, 천하의 도를 두루 말하고 있다는 뜻이다. 진고응은 '논論'을 알다, 이해하다는 뜻의 지知로 새기고, 역은 천지와 같으니, 천하의 도를 두루 안다고 해석하면서, 아래의 세 개의 '지知'는 곧 '미론'의 전개라고 하였다. 이러한 해석은 모두 통한다. '천지의 도'에 대해, 항恒「단」에 "천지의 도는 항구하여 그치지 않는다(天地之道, 恒久而不已也)"고 하였고, 「계사」 하·1장에 "천지의 도는 바른 것으로 보여주는 것이다(天地之道, 貞觀者也)"라고 하였다. 본문에서 주역점이 두루 포괄하고 있는 천지의 도는 다음 구절에 나오는 '유명幽明', '사생死生', '귀신鬼神' 등이다. 이 구절은 주역점은 천지와 같아서, 천지의 도리를 두루 포괄하고 있다는 것을 말하였다.

[仰以觀於天文, 俯以察於地理, 是故知幽明之故.] 두 개의 '이以'는 이而와 같다. '천문天文'은 곧 천상天象이며, 해와 달과 별 등을 가리키고, '지리地理'는 곧 지형地形이며, 산과 못, 동물과 식물 등을 가리킨다(왕부지). '유幽'는 어둠, 은밀한 것, '명明'은 밝음, 드러난 것이며, 곧 음양을 가리킨다. '천문'은 명에, '지리'는 유에 해당 된다. '고故'는 연고, 까닭이라는 뜻이다. 공영달은 '일(事)'이라고 하였다. 우러러 천문을 살피고 굽어 지리를 살피니, 어둠과 밝음의 까닭을 아는 주체는 누구인가? 전통적인 해석에서 이 구절의 주어는 두 가지로 볼 수 있다. 하나는 역도이다. 공영달은 "역도로서 우러러 살피고 굽어 살펴, 형체가 없는 어둠과 형체가 있는 밝음의 올바른 원리의 일을 안다(故以用易道, 仰觀俯察, 知无形之幽, 有形之明, 義理事故也)"고 하였다. 또 하나는 역을 지은 성인이다. 역을 지은 성인이 우러러 일월성신 등 천문을 살피고, 굽어 산천초목 등의 지리를 살펴 음양변화가 그러하게 되는

원리를 안다는 것이다. 주희, 래지덕, 고형 등 대부분 이렇게 해석하였다. 두 가지 해석은 모두 통한다. 필자는 주역점이라고 생각한다. 주역점은 천문과 지리 등 천지의 도를 포괄하고 있으므로 천지간의 밝음과 어둠, 은밀한 것과 드러난 것 등의 까닭을 안다는 말이다. 다시 말해, 주역점은 음양의 원리를 훤하게 꿰뚫고 있다는 말이다.

[原始反終, 故知死生之說.] '원시반종'에 대해, 『백서』에서는 '관시반동觀始反冬'으로 되어 있는데, '동冬'은 곧 '종終'이다. 『집해』에는 '원시급종原始及終'으로 되어 있다. 『석문』에서는 정현과 우번이 '급종'으로 하였다(鄭虞作及終). '원原'은 곧 살피다는 관觀의 뜻이며, '시始'는 시원, 즉 다음 구절의 생生이다. '반反'은 곧 이르다는 뜻의 급及이며, 구명究明하다, 밝히다는 뜻이다. '종終'은 종말, 즉 다음 구절의 사死이다. '원시반종'은 '관시급종觀始及終'이며, 시원을 살피고 종말을 밝힌다는 뜻이다. '사생死生'은 곧 '시종始終'과 같다. '설說'은 이론, 도리라는 뜻이다. 주역점은 만물의 시원을 살피고 종말을 밝히는 것이므로 삶과 죽음의 도리를 안다는 말이다. 다시 말해, 주역점은 삶과 죽음의 도리를 훤하게 꿰뚫고 있다는 말이다. 하·9장에 "『역』이라는 책은 시원을 살피고 종말을 밝혀, 이것을 괘체卦體로 한다(易之爲書也, 原始要終, 以爲質也)"고 하였다.

[精氣爲物, 游魂爲變, 是故知鬼神之情狀.] '기氣'는 천지 만물을 생성하는 기본 요소이며, 생명이 의지하여 존재하는 인소이다. '정기精氣'는 기가 응취한 것이며, 이것은 '귀신'의 '신'에 해당한다(정현). '물物'은 만물이다. '정기위물'은 기가 응취하여 만물을 형성한다는 말이다. '유혼游魂'의 '유'는 흩어지다는 뜻의 산散이며, '혼'은 곧 기氣이다. '유혼'은 기가 흩어진 것이며, 이것은 '귀신'의 '귀'에 해당한다(정현). '변變'은 곧 물物의 변화이다. '유혼위변'은 기가 흩어져 사물의 변화를 이룬다는 말이다. 한강백은 "정기가 뒤섞이니, 응취하여 만물을 이룬다. 응취가 극에 이르면 흩어지니, 기가 흩어져 변화를 이룬다. '유혼'은 기가 흩어지는 것을 말한다(精氣絪縕, 聚而成物. 聚極則散, 而遊魂爲變也. 遊魂, 言其遊散也)"라고 하였다. 정이는 "응취하

면 정기가 되고, 흩어지면 유혼이 된다. 응취하면 만물이 되고, 흩어지면 변화를 이룬다(聚爲精氣, 散爲游魂. 聚則爲物, 散則爲變)"고 하였다. '귀신鬼神'은 기가 응취하고 흩어져 일으키는 각종의 신기한 현상을 말한다. 정이는 "조화의 작용(造化之功)"이라고 하였다. '정장情狀'은 곧 정황이다. 한강백은 "응취하고 흩어지는 원리를 다하면 변화의 도를 알 수 있으니, 그윽하여 통하지 아니하는 것이 없다(盡聚散之理, 則能知變化之道, 无幽而不通也)"고 하였다. 기가 응취하여(精氣) 만물을 이루고, 기가 흩어져(游魂) 사물의 변화를 이루니, 주역점은 이러한 천지간의 각종 기이한 현상을 안다는 말이다. 다시 말해, 주역점은 귀신같은 현상들까지도 훤하게 꿰뚫고 있다는 말이다. 「계사」의 '기'는 『장자』에서 나왔다. 『역전해설』을 참고하라.

---

與天地相似, 故不違. 知周乎萬物, 而道濟天下, 故不過. 旁行而不流, 樂天知命, 故不憂. 安土敦乎仁, 故能愛.
(역은) 천지와 서로 같으니, 그러므로 어긋나지 않는다. 만물의 이치를 두루 알고 도는 천하를 구제하니, 그러므로 그릇되지 않는다. 행위는 반듯하여 어긋나지 아니하고, 하늘의 뜻을 즐기고 운명을 아니, 그러므로 근심하지 않는다. 자신의 자리에 편안히 처하여 인을 돈독하게 하니, 그러므로 사랑할 수 있다.

---

[與天地相似, 故不違.] 전통적인 해석에서 이 구절에 두 가지 해석이 있다. 하나는 주어를 '역'으로 보는 것이다. '역'은 수역점이 삿고 있는 도리(역도), 원리(역리)를 가리킨다. 유염은 "'상사相似'라는 것은 역은 천지와 같고, 천지는 역과 같으니 피차 서로 같은 것이다. 대개 천지는 하나의 음양이요, 역 또한 하나의 음양이다(相似者, 易似天地, 天地似易, 彼此相似也. 蓋天地一陰陽也, 易亦一陰陽也)"라고 하였다. 역의 원리는 천지의 원리와 같으니, 역은 천지 음양 변화의 원리를 어기지 않는다는 말이다. 또 하나는 주어를

역을 지은 성인으로 보는 것이다. 성인의 덕이 천지와 같으니, 천지의 도를 어기지 않는다는 말이다. 건「문언」에 "대인은 천지와 더불어 그 덕을 합한다(夫大人者與天地合其德)"고 하였다. 우번, 한강백, 공영달, 주희, 래지덕, 고형, 진고응 등은 이렇게 해석하였다. 두 가지 해석은 모두 통한다. 필자는 이 문장의 주어는 '역'이며, 주역점을 가리키는 것이라고 생각한다. 즉 문장 앞에 '역'자가 생략되어 있다. '천지'는 천지 만물을 포괄하여 말한 것이다. '상사相似'는 앞의 '준準'과 같으며, 같다는 등等, 동同의 뜻이다. '與天地相似'는 곧 앞의 '易與天地準'과 같은 말이다. 주역점은 천지의 도리를 두루 포괄하고 있으므로, 곧 천지와 같으니, 천지의 도리와 어긋나지 않는다는 말이다. 다시 말해, 주역점은 조금도 어긋나는 것이 없다는 말이다.

[知周乎萬物, 而道濟天下, 故不過.] '지주知周'는 곧 주지周知이며, 두루 안다는 뜻이다. '만물'은 곧 만물의 이치를 가리킨다. 주어를 '역'으로 보면, 역도가 만물의 이치를 두루 안다는 말이다. 정이는 주어를 '역지의易之義'로 보았다. 또 주어를 성인으로 보면, '지知'는 곧 지혜라는 뜻의 지智로 읽어, 성인의 지혜가 만물에 두루 미친다고 해석할 수 있다. 필자는 주어를 주역점으로 보았다. '도' 역시 역도 혹은 성인의 도, 두 가지로 해석할 수 있다. 필자는 '도'는 주역점의 도이며, 사람에게 길흉을 알려주어 길을 좇고 흉을 피하도록 하는 것이라고 해석하였다. '제濟'는 구제하다는 뜻으로 해석할 수 있고, 또 성취하다는 뜻으로도 해석할 수 있다. 『이아』「석고」에 "'제'는 성취하다는 뜻의 성(濟, 成也)"이라고 하였다. '과過'는 그릇되다는 뜻이다. 전통적인 해석은 "역도가 (혹은 성인의 도가) 천하를 구제하니(혹은 성취하니), 그릇되지 않는다"는 것이다. 한강백, 공영달, 주희, 래지덕, 고형, 진고응 등은 주어를 성인으로 보았다. 필자의 해석은, "주역점이 만물의 이치를 두루 알고, 주역점의 도는 사람에게 길흉을 알려주는 것이므로 천하를 구제하니, 조금도 틀림이 없다"는 것이다. 다시 말해, 주역점은 조금도 그릇됨이 없다는 말이다.

[旁行而不流, 樂天知命, 故不憂.] '방旁'에 대해 두 가지 해석이 있다. 하나는

『설문』에서 넓다는 뜻의 부박溥으로 읽었다. '방행旁行'은 곧 보편적으로 두루 행한다는 뜻이다.『집해』와 한강백, 공영달 등 모두 이렇게 해석하였다. 또 하나는 고형은 '방方'으로 읽었다. '방'은 반듯하다는 뜻이다.『백서』에는 '方行不遺'로 되어 있다. '방행方行'은 행위가 반듯하다는 말이다. 두 가지 해석은 모두 통한다. '불류不流'는 다른 곳으로 흐르지 않는다, 즉 어긋나게 행하지 않는다, 즉 어긋나지 않는다는 뜻이며 앞의 '불위不違', '불과不過'와 같은 말이다. '유流'에 대해『백서』에는 '유遺'로 되어 있는데, '불유不遺'는 빠뜨리지 않는다는 뜻이다.『석문』에 경방은 '유留'라고 하였는데, '留'는 '遺'와 같으며, '불류不留'는 남기지 않는다는 뜻이다. 필자는 바로 뒤에 '不遺'가 나오므로 이들을 취하지 않았다. '낙천樂天'은 하늘의 뜻을 즐긴다, 즉 하늘에 순응한다는 뜻이고, '지명知命'은 운명을 안다는 뜻이다. '낙천지명'은 대유大有「상」의 순천휴명順天休命(하늘에 순응하여 운명을 아름답게 한다)과 같은 말이다. 전통적인 해석은 역도 혹은 성인을 주어로 여겼지만, 필자는 주역점을 주어로 보았다. "주역점은 행위가 반듯하므로 어긋나지 아니하고, 하늘의 뜻을 즐기고 운명을 알므로 근심하지 않는다"는 것이다. 다시 말해, 주역점은 반듯하니 어긋나는 것이 없고, 하늘의 뜻을 즐기고 운명을 알므로 근심이 없다는 말이다. '樂天知命'은 유가와 도가의 입장에서 해석할 수 있다. 유가로 말하면 순천명順天命이고, 도가로 말하면 무위자연無爲自然이다.

[安土敦乎仁, 故能愛.]『백서』에는 '安地厚乎仁'으로 되어 있다. '안토'는 자신의 위치에서 편안히 처한다는 뜻이다. 정이는 '安所止', 고형은 '安于所居之地'라고 하였는데, 같은 말이다. '논돈敦'은 두텁다는 뜻의 후厚이나. '인仁'은 주역점이 사람에게 길흉을 알려주어 길을 좇고 흉을 피하도록 하는 것을 가리킨다. 전통적인 해석은 역도 혹은 성인을 주어로 여겼지만, 필자는 주역점을 주어로 보았다. "주역점은 자신의 자리에 편안히 처하여 인을 돈독하게 하니, 그러므로 사랑할 수 있다"는 것이다. 다시 말해, 주역점은 많은 사람에게 길흉을 가르쳐 주어 인과 애를 행한다는 말이다. '인'과 '애'는 모

두 공자에게서 나왔다.

---

範圍天地之化而不過, 曲成萬物而不遺, 通乎晝夜之道而知. 故神无方而易无體.

(역은) 천지의 변화를 포괄하여 지나치지 아니하고, 만물을 곡진히 포용하여 빠뜨리지 아니하며, 낮과 밤의 도를 관통하여 지혜롭다. 그러므로 (시초를 셈하여 양을 얻고 음을 얻는) 신묘함은 방향이 없고, 역은 형체가 없다.

---

[範圍天地之化而不過] '범위範圍'는 동사로 사용되었으며, 범위로 한다는 뜻이다. 한강백은 '의범擬範'으로, 공영달과 주희는 '모범模範'으로, 정이는 '모량模量'으로 읽었는데, 뒷사람들은 대개 이와 같이 해석하였다. 고형은 포괄한다는 뜻으로 읽었는데, 범위로 한다는 것은 곧 포괄한다는 말이다. '화化'는 변화이다. '과過'에 대해서 공영달은 '그릇되다(過失)', 주희는 '지나치다(過於中道)'로 읽었는데 모두 통한다. 주역점은 광대하여 모든 것을 갖추고 있으니, 천지 만물의 변화의 원리를 포괄하여 지나치는 것이 없다는 말이다.

[曲成萬物而不遺] '곡曲'은 곡진曲盡하다의 곡이며, 정성을 다한다는 뜻이다. 고형은 함께라는 뜻의 구俱로 읽었다. '성成'에 대해, 공영달과 정이는 이루다는 뜻의 성취成就로 읽었는데, 뒷사람들은 모두 이를 따랐다. 고형은 "'성成'은 성盛으로 읽으며, 용기에 물건을 담는다는 뜻이다"라고 하여, 포용하다는 뜻으로 읽었다. 고형이 비교적 적합하다. '유遺'는 빠뜨리다는 뜻의 누루漏이다. 주역점은 만물을 곡진히 포용하여 빠뜨리지 않는다는 말이다.

[通乎晝夜之道而知] 상·2장에 "강과 유는 낮과 밤의 상(剛柔者, 晝夜之象也)"이라고 하였다. '주야지도晝夜之道'는 곧 음양·강유·유명·귀신의 변화의 도를 가리킨다. 한강백은 2장 주에서 "낮은 곧 양이고 강이며, 밤은 곧 음이고 유이니, 길흉 변화를 총괄하여 말한 것이다(晝則陽剛, 夜則陰柔, 始總

言吉凶變化)"라 하고, 이 구절의 주에서 "어둠과 밝음의 까닭에 관통하면 알지 않음이 없다(通幽明之故, 則无不知也)"고 하여, '유명'으로 주야를 해석하였다. 공영달은 이를 따라 "성인은 주야의 도를 훤히 아니, 주는 명이고, 야는 유이다. 유명의 도를 훤히 알아 알지 못하는 일이 없음을 말한다(聖人通曉於晝夜之道, 晝則明也, 夜則幽也, 言通曉於幽明之道而无事不知也)"고 하였는데, '유명'으로 주야를 해석하여, 주야의 도는 곧 '유명의 도'라고 하였다. 주희는 "'주야'는 곧 유명·생사·귀신을 말한 것이다(晝夜, 卽幽明生死鬼神之謂)"라고 하였다. 초순焦循은 "'주야의 도'는 즉 한 번은 음이 되고 한 번은 양이 되는 도(晝夜之道, 卽一陰一陽之道也)"라고 하였다. '지知'에 대해 세 가지 해석이 있다. 하나는 앞에 나오는 세 개의 '지知'와 같으며, '안다'는 뜻이다. 순상과 한강백 등 대부분 이렇게 해석하였다. 또 하나는 상·7장에 "지혜는 숭고하고 예의는 겸손하다(知崇禮卑)"의 '지智'로 읽어 지혜로 해석하는 것이다. 고형이 이렇게 읽었다. 마지막 하나는 상·5장의 "책수를 다하여 미래의 일을 예지하는 것을 점이라고 한다(極數知來之謂占)", 11장의 "주역점의 신묘함으로 미래의 일을 안다(神以知來)"의 '지知'로 읽어 미래의 상황을 예지하는 것으로 해석하는 것이다. 주백곤이 이렇게 해석하였다. 세 가지 해석은 모두 통한다. 주역점은 음양의 도를 관통하여 지혜로우므로, 길흉을 예지하여 의혹을 해결할 수 있다는 말이다.

[故神无方而易无體.] '신神'은 주역점의 신묘함이며, 시초를 셈하여 양을 얻고 음을 얻는 것이 신묘하여 예측할 수 없는 것을 가리킨다. 상·5장에서 "음양을 헤아릴 수 없는 것을 신묘하다고 한다(陰陽不測之謂神)"고 하였다. '방方'에 대해, 공영달은 "있는 곳을 말한 것(方是處所之名)", 정이는 '방소方所'라고 하였는데, 방향 혹은 처소處所(있는 곳)라는 뜻이다. '무방无方'은 일정한 방향(처소)이 없다는 것이다. '역'은 주역점을 가리킨다. '체體'는 형체이다. 공영달은 "형질을 말한 것(體是形質之稱)"이라고 하였다. '무체无體'는 일정한 형체가 없다는 것이다. 한강백은 "'방'과 '체'는 모두 형체에 매여 있는 것(方體者, 皆係於形器者也)"이라고 하였다. 주역점에서 시초를

셈하여 양을 얻고 음을 얻는 신묘한 도는 변화가 무쌍하므로 일정한 방향(처소)이 없고, 주역점은 바로 이런 신묘한 도를 반영한 것이므로 변화가 무쌍하여 일정한 형체가 없다는 말이다. '신무방이역무체'는 주역점이 변화무쌍하다는 것을 말한 것이다.

여기까지가 제4장이다. 본장의 주제는 주역점이며, 주역점을 천지와 같은 것으로 여기고, 이를 극찬하였다.

주역점은 천지와 같다. 성인은 천지 만물의 형상을 본떠 괘효상을 만들었고, 천지 만물의 변화를 본떠 괘효의 변화의 법칙을 만든 것이다. 그러므로 주역점은 천지의 도리를 두루 포괄하고 있다. 주역점은 천문을 살펴 천도를 취하고, 지리를 살펴 지도를 취한 것이므로 하늘의 밝음과 땅의 어둠, 천지간의 은밀함과 드러남, 음양의 변화를 훤하게 꿰뚫고 있다. 주역점은 만물의 시원을 살피고 종말을 밝힌 것이므로 삶과 죽음의 도리를 훤하게 꿰뚫고 있다. 기가 응취하여 만물을 이루고, 기가 흩어져 사물의 변화를 이루니, 주역점은 이러한 천지간의 각종 기이한 현상을 훤하게 꿰뚫고 있다.

주역점은 천지와 서로 같으니, 천지의 도리와 어긋나지 않는다. 주역점은 만물의 이치를 두루 알고, 그 도는 사람에게 길흉을 알려주어 천하를 구제하니, 조금도 그릇됨이 없다. 주역점은 행위가 반듯하여 어긋나지 아니하고, 하늘의 뜻을 즐기고 운명을 알므로 근심이 없다. 주역점은 자신의 자리에 편안히 처하여 많은 사람에게 길흉을 알려주어 인을 돈독하게 행하니 천하 만물을 사랑할 수 있다.

주역점은 광대하여 모든 것을 갖추고 있으니, 천지 만물의 변화의 원리를 포괄하여 지나치는 것이 없다. 주역점은 만물을 곡진히 포용하여 빠뜨리지 않는다. 주역점은 음양의 도를 관통하여 지혜로우므로 길흉을 예지하여 의혹을 해결할 수 있다. 그러므로 시초를 셈하여 양을 얻고 음을 얻는 신묘한 도는 일정한 방향(처소)이 없고, 주역점은 변화가 무쌍하여 일정한 형체가 없다.

# 제5장

一陰一陽之謂道. 繼之者, 善也. 成之者, 性也. 仁者見之謂之仁, 知者見之謂之知. 百姓日用而不知, 故君子之道鮮矣.

(시초를 셈하여) 한 번은 음을 얻고 한 번은 양을 얻는 것을 주역점의 도라고 한다. 시초를 잇달아 셈하여 계속 효를 얻는 것이 사람의 미덕이요, 시초를 셈하여 효를 얻고 괘를 이루는 것이 사람의 본성이다. 인자한 사람이 시초를 셈하는 것을 보면 인자하다 하고, 지혜로운 사람이 시초를 셈하는 것을 보면 지혜롭다고 한다. 백성은 날마다 시초를 사용하여 주역점을 쳐도 그 도리를 알지 못하니, 그러므로 군자의 도는 (아는 사람이) 드물다.

---

[一陰一陽之謂道] '일음일양'은 시초를 셈하여 한 번은 음을 얻고 한 번은 양을 얻는다는 뜻이다. '도'는 주역점의 도, 즉 주역점을 치는 방식이라는 뜻이다. 50개의 시초에서 하나를 제하고, 49개의 시초를 셈하여 한 번은 음을 얻고 한 번은 양을 얻는 것이 주역점을 치는 방식이라고 한다는 말이다. 자연계로 말하면, 음양의 변역, 즉 더위와 추위, 낮과 밤, 해와 달이 번갈아 찾아오는 것이 곧 우주의 규율이라고 한다는 것이다. 인간계로 해석하면,

남녀가 혼인하여 아들을 낳고 딸을 낳는 것이 곧 사람이 걸어가야 할 길이라고 한다는 말이다.

전통적인 해석으로 '일음일양'에 대해 두 가지 해석이 있다. 하나는 '하나의 음과 하나의 양'으로 해석하는 것이다. 「설괘」 2장에 "음으로 나누고 양으로 나눈다(分陰分陽)"고 한 것이 바로 이것이다. 우주속의 삼라만상은 모두 음과 양으로 구성되어 있다. 하나의 음과 하나의 양은 곧 우주의 근본 규율(道)이다. 『역전』은 천지를 본떠, 음양을 가지고 괘상과 효상을 확립하고, 음양을 가지고 자연과 인간을 해석하였다. 또 하나는 '한 번은 음이 되고 한 번은 양이 되는 것'으로 해석하는 것이다. 상·1장에 "한 번은 추워지고 한 번은 더워진다(一寒一暑)", 11장에 "한 번 닫고 한 번 연다(一闔一闢)"고 한 것이 이것이다. 주희는 "음양이 번갈아 운행하는 것(陰陽佚運)"이라고 하였는데, '일음일양'을 음양의 변화로 파악한 것이다. 즉 음이 양으로, 양이 음으로 바뀌는 것을 말한다. 주희의 말을 빌리면, 앞의 해석은 음양의 대립(陰陽對待)이요, 뒤의 해석은 음양의 변역(陰陽流行)이다. '도'는 역도, 즉 음양의 도, 음양 변역의 도이며, 우주의 규율, 법칙을 가리킨다. 하나의 음과 하나의 양, 혹은 한 번은 음이 되고 한 번은 양이 되는 것을 역도 혹은 우주의 규율이라고 한다는 말이다.

[繼之者, 善也. 成之者, 性也.] '계繼'는 이어서 계속하다는 뜻이다. 『백서』에는 '계係'로 되어 있는데 같은 뜻이다. '지之'는 앞의 일음일양, 즉 시초를 셈하여 한 번은 음을 얻고 한 번은 양을 얻는 것을 가리킨다. '선善'은 선악의 선, 즉 도덕 개념이 아니라, 미덕 혹은 훌륭하다는 가치 개념이다. '계지자, 선야'는 시초를 잇달아 셈하여 계속 효를 얻는 것이 사람의 미덕이라는 말이다. '성成'은 이루다, 성취하다는 뜻이다. '지之'는 앞의 지와 같다. '성性'은 사람이 가지고 있는 본성이며, 미래를 알고자 하는 본능이다. 『역전해설』을 참고하라. 『백서』에는 '成之者生也'로 되어 있는데, '생生'은 곧 성이다. '성지자, 성야'는 시초를 셈하여 효를 얻고 괘를 이루어 미래를 알고자 하는 것이 사람의 본성이라는 말이다. 자연계로 말하면, 음양의 변역, 즉 더

위와 추위, 낮과 밤, 해와 달이 계속해서 이어지는 것이 자연의 미덕이요, 음양 변역의 질서, 즉 자연의 질서를 이루는 것이 자연의 본성이라는 것이다. 인간계로 말하면, 부모가 아들을 낳고 딸을 낳아 대를 잇는 것이 인간의 미덕이요, 가정을 이루고 일가를 이루는 것이 인간의 본성이라는 말이다.

전통적인 해석으로는, '지之'는 도, 즉 음양 변역의 도를 가리키며, '성性'은 만물이 각각 구유하고 있는 본성이다. 음양 변역의 도를 잇는 것이 선이요, 음양 변역의 도를 성취하는 것이 만물이 품고 있는 본성이라는 말이다.

[仁者見之謂之仁, 知者見之謂之知] '지之'는 시초를 셈하여 한 번은 음을 얻고 한 번은 양을 얻는 것, 즉 주역점을 가리킨다. 두 개의 '지知'는 '지智'로 읽는다. 인자한 사람이 시초를 셈하는 것을 보면 주역점이 미래의 길흉을 예시하므로 인자하다 하고, 지혜로운 사람이 시초를 셈하는 것을 보면 주역점이 사람의 의혹을 해결하여 주기에 지혜롭다고 한다는 말이다.

[百姓日用而不知, 故君子之道鮮矣.] '군자'는 점술가이다. '선鮮'은 『석문』에 마융, 정현, 왕숙이 "드물다는 뜻의 소少"라고 하였다. 백성은 날마다 시초를 사용하여 주역점을 쳐도 그 도리를 알지 못하니, 그러므로 군자의 도는 아는 사람이 드물다는 말이다. 백성이 날마다 시초를 사용하여 주역점을 쳐도 알지 못하는 도리는 무엇인가? 그것은 시초를 셈하여 '일음일양'하는 도리이다. '군자의 도'란 무엇인가? 이것은 시초를 셈하여 '일양일음'하는 것, 즉 주역점을 완미玩味하는 도이다. 상·2장에 "군자는 움직이지 않을 때는 괘효의 상을 관찰하고 그 점금을 음미하며, 움직일 때는 시초의 변화를 보고 점을 음미한다(是故君子居則觀其象而玩其辭, 動則觀其變而玩其占)"고 한 것이 바로 '군자의 도'이다. 백성들은 매일 시초를 셈하여 주역점을 쳐도 '일음일양'하는 도리를 알지 못하니, 그러므로 '관상觀象'하여 '완사玩辭'하고, '관변觀變'하여 '완점玩占'하는 군자의 도를 아는 사람이 드물다는 말이다. 즉 백성들은 주역점을 건성으로만 칠뿐 그 본질은 알지 못한다는 말이다.

전통적인 해석으로는, '인자견지' '지자견지'의 '지之'는 음양 변역의 도를 가리킨다. 음양이 변화하는 도에 대한 인식은 사람들이 각각 보는 바에 따라 다르게 인식된다. 인자한 사람이 음양 변역의 도를 보면 인자하다 하고, 지혜로운 사람이 음양 변역의 도를 보면 지혜롭다고 하며, 백성은 날마다 음양 변역의 도를 사용하여도 그것을 알지 못한다. '군자의 도'는 인자한 사람이나 지혜로운 사람처럼 단면적으로 인식하는 것이 아니요, 백성처럼 전혀 알지 못하는 것도 아니다. 군자의 도는 역도 전체를 인식하는 도이다. 따라서 군자의 도는 드물다는 말이다.

顯諸仁, 藏諸用, 鼓萬物而不與聖人同憂, 盛德大業至矣哉! 富有之謂大業, 日新之謂盛德, 生生之謂易. 成象之謂乾, 效法之謂坤. 極數知來之謂占, 通變之謂事, 陰陽不測之謂神.

(주역점은) 인을 드러내고, 공을 감추며, 만물을 고무하나 성인과 더불어 근심을 같이 하지 아니하니, 성대한 덕과 위대한 업은 지극하도다! 시초를 넉넉히 갖추고 주역점을 치는 것을 위대한 업이라 하고, 날마다 새롭게 주역점을 치는 것을 성대한 덕이라고 하며, 시초를 셈하고 또 셈하여 효를 얻고 또 얻는 것을 역이라고 한다. (하늘의) 상을 이루는 것을 건이라 하고, (땅의) 법을 본받는 것을 곤이라고 한다. 책수를 다하여 미래의 일을 예지하는 것을 점이라 하고, 변화에 통달하는 것을 점치는 일이라고 하며, (시초를 셈하여) 음양을 헤아릴 수 없는 것을 신묘하다고 한다.

[顯諸仁, 藏諸用, 鼓萬物而不與聖人同憂] '현顯'은 나타나다는 뜻이다. '저諸'는 '지어之於'가 합한 것이다. '인仁'은 앞장의 "자신의 자리에 편안히 처하여 인을 돈독하게 한다(安土敦乎仁)", 앞 구절의 "인자한 사람이 시초를 셈하는 것을 보면 인자하다고 한다(仁者見之謂之仁)의 '인'이며, 주역점이 길흉을 알려주어 사람으로 하여금 흉을 피하고 길을 좇도록 하는 것을 가리킨다. '현저인'은 주역점이 인을 드러낸다는 말이다. '장藏'은 감추다는 뜻이다. '용用'은 공영달이 '공용功用'이라고 하였는데, 곧 공용功用, 효용效用

의 용이다. 효력, 효험의 뜻이며, 곧 주역점의 공을 가리킨다. '장저용'은 주역점이 공을 드러내지 않는다는 말이다. '고鼓'는 고무하다는 뜻이다. '고만물'은 만물의 화육을 고무한다는 뜻이다. '성인과 더불어 근심을 같이 하지 아니한다(不與聖人同憂)'는 것은 앞장에서 "하늘의 뜻을 즐기고 운명을 아니, 그러므로 근심하지 않는다(樂天知命, 故不憂)"하기 때문이다. '성인'은 하·7장에 "역을 만든 사람은 우환이 있어서인가(作易者, 其有憂患乎)"라 하였고, 상·11장에 "성인은 길흉을 백성과 더불어 함께 근심한다(吉凶與民同患)"고 하였다. 즉 성인은 근심하는 바가 있어 역을 만들어, 길흉을 백성과 더불어 함께 근심하나, 주역점은 하늘의 뜻을 즐기고 운명을 알므로 성인과 더불어 근심을 같이 하지 아니한다는 말이다. 본 구절의 주어는 앞 구절과 같이 주역점이며, 주역점은 인을 드러내고, 공을 감추며, 만물을 고무하나 성인과 더불어 근심을 같이 하지 아니한다는 말이다.

전통적인 해석으로는, 문장의 주어는 역도 즉 음양 변역의 도이다. 음양 변역의 도는 인에서 나타나며, 또 구체적인 작용 속에 감춰져 있어 사람들이 쉽게 알지 못한다. 음양 변역의 도는 만물의 화육을 고무하나, '성인'은 세상을 구하고 백성을 이롭게 하기 위해 근심하니, 성인과 더불어 근심을 같이 하지 아니한다는 말이다. 후과는 "성인은 일을 이루는데 무심할 수 없으므로 근심이 있다. 신묘한 도는 만물을 고무하나 고요하여 정이 없으므로 근심이 없다(聖人成務, 不能無心, 故有憂. 神道鼓物, 寂然無情, 故無憂也)"고 하였다. 정이는 "천지는 무심하되 만물의 화육을 이루고, 성인은 유심하나 인위적으로 하는 일이 없다(天地無心而成化, 聖人有心而無爲)"고 하였다.

『백서』에는 '聖者仁, 壯者勇, 鼓萬物而不與衆人同憂.'로 되어 있다. 문장의 주어는 '성자'와 '장자'이며, 이들은 앞 구절의 군자이고, '중인衆人'은 앞 구절의 백성이다. 성인은 인자하고 강건한 사람은 용감하여, 이들은 만물의 화육을 고무하나 뭇사람과 더불어 근심을 같이 하지 아니한다는 말이다. 이렇게 해석하여도 뜻은 통한다.

[盛德大業至矣哉!] '성덕盛德'은 성대한 덕이라는 말이며, '덕'은 곧 주역점

의 작용이다. '대업大業'은 위대한 업이라는 말이며, '업'은 곧 주역점을 치는 일이다. '성덕'과 '대업'은 곧 주역점을 찬양한 말이다. '지至'는 지극하다는 뜻이다. 문장의 주어는 주역점이며, 주역점의 성대한 덕과 위대한 업은 지극하다는 말이다.

[富有之謂大業, 日新之謂盛德.] '부유富有'는 주역점을 칠 때 사용하는 시초를 넉넉하게 갖추고 있는 것을 가리키고, '일신日新'은 날마다 새롭게 주역점을 치는 것, 즉 앞의 '백성일용'이다. 시초를 넉넉히 갖추고 주역점을 치는 것을 위대한 업이라 하고, 날마다 새롭게 주역점을 치는 것을 성대한 덕이라고 한다는 말이다. 그래서 문맥이 그 다음 구절로 자연스럽게 연결된다. 이 구절은 주역점이 사람에게 길흉을 알려주는 성대한 덕과 위대한 업을 찬양한 것이다.

전통적인 해석으로는, '부유'는 음양 변역의 도가 넉넉히 있다는 뜻이며, '일신'은 음양 변역의 도가 날로 새롭다, 즉 음양 변역의 도가 무궁하다는 뜻이다. 문장의 주어는 음양 변역의 도이며, 음양 변역의 도가 풍부하게 갖춰있는 것을 위대한 업이라 하고, 음양 변역의 도가 날로 새로워 변화무궁한 것을 성대한 덕이라고 한다는 말이다. 이 구절은 음양이 만물을 생육하는 성대한 덕과 위대한 업을 찬양한 것이다.

[生生之謂易] '생생'은 생지우생生之又生, 낳고 또 낳는 것, 시초를 셈하고 또 셈한다는 뜻이다. 앞의 '일음일양'과 같으며, 시초를 셈하여 끊임없이 음을 얻고 양을 얻는 것을 가리킨다. 즉 49개의 시초를 3변하여 한 효를 얻고, 9변하여 작은 괘를 얻고, 18변하여 한 괘를 얻는 것을 말한다. '생생지위역'은 앞의 '일음일양지위도'와 같은 말이다. '역易'은 곧 주역점이다. 시초를 셈하고 또 셈하여, 효를 얻고 또 얻는 것을 주역점이라고 한다는 말이다. '생'이란 무엇인가? 시초를 셈하는 것이다. 하·1장에 "천지의 큰 덕을 생이라 한다(天地之大德曰生)"고 하였다. '천지의 큰 덕'은 무엇인가? 곧 건곤의 큰 덕이다. 상·6장에 "건은 고요하면 둥글고, 움직이면 곧으니, 그래서 크게 생한다. 곤은 고요하면 닫히고, 움직이면 열리니, 그래서 넓게 생한다(夫乾,

其靜也專, 其動也直, 是以大生焉. 夫坤, 其靜也翕, 其動也闢, 是以廣生焉)"고 하였다. '건곤'은 주역점의 또 다른 표현이다. 건곤의 큰 덕은 곧 크게 생하고, 넓게 생한다는 말이다. 무엇을 생하는가? 효와 괘를 생하는 것이다. 상·11장에 "그러므로 역에는 태극이 있으니, 이것이 양의를 낳고, 양의가 사상을 낳고, 사상이 팔괘를 낳고, 팔괘는 길흉을 정하고, 길흉은 대업을 낳는다(是故易有太極, 是生兩儀, 兩儀生四象, 四象生八卦, 八卦定吉凶, 吉凶生大業)"고 하였다. 결국 '생'은 시초를 셈하여 태극이 양의를, 양의가 사상을, 사상이 팔괘를 '생'하는 것이다. '생생'은 곧 시초를 셈하고 또 셈하여 효를 얻고 또 얻는 것을 가리키고, '역'은 곧 주역점을 가리킨다. 자연계로 말하면, 천지 음양은 만물을 생하고 또 생하니 이것을 자연의 변역이라고 한다는 것이고, 인간계로 말하면, 사람은 후손을 낳고 또 낳으니 이것을 인간의 변역이라고 한다는 말이다.

전통적인 해석으로는, '생생'은 생지우생生之又生, 낳고 또 낳는 것, 사물이 끊임없이 변화한다는 뜻이다. 앞의 '일음일양과 같으며, 음양이 서로 변화하여 끝이 없는 것을 가리킨다. 자연계와 인간계는 음양이 변화하는 것이 끝이 없다. '생생지위역'은 앞의 '일음일양지위도'와 같은 말이다. '역'은 곧 변역의 뜻이다. 이것은 우주의 변화와 괘효의 변화를 가리킨다. 순상은 "음양은 서로 바뀌니, 변화하여 서로 생한다(陰陽相易, 轉相生也)"고 하였고, 공영달은 "'생생'은 끊임이 없다는 말이다. 음양이 변하여, 뒤에 생한 것은 앞에 생한 것 다음이니, 이것은 만물이 항상 생하는 것이며, 이를 역이라 한다(生生, 不絶之辭. 陰陽變轉, 後生次於前生, 是萬物恒生, 謂之易)"고 하였다. 음양은 만물을 낳고 또 낳아 그치지 아니하니, 이것을 변역이라고 한다는 말이다. 정이는 "동정은 단서가 없고, 음양은 시작이 없다. …낳고 낳아 서로 이어지니, 변역하여 끝이 없다(動靜無端, 陰陽無始. …生生相續, 變易而不窮也)"고 하였다. 주희는 "음이 양을 생하고, 양이 음을 생하여, 그 변화는 무궁하다(陰生陽, 陽生陰, 其變無窮)"고 하였다. 이들은 '역'을 곧 변역의 뜻으로 인식하여, 낳고 또 낳는 것, 변화하고 또 변화하는 것을 역이라 한다고 하여, 음양 만물의 변역의 도로 파악하였다.

[成象之謂乾. 效法之謂坤.] '상象'은 하늘의 상이다. '효效'는 본받다, 또는 나타내다는 두 가지 뜻이 있다. 주희는 "'효'는 나타내다는 뜻의 정(效, 呈也)"이라고 하였다. 두 가지 다 통한다. '법法'은 땅의 법이다. 하늘의 상을 이루는 것을 건이라 하고, 땅의 법을 본받는 것을 곤이라고 한다는 말이다. 상·1장에 "하늘은 높고 땅은 낮으니, 건과 곤이 정해진다(天尊地卑, 乾坤定矣)"고 하였다. 즉 하늘의 상과 땅을 법을 본떠 건곤이 정하여졌다는 말이다. '건곤'은 주역점의 또 다른 표현이다. 건곤은 곧 시초를 셈하여 괘상을 이루고, 그 법을 나타내는 것이라는 말이다. 즉 주역점은 괘상을 이루고 이 상에 근거하여 길흉을 나타내는 것이라는 말이다.

전통적인 해석으로는, '상'은 물상이다. '성상成象'은 하늘이 형성하는 각종 물상이다. '건'은 하늘(天)이고 양이며, '곤'은 땅(地)이고 음이다. '법'은 곧 형形이고 상象이다. 상·1장에 "하늘에서 상을 이루고, 땅에서 형을 이룬다(在天成象, 在地成形)"고 하였고, 하·2장에 "우러러서는 하늘에서 상을 살피고, 굽어서는 땅에서 법을 살핀다(仰則觀象乎天, 俯則觀法於地)"고 하여, '천상天象'과 '지형地形', '지법地法'을 같이 말하였다. 이 구절은 하늘이 상을 이루고 땅이 법을 나타내는 것에 근거하여 음양 변역의 도를 말하였다.

[極數知來之謂占] '극極'은 다하다는 뜻의 진盡이다. '수數'는 시책의 수, 즉 대연의 수이다. '극수'는 시초를 셈하여 괘를 얻는 것(揲蓍求卦)이다. '지知'는 예지하는 것이고, '래來'는 앞으로 올 미래의 일을 가리킨다. '점'은 시초점(筮)이다. 공영달은 "시책의 수를 다하여 미래의 일을 예지하며, 점에 길흉을 묻는 것을 말한다(謂窮極蓍策之數, 豫知來事, 占問吉凶)"고 하였다. 50개의 시초를 셈하여 효를 얻고 괘를 얻어 미래의 일을 예지하는 것을 시초점이라고 한다는 말이다. 이 구절은 주역점을 말한 앞 구절과 자연스럽게 연결된다.

[通變之謂事] '통通'은 통달하다는 뜻이다. '변變'은 시초의 변화와 괘효의 변화를 포괄하는 개념이다. '사事'는 점사占事, 즉 점치는 일을 가리킨다. 시

712

초를 셈하고, 또 효를 얻어 이를 변화시켜, 변화에 통달하는 것을 점치는 일이라고 한다는 말이다. 자연계로 말하면, 자연의 변화에 통달하는 것, 인간계로 말하면, 인간의 운명의 변화에 통달하는 것을 사事라고 한다는 말이다.

[陰陽不測之謂神] '측測'은 헤아리다는 뜻의 탁度이다. '신神'은 주역점의 신묘함이다. 주역점이 왜 신묘한가? 49개의 시초를 셈하여 효를 얻는데, 음효를 얻고 양효를 얻는 것은 아무도 예측할 수 없다. 또 양효가 음효로 변하고 음효가 양효로 변하는 것 또한 아무도 예측할 수 없다. 아무도 예측할 수 없지만 귀신같이 미래의 일을 정확히 알려준다. 「계사」는 이것을 '신神(신묘함)'이라는 글자 하나로 표현한 것이다. 시초를 셈하여 음양을 예측할 수 없는 것을 신묘하다고 한다는 말이다.


여기까지가 제5장이다. 본장의 주제는 주역점이며, 시초를 셈하여 음을 얻고 양을 얻어, 주역점이 사람에게 길흉을 예시하고 의혹을 해결해 주는 그 성대한 덕과 위대한 업을 찬양하였다.

49개의 시초를 셈하여 한 번은 음을 얻고 한 번은 양을 얻는 것을 주역점을 치는 방식이라고 한다. 시초를 잇달아 셈하여 계속 효를 얻는 것이 사람의 미덕이요, 시초를 셈하여 효를 얻고 괘를 이루어 미래를 알고자 하는 것이 사람의 본성이다. 인자한 사람이 시초를 셈하는 것을 보면 주역점이 미래의 길흉을 예시하여 주므로 인자하다 하고, 지혜로운 사람이 시초를 셈하는 것을 보면 주역점이 사람의 의심을 해결하여 주므로 지혜롭다고 한다. 백성은 날마다 시초를 사용하여 주역점을 쳐도 한 번은 음을 얻고 한 번은 양을 얻는 도리를 알지 못하니, 그러므로 '관상'하여 '완사'하고, '관변'하여 '완점'하는 군자의 도는 아는 사람이 드물다.

주역점은 인을 드러내고, 공을 감추며, 만물의 화육을 고무하나 하늘의 뜻을 즐기고 운명을 알아 근심하지 않으므로, 성인과 더불어 근심을 같이 하지 아니하니, 주역점의 성대한 덕과 위대한 업은 지극하기도 하다. 시초를 넉넉히 갖추고 주역점을 치는 것을 위대한 업이라 하고, 날마다 새롭게 주역점을 치는 것을 성대한 덕이라고 한다. 시초를 셈하고 또 셈하여 효를 얻고 또 얻는 것을 주역점이라고 한다. 주역점은 괘상을 이루고 이 상에 근거하여 길흉을 나타내는 것이니, 상을 이루는 것을 건이라 하고, 법을 나타내는 것을 곤이라고 한다. 49개의 시초를 셈하여 효를 얻고 괘를 얻어 미래의 일을 예지하는 것을 시초점이라 하고, 시초를 셈하고 또 효를 얻어 이를 변화시켜, 변화에 통달하는 것을 점치는 일이라고 하며, 시초를 셈하여 음효를 얻고 양효를 얻는 것, 또 양효가 음효로 음효가 양효로 변하는 것은 아무도 예측할 수 없으니, 이것을 신묘하다고 한다.

# 제6장

夫易, 廣矣大矣. 以言乎遠則不禦, 以言乎邇則靜而正, 以言乎天地之間則備矣. 夫乾, 其靜也專, 其動也直, 是以大生焉. 夫坤, 其靜也翕, 其動也闢, 是以廣生焉. 廣大配天地, 變通配四時, 陰陽之義配日月, 易簡之善配至德.

무릇 역은 넓기도 하고 크기도 하다. 미래의 일을 말하면 어긋남이 없고, 지금의 일을 말하면 정밀하고 정확하며, 천지 사이의 일을 말하면 모든 것을 갖추고 있다. 건은 고요하면 둥글고, 움직이면 곧으니, 그래서 크게 생긴다. 곤은 고요하면 닫히고, 움직이면 열리니, 그래서 넓게 생한다. (주역점이) 넓고 큰 것은 천지에 짝하고, 변하여 통하는 것은 사계절에 짝하며, 음과 양의 변화는 해와 달에 짝하고, 쉽고 간단함의 훌륭한 것은 천지의 지극한 덕에 짝한다.

---

[夫易, 廣矣大矣.] '역'은 주역점을 가리킨다. '광廣'은 넓다는 뜻이며 곤의 작용을 가리키고, '대大'는 크다는 뜻이며 건의 작용을 가리킨다. 주역점이 포함하고 있는 도리는 매우 넓기도 하고 크기도 하다는 말이다. 공영달은

"이것은 역리의 큼을 밝힌 것이다. 역의 변화는 사방 끝까지 이르니 넓다는 것이고, 하늘 끝까지 이르니 크다는 것이다(此贊明易理之大, 易之變化, 極於 四遠是廣矣, 窮於上天是大矣)"라고 하였다.

[以言乎遠則不禦, 以言乎邇則靜而正] '이以'는 '이지以之'의 지之가 생략된 것이다. '이지以之'는 '용지用之'와 같으며, '지之'는 주역점을 가리킨다. '원遠'은 먼 일, 즉 미래의 일을 가리킨다. 우번은 "'어'는 멈추다는 뜻의 지 (禦, 止也)"라고 하였다. 한강백, 공영달도 같은 뜻으로 읽었다. '이邇'는 가까운 일, 즉 지금의 일을 가리킨다.『설문』에 "'이'는 가깝다는 뜻의 근, '정' 은 주도면밀하다는 뜻의 심(邇, 近也. 靜, 審也)"이라고 하였다. 주역점은 미래의 일을 말하면 멈추는 것이 없고, 지금의 일을 말하면 정밀하고 정확하 다는 말이다.『백서』에는 '以言乎遠則不過, 以言乎近則精而正.'으로 되어 있 다. 원문의 '불어不禦'는 '불과不過'가, '이邇'는 '근近'이, '정靜'은 '정精'이 맞을 것이다. 주역점은 미래의 일을 말하면 어긋남이 없고, 지금의 일을 말 하면 정밀하고 정확하다는 말이다. 필자는『백서』를 따라 해석하였다.

[以言乎天地之間則備矣] '비備'에 대해, 주희는 "갖추지 아니한 것이 없는 것(備, 言无所不有)"이라고 하였다. 주역점은 천지 사이의 일을 말하면 모든 것을 갖추고 있다는 말이다. 상·4장에 "역은 천지와 같다. 그러므로 천지의 도를 두루 포괄할 수 있다(易與天地準, 故能彌綸天地之道)"고 하였고, 하·10 장에 "『역』이라는 책은 넓고 커서 모든 것을 갖추고 있으니, 천도도 있고, 인도도 있고, 지도도 있다(易之爲書也. 廣大悉備, 有天道焉, 有人道焉, 有地道 焉)"고 하였다.

[夫乾, 其靜也專, 其動也直, 是以大生焉.] '건'은 49개의 시초를 두 손에 나누 어 쥐고, 왼손에 쥔 것을 상㧞 위쪽에 가로로 놓고 하늘(天)이라 하고, 이것 을 '건'이라고 한다. '정靜'은 시초를 아직 셈하지 않는 것이다. '전專'에 대 해, 『석문』에 육적은 "둥글다는 뜻의 단摶"으로 하였다(陸作摶).『백서』에는 '전專'이 권圈으로 되어 있다. '권'은 둥글다는 뜻의 원圓이다.「설괘」11장 에 "건은 둥글다(乾爲圓)"고 하였다. '동動'은 시초를 셈하는 것이다. '직直'

716

은 곧다는 뜻이다. '정靜'과 '동動', '단摶'과 '직直' 혹은 '권圈'과 '직直'은 서로 짝이 된다. 상의 위쪽에 놓아둔 시초는 아직 셈하지 않을 때는 상 위쪽에 그대로 있으므로 둥글고, 셈할 때는 손에 쥐고 셈을 하므로 곧으니, 그래서 크게 생한다는 말이다. 이 구절은 건을 남자의 성기에 비유하여 말한 것이다. 남자의 성기는 발기되지 않았을 때는 둥글고, 발기 되었을 때는 꼿꼿하니, 그래서 크게 생한다는 말이다.

전통적인 해석으로는, 송충, 한강백, 공영달 등 대부분의 사람들이 '전摶'을 한결같다는 뜻의 전일專一로 보고, "건은 고요할 때는 한결같고, 움직일 때는 강직하니, 그래서 크게 생한다"고 해석하였다. 즉 건은 정전靜專, 동직動直의 성질을 구유하고 있다는 것이다.

고형은 "'건'은 하늘(天)이다. 유월俞樾은 '다음 문장인 夫坤, 其靜也翕, 其動也闢에서 흡翕과 벽闢은 서로 짝이 되므로, 이 구절에서도 전專과 직直은 반드시 짝이 되어야 한다'고 하였다. '전專'은 단團자의 가차이다. 『설문』에 '단團은 둥글다는 뜻의 원圓이다. 구口와 전專의 성음으로 되어 있다'고 하였다. '단團'은 형체가 둥근 것이다. 하늘이 고요하면 맑고 그 형체는 둥글다. 하늘이 움직여 비와 눈이 내리면 그 힘은 곧게 아래로 내려온다. 둥근 형체는 포괄하지 않는 것이 없으며, 곧게 아래로 내려오면 이르지 않는 것이 없으니, 그래서 크게 생할 수 있다"고 하였다. 고형은 '전專'을 둥글다는 뜻의 단團으로 읽고, "건은 고요하면 둥글고, 움직이면 곧으니, 그래서 크게 생한다"고 해석하였다. 고형이 정확히게 본 것이다.

[夫坤, 其靜也翕, 其動也闢, 是以廣生焉.] '곤'은 49개의 시초를 두 손에 나누어 쥐고, 오른손에 쥔 것을 상 아래쪽에 가로로 놓고 땅(지)이라 하고, 이것을 '곤'이라고 한다. '정靜'은 시초를 아직 셈하지 않는 것이다. '흡翕'은 닫다는 뜻의 폐閉이다(송충). 『석문』과 『백서』에는 거두다는 뜻의 염斂으로 되어 있다. '동動'은 시초를 셈하는 것이다. '벽闢'은 『석문』에 "열다는 뜻의 개開"라고 하였다. 상의 아래쪽에 놓아둔 시초는 아직 셈하지 않을 때는 상 아래쪽에 그대로 있으므로 닫혀있고, 셈할 때는 손에 쥐고 셈을 하므로 열

려있으니, 그래서 넓게 생한다는 말이다. 이 구절은 곤을 여자의 성기에 비유하여 말한 것이다. 여자의 성기는 흥분되지 않았을 때 닫혀있고, 흥분되었을 때 열리니, 그래서 넓게 생한다는 말이다. 건과 곤이 시초를 셈하여 '대생大生'하고 '광생廣生'하는 것은 곧 천지가 만물을 낳고 기르는 것과 같다. 이것은 곧 주역점이 천지와 짝하는 것을 말한 것이다. 그래서 자연스럽게 다음 구절로 이어진다.

전통적인 해석으로는, '곤'은 땅(地)이다. 땅이 고요하여 초목을 낳지 않으면 닫힌다. 땅이 움직여 초목을 낳으면 열린다. 닫히고 열리니, 그래서 넓게 생한다는 말이다. 즉 곤은 정흡靜翕, 동벽動闢의 성질을 구유하고 있다는 것이다.

건과 곤이 크고 넓게 생하는 것은 무엇인가? 시초를 셈하여 효를 생하고 괘를 생하여 사람에게 길흉을 알려주는 것이다. 길흉을 알려주면 어떻게 되는가? 바로 대업大業을 생하는 것이다. 상·11장에 "팔괘가 길흉을 정하고, 길흉이 대업을 낳는다(八卦定吉凶, 吉凶生大業)"고 하였다. 주역점은 시초를 셈하여 태극—양의—사상—팔괘—길흉—대업을 생하는 것이다.

[廣大配天地] '광廣'은 곤의 작용이고, '대大'는 건의 작용이다. 건은 천天이고, 곤은 지地이다. '배配'는 짝하다, 대등하다는 뜻이다. 이 구절의 주어는 주역점 혹은 건곤, 두 가지 다 통한다. '건곤'은 주역점의 또 다른 표현일 뿐이다. "주역점이 광대한 것은 천지의 광대함과 짝한다" 혹은 "건곤의 광대함은 천지의 광대함과 대등하다"는 말이다. 순상은 주어를 음양으로 보고, "음은 넓고 양은 크니, 천지와 짝한다(陰廣陽大, 配天地)"고 하였다. 공영달은 주어를 역도로 보고, "역도는 넓고 커서 천지와 배합하는데, 큰 것은 하늘과 배합하고, 넓은 것은 땅에 배합한다(以易道廣大配合天地, 大以配天, 廣以配地)"고 하였다.

[變通配四時] '변變'은 두 가지 뜻을 가지고 있다. 하나는 시초의 변화이다. 시초를 셈하여 1변 2변하고 18변 하는 것이다. 또 하나는 효의 변화이다. 시초를 셈하여 양을 얻고 음을 얻으면, 노양은 음으로 노음은 양으로 변하는

것이다. 효가 변하면 괘도 변한다. '통通'도 두 가지 뜻을 가지고 있다. 하나는 시초를 18변 하는 것이 막힘없이 통하는 것이고, 또 하나는 시초를 셈하여 얻은 노양은 음으로 노음은 양으로 효가 변하여 막힘없이 통하는 것이다. '사시四時'는 사계절이며, 사계절은 변하여 막힘없이 통한다. 시초를 셈하고, 또 효가 변하여 통하는 것은 사계절이 변하여 통하는 것에 짝한다는 말이다. 상·11장에 "변하여 통하는 것은 사계절보다 큰 것이 없다(變通莫大乎四時)"고 하였다.

[陰陽之義配日月] '음'은 월月이고, '양'은 일日이다. '의義'는 마땅하다는 뜻의 의宜로 읽는다. 끊임없이 변화하는 것이 음양의 마땅함이다. 시초를 셈하여 한 번은 양을 얻고 한 번은 음을 얻으며, 또 양은 음으로 음은 양으로 변한다. 음양은 번갈아 얻으며 또 끊임없이 변화하고, 해와 달은 번갈아 바뀌며 또 끊임없이 운행한다. 주역점의 음양의 변화는 해와 달이 교대로 운행하는 것에 짝한다는 말이다. 『백서』에는 '의義'가 합合으로 되어 있다. 음과 양의 결합은 해와 달에 짝한다는 말이다.

[易簡之善配至德.] '이易'는 쉽다, '간簡'은 간단하다, '선善'은 훌륭하다는 뜻이다. '지덕至德'은 천지의 지극한 공덕이며, 하·1장의 "천지의 큰 덕을 생이라 한다(天地之大德曰生)"는 것과 같은 말이다. 천지의 지극한 덕은 곧 만물을 낳고 또 낳는 것이다. 주역점이 쉽고 간단하여 시초를 셈하여 효를 얻고 또 얻는 것은 천지의 지극한 덕이 쉽고 간단하여 만물을 낳고 또 낳는 것에 짝한다는 말이다. 이 네 구절은 주역점이 천지와 짝할 수 있음을 말하였다. 즉 '광대', '변통', '음양', '이간'은 주역점의 영역이고, '천지', '사시', '일월', '지덕'은 천지의 영역이다.


여기까지가 제6장이다. 본장의 주제는 주역점이며, 주역점이 넓고 커서 천지와 짝할 수 있음을 찬양하였다.

주역점이 포함하고 있는 도리는 넓기도 하고 크기도 하다. 주역점은 미래의 일을 말하면 조금도 어긋남이 없이 정확하게 예지해주고, 지금의 일을 말하면 조금도 틀림없이 정밀하고 정확하게 알려주며, 천지 사이의 일을 말하면 모든 것을 다 갖추고 있다. 상牀의 위쪽에 놓아둔 시초(건)는 아직 셈하지 않을 때는 상 위쪽에 그대로 있으므로 둥글고, 셈할 때는 손에 쥐고 셈을 하므로 곧으니, 그래서 크게 생한다. 상의 아래쪽에 놓아둔 시초(곤)는 아직 셈하지 않을 때는 상 아래쪽에 그대로 있으므로 닫혀있고, 셈할 때는 손에 쥐고 셈을 하므로 열려있으니, 그래서 넓게 생한다. 주역점이 넓고 큰 것은 천지의 광대함에 짝하고, 시초를 셈하고 또 효가 변하여 통하는 것은 사계절이 변하여 통하는 것에 짝하며, 주역점의 음양의 변화는 해와 달이 교대로 운행하는 것에 짝하고, 주역점이 쉽고 간단하여 시초를 셈하여 효를 얻고 또 얻는 것은 천지의 지극한 덕이 쉽고 간단하여 만물을 낳고 또 낳는 것에 짝한다.

# 제7장

<br>

子曰 易其至矣乎!　夫易, 聖人所以崇德而廣業也. 知崇禮卑, 崇效天, 卑法地. 天地設位, 而易行乎其中矣. 成性存存, 道義之門.

공자께서 말씀하셨다. 역은 그 지극한 것인가! 무릇 역은 성인이 덕을 높이고 업을 넓힌 것이다. 지혜는 숭고하고 예의는 겸손하니, 숭고한 것은 하늘을 본받고 겸손한 것은 땅을 본받은 것이다. 천지가 자리를 정하니, 역은 그 가운데에서 운행한다. (시초를 셈하여 효를 얻고 괘를 얻는) 사람의 본성을 이루어 간직하고 또 간직하는 것이, 사람이 걸어가야 할 올바름의 문이다.

[子曰 易其至矣乎!] ‘자子’는 공자를 가리킨다. 주희는 “십익은 모두 공자가 지은 것인데, 공자가 지은 것이라면 스스로 ‘자왈’을 말할 수 없으니, 십익에서 말하는 ‘자子’자는 모두 뒷사람들이 붙인 것이 아닌가 한다(十翼皆夫子所作, 不應自著子曰字. 疑皆後人所加也)”고 하였다. 『역전』에서 ‘자子’자는 모두 공자에 가탁한 것이며, 『역전』과 공자는 아무런 관련이 없다. 『역전해설』을 참고하라. ‘역’은 주역점을 가리킨다. 공영달은 ‘역도’라고 하였다. ‘기

其'는 감탄, 강세를 나타내는 조사이다. '지至'는 지극하다는 뜻이다.『중용』
에 "중용은 그 지극한 것인가(中庸, 其至矣乎)"라고 하였는데(3장), 문장 방
식이 서로 같다.

[夫易, 聖人所以崇德而廣業也.] '성인'은 '역'을 지은 사람, 즉 주역점을 만
든 사람이다. '덕德'은 주역점의 작용이다. '숭덕崇德'은 주역점의 덕(작용)
을 높인다는 뜻이다. '업業'은 주역점에 대한 업, 즉 주역점을 치는 일이다.
상·12장에 "(시초를) 취하여 천하의 백성에게 (점을 치도록) 베푸는 것을
사업이라고 한다(擧而錯之天下之民謂之事業)"고 하였다. '광업廣業'은 주역
점을 치는 일을 넓힌다는 뜻이다. 주역점은 성인이 그 덕(작용)을 높이고 그
업(점치는 일)을 넓힌 것이라는 말이다.

[知崇禮卑, 崇效天, 卑法地.] '지知'는 '지智'로 읽으며, '예禮'와 짝이 된다.
'지智'와 '예禮', '숭崇'과 '비卑', '효效'와 '법法', '천天'과 '지地'는 모두 서
로 짝이 된다. '지智'는 주역점이 사람에게 길흉을 알려주어 의혹을 해결하
여 줌으로 지혜롭다는 것이다. 「서괘」에 "사물이 축적된 연후에 예가 있으
니, 그러므로 이괘로 받는다(物畜然後有禮, 故受之以履)"고 하였다. 즉 '예
禮'로 '이履'를 해석한 것이다. '이履'는 실행하다는 뜻이니, '예'는 곧 실행
하는 것이다. '천天'과 '지地'는 49개의 시초를 두 손에 나누어 쥐고, 왼손에
쥔 것은 상牀 위쪽에 가로로 놓고 '천'이라 하고, 오른손에 쥔 것은 상 아래
쪽에 가로로 놓고 '지'라고 한다. 또 자연계의 하늘과 땅으로 해석하여도 무
방하다. 주어는 주역점이다. 주역점은 지혜가 숭고하고 실행하고자 하는 것
(예의)은 겸손하니, 지혜가 숭고한 것은 하늘의 높음을 본받았고, 예의가 겸
손한 것은 땅의 낮음을 본받은 것이라는 말이다. 그래서 그 다음 구절로 이
어진다.

[天地設位, 而易行乎其中矣.] '천지天地'는 상의 위 아래쪽에 가로로 놓여있
는 시초를 가리킨다. '설設'은 베풀다는 뜻의 열列이다. '천지설위'는 49개
의 시초를 두 손으로 나누어 쥐고, 숭고한 하늘과 겸손한 땅이 위아래에 자
리를 정하였다는 말이다. '역'은 주역점이다. '행行'은 운행이다. 49개의 시

초를 두 부분으로 나누어, 천지가 위아래에 자리를 정하니, 주역점은 천지 사이에서 운행한다는 말이다.

이 구절에 대해 여러 가지 해석이 있다. 첫째, 우번은 역중 건곤 두 괘는 천지가 자리를 잡은 것이고, 여섯 효의 변화는 그 가운데에서 운행한다고 하였다(位, 謂六畫之位, 乾坤各三爻, 故天地設位, 易出乾入坤, 上下無常, 周流六虛, 故易行乎其中也). 둘째, 공영달은 지혜와 예의는 천지가 자리를 잡은 것을 본받은 것이며, 변역의 도는 지혜와 예의 가운데에 운행한다고 해석하였다(天地陳設於位, 謂知之與禮而效法天地也. 而易行乎其中矣者, 變易之道, 行乎知禮之中). 셋째, 래지덕은 천지가 높고 낮음의 자리를 잡고, 지혜와 예의의 도가 그 가운데에 운행한다고 해석하였다(天淸地濁, 知陽禮陰. 天地設位, 而知禮之道卽行乎其中矣). 넷째, 왕부지는 높고 낮음의 자리가 베푸니, 괘상 효사가 가지고 있는 덕업이 그 가운데에 운행한다고 하였다(崇卑之位設, 而卦象爻辭所有之德業, 行乎其中). 다섯째, 굴만리는 역도는 이미 천지 사이에 있음을 말한 것이라고 하였다. 여섯째, 고형은 천지가 위아래에 자리를 잡고 역도는 이 천지 사이에 운행한다고 해석하였다. 일곱째, 진고응은 건곤 두 괘가 정해지니, 64괘가 그 가운데에서 운행한다고 해석하였다. 이러한 해석은 모두 통한다. 필자는 "천지가 위아래에 자리를 정하니, 주역점이 천지 사이에서 운행한다"고 해석하였다. 원문의 '역易'은 주역점으로 보는 것이 타당하다. 상·12장에 "건곤이 배열을 이루니, 역은 그 가운데 성립된다(乾坤成列, 而易立乎其中矣)"고 하였는데, '건곤'은 곧 상牀의 위아래에 가로로 놓여 있는 천지이며, '역'은 역시 주역점을 가리킨 것이다. 이렇게 해석되어야 다음 구절로 문장이 자연스럽게 이어진다. 필자의 해석이 「계사」의 본뜻일 것이다.

[成性存存, 道義之門.] 이 구절은 앞의 '주역점이 운행되는 것(易行)'을 이어서 말한 것이다. '성성成性'의 '성性'은 제5장의 '成之者, 性也'의 '성'이다. 우번은 "'성성'은 성지자성야를 말한다(成性, 謂成之者性也)"고 하였는데, 이 구절에 대한 수많은 사람들의 해설 중 가장 본뜻과 가깝게 본 것이다. 그

러나 우번의 해석은 필자와 전혀 다르다. 필자는 제5장에서 "시초를 셈하여 한 번은 음을 얻고 한 번은 양을 얻는 것을 주역점의 도라고 한다(一陰一陽之謂道). 시초를 잇달아 셈하여 계속 효를 얻는 것이 사람의 미덕이요(繼之者, 善也), 시초를 셈하여 효를 얻고 괘를 이루어 미래를 알고자 하는 것이 사람의 본성이다(成之者, 性也)"라고 해석하였다. '성성成性'은 곧 시초를 셈하여 효를 얻고 괘를 이루어 미래를 알고자 하는 것이 사람의 본성인데, 이 본성을 이룬다는 뜻이고, '존존存存'은 이러한 사람의 본성을 간직하고 또 간직한다는 뜻이다. 『중용』에 "참된 하늘이 부여한 것을 본성이라 하고 (天命之謂性), 이 참된 본성을 따라 참되게 사는 것을 사람이 걸어가야 할 길이라 한다(率性之謂道)"고 하였다. 또 이어서 "도는 잠시도 떠날 수 없는 것이니, 떠날 수 있다면 도가 아니다(道也者, 不可須臾離也. 可離, 非道也)"라고 하였다. 즉 "잠시도 참되지 않게 살아서는 안 된다. 참되지 않게 산다면 사람이 걸어가야 할 길이 아니다"라는 말이다. '도의지문'의 '도'는 『중용』이 말하는 '도'와 같으며, 사람이 걸어가야 할 올바른 길(人道)이다. '의義'는 사람으로서의 올바름(宜)이라는 뜻이다. 즉 '도의'는 도덕이라는 뜻이 아니라 사람이 걸어가야 할 길의 올바름, 즉 사람의 올바른 태도라는 뜻이다. '도의지문'은 사람의 올바른 태도로 들어가는 문이라는 뜻이다. 무엇이 사람의 올바른 태도인가? 시초를 셈하고 또 셈하여 점을 치는 것이다. 즉 "시초를 셈하여 효를 얻고 괘를 이루어 미래를 알고자 하는 것이 사람의 본성인데, 이 본성을 이루어 보존하고 또 보존하는 것이 사람이 당연히 걸어가야 할 올바른 태도로 들어가는 문이다"라는 말이다. 다시 말해, 군자가 자나 깨나 점을 치듯, 점을 치고 또 치는 것이 사람이 해야 할 일이라는 말이다. 『백서』에는 이 구절이 '誠生存存'으로 되어 있다. '생생'은 곧 '성性'이며, '성생誠生'은 곧 『중용』의 '天命之謂性'이다. "본성을 참되게 하여 간직하고 또 간직하는 것이 사람이 걸어가야 할 올바름의 문이다"라는 말이다. 『역전해설』을 참고 하라.

여기까지가 제7장이다. 본장의 주제는 주역점이며, 주역점의 지극함을 찬
양하였다.

공자께서 말씀하셨다. 주역점은 그 지극한 것인가! 무릇 주역점은 성인이
그 덕(작용)을 높이고 그 업을 넓힌 것이다. 그리하여 주역점은 지혜가 숭고
하고 실행하고자 하는 것(예의)은 겸손하니, 지혜가 숭고한 것은 하늘의 높
음을 본받았고, 실행하고자 하는 것이 겸손한 것은 땅의 낮음을 본받은 것
이다. 49개의 시초를 두 부분으로 나누어, 천지가 위아래에 자리를 정하니,
주역점은 천지 사이에서 운행한다. 시초를 셈하여 효를 얻고 괘를 이루어
미래를 알고자 하는 것이 사람의 본성인데, 이 본성을 이루어 보존하고 또
보존하는 것이 사람이 당연히 걸어가야 할 올바른 태도로 들어가는 문이다.

# 제8장

聖人有以見天下之賾, 而擬諸其形容, 象其物宜, 是故謂之象. 聖人
有以見天下之動, 而觀其會通, 以行其典禮, 繫辭焉以斷其吉凶, 是
故謂之爻. 言天下之至賾而不可惡也. 言天下之至動而不可亂也. 擬
之而後言, 議之而後動, 擬議以成其變化.

성인이 천하의 심오함(혹은 복잡함)을 보고, 그 형태를 본떠서, 사물의 알
맞음을 상징하였으니, 그러므로 이것을 괘상이라고 한다. 성인이 천하의
변화를 보고, 그 모이고 통하는 것을 살펴서, 여섯 자리에 음효와 양효를
위아래로 배열하였으며, 점글을 이어서 길흉을 논단하였으니, 그러므로 이
것을 효라고 한다. 괘상은 천하의 지극히 심오함(혹은 복잡함)을 말하면서
그릇되게 말할 수 없고, 효는 천하의 지극한 변화를 말하면서 함부로 변할
수 없다. 괘상은 천하의 심오함(혹은 복잡함)을 본뜬 이후에 말을 하고, 효
는 천하의 변화를 본받은 이후에 변화하니, 괘상은 (천하의 심오함을) 본
뜨고 효는 (천하의 변화를) 본받아 주역점의 변화를 이룬다.

---

[聖人有以見天下之賾] ‘성인’은 주역점을 만든 사람을 가리킨다. ‘유이有

以'는 무엇을 할 수 있다는 뜻이다. '색賾'은 『석문』에 경방이 "심오하다는 뜻의 책嘖"으로 하였다(京作嘖). 경방 이후 '색賾'에 대해 몇 가지 해석이 있다. 첫째, 공영달은 '색'을 그윽하고 깊어 보기 어려운 것(幽深難見)이라고 해석하였는데, '천하지색'은 천하 사물의 심오한 도리라는 뜻이다. "성인이 천하 사물에 숨겨져 있는 심오한 도리를 본다"고 해석하였다. 정이가 이를 따라 '심원深遠'이라고 하였다. 둘째, 주희는 '색'을 복잡하고 어지러운 것(雜亂)으로 해석하였는데, '천하지색'은 천하 사물이 복잡하다는 뜻이다. "성인이 천하의 일이 매우 복잡한 것을 본다"고 해석한 것이다. 뒷사람들은 대부분 주희의 해석을 따랐다. 셋째, 래지덕은 '색'을 사물의 지극히 많은 상(賾, 謂事物至多之象也)이라고 하였는데, '천하지색'은 천하 사물의 지극히 많은 상이라는 뜻이다. "성인이 천하 사물의 지극히 많은 상을 본다"고 해석한 것이다. 이러한 해석은 모두 통한다. 『백서』에는 '색'이 '업業'으로 되어 있다. '업'은 곧 일이라는 뜻의 사事이다. "성인이 천하의 일을 본다"는 말이다.

[而擬諸其形容] '의擬'는 본뜨다, 모방하다, 헤아리다, 비유하다는 뜻이다. '저諸'는 지어之於 혹은 호乎와 같다. '기其'는 천하지색天下之賾을 가리킨다. '형形'은 형태, '용容'은 모양이다. 성인이 천하 사물의 심오한 도리의 (혹은 복잡한) 형태를 본뜬다는 말이다.

[象其物宜, 是故謂之象.] 앞의 '상象'은 상징하다는 뜻이다. '물物'은 사물이다. '의宜'는 마땅하다, 알맞다는 뜻이다. '물의物宜'는 사물이 각각 그 알맞음을 가지고 있다는 뜻이다. 『백서』에는 '물의物義'로 되어 있는데, '의義'는 곧 '의宜'이다. 뒤의 '상象'은 괘상이다. 성인이 천하 사물의 심오한(혹은 복잡한) 형태를 본떠서 괘를 그려 사물의 알맞음을 상징하였으니, 그러므로 이것을 괘상이라고 한다는 말이다.

[聖人有以見天下之動] '동動'은 운동 변화이다. 앞의 '색賾'과 '동動'은 짝으로 사용되었다. '천하지동'은 곧 천하 사물이 변화한다는 뜻이다. 성인이 천하 사물의 변화를 본다는 말이다.

[而觀其會通, 以行其典禮] '기其'는 천하지동을 가리킨다. '회會'는 회합會合, 모이다는 뜻이고, '통通'은 관통貫通, 통하다는 뜻이다. '회통'은 모이고 통하다는 뜻이다. 즉 천하 사물이 모이고 통하는 변화를 살핀다는 뜻이다. 공영달은 '회합변통會合變通'이라고 하였다. '전례典禮'에 대해, 한강백은 "'전례'는 때에 맞게 사용하는 것(典禮, 適時之所用)"이라고 하였다. 공영달은 '전법예의典法禮儀', 즉 법령제도라고 하였다. 사물의 모이고 통하는 변화를 보고, 때에 알맞는 법령제도를 시행한다는 말이다. 정이는 "'전례'는 법도이다. 사물의 법칙이다(典禮, 法度也, 物之則也)"고 하였다. 주희는 "'전례'는 상례 상법을 말한 것과 같다(典禮, 猶言常禮常法)"고 하고, '전典'은 상常, '예禮'는 리理라고 하여 "사물의 변하지 않은 원리(事物之常理)"라고 하였다(『주자어류』권제75, 易十一, 上繫下, 임학몽林學蒙 기록). 즉 사물은 변화 중의 변하지 않은 상리를 가지고 있는데, 성인은 이 변하지 않는 원리를 행한다는 말이다. 주희의 해석은 이학적 해석이어서 「계사」의 본뜻과는 거리가 멀다. 래지덕은 주희를 따라, '전례'를 변하지 않는 법도(常法)라고 하였는데, 왕부지가 또 이를 따랐다. 굴만리는 '전典'은 법칙, '예禮'는 제도라고 하여, 법칙제도로 해석하였고, 유백민은 '전상典常'으로 해석하였다. 고형은 '전장제도典章制度', 즉 법령제도라 하였고, 주백곤은 전장예의典章禮儀라고 하였다. 이들의 주장은 모두 대동소이하다. '전례典禮'에 대해 진고응의 해석이 가장 뛰어 났다. 다음은 그의 해석을 번역하여 소개한 것이다.

『석문』에는 경방본에 '등례等禮'라 하였다 하고, 『백서』에는 '애례挨禮'라고 하였다. 장정랑張政烺 또한 '등례'로 읽었다. '전례典禮'는 '등례等禮'가 맞다. '등례'란 "효에 차등이 있다(爻有等)", "귀천의 차등이다(貴賤之等)"가 곧 '등례'이다. '繫辭焉以斷其吉凶'은 잘못 들어간 문장이다. 왜냐하면 여기에서 강조한 것은 '효등'이지 '효사'가 아니기 때문이다. 이 한 구절을 없애버리면, 이곳의 여덟 구절은 서로 대구對句가 된다. '효'와 '상'은 서로 짝이다. '상'은 괘상이고 '효'는 괘효를 말한다. '효'를 '등례'

에 이어서 말한 것은 3장에 "귀한 것과 천한 것을 배열한 것은 여섯 효의 자리에 있다(列貴賤者存乎位)", 하·9장에 "셋째 효는 흉이 많고, 다섯째 효는 공이 많은 것은, 귀천의 차등 때문이다(三多凶, 五多功, 貴賤之等也)", 10장에 "효에는 차등이 있으니, 그러므로 물이라 한다(爻有等, 故曰物)"고 하였는데, 이러한 것들은 곧 효를 가지고 '등례'를 말한 예이다.

진고응은 '전례典禮'를 등례等禮로 보고, "성인이 천하의 운동 현상을 보고, 융회 변통하는 것을 살펴서, 등급에 상응하는 예의를 행하니, 그러므로 이것을 괘효라 한다"고 해석하였다. '전례'는 '등례'로 읽어야 한다. '등等'에 대해「계사」는 두 가지 뜻을 말하였다. 하나는 하·9장에 "셋째 효는 흉이 많고, 다섯째 효는 공이 많은 것은, 귀천의 차등 때문이다(三多凶, 五多功, 貴賤之等也)"라고 하였는데, '등'은 여섯 자리에 배열되어 있는 효의 상하 위치의 차등을 가리킨다. 또 하나는 하·10장에 "효에는 차등이 있으니, 그러므로 물이라 한다(爻有等, 故曰物)"라고 하였는데, '등'은 여섯 자리에 배열되어 있는 효의 음양 이물二物의 차등을 가리킨다. '등례'는 여섯 자리의 음양 상하의 차등에 알맞는 예를 행한다, 즉 여섯 자리에 음효와 양효를 위아래로 배열하였다는 말이다. 이렇게 해석해야 앞뒤 문장이 통한다.

[繫辭焉以斷其吉凶, 是故謂之爻.] '계繫'는 잇다, 매다는 뜻이다. '사辭'는 괘효사, 즉 점글이다. '단斷'은 판단하다, 논단하다는 뜻이다. '계사언이단기길흉'은 점글을 이어 길흉을 논단하였다는 말이다. 진고응은 이 구절을 잘못 들어간 문장이라고 하였는데, 정확하게 보았다. 이 구절이 없어야 앞뒤 문장이 순조롭다. '효爻'는 효 획을 밀하며, 본뜨다, 모방하디(倣效)는 뜻이다. 하·3장에 "효는 천하의 변동을 본받은 것이다(爻也者, 效天下之動者也)"라 하였고, 공영달은 "효는 본받는다는 뜻이다. 여러 사물이 통하고 변하는 것을 본받은 것이다(夫爻者, 效也. 效諸物之通變)"라고 하였다. 성인이 천하의 변화를 보고, 그 모이고 통하는 것을 살펴서, 여섯 자리에 음효와 양효를 위아래로 배열하였으니, 그러므로 이것을 효라고 한다는 말이다.

[言天下之至賾而不可惡也. 言天下之至動而不可亂也.] 이 구절은 주어를 성인으로 볼 수 있고, 또 괘상과 효로도 볼 수 있다. 공영달은 주어를 성인으로 보았는데, 공영달 이후 모두 이를 따랐다. 필자는 괘상과 효로 보고 해석하였다. 주어를 괘상과 효로 보는 것이 「계사」의 본뜻일 것이다. 이 구절의 앞부분은 괘상에 대해, 뒷부분은 효에 대해 말한 것이다. ‘언言’은 말하다, 즉 자신의 뜻을 나타내다는 뜻이다. ‘오惡’에 대해 세 가지 해석이 있다. 하나는 정이의 해석이다. 정이는 ‘불가오不可惡’를 ‘불가염不可厭’이라고 하였는데, 주희는 “‘오’는 싫어하다는 뜻의 염(惡, 猶厭也)”이라고 하였다. 우번, 한강백 이후 대부분 이 뜻으로 해석하였다. 또 하나는 고형의 해석이다. 그는 ‘오惡’는 우譁자의 가차라고 하였다. 『설문』에 “‘우’는 망언(譁, 妄言也)”이라고 하였다. 즉 터무니없는 말이라는 뜻이다. 마지막 하나는 필자의 해석이다. 필자는 ‘오’를 그릇되다는 뜻으로 해석하였다. 『설문』에 “‘오’는 그릇되다는 뜻의 과(惡, 過也)”라고 하였다. ‘오惡’와 ‘란亂’은 서로 짝이 되는데, ‘오’는 괘상에 대해, ‘란’은 효에 대해 말한 것이다. 괘상은 천하 사물의 지극히 심오한 것(혹은 복잡한 것)을 말하면서 그릇되게 말할 수 없고, 효는 천하 사물의 지극한 변화를 말하면서 함부로 변할 수 없다는 말이다. 세 가지 해석은 모두 통한다.

[擬之而後言] ‘의擬’는 본뜬다는 뜻이고, ‘지之’는 천하지색을 가리킨다. 공영달은 ‘의擬’를 추측하다는 뜻의 의탁擬度으로 읽었는데, 정이가 이를 따랐다. 래지덕은 비교하다는 뜻의 비의比擬로 읽었다. 이 구절의 주어는 괘상이다. 괘상은 천하의 심오함(혹은 복잡함)을 본뜬 이후에 말을 한다는 말이다. ‘말을 한다’는 것은 곧 자신의 뜻을 나타낸다는 말이다. 공영달은 이 구절 이하의 주어를 ‘성인’으로 보았는데, 뒷사람들은 대부분 이를 따랐다. 래지덕은 ‘역을 공부하는 사람(學易者)’으로, 왕부지는 ‘점치는 사람(占者)’, ‘공부하는 사람(學者)’으로 보았다.

[議之而後動] ‘의지議之’에 대해 『석문』에 “육적, 요신, 환현, 순유지가 ‘의지儀之’로 하였다(陸姚桓玄荀柔之作儀之)”라고 하였는데, 굴만리는 “‘의儀

는 본받다, 모방하다는 뜻의 효법效法"이라고 하였다. '의議'에 대해 수많은 사람들의 해석 가운데 굴만리가 가장 정확하게 해석하였다. '의議'는 '의儀'로 읽으며 본받다, 모방하다는 뜻이다. '의擬'와 '의議'는 같은 뜻으로 사용되었다. '지之'는 천하지동天下之動을 가리킨다. 주어는 효이다. 효는 천하의 변화를 본받은 후에 변화한다는 말이다. 공영달은 '의議'를 의논議論으로, 정이와 래지덕은 상의商議로, 유백민은 여러 사람(衆家)과 정현본에는 '의儀'로 하였다 하고, 헤아리다는 뜻의 탁도度으로 읽었다. 고형은 토론討論, 진고응은 사고思考, 고려考慮의 뜻으로 읽었다.

[擬議以成其變化] '의擬'는 괘상, '의議'는 효에 대해 말한 것이다. '성成'은 이루다는 뜻이다. '기其'는 주역점을 가리킨다. 고형은 '사물'을 가리키는 것으로 보았다. '변화'는 다음 9장의 '此所以成變化而行鬼神也'의 '변화'이다. 즉 대연지수 50을 둘로 나누고(分二), 하나를 걸고(掛一), 네 개씩 덜어내고(揲四), 나머지를 합하여(歸奇), '十有八變而成卦'하는 것이다. 괘상은 천하의 심오함(혹은 복잡함)을 본뜨고 효는 천하의 변화를 본받아 주역점의 변화를 이룬다는 말이다. 『백서』에는 '知之而句言, 義之而句動, 矣義以成其變化.'로 되어 있다. '구句'는 '후後'자를 잘못 쓴 것이다. '의矣'는 '의擬', '의義'는 '의議'로 읽는다. "명백히 알고 난 후에 말을 하고, 본받은 후에 움직이며, 본뜨고 본받아서 주역점의 변화를 이룬다"는 말이다. 이렇게 해석하여도 뜻은 통한다.

아래는 주역점을 쳐서 얻은 7조의 효사를 공자의 이름을 빌려 전풀이를 하였다. 정이는 "'명학재음'이하 일곱 효를 들어, 추측하고(擬度) 의논한(商議) 것에 대해 말한 것이다(擧鳴鶴在陰以下七爻, 擬議而言者也)"라 하였고, 래지덕은 "'명학'이하 일곱 효사는 모두 비교하고(比擬) 의논한(商議) 일이다(鳴鶴以下七爻, 皆擬議之事)"라고 하였다. 한강백, 공영달, 주희, 왕부지 등 모든 주석가들은 아래의 7조의 효사를 앞의 '의擬' '의議'와 연관시켜 해석하였다. 그러나 필자는 앞의 구절과 아래의 7조의 구절은 어떤 연관성도 없는 것으로 보았다. 고형은 "이 구절에 이어서 '大衍之數五十' 구절이 와야 한다. 그 내용이 이 구절에 이어지기 때문이다. 편장의 순서가 뒤바뀌었다"
라고 하였는데 따르기 어렵다.

---

"鳴鶴在陰, 其子和之. 我有好爵, 吾與爾靡之." 子曰 "君子居其室,
出其言善, 則千里之外應之, 況其邇者乎. 居其室, 出其言不善, 則千
里之外違之, 況其邇者乎. 言出乎身, 加乎民. 行發乎邇, 見乎遠. 言
行, 君子之樞機. 樞機之發, 榮辱之主也. 言行, 君子之所以動天地
也, 可不慎乎."

"학이 나무 그늘에서 울고 있으니, 그 새끼가 화답하네. 나에게 좋은 술이
있으니 너와 함께 마시네." 공자께서 말씀하셨다. "군자가 집에 있으면서
말하는 것이 선하면 천리 밖에서도 응하니, 하물며 가까운데 있는 사람이
겠는가. 집에 있으면서 말하는 것이 불선하면 천리 밖에서도 따르지 않으
니, 하물며 가까운데 있는 사람이겠는가. 말은 몸에서 나와 백성에 미치고,
행동은 가까운데서 시작하여 멀리까지 나타난다. 말과 행동은 군자의 중
요한 관건이다. 중요한 관건이 발하니 영광과 욕됨의 주인이다. 말과 행동
은 군자가 천지를 움직이는 것이니, 신중하지 않을 수 있겠는가!'

---

인용한 효사는 중부괘中孚卦 둘째 양효의 효사이다. '작爵'은 참새 모양의
술잔이다. '미靡'는 함께라는 뜻의 공共이다. '자왈'은 공자의 이름에 가탁
한 것이다. '군자'는 점을 쳐 이 효를 얻은 사람, 즉 점술가를 가리킨다. 세
개의 '이邇'자는 『백서』에 '근近'으로 되어 있다. '추樞'는 『석문』에 왕이가
'호추戶樞'라고 하였는데, 문지도리이다. '기機'는 『석문』에 왕이가 '노아弩
牙'라고 하였는데, 쇠뇌의 발사 장치이다. '추기'는 사물의 가장 중요한 부
분, 사물의 관건이라는 뜻이다. 『백서』에는 '區幾之發, 營辰之斗也.'로 되어
있다. '구區'는 추樞, '기幾'는 기機로 읽는다. '두斗'는 북두성이다. "중요한
관건이 발하니, 별들의 운행을 주관하는 북두성과 같다"는 뜻이다. 점을 쳐

중부괘 둘째 양효의 효사를 얻었다. 공자께서 점풀이하기를 이 효를 얻은
사람은 언행에 신중해야 한다. 언행은 군자의 요체이며, 그 요체를 어떻게
발휘하느냐에 따라 영광과 욕됨이 결정된다. 언행은 천지를 움직일 수 있는
것이니, 신중하고 또 신중해야 한다고 하였다. 「계사」는 중부괘 둘째 양효
효사 '학과 새끼가 화답하고, 너와 내가 함께 술을 마시는 것'을, 군자는 말
이 선하고 불선함에 따라 사람들이 응하거나 따르지 않으니, 언행에 신중해
야 한다고 해석하였다.

---

"同人先號咷而後笑." 子曰 "君子之道, 或出或處, 或默或語, 二人同
心, 其利斷金. 同心之言, 其臭如蘭."
"사람들과 함께 먼저 울부짖다가 뒤에는 웃는다." 공자께서 말씀하셨다.
"군자의 도는 혹 나가며 혹 머무르고, 혹 말이 없으며 혹 말하기도 한다. 두
사람이 마음을 같이하면 그 예리함은 쇠도 자른다. 마음을 같이 한 말은 그
향기가 난초와 같다."

---

인용한 효사는 동인괘同人卦 다섯째 양효의 효사이다. '호도號咷'는 울부
짖는다는 뜻이다. 『백서』에는 '처處'가 '거居'로 되어 있다. '묵默'은 말이 없
다는 뜻이다. 『백서』에는 꾀한다는 뜻의 '모謀'로 되어 있다. '이利'는 예리
하다는 뜻의 예銳이다. '단금斷金'은 쇠를 자른다는 뜻이다. '취臭'는 향기이
다. '여란如蘭'은 그 향기를 난초에 비유한 것이다. 점을 쳐서 동인괘 다섯째
양효의 효사를 얻었다. 공자께서 점풀이를 하기를 이 효를 얻은 사람은 나
가고 머무르고, 침묵하고 주장함에 있어 마음을 같이 해야 한다. 두 사람이
마음을 같이 하면 그 날카로움은 쇠도 자를 수 있고, 마음을 같이 한 말은
그 향기로움이 난초와 같으니, 마음을 같이 해야 한다고 하였다. 『경』에서
'동인同人'의 원뜻은 '많은 사람들을 모으는 것(聚衆)'이고, 「단」과 「상」에서
는 '사람들과 함께 하는 것(與人同)'이나, 「계사」는 '마음을 같이하는 것(同

心)’으로 해석하였다.

“初六 藉用白茅, 无咎.” 子曰 “苟錯諸地而可矣, 藉之用茅, 何咎之
有? 愼之至也. 夫茅之爲物薄, 而用可重也. 愼斯術也以往, 其无所
失矣.”
“처음 음효는 흰 띠 풀로 짠 자리를 깔았으니, 허물이 없다.” 공자께서 말
씀하셨다. “땅에 놓아도 좋으나 띠 풀을 사용하여 깔았으니, 무슨 허물이
있겠는가? 신중함이 지극한 것이다. 띠 풀의 물건 됨은 얇으나 쓰임은 중하
다. 신중한 도를 따라 행하니, 잃는 바가 없다.”

인용한 효사는 대과괘大過卦 처음 음효의 효사이다. ‘자藉’는 자리를 깔다
는 뜻의 천薦이다. ‘백모白茅’는 풀이름이다. ‘구苟’는 어조사이다. ‘착錯’은
『석문』에 “두다는 뜻의 조措”로 하였고(本亦作措), 우번은 “놓다는 뜻의 치
置”라고 하였다. ‘신愼’은 신중하다는 뜻이다. ‘박薄’은 얇다, 가볍다는 뜻의
경輕이다. ‘신사술愼斯術’의 ‘신’자는 『석문』에 ‘순順’으로 하였다. 당연히
따르다는 순順으로 읽어야 한다(고형). 『백서』에는 ‘사斯’가 ‘차此’로 되어
있는데, ‘사斯’는 곧 신지지愼之至를 가리킨다. 『석문』에 정현은 “‘술’은 도
(術, 道也)”라고 하였다. ‘사술斯術’은 곧 신중한 도이다. 점을 쳐 대과괘 처
음 효의 효사를 얻었다. 공자께서 점풀이하기를 이 효를 얻은 사람은 신중
해야 한다. 띠 풀은 보잘 것 없는 것이지만 사용하기에 따라 가치가 달라진
다. 띠 풀을 사용하는 이러한 마음가짐으로 신중히 일을 처리해 나가면 실
패가 없을 것이니, 신중해야 한다고 하였다. 「계사」는 대과괘 처음 음효 효사
‘흰 띠 풀로 짠 자리를 갈았다’는 것을, 신중히 일을 처리해야 한다고 해석
하였다.

"勞謙, 君子有終, 吉." 子曰 "勞而不伐, 有功而不德, 厚之至也. 語
以其功下人者也. 德言盛, 禮言恭. 謙也者, 致恭以存其位者也."

"공로가 있으나 겸허하니, 군자는 마침이 있어 길하다." 공자께서 말씀하
셨다. "공로가 있으나 자랑하지 아니하고, 공이 있으나 자신의 덕으로 여
기지 아니하니, 두터움이 지극한 것이다. 이것은 공이 있으면서도 자신을
낮추는 사람을 말한 것이다. 그 덕은 성대하고 예는 공손하다. 겸허라는 것
은 공손을 다하여 그 자리를 보존하는 것이다."

---

인용한 효사는 겸괘謙卦 셋째 양효의 효사이다. '노겸勞謙'은 공로가 있으
나 겸허한 것이다. '종終'은 옛말에 좋은 결과를 '종'이라고 하였다. '벌伐'
은 자랑하다는 뜻의 과夸이다. '덕德'자는 동사로 쓰였으며, '부덕不德'은 자
신의 덕으로 여기지 않는다는 뜻이다. '德言盛, 禮言恭'에 대해 몇 가지 해석
이 있다. 첫째, "덕은 성대함을 말하고, 예는 공손함을 말한다"고 해석하는
것이다. 우번, 공영달, 주희, 래지덕 등 대부분 이렇게 해석하였다. 둘째,
"덕스러운 말은 성대하고, 예의 바른 말은 공손하다"고 해석하는 것이다. 왕
부지가 이렇게 해석하였다. 셋째, 고형은 '언言'은 언焉으로 읽으며, 즉則과
같다고 하였다. 즉 "덕은 성대하고, 예는 공손하다"고 해석한 것이다. 넷째,
진고응은 '언言'을 중히 여기다는 뜻의 강구講究, 추구하다는 뜻의 강구講求
로 읽고, "덕은 성대함을 추구하고, 예는 공손함을 추구한다"고 해석하였다.
필자는 문장의 흐름으로 보아 고형의 해석이 타당하다고 여겨 이를 따랐다.
'지공致恭'은 공손을 다한나는 뜻이다. '존存'은 보존하다는 뜻의 보保이다.
점을 쳐 겸괘 셋째 양효의 효사를 얻었다. 공자께서 점풀이하기를 이 효를
얻은 사람은 겸허해야 한다. 공이 있으면서도 자신을 낮추는 사람은 공로를
자랑하지 아니하고 공을 자신의 덕으로 여기지 아니하니, 그 덕은 성대하고
예는 공손하다. 겸허는 공손을 다하여 그 지위를 보존하는 것이니, 지극히
겸허해야 한다고 하였다.

"亢龍有悔." 子曰 "貴而无位, 高而无民, 賢人在下位而无輔, 是以動而有悔也."

"끝까지 올라간 용이니, 뉘우침이 있다." 공자께서 말씀하셨다. "귀해도 지위가 없고, 높은 자리에 있어도 백성이 없으며, 현명한 사람이 아랫자리에 있어도 도움이 없으니, 그래서 움직이면 뉘우침이 있다는 것이다."

---

인용한 효사는 건괘乾卦 꼭대기 양효의 효사이다. 「계사」는 건 「문언」의 내용을 그대로 인용하였다. '항亢'은 높다는 뜻의 고高, 끝이라는 뜻의 극極이다. '항용亢龍'은 하늘 끝까지 올라간 용이며, 이렇게 되면 뉘우침이 있다는 것이다. 점을 쳐 건괘 꼭대기 양효의 효사를 얻었다. 공자께서 점풀이하기를 이 효를 얻은 사람은 움직이면 뉘우침이 있다. 신분은 존귀하면서 지위가 없고, 자리는 높으나 따르는 백성이 없으며, 현명한 신하들이 있어도 보필하지 않으니, 움직이면 뉘우침이 있다고 하였다.

---

"不出戶庭, 无咎." 子曰 "亂之所生也, 則言語以爲階. 君不密則失臣, 臣不密則失身, 幾事不密則害成. 是以君子愼密而不出也."

"집 뜰을 나가지 않으니, 허물이 없다." 공자께서 말씀하셨다. "어지러움이 일어나는 것은 말이 씨가 된다. 임금이 비밀을 지키지 않으면 신하를 잃게 되고, 신하가 비밀을 지키지 않으면 몸을 잃게 되며, 기밀 사항이 지켜지지 않으면 해를 당하게 된다. 그래서 군자는 신중히 비밀을 지켜 집 뜰을 나가지 않는 것이다."

---

인용한 효사는 절괘節卦 처음 양효의 효사이다. '계階'는 『석문』에 요신이 "일의 계기, 실마리라는 뜻의 기機"로 하였다(姚作機). '계'는 씨 혹은 싹이라는 뜻이다. '밀密'은 동사이며, 비밀을 지킨다는 뜻이다. 『백서』에 네 개의

'밀'자는 모두 '폐閉'로 되어 있다. 닫다, 지킨다는 뜻이다. '기幾'는 기機와 같으며, 기밀이라는 뜻이다. '기사機事'는 기밀 사항이다. 점을 쳐서 절괘 처음 양효의 효사를 얻었다. 공자께서 점풀이하기를 이 효를 얻은 사람은 말을 신중히 해야 한다. 어지러움은 말이 씨가 되어 일어난다. 말을 함부로 하여 비밀을 지키지 않으면 몸을 잃고 해를 당하게 된다. 집 뜰을 나가지 않으면 신중히 비밀을 지킬 수 있으니, 허물이 없다고 하였다. 「계사」는 절괘의 처음 양효 효사 '집 뜰을 나가지 않는 것'을 신중히 비밀을 지키는 것으로 해석하였다.

子曰 "作易者, 其知盜乎. 易曰 '負且乘, 致寇至.' 負也者, 小人之事也. 乘也者, 君子之器也. 小人而乘君子之器, 盜思奪之矣. 上慢下暴, 盜思伐之矣. 慢藏誨盜, 冶容誨淫. 易曰 '負且乘', 致寇至. 盜之招也."

공자께서 말씀하셨다. "『역』을 지은 사람은 도적을 아는 것인가. 『역』에 이르기를 '물건을 지고 수레를 타고 있으니, 도적을 불러들인다'고 하였다. 짐을 진다는 것은 소인의 일이다. 수레라는 것은 군자의 기구이다. 소인이면서 군자의 수레를 타고 있으니, 도적이 이를 강탈하려고 생각하는 것이다. 윗사람은 나태하고 아랫사람은 난폭하면, 도적이 이를 치려고 생각하는 것이다. 재물을 간직하는데 게을리 도적을 가르치고, 용모를 요염하게 꾸며 음란을 가르친다. 『역』에 이르기를 '물건을 지고 수레를 타고 있으니, 도적을 불러들인다'고 한 것은 도적을 끌어들인다는 것이다."

인용한 효사는 해괘解卦 셋째 음효의 효사이다. '차且'는 이而와 같다. 소인小人'은 신분이 천한 사람을, '군자君子'는 신분이 높은 사람을 가리킨다. '승乘'은 수레(車)를 타는 것이다. '만慢'은 게으르다는 뜻의 태怠이다. '만장慢藏'은 재물을 간직하는데 게으르다는 뜻이다. '회誨'는 『석문』에 "가르

치다는 뜻의 교教"라고 하였다. 『집해』에는 '회悔'로 하였다. '회도誨盜'는
도둑이 와서 물건을 훔쳐가도록 가르친다는 뜻이다. '야冶'는 곱게 단장한
다는 뜻이다. '야용冶容'은 용모를 요염하게 꾸민다는 것이다. 『집해』에서는
'야野'로 하였다. '회음誨淫'은 음란하도록 가르친다는 것이다. 점을 쳐 해
괘 셋째 음효의 효사를 얻었다. 공자께서 점풀이하기를 이 효를 얻은 사람
은 행동을 신중히 해야 한다. 신분이 천한 사람이 신분이 높은 사람이 타는
수레를 타고 있으니, 장차 도적이 강탈하려고 할 것이다. 재물을 간직하는
데 게으르면 도적을 불러들이고, 용모를 요염하게 꾸미면 음란을 불러일으
킨다. 자신의 신분에 맞지 않는 일을 하여 도적을 끌어들이게 되니, 행동을
신중히 해야 한다고 하였다.

여기까지가 제8장이다. 본장의 주제는 주역점이며, 주역점에서 괘상은 성
인이 천하의 지극히 심오함(혹은 복잡함)을 본뜬 것이고, 효는 천하의 지극
한 변화를 본받은 것임을 말하고, 이어서 주역점을 쳐 얻은 효사 일곱 조를
인용하여 공자의 이름을 빌려 이를 점풀이하였다. 「계사」는 일곱 효사의 구
절을 모두 의리로 해석하였는데, 이러한 해석 방식은 훗날 의리역 출현의
바탕이 되었다.

성인이 천하 만물의 심오함(혹은 복잡함)을 통찰하고, 그 형태를 본떠서
괘를 그려 사물의 알맞음을 상징하였으니, 그러므로 이것을 괘상이라고 한
다. 성인이 천하 만물의 변화를 통찰하고, 그 모이고 통하는 것을 살펴서,
음효와 양효를 여섯 자리에 위아래로 배열하여 귀천의 차등을 행하며, 점글
을 이어서 길흉을 논단하였으니, 그러므로 이것을 효라고 한다. 괘상은 천
하의 지극히 심오함(혹은 복잡함)을 말하면서 그릇되게 말할 수 없고, 효는
천하의 지극한 변화를 말하면서 함부로 변할 수 없다. 괘상은 천하의 심오
함(혹은 복잡함)을 본뜬 이후에 자신의 뜻을 나타내고, 효는 천하의 변화를
본받은 이후에 변화하니, 괘상은 천하의 심오함(혹은 복잡함)을 본뜨고 효
는 천하의 변화를 본받아 주역점의 변화를 이룬다.

주역점을 쳐 중부괘 둘째 양효의 효사를 얻었다. 공자께서 점풀이하기를 이 효를 얻은 사람은 언행에 신중해야 한다고 하였다. 또 점을 쳐 동인괘 다섯째 양효의 효사를 얻었다. 공자께서 점풀이하기를 이 효를 얻은 사람은 나가고 머무르고, 침묵하고 주장함에 있어 마음을 같이 해야 한다고 하였다. 또 점을 쳐 대과괘 처음 효의 효사를 얻었다. 공자께서 점풀이하기를 이 효를 얻은 사람은 신중히 일을 처리하면 잃는 바가 없다고 하였다. 또 점을 쳐 겸괘 셋째 양효의 효사를 얻었다. 공자께서 점풀이하기를 이 효를 얻은 사람은 겸허하여 그 자리를 보존해야 한다고 하였다. 또 점을 쳐 건괘 꼭대기 양효의 효사를 얻었다. 공자께서 점풀이하기를 이 효를 얻은 사람은 움직이면 뉘우침이 있다고 하였다. 또 점을 쳐 절괘 처음 음효의 효사를 얻었다. 공자께서 점풀이하기를 이 효를 얻은 사람은 말을 함부로 하여 비밀을 지키지 않으면 해를 당하게 된다고 하였다. 또 점을 쳐 해괘 셋째 음효의 효사를 얻었다. 공자께서 점풀이하기를 이 효를 얻은 사람은 자신의 신분에 맞지 않는 일을 하여 도적을 불러들이게 되니, 행동을 신중히 해야 한다고 하였다.

# 제9장

天一, 地二, 天三, 地四, 天五, 地六, 天七, 地八, 天九, 地十. 天數五,
地數五. 五位相得而各有合, 天數二十有五, 地數三十. 凡天地之數
五十有五. 此所以成變化而行鬼神也.

하늘의 수는 1이요, 땅의 수는 2이요, 하늘의 수는 3이요, 땅의 수는 4이요,
하늘의 수는 5이요, 땅의 수는 6이요, 하늘의 수는 7이요, 땅의 수는 8이요,
하늘의 수는 9이요, 땅의 수는 10이다. 하늘의 수는 다섯이며, 땅의 수도
다섯이다. 다섯 수를 서로 더하여 각각 합하면, 하늘의 수는 25요, 땅의 수
는 30이다. 무릇 하늘과 땅의 수는 55이다. 이것이 변화를 이루어 신묘한
작용을 행하는 것이다.

---

[天一, 地二, 天三, 地四, 天五, 地六, 天七, 地八, 天九, 地十.] 이 구절은 왕필
의 『주역주』와 공영달의 『주역정의』, 그리고 『집해』와 청나라 완원阮元의
『십삼경주소十三經注疏』본에는 11장 '부역夫易, 하위자야何爲者也,' 앞부분
에 놓여 있다. '천수오天數五'부터 '행귀신야行鬼神也'까지의 구절은 본장
'고재륵이후괘故再扐而後掛' 아래에 놓여 있다. 송대의 장재, 정이, 주희 등

은 순서가 뒤바뀐 것으로 여기고, 이 두 구절을 서로 이어서 '대연지수大衍
之數' 앞에 두었다. 뒷사람들은 이를 따랐으며 현행 통행본도 그러하다. 한
나라 희평석경熹平石經에는 '천일天一'부터 '행귀신行鬼神也'까지 '고재륵
이후괘故再扐而後掛' 뒤에 두었는데, 『한서漢書』「율력지律歷志」도 이와 같
다. 고형이 이를 따랐다. 필자는 현행 통행본의 순서를 따랐다. 천지지수를
가지고 대연지수를 규정한 것으로 생각하기 때문이다.

'천天'은 곧 하늘의 수이며, 양의 수이다. '지地'는 곧 땅의 수이며, 음의
수이다. 하늘의 수는 홀수(奇數)요, 땅의 수는 짝수(偶數)이다. 홀수
1·3·5·7·9는 모두 하늘의 수이며, 짝수 2·4·6·8·10은 모두 땅의 수이다.
「계사」는 홀수를 천수에, 짝수를 지수에 배합하였다.

[天數五, 地數五.] 하늘의 수는 다섯 홀수이다. 땅의 수는 다섯 짝수이다.

[五位相得而各有合, 天數二十有五, 地數三十. 凡天地之數五十有五.] '오위五
位'는 천수와 지수의 다섯 수를 가리킨다. 우번은 "오행의 자리(五位, 謂五行
之位)"라고 하였는데, 『역전』에는 오행의 관념이 없다. '상득相得'은 서로 더
한다는 말이다. '각各'은 천수와 지수를 가리킨다. '합合'은 합한다는 뜻의
화和와 같으며, 수를 합하는 것이다. 한강백은 "합하여 금목수화토를 이룬
다(合成金木水火土)"고 하였는데, 공영달 이후 모두 오행으로 이 구절을 해
석하였다. 하늘의 수 1·3·5·7·9 다섯 홀수를 서로 더하면 그 합한 수는 25
이다. 땅의 수 2·4·6·8·10 다섯 짝수를 서로 더하면 그 합한 수는 30이다.
25와 30을 더하면 모두 55이다. 무릇 천지의 수는 55이다.

[此所以成變化而行鬼神也] '차此'는 천지의 수 55를 가리킨다. '변화變化'는
시초를 셈하여 괘를 얻는 과정의 변화이다. '귀신鬼神'은 신묘한 작용이라
는 뜻이다. '성변화'는 곧 '행귀신'이며, 이것은 이어지는 문장의 대연지수
50을 둘로 나누고(分二), 하나를 걸고(掛一), 네 개씩 덜어내고(揲四), 나머
지를 합하여(歸奇), 18변하여 괘를 이루는 것(十有八變而成卦), 즉 주역점법
을 가리켜 말한 것이다. 천지지수 55가 주역점의 변화를 이루어 신묘한 작
용을 행하는 것이라는 말이다.

大衍之數五十, 其用四十有九. 分而爲二以象兩. 掛一以象三. 揲之
以四以象四時. 歸奇於扐以象閏. 五歲再閏, 故再扐而後掛.

대연의 수는 50이다. 사용하는 시초의 수는 49이다. 이것을 둘로 나누어
양의를 상징한다. 하나를 걸어서 삼재를 상징한다. 네 개씩 덜어내어 사계
절을 상징한다. 남은 시초를 하나로 합하여 왼쪽에 놓고 윤달을 상징한다.
5년 만에 다시 윤달이 되므로, 다시 남은 시초를 합하여 오른쪽에 놓고 (다
시 윤달을 상징한다) (왼쪽과 오른쪽에 놓아둔 시초를 합한) 후에 걸어놓
는다.

---

[大衍之數五十, 其用四十有九.]『석문』에 정현은 "'연'은 넓히다는 뜻의 연
(衍, 演也)", 왕이, 촉재는 "넓히다는 뜻의 광廣"이라고 하였다. 춘추전국시
대에는 시초를 셈하여 괘를 얻는 것을 '연衍', 한나라 때에는 '연演'이라고
칭하였다. '연衍'과 '연演'은 옛날에 통용되었다(고형). '대연지수'는 시초
를 셈하여 괘를 얻는데 필요한 수, 즉 주역점을 치는데 필요한 시초의 수라
는 뜻이다. 시초 50개를 셈하여 주역점을 점차 전개해 펼쳐나가므로 '연'이
라고 한 것이다.

'천지의 수'가 55인데 왜 '대연의 수'는 50이며, 왜 49를 사용하는가? 이
에 대해『정의』에 여러 사람의 주장을 기록하고 있다. 첫째, 경방이 말하기
를 "오십은 10일 12신 28수를 말한 것인데, 무릇 50이다. 하나를 사용하지
않는 것은 하늘이 기를 생하는데 허로써 실을 대신하고자 하므로 49를 사용
한다(京房云 五十者, 謂十日十二辰二十八宿也, 凡五十. 其一不用者, 天之生氣,
將欲以虛來實, 故用四十九焉)"라고 하였다. 둘째, 마계장이 말하기를 "역에
태극이 있다는 것은 북두성을 말한 것이다. 태극이 양의를 낳고, 양의가 일
월을 낳고, 일월이 사계절을 낳고, 사계절이 오행을 낳고, 오행이 십이월을
낳고, 십이월이 24절기를 낳았다. 북두성은 자리에서 움직이지 않으나, 나
머지 49는 움직여 사용한다(馬季長云 易有太極, 謂北辰也. 太極生兩儀, 兩儀生

日月, 日月生四時, 四時生五行, 五行生十二月, 十二月生二十四氣. 北辰居位不動, 其餘四十九, 轉運而用也)"라고 하였다. 셋째, 순상이 말하기를 "각 괘는 여섯 효가 있고, 육팔 48인데 건곤 두 괘의 용구 용육을 더하여 오십이 된다. 건괘 처음 양효는 '잠겨있는 용이니 사용하지 말라'는 것이므로 49를 사용한다(荀爽云 卦各有六爻, 六八四十八, 加乾坤二用, 凡有五十. 乾初九潛龍勿用, 故用四十九也)"라고 하였다. 넷째, 정현은 말하기를 "천지의 수 55인데 오행으로 기를 통하니, 무릇 오행의 5를 덜어내고, 대연에서 또 하나를 덜어내므로 49이다(鄭康成云 天地之數五十有五, 以五行通氣, 凡五行減五, 大衍又減一, 故四十九也)"라고 하였다. 다섯째, 요신과 동우는 말하기를 "천지의 수 55는 6을 가지고 여섯 효의 수를 상징하므로 이것을 제하고 49개를 사용한다(姚信董遇云 天地之數五十有五者, 其六以象六畫之數, 故減之以用四十九)"라고 하였다. 요신과 동우는 대연지수를 55로 여기고, 그 중 여섯 효를 상징하는 여섯 개를 제하고 49개를 사용한다고 한 것이다. 이상 다섯 가지 주장이 기록되어 있다. 『집해』에 최경은 "「설괘」에 말하기를 '옛날에 성인이 역을 지을 때, 은밀히 신명의 도움을 받아 시초점을 만들었고, 하늘의 수를 3으로 하고 땅의 수를 2로 하여 수를 세웠다'고 하였다. 이미 시초수를 말하였으니 이것은 대연지수를 말한 것이다. 수를 세우는 법은 당연히 하늘이 3이고 땅이 2임을 밝혔다. '삼천'은 3에서 시작하여 차례대로 셈하여 5·7·9에 이르나 1은 취하지 아니하는 것을 말한다. '양지'는 2에서 시작하여 거슬러 셈하여 10·8·6에 이르나 4는 취하지 아니하는 것을 말한다. 이것은 천수와 지수가 다하여 팔괘에 배합함에 따라 그 수를 취한 것이다(說卦云, 昔者聖人之作易也, 幽贊於神明而生蓍, 參天兩地而倚數. 旣言蓍數, 則是說大衍之數也. 明倚數之法, 當參天兩地. 參天者, 謂從三始, 順數而至五, 七, 九, 不取於一也. 兩地者, 謂從二起, 逆數而至十, 八, 六, 不取於四也. 此因天地致上, 以配八卦, 而取其數也)"라고 하였다. 즉 천수 3·5·7·9를 합하면 24가 되고, 지수 2·10·8·6을 합하면 26이 되는데, 이를 합하여 50으로 하였다는 말이다. 왕필은 "천지의 수를 넓혀 의거하는 것이 50이다. 49를 사용하니 하나는 사용하지 않는다. 사용하지 않으면서 사용하니 이것으로 통하고, 셈하지 않으면서 셈하니 이것으로 이룬다. 이것이 역의 태극이다. 49는 수의 극이다(王弼曰 演天地之數所賴者五十也. 其用四十有九, 則其一不用也. 不用而用以之通, 非數而數以之成. 斯易之太極也. 四十有九, 數之極也)"라고 하였다. 주희는 "대연지수 50은 하도 중궁의 천오에 지십을 곱하여 얻은 것이다. 시초점으로 사용하는데 다만 49를 사용하니, 모두 원리의 흐름이 스스로 그러함에서 나온 것이지 사람의 지력으로 덜고 더할 수 있는 것이 아니다(大衍之數五十, 蓋以河圖中宮天五乘地十而得之. 至用以筮, 則又止用四十有九, 蓋皆出於理勢之自然, 而非人之知力所能損益也)"라고 하였다. 이상 여러 사람의 주장이 분분하나 그 가운데 요신과 동우의 설이 가장 사실에 가깝다. 요신과 동우의 본에는 '대연지수오십유오大衍之數五十有五'로 한 것이다. 이것은 괘를 셈하는데 시초 55책策을 갖추나 49책 만을 사용한다는 말이다. 앞에서 "천지의 수는 55이다(凡天地之數五十有五)"라고 하였는데, 이것은 천지의 수를 가지고 대연의 수를 정한 것이다. 그래서 여섯 책策을 제외하고 사용하지 않으니, 이 여섯 개의 시초를 가지고 6효의 수를 명시한 것이다. 본래 '大衍之數五十有五'인데, 뒤의 '유오有五' 두 글자가 빠진 것이다.

[分而爲二以象兩] '양'은 양의兩儀를 말하며 곧 천지이다. 시초를 셈할 때, 49개의 시초를 두 부분으로 나누어 쥐고(分二), 한 부분은 상牀의 위쪽에 가로로 놓고 하늘(天)을 상징하고, 또 한 부분은 상의 아래쪽에 가로로 놓고 땅(地)을 상징한다.

[掛一以象三] '괘掛'는 걸다는 뜻이다. '삼'은 삼재三才를 말하며, 천·지·인이다. 위쪽에 놓아둔 시초 가운데 하나를 뽑아 위아래 가로로 놓아둔 시초의 두 부분 사이에 세로로 놓고, 사람이 천지 사이에 서 있는 것을 상징한다. 세로로 놓아둔 한 개의 시초는 가로로 놓아둔 두 부분 사이에 걸려있는 것과 같으므로 '하나를 건다(掛一)'고 하였다. 이렇게 하면 삼재가 갖추어진다. 『집해』에 공영달의 말을 인용하여 "그 하나를 새끼손가락 사이에 건다(分掛其一於最小指間)"고 하였고, 주희는 "그 하나를 왼손 새끼손가락 사이

에 건다(懸其一於左手小指之間也)"고 하였다.

[揲之以四以象四時] 『석문』에 "'설'은 셈하다는 뜻의 수와 같다(揲猶數也)"
고 하였고, 또 정현은 "취하다는 뜻의 취取"라고 하였다. '설揲'은 시초를 손
으로 잡고 나누어 셈하는 것이다. 시초를 셈할 때, '하나를 건 후(掛一)' 위
쪽에 가로로 놓아둔 시초를 네 개씩 한 조로 하여 덜어낸다. 이것이 '설지이
사'이다. 덜어낸 시초는 여전히 위쪽에 놓아둔다. 네 개씩 덜어내어 사계절
을 상징한다. 최경은 "시초 하나가 한 계절이다(一策一時)"라고 하였다.

[歸奇於扐以象閏] '귀歸'는 한 곳으로 모은다는 뜻이다. '기奇'는 나머지라
는 뜻의 여余이다. 한강백은 "'기'는 네 개씩 덜어낸 나머지에 비유한 것(奇,
況四揲之餘)"이라고 하였는데, 공영달(奇, 謂四揲之餘), 주희(奇, 所揲四數之
餘也) 등 모두 이를 따랐다. '늑扐'에 대해 두 가지 해석이 있다. 하나는 시초
를 손가락 사이에 끼우는 것으로 해석한 것이다. 『석문』에 마융은 "'늑'은 손
가락 사이(馬云 指間也)"라 하였고, 우번은 "나머지를 합하여 왼손 새끼손가
락에 걸어 끼운다(扐并合掛左手之小指)"고 하였으며, 주희는 "'늑'은 왼손 셋
째 손가락과 넷째 손가락 사이에 끼우는 것(扐, 勒於左手中三指之兩間也)"이
라고 하였으므로, 후세 사람들은 모두 이를 따라 셈하고 남은 시초를 손가
락 사이에 끼우게 되었다. 또 하나는 고형의 주장이다. 그는 "'늑扐'은 옆구
리라는 뜻의 늑肋자의 가차이다. '늑肋'은 가슴의 양쪽 부분이며, 이것은 걸
어놓은 한 개의 시초의 양쪽 부분을 가리킨다"고 하고, "만약 나머지 시초를
손가락 사이에 끼워둔다면 다시 시초를 셈할 수 없으므로 이 주장이 잘못되
었음을 알 수 있다"고 하였다. 고형의 주장이 맞다. '귀기어륵'은 셈하고 남
은 시초를 합하여 세로로 걸어둔 한 개의 시초 왼쪽에 놓아둔다는 말이다.
'윤閏'은 윤달이다. 윤달은 날 수가 남는 것이므로 윤달을 가지고 셈하고 남
은 시초 수를 상징한 것이다. 즉 '네 개씩 덜어낸 후(揲四)' 셈하고 남은 시
초는 한 개 혹은 두 개 혹은 세 개 혹은 네 개 가운데 하나가 되는데, 이것을
세로로 걸어둔 한 개의 시초의 왼쪽에 놓고 윤달을 상징한다는 말이다.

[五歲再閏, 故再扐而後掛.] '오세재윤'이라는 것은 옛날 역법에는 5년에 두

번의 윤달이 있었다. 양력은 큰달이 31일이고 작은달이 30일이다. 4년마다 한 번 윤달이 들어 2월의 28일은 29일이 된다. 음력은 큰달이 30일 작은달이 29일이다. 일 년에 12일이 남으니, 2년이면 24일, 2년 6개월이면 30일이 남게 되므로, 윤달이 든 그 해의 1년은 13개월이 된다. 따라서 5년에 두 번의 윤달이 드는 것이다. '재륵再扐'은 재귀기어륵再歸奇於扐을 줄인 말이다. 시초를 셈할 때, 먼저 상牀 위쪽에 놓아둔 시초를 셈하여 '남은 시초를 합하여 왼쪽에 놓은 후(歸奇於扐)', 다시 아래쪽에 놓아둔 시초를 네 개씩 덜어내어, 덜어낸 시초는 여전히 아래쪽에 놓아두고, 셈하고 남은 시초는 한 개 혹은 두 개 혹은 세 개 혹은 네 개 가운데 하나가 되는데, 이것을 세로로 걸어둔 한 개의 시초의 오른쪽에 놓는다. 이것이 '다시 남은 시초를 합하여 오른쪽에 놓는다(再歸奇於扐)'는 것이며, 5년에 두 번째 드는 윤달을 상징한다. 그런 후에 왼쪽과 오른쪽에 놓아둔, '나머지를 합한(歸奇)' 시초를 함께 위아래 가로로 놓아둔 시초 사이에 세로로 걸어두니, 이른바 '후에 걸어놓는다(後掛)'는 것이다.

이상이 제일변第一變이다. 셈을 다하여 세로로 놓아둔 시초를 모두 합한 수는 5개가 아니면 9개가 된다. 이중 얻은 한 수를 49에서 빼면, 시초 수는 44개 혹은 40개 가운데 하나가 된다. 이것을 가지고 위와 똑같은 방법으로 셈을 하는데, 이것이 제이변第二變이다. 셈을 다하여 세로로 놓아둔 시초를 모두 합한 수는 4개가 아니면 8개가 된다. 이중 얻은 한 수를 44 혹은 40에서 빼면, 시초 수는 40개 혹은 36개 혹은 32개 가운데 하나가 된다. 이것을 가지고 위와 똑같은 방법으로 셈을 하는데, 이것이 제삼변第三變이다. 셈을 다하여 세로로 놓아둔 시초를 모두 합한 수는 4개가 아니면 8개가 된다. 이중 얻은 한 수를 40 혹은 36 혹은 32에서 빼면, 시초 수는 36개 혹은 32개 혹은 28개 혹은 24개 가운데 하나를 얻게 된다.

① 36개이면, 시초를 4개씩 9번 덜어낸(九揲) 수이니, 9이고, 노양老陽이며, 변할 수 있는 양효(可變之陽爻)이다. 『주역』에서 효의 명칭이 '구九'라는

것은 '구설九揲'의 '구'이며, 이것은 변할 수 있는 양효 임을 나타낸 것이다.

　② 32개이면, 시초를 4개씩 8번 덜어낸(八揲) 수이니, 8이고, 소음少陰이며 변하지 않는 음효이다.

　③ 28개이면, 시초를 4개식 7번 덜어낸(七揲) 수이니, 7이고, 소양少陽이며 변하지 않는 양효이다.

　④ 24개이면, 시초를 4개씩 6번 덜어낸(六揲) 수이니, 6이고, 노음老陰이며, 변할 수 있는 음효(可變之陰爻)이다. 『주역』에서 효의 명칭이 '육六'이라는 것은 '육설六揲'의 '육'이며, 이것은 변할 수 있는 음효 임을 나타낸 것이다.

이와 같이 '삼변'하여 한 효를 얻고, '18변'하여 여섯 효를 얻으며, 여섯 효를 얻으면 비로소 한 괘가 성립된다.

「계사」는 변효를 얻는 법에 대해 말하지 않았다. 고형은 변효를 얻는 법에 대해 다음과 같이 설명하였다.

위와 같이 시초를 셈하여 한 괘를 얻으면 각 효는 9·7·6·8 네 개의 수 가운데 하나를 갖는다. 이 네 종류의 수는 덜어낸 수(揲數)를 대표한다. 여섯 효의 덜어낸 수를 서로 더하여 총수를 얻는다. 총수는 54에서 36사이이다. 천지지수 55에서 총수를 빼서 나머지 수를 얻는다. 이 나머지 수를 가지고 변효를 결정한다. 나머지 수를 가지고 처름 효(初爻)부터 위로 올라가며 셈히여, 수가 꼭대기 효(上爻)에 이르면 다시 꼭대기 효에서부터 아래로 내려오며 셈하여, 수가 처음 효에 이른다. 이렇게 왕복하면서 셈하여 어느 효에 이르러 나머지 수가 다하면 그 효는 '변해야 하는 효(宜變之爻)'가 된다. 변해야 하는 효가 '구九'이면 그 양효는 음효로 변하고, '육六'이면 그 음효는 양효로 변한다. 효가 변하므로 괘 역시 변한다. 변해야 하는 효가 '칠七'이나 '팔八'이면, 그 효는 변하지 않으며 괘 또한 변하지 않는다. 그런즉 효와 괘의 변화는 천지지수 55를 가지고 정하는 것이다.

乾之策二百一十有六, 坤之策百四十有四. 凡三百有六十, 當期之
日. 二篇之策萬有一千五百二十, 當萬物之數也. 是故四營而成易.
十有八變而成卦. 八卦而小成, 引而伸之, 觸類而長之, 天下之能事
畢矣. 顯道神德行, 是故可與酬酢, 可與祐神矣. 子曰 知變化之道者,
其知神之所爲乎!

건의 시초 수는 216이고, 곤의 시초 수는 144이다. 이것을 합하면 360이
되며, 일 년의 날수에 해당한다. 『주역』 두 편의 시초 수는 11,520이니, 만
물의 수에 해당한다. 그러므로 네 가지 영수로(혹은 네 번 경영하여) 역의
효를 이루고, 열여덟 번 변하여 괘를 이룬다. 팔괘는 작은 괘를 이루고, 이
것을 겹쳐 동류를 만나 증가해 나가면 천하의 모든 일은 다하여진다. (주역
점을 만든 사람이) 주역점을 치는 방법을 드러내고 그 덕행(작용)을 신령
스럽게 하였으니, 그러므로 (점을 치는 사람은 주역점과) 호응할 수 있고,
(주역점의) 신묘한 작용을 도울 수 있다. 공자께서 말씀하셨다. "(주역점
의) 변화의 도를 아는 사람은 그 신묘한 변화가 일으키는 작용을 아는 것인
가!"

---

[乾之策二百一十有六, 坤之策百四十有四.] 『주역』 64괘는 모두 변효를 가지
고 점을 친다. 건괘 6효는 모두 변할 수 있는 노양효이고, 각 효는 시초를 9
번 덜어낸 것이며, 매 번 4개씩 덜어내므로 6×9×4, 그 시초 수는 모두 216
책이다. '책策'은 시초 수이다. 곤괘 6효는 모두 변할 수 있는 노음효이고,
각 효는 시초를 6번 덜어낸 것이며, 매 번 4개씩 덜어내므로 6×6×4, 그 시
초 수는 모두 144책이다.

[凡三百有六十, 當期之日.] '기期'는 일 년을 기라고 한다. 건곤 두 괘의 시
초 수를 합하면 모두 360책이 되니, 대략 일 년 360일의 수에 해당된다. 건
은 하늘이고, 곤은 땅이다. 천지의 변화는 일 년에 한 번 순환하므로, 건곤
두 괘의 시초 수는 곧 천지 변화의 한 번 순환하는 날수를 상징한다.

[二篇之策萬有一千五百二十, 當萬物之數也.] '이편二篇'은 『주역』 상하 편을 가리킨다. 『주역』은 64괘이고, 각 괘는 6효이니, 모두 384효이며, 양효와 음효는 각각 192효이다. 한 양효는 시초를 4개씩 9번 덜어낸 36책(9×4)이다. 192양효의 시초 수를 모두 합하면 192×36=6,912책이 된다. 한 음효는 시초를 4개씩 6번 덜어낸 24책(6×4)이다. 192음효의 시초 수를 모두 합하면 192×24=4,608책이 된다. 두 수를 서로 합하면 모두 11,520책이 되며, 대략 만물의 수에 해당한다. 이것은 『주역』의 총 시초 수는 곧 만물의 수를 상징한다는 말이다.

[是故四營而成易] '사영四營'에 대해 두 가지 설이 있다. 첫째, 순상은 "'영'은 7·8·9·6을 말한다(營者謂七·八·九·六也)"고 하였다. 7은 소양의 효를, 8은 소음의 효를, 9는 노양의 효를, 6은 노음의 효를 가리킨다. 상·11장에 "역에 사상이 있다(易有四象)"고 하였는데, '사상'은 곧 이 네 종류의 효상이다. '역易'은 효를 가리키며, 바로 뒤의 '성괘成卦'와 짝으로 들었다. 괘는 모두 네 종류와 효로 구성되며, 효의 음양성과 변화의 여부 또한 네 종류의 효로부터 정한다. 그러므로, '네 가지 영수로 역을 이룬다(四營而成易)'고 하였다. '사영'은 효상의 네 개 영수를 말한다. 둘째, 육적은 "'둘로 나누어 양의를 상징한다'는 것이 일영이다. '하나를 걸어서 삼재를 상징한다'는 것이 이영이다. '네 개씩 덜어내어 사계절을 상징한다'는 것이 삼영이다. '남은 시초를 합하여 양쪽에 두고 윤달을 상징한다'는 것이 사영이다. 네 번 경영하여 비로소 역의 한 효를 이루는 것을 말한다(分而爲二以象兩, 一營也. 掛一以象三, 二營也. 揲之以四以象四時, 三營也. 歸奇於扐以象閏, 四營也. 謂四度營爲, 方成易之一爻者也)"고 하였다. 한상백의 주장도 같다. 공영달은 "'영'은 경영하는 것이며, 시책을 네 번 경영하여 역의 일변을 이루는 것을 말한다(營謂經營, 謂四度經營蓍策, 乃成易之一變也)"고 하였고, 주희도 이를 따랐다. 두 가지 설은 모두 통한다. 앞의 설에 의하면, 사영은 곧 사상이다. 『주역』 64괘는 모두 이 네 종류의 효상으로 구성되므로 '네 가지 영수로 역을 이룬다(四營而成易)'고 한 것이다. 뒤의 설에 의하면, 사영은 곧 네 번 시책

을 안배하는 방법이다. 네 번 시책을 안배하는 것이 일변이고, 삼변하여 한 효를 이루며, 여섯 효가 한 괘를 이룬다. 『주역』 64괘는 모두 네 번 시책을 안배하는 방법을 사용하므로 '네 번 경영하여 역을 이룬다(四營而成易)'고 한 것이다. 주희는 "'역'은 변역이다. 일변을 말한다(易, 變易也, 謂一變也)" 고 하였다.

[十有八變而成卦] 시초를 셈하여, 삼변하여 한 효를 얻는다. 한 괘는 여섯 효이므로 18변하여 한 괘를 이룬다. '변變'은 시초를 셈하는 것을 말한다.

[八卦而小成] '소성小成'에 대해, 후과는 "세 획의 효가 하늘 · 땅 · 우레 · 바람 · 해 · 달 · 산 · 못의 상을 이루는 것을 말한다(謂三畫成天地雷風日月山澤之象)"고 하여, '소성小成'을 팔괘의 상을 이루는 것으로 보았는데, 공영달이 이를 따랐다. 주희는 "아홉 번 변하여 세 획을 이루어, 내괘를 얻는 것을 말한다(謂九變而成三畫, 得內卦也)"고 하여, '소성'을 팔괘로 보았다. 고형은 "팔괘는 다만 각각 고립된 사물을 상징할 수 있지 각종 사물의 관계를 상징할 수 없으므로 작은 것을 이룬다는 것"이라고 하였다. 진고응은 "사물의 기초를 이루는 것"이라고 하였다. 다음 구절의 내용으로 보아 주희의 주장이 맞을 것이다. 팔괘는 작은 괘를 이룬다는 말이다.

[引而伸之] '신伸'은 펼치다는 뜻의 신申으로 읽는다. 『이아』 「석고」에 "'신'은 겹치다는 뜻의 중(申, 重也)"이라고 하였다. '인이신지'는 팔괘를 겹친다는 말이다.

[觸類而長之] '촉觸'은 만나다는 뜻의 우遇, '유類'는 동류, '장長'은 증가하다는 뜻이다. '촉류이장지'는 팔괘가 동류의 괘를 만나 괘를 더욱 확대한다는 말이다. 우번은 "'촉'은 움직인다는 뜻의 동이다. 여섯 효로써 64괘가 되는 것을 말한다(觸, 動也. 謂六畫以成六十四卦)"고 하였다. '인이신지, 촉류이장지'는 소성괘인 팔괘가 동류와 겹쳐 64괘가 된다는 말이다.

[天下之能事畢矣] '능사能事'는 만사이다. '필畢'은 다하다는 뜻의 진盡이다. 천하의 모든 일은 주역점 속에서 다하여진다는 말이다.

[顯道神德行] '현顯'은 드러내다는 뜻이다. '도道'에 대해 주장이 분분하다.

공영달은 '무위지도无爲之道'라고 하여, "무위의 도를 드러내고 덕행의 일을 신령스럽게 한다(顯明无爲之道, 而神靈其德行之事)"고 해석하였는데, 이것은 노자를 가지고 해석한 것이다. 장재는 '길흉의 도'라 하였고, 주희는 "'도'는 점글로써 드러나고, '덕행'은 수로써 신령스럽게 한다(道因辭顯, 行以數神)"고 하여, 역도로 보았다. 래지덕은 "'도'는 길흉소장진퇴존망의 도를 말한다(道言吉凶消長, 進退存亡之道)"라고 하였다. 고형은 "도, 신, 덕, 행을 현시한다"고 해석하였는데, '도'가 무엇을 뜻하는가에 대해서는 말하지 않았다. 유백민은 '도'는 "한 번은 음이 되고 한 번은 양이 되는 도(一陰一陽之道)"이고, '덕행'은 "건은 쉽고 곤은 간단한 덕행(乾易坤簡之德行)"이라고 하였다. 진고응은 '천도天道'로 해석하였다. 주백곤은 '변화의 도'라 하고, 18변하여 괘를 이루는 규율성이라고 하였다. 필자는 '주역점을 치는 도', 즉 주역점을 치는 방법이라고 해석하였다. '현도顯道'는 곧 주역점을 치는 방법을 드러내었다는 뜻이다. 이렇게 해석해야 본장의 문장이 앞뒤가 서로 통한다. '신神'은 술어로 사용되었으며, 신령스럽게 한다는 뜻이다. 「계사」에서 '신'을 술어로 사용한 것이 세 곳 있다. 하나는 본 구절이며, 또 하나는 상·12장에 "점을 신묘하여 밝히는 것은 그 사람에 있다(神而明之存乎其人)"고 하였고, 또 하나는 하·2장에 "신묘하게 교화시켜, 백성들로 하여금 올바르게 살도록 하였다(神而化之, 使民宜之)"라고 한 것이다. '덕행'은 도덕적 행위를 가리키는 것이 아니라, 점의 작용을 나타낸 말이다. '신덕행'은 주역점의 작용을 신령스럽게 하였다는 뜻이다. 이 구절은 앞구절과 이어지므로 주어는 당연히 주역점을 만든 사람이며, 주역점을 만든 사람이 주역점을 치는 방법을 드러내고 주역점의 작용을 신령스럽게 하였다는 말이다.

[是故可與酬酢, 可與祐神矣.] 두 '여與'자는 이以와 같다(왕인지). '수작酬酢'은 술잔을 주고받는다는 뜻이다. 옛날 연회의 예는 주객이 술잔을 받고 답례 술을 권하였는데, 이것을 '수작'이라고 하였다. 이에 따라 다른 사람이나 사물에 호응하는 것 또한 '수작'이라고 하였다. 한강백은 "'수작'은 응대를 말한다(酬酢謂應對)"고 하였다. 『석문』에 "'우祐'는 돕는다는 뜻의 조助"

라고 하였다. 주어는 점을 치는 사람이다. 주역점을 만든 사람이 주역점을 치는 방법을 드러내고 주역점의 작용을 신령스럽게 하였으므로 점을 치는 사람은 주역점과 서로 호응할 수 있고, 주역점의 신묘한 작용을 도울 수 있다는 말이다.

[子曰 知變化之道者, 其知神之所爲乎!] '변화變化'에 대해 주장이 분분하다. 우번은 '음양변화'로 보았고(在陽稱變, 在陰稱化), 한강백은 "변화의 도는 하지 않으면서 스스로 그러한 것이다(夫變化之道, 不爲而自然)"라고 하여 노자를 가지고 해석하였는데, 공영달이 이를 따랐다. 주희는 "변화의 도는 앞 문장의 셈하는 법이다(變化之道, 卽上文數法是也)"라고 하였는데, 정확하게 본 것이다. 래지덕은 "변화는 앞 문장의 시괘의 변화이다(變化者, 卽上文蓍卦之變化也)"라고 하여 주희를 따랐다. 유백민은 "한 번은 음이 되고 한 번은 양이 되는 도(一陰一陽之道)"라 하였고, 진고응은 "『주역』의 변화의 도리"라고 하였다. '변화의 도'는 바로 앞에서 말한 '此所以成變化而行鬼神也'의 '변화'이며, 대연지수 50을 둘로 나누고(分二), 하나를 걸고(掛一), 네 개씩 덜어내고(揲四), 나머지를 합하여(歸奇), 18변하여 괘를 이루는 것(十有八變而成卦), 즉 주역점법을 가리켜 말한 것이다. '기其'는 감탄, 강세를 나타내는 조사이다. '신神'은 곧 '변화의 도'와 같다. '십유팔변'하는 변화의 도가 신묘한 것이다. '신지소위'는 곧 미래의 일을 알아맞히는 것이다. 주역점의 변화의 도를 아는 사람은 그 신묘한 변화가 일으키는 작용을 아는 것인가! 라는 말이다. 다시 말해, 주역점을 아는 사람은 귀신같이 미래의 일을 알아맞히는 사람이라는 말이다.

순상, 마융, 왕필, 공영달 등은 이 구절을 다음 10장의 머리에 두었는데, 고형이 이를 따랐다. 『집해』에서 우번은 9장의 끝에 두었는데 정이, 주희, 래지덕, 진몽뢰, 왕부지 등이 이를 따랐다. 우번은 "여러 유학자들 모두 앞의 '자왈'을 다음 장의 머리에 두었다. 순상과 마융이 또 이를 따랐는데, 매우 잘못된 것이다(諸儒皆上子曰爲章首, 而荀馬又從之, 甚非者矣)"라고 하였다. 필자는 이 구절은 9장의 결어이며, 주역점을 예찬한 것으로 생각하므로 우번을 따랐다.

　여기까지가 제9장이다. 본장은 「계사」의 하이라이트이다. 주제는 주역점이며, 시초를 셈하여 괘를 얻는 방법, 즉 주역점법에 대해 기술하면서, 주역점을 자연과 결부시켜 철학화 하였다. 「계사」의 이 점법은 춘추전국시대의 점법이며, 주나라 초기에 출현한 『주역』의 최초의 점법인지는 알 수 없다. 주역점법은 고형이 종래의 그릇된 방법을 바로 잡았으므로 필자는 고형의 해석을 바탕으로 하여 기술하였다. 『백서』에는 본장이 없다. 「계사」의 주역점법은 매우 간략하게 기술하여 이것으로 주역점법을 완전히 이해하기는 어렵다. 필자가 쓴 『바르게 풀어쓴 주역점법』과 『주역점의 이해』에서 고형의 「주역점법의 새로운 고증」을 참고하면 주역점법을 보다 쉽게 이해할 수 있을 것이다.

　하늘의 수는 1·3·5·7·9 다섯 홀수요, 땅의 수는 2·4·6·8·10 다섯 짝수이다. 다섯 수를 서로 더하여 각각 합하면, 하늘의 수는 25요 땅의 수는 30이다. 이를 합하면 하늘과 땅의 수는 55이다. 이 수를 가지고 대연의 수를 정한 것이니, 천지의 수 55가 주역점에서 변화를 이루어 신묘한 작용을 행한다.

　주역점을 치는데 필요한 시초의 수는 50이다. 그 중 하나를 뽑아 사용하지 않으니, 사용하는 시초의 수는 49개이다. 49개의 시초를 두 손에 나누어 쥐고 왼손에 쥔 것은 상 위쪽에 가로로 놓고, 오른손에 쥔 것은 상 아래쪽에 가로로 놓는다. 이것은 각각 하늘과 땅, 양의를 상징한다. 위쪽에 놓아둔 시초 하나를 뽑아, 위아래 가로로 놓인 시초 사이에 세로로 놓으니, 하나를 걸어서 천·지·인 삼재를 상징한다. 왼손으로 위쪽에 놓아둔 시초를 쥐고, 오른손으로 네 개씩 셈하여 덜어내어 사계절을 상징한다. 하나의 시초는 곧 한 계절을 상징한다. 시초가 4개 이하로 남으면 남은 시초를 합하여 세로로 놓아둔 시초의 왼쪽에 세로로 놓고 윤달을 상징한다. 오른손으로 아래쪽에 놓아둔 시초를 쥐고 왼손으로 네 개씩 셈하여 덜어내어, 시초가 4개 이하가 남으면 남은 시초를 합하여 세로로 놓아둔 오른쪽에 세로로 놓고 5년 만에 다시 윤달이 되는 것을 상징한다. 왼쪽과 오른쪽에 세로로 놓아둔 시초를 모두 합하여 한 쪽에 세로로 놓아둔다.

　건괘 6효는 모두 변할 수 있는 노양효이고, 각 효는 시초를 9번 덜어낸 것이며, 매 번 4개씩 덜어내므로 $6 \times 9 \times 4$이니, 건괘의 시초 수는 모두 216책이다. 곤괘 6효는 모두 변할 수 있는 노음효이고, 각 효는 시초를 6번 덜어낸 것이며, 매 번 4개씩 덜어내므로 $6 \times 6 \times 4$이니, 곤괘의 시초 수는 모두 144책이다. 이것을 합하면 360이 되며, 일 년의 날수에 해당한다. 『주역』은 64괘이고, 각 괘는 여섯 효이니, 모두 384효이며, 양효와 음효는 각각 192효이다. 한 양효는 시초를 4개씩 9번 덜어낸 36책이다. 192양효의 시초 수를 모두 합하면 $192 \times 36 = 6,912$책이 된다. 한 음효는 시초를 4개씩 6번 덜어낸 24책이다. 192음효의 시초 수를 모두 합하면 $192 \times 24 = 4,608$책이 된다. 두 수를 서로 합하면 모두 11,520책이 되며, 만물의 수에 해당한다. 그러므로 네 가지 영수로(혹은 네 번 경영하여) 『역』의 효를 이루고, 열여덟 번 변하여 『역』의 괘를 이룬다. 팔괘는 작은 괘를 이루고, 이것을 겹쳐 동류를 만나 증가해 나가면 64괘가 되니, 천하의 모든 일은 『주역』속에서 다하여진다. 이렇게 하여 주역점을 만든 사람이 주역점을 치는 방법을 드러내고 주역점의 덕행(작용)을 신령스럽게 하였으니, 그러므로 점을 치는 사람은 주역점과 호응할 수 있고, 주역점의 신묘한 작용을 도울 수 있는 것이다. 공자께서 말씀하셨다. "주역점의 변화의 도를 아는 사람은 그 신묘한 변화가 일으키는 작용을 아는 것인가!"

<h1 style="text-align:center">제10장</h1>

易有聖人之道四焉. 以言者尚其辭, 以動者尚其變, 以制器者尚其
象, 以卜筮者尚其占.

역에는 성인의 도가 네 가지 있다. 역을 가지고 말하고자 하는 사람은 그
괘효사를 숭상하고, 역을 가지고 움직이고자 하는 사람은 그 시초의 변화
를 숭상하며, 역을 가지고 기물을 만들고자 하는 사람은 그 괘효의 상을 숭
상하고, 역을 가지고 점을 치고자 하는 사람은 그 점을 숭상한다.

[易有聖人之道四焉] '역'은 주역점이다. '성인'은 『주역』을 지은 사람, 곧
주역점을 만든 사람이다. '사도四道'는 사辭, 변變, 상象, 점占을 가리킨다.
주역점에는 성인의 네 가시 도가 들어 있다는 말이다.

[以言者尚其辭] '이以'는 용用과 같다(유염). '이以'는 '이지以之'의 지之가
생략된 것이다. '이언자以言者'는 곧 이지언자以之言者이며, 곧 용지언자用
之言者이다. '지之'는 역, 즉 주역점을 가리킨다. '상尚'은 숭상하다는 뜻으
로도 읽고, 혹은 위주로 하다는 뜻의 주主(유염), 혹은 취하다는 뜻의 취取
(래지덕)로도 읽는다. 『백서』에는 본 구절의 4개의 '상尚'은 모두 '상上'으

로 되어 있는데, '상上'은 '상尙'과 같다. '사辭'는 괘효사, 즉 점글이다. 주역점을 가지고 말하고자 하는 사람은 그 괘효사를 숭상한다는 말이다. 상·12장에 "점글을 이어 말을 다하였다(繫辭焉以盡其言)", 하·1장에 "성인의 뜻은 점글에서 나타난다(聖人之情見乎辭)"고 하였다.

[以動者尙其變] '동動'은 어떤 일을 행하고자 하는 것을 말한다. '변變'은 '十有八變而成卦'의 '변', 즉 시초를 셈하는 것이다. 육적은 '효의 변화'라고 하였는데, 래지덕이 이를 따랐다. 공영달은 '음양변화'라 하였고, 정이는 "변화에 순응하여 움직이니, 곧 도와 합하는 것이다(順變而動, 乃合道也)"라고 하여, '사물의 변화의 규율'이라고 보았다. 유백민은 노양 노음의 변화, 고형은 '괘효의 변화'라고 하였다. 주역점을 가지고 행동하고자 하는 사람은 그 시초의 변화를 숭상한다는 말이다.

[以制器者尙其象] '기器'는 기물이다. 상·11장에 "형체가 드러난 것을 기라 한다(形乃謂之器)", 12장에 "형체를 갖춘 것을 기라 한다(形而下者謂之器)"고 하였다. '상象'은 괘효의 상이다. 순상은 "줄을 엮어 망을 만드는 것은 대개 리괘에서 취한 것이라는 이런 유이다(結繩爲网罟, 蓋取諸離, 此類是也)"라고 하였는데. 래지덕도 "기물을 만든다는 것은 줄을 엮어 망을 만든다는 이런 유이다(制器者, 結繩網罟之類是也)"라고 하였다. 하·2장의 "나무를 깎아 보습을 만들고, 나무를 휘어 쟁기를 만들어, 쟁기와 보습의 이로움을 천하 사람들에게 가르쳤으니, 대개 익괘에서 취한 것이다(斲木爲耜, 揉木爲耒, 耒耜之利, 以敎天下, 蓋取諸益)", 또 "나무 속을 파내어 배를 만들고, 나무를 깎아 노를 만들어, 배와 노의 이로움으로 통하지 않는 곳을 건너, 먼 곳까지 이르게 하여 천하를 이롭게 하였으니, 대개 환괘에서 취한 것이다(刳木爲舟, 剡木爲楫, 舟楫之利, 以濟不通, 致遠以利天下, 蓋取諸渙)" 등과 같은 것이다. 주역점을 가지고 기물을 만들고자 하는 사람은 그 괘효의 상을 숭상한다는 말이다.

[以卜筮者尙其占] '복卜'은 거북점이고, '서筮'는 시초점이다. '점占'은 곧 시초점, 즉 주역점을 가리킨다. 상·5장에 "책수를 다하여 미래의 일을 예지

하는 것을 점이라 한다(極數知來謂之占)"고 하였다. 점은 곧 미래의 길흉을
예측하는 것이다. 주역점을 가지고 점을 치고자 하는 사람은 그 점을 숭상
한다는 말이다. '점을 숭상한다'는 것은 곧 시초를 3변하여 효를 얻고 18변
하여 괘를 얻어 미래의 일을 예측하는 일련의 과정을 숭상한다는 말이다.

이상 성인의 네 가지 도, '상사尙辭', '상변尙變', '상상尙象', '상점尙占'을
말하였다. 상·2장의 군자는 '관상觀象', '완사玩辭', '관변觀變', '완점玩占'
하는 것과 같은 말이다.

是以君子將有爲也, 將有行也, 問焉而以言. 其受命也如嚮, 无有遠
近幽深, 遂知來物. 非天下之至精, 其孰能與於此!

그러므로 군자가 장차 어떤 일을 하고자 하고 행하고자 할 때, 역에 물으면
(역은 괘효사를 가지고) 길흉을 말해준다. 주역점이 명을 받아(괘효사가)
길흉을 알려주는 것이 마치 메아리 소리가 응하는 것과 같으니, 먼 것이나
가까운 것, 그윽한 것이나 심원한 것을 가리지 아니하고, 마침내 미래의 일
을 알려 준다. 천하의 지극히 정밀한 것이 아니면, 그 누가 이것과 더불어
할 수 있겠는가!

[是以君子將有爲也, 將有行也] '군자'는 앞의 성인과 같지 않다. '성인'은 주
역점을 만든 사람이고, '군자'는 주역점을 사용하고자 하는 사람이다. '위爲'
는 작위作爲, 즉 인위적 행위를 말하고, '행行'은 인위적 행동을 말한다. 오
징은 "'유위'는 내면직 일을 하는 것을 밀하고, '유행'은 외면직인 일을 하는
것을 말한다(有爲謂作內事, 有行謂作外事)"고 하였는데, '유위'는 내적 세계,
즉 심리적인 것을 말하고, '유행'은 외적 세계, 즉 행동적인 것을 말한다.

[問焉而以言] '문언問焉'은 문지지問之와 같다. '지之'는 주역점을 가리키며,
시초를 셈하여 괘를 구하는 것(揲蓍求卦)을 말한다. '이언以言'에 대해 세
가지 해석이 있다. 첫째, 주어를 군자로 보는 것이다. 우번은 "시초와 거북

에게 길흉을 말로써 묻는다(問於蓍龜, 以言其吉凶)”고 하였고, 공영달은 “점에 길흉을 묻는데, 말로써 시초에 명하는 것이다(占問其吉凶, 而以言命蓍也)”라고 하였다. 진고응은 ‘이而’자는 잘못 들어간 글자라 하고, ‘언言’은 시초에게 묻는 말, 즉 점을 치는 사람이 마음속에 생각하고 있는 일을 묻는 말이라고 하였다. 주석가들은 한결같이 주어를 군자(점을 치는 사람)로 보고, “군자가 장차 어떤 일을 하고자 하고 또 어떤 일을 행하고자 할 때, 시초에 말로써 묻는다”고 해석하였다. 즉 ‘언言’은 군자가 말로써 시초에 묻는 것이다. 둘째, 주희는 “‘이언以言’은 역을 가지고 말하고자 하는 사람은 그 괘효사를 숭상한다는 것의 ‘이언’과 뜻이 같다(以言, 與以言者尙其辭之以言義同)”고 하고, “사람이 시초를 가지고 역에 물어, 괘효사를 얻어 이것으로 말을 나타내고 일에 처하는 것을 말한다(言人以蓍問易, 求其卦爻之辭, 而以之發言處事)”고 하였는데, 래지덕이 이를 따랐다. 즉 주어를 군자(점을 치는 사람)로 보고, “군자가 장차 어떤 일을 하고자 하고 또 어떤 일을 행하고자 할 때, 주역점에 물어서 주역점이 알려주는 바에 따라 자신의 말을 나타낸다”고 해석한 것이다. 즉 ‘언言’은 군자가 주역점이 알려주는 것을 가지고 자신의 말을 외부에 나타내는 것이다. 셋째, 주어를 괘효사로 보는 것이다. ‘이언以言’은 이지언기길흉以之言其吉凶을 줄인 것이며, ‘지之’는 괘효사를 가리킨다. 즉 주역점은 괘효사를 가지고 그 길흉을 알려준다는 말이다. “군자가 장차 어떤 일을 하고자 하고 또 어떤 일을 행하고자 할 때, 주역점에 물어 시초를 셈하고 괘를 구하면 괘효사는 군자에게 하고자 하는 일의 길흉을 미리 알려준다”고 해석하는 것이다. 즉 ‘언言’은 괘효사가 군자에게 길흉을 알려주는 말로 해석하는 것이다. 이것이 필자의 해석이다. 세 가지 해석은 모두 통한다. 본 구절은 지금 괘효사에 대해(尙辭) 말하고 있으므로, 괘효사를 주어로 보는 것이 타당하다. 필자의 해석이 「계사」의 본뜻일 것이다.

　[其受命也如嚮, 无有遠近幽深, 遂知來物.] ‘기其’는 주역점을 가리킨다. ‘명命’은 주역점에게 명한다는 말이다. ‘수명受命’은 주역점이 군자의 명을 받는다는 뜻이다. ‘향嚮’은 『석문』에 “향響으로도 한다(又作響)”고 하였다. 왕

필본에는 ‘향嚮’으로, 『집해』에는 ‘향響’으로 하였다. 주희는 “‘향嚮’은 고문의 향響자이다(嚮, 古文響字)”고 하였다. ‘향響’은 메아리가 응하는 소리이다. 공영달은 “시초가 사람의 명을 받아 길흉을 알려 주는 것이 메아리가 응하는 소리와 같다는 말이다(謂蓍受人命, 報人吉凶, 如響之應聲也)”라고 하였다. ‘메아리가 응하는 소리와 같다’는 것은 곧 신속하고 정확하게 대답해 준다는 말이다. ‘기수명야其受命也’는 곧 ‘문언問焉’이며, 주역점에 묻는 것이다. ‘여향如響’은 곧 ‘이언以言’이며, 괘효사가 길흉을 알려주는 것이다. ‘무유无有’는 무론無論과 같다. ‘원근遠近’은 먼 것과 가까운 것, 즉 미래의 일과 지금의 일, ‘유幽’는 그윽한 것, ‘심深’은 심원한 것이라는 뜻이다. 『백서』에는 ‘심’이 ‘험險’으로 되어 있다. ‘내來’는 미래이다. ‘물物’은 사事이며(공영달), 곧 길흉을 말한다. ‘내물來物’은 곧 미래의 일의 길흉을 가리킨다. 군자가 장차 어떤 일을 도모하고자 할 때, 먼저 주역점에 물으면 괘효사는 곧 길흉을 알려주는데, 군자의 명을 받아 길흉을 알려주는 것이 마치 메아리가 응하는 것과 같이 먼 것이나 가까운 것, 그윽한 것이나 심원한 것을 가리지 아니하고, 마침내 미래의 일을 알려준다는 말이다.

[非天下之至精, 其孰能與於此.] ‘지至’는 지극하다는 뜻이다. ‘정精’은 정밀하다, 정묘하다는 뜻이다. 공영달은 ‘지극정묘至極精妙’라고 하였다. ‘天下之至精’은 곧 ‘以言者尙其辭’를 가리켜 말한 것이다. ‘숙孰’은 누구라는 뜻의 수誰이다. 『백서』에는 본장의 3개의 ‘숙’이 모두 ‘수誰’로 되어 있다. ‘여與’는 더불이라는 뜻이다. 공영달은 ‘참여參與’라고 하였는데 같은 뜻이다. ‘차此’는 천하의 지극히 정밀한 괘효사를 가리킨다. 천하의 지극히 정밀한 것이 아니면, 그 누가 길흉을 알려주는 괘효사와 더불어 힐 수 있겠는가! 하는 말이다. 다시 말해, 천하의 그 누가 괘효사와 더불어 어깨를 나란히 할 수 있겠는가라는 말이다. 혹은 ‘숙孰’을 어찌라는 부사로 새기고(진고응), ‘여與’는 이르다는 뜻의 급及으로 해석하여(고형), 천하의 지극히 정밀한 것이 아니면 어찌 이것에 이를 수 있겠는가! 하고 해석하여도 통한다.

이 구절은 성인의 네 가지 도 가운데 ‘以言者尙其辭’를 설명한 것이며, 괘효사가 지극히 정밀하다는 것을 말하였다.

---

參伍以變, 錯綜其數. 通其變, 遂成天地之文. 極其數, 遂定天下之
象. 非天下之至變, 其孰能與於此!

시초를 여러 번 섞어 변화하고, 수를 뒤섞고 합한다. 변화를 관통하여 마침
내 천지의 문양(괘효)을 이룬다. 수를 다하여 마침내 천하의 상(괘효상)을
정한다. 천하의 지극한 변화가 아니면, 그 누가 이것과 더불어 할 수 있겠
는가!

---

[參伍以變] '삼參'은 삼三으로 읽고, '오伍'는 오五로 읽는다(공영달). 래지
덕은 "세 사람이 서로 섞이는 것을 '삼'이라 하고, 다섯 사람이 서로 섞이는
것을 '오'라 한다(三人相雜曰參, 五人相雜曰伍)"고 하였다. '삼오三五'는 우리
말의 삼삼오오이며, 확실하지 않은 적은 수를 나타낸다. '삼오參伍'는 바로
뒤의 '착종錯綜'과 뜻이 같으며, '삼오이변'과 '착종기수'는 모두 시초를 셈
하여 괘를 구하는 것을 말한 것이다. '삼오'는 시초를 삼삼오오 여러 번 뒤
섞는 것, 즉 49개의 시초를 둘로 나누고(分二), 하나를 걸고(掛一), 네 개씩
덜어내고(揲四揲), 남은 시초를 합하는 것(歸奇)을 말한다. '변變'은 앞 장의
'十有八變而成卦'의 '변'이며, 시초를 셈하는 것이다. '삼오이변'은 시초를
여러 번 섞어 변화한다는 말이다.

[錯綜其數] '착錯'은 뒤섞는다, '종綜'은 합한다는 뜻이다. '착종'은 뒤섞고
합한다는 뜻이다. '수'는 대연의 수이다. 우번은 '육효의 수(六畫之數)', 공
영달은 '음양의 수', 래지덕은 '괘의 수', 고형은 '효의 자리 순서', 진고응은
'효의 수'라고 하였다. 필자는 대연의 수라고 해석하였다. '착종기수'는 대
연의 수 50을 여러 번 뒤섞고 합한다는 말이다. 50개 시초 중 49개를 뒤섞
고 합하여 마지막으로 9·7·6·8의 수를 얻는다. '삼오이변, 착종기수'는 대
연의 수를 셈하여 효를 얻고 괘를 구하는 것을 말한 것이다. '삼오'는 변變

을 중시하여 말한 것이고, '착종'은 수數를 중시하여 말한 것이다.

[通其變, 遂成天地之文.] '통通'은 통달하다, 관통하다는 뜻이다. '변變'은 '삼오이변'의 '변'이며, 시초를 셈하는 것이다. 시초를 셈하여 효를 얻고, 다시 효를 변화시켜 괘효를 얻는다. '성成'은 이루다 혹은 정하다는 뜻의 정定이다. 『석문』에 "우번, 육적본에는 '지문之文'을 '之爻'로 하였다(虞陸本作之爻)"고 하였다. '문文'은 문양, 즉 괘효를 가리킨다. '遂成天地之文'은 '十有八變而成卦'의 '성괘'와 같다. 하·10장에 '物相雜, 故曰文.'이라고 하였는데, '물物'은 곧 '문文'이며, '문'은 효를 가리킨다. 시초의 변화를 관통하여 마침내 괘효를 얻는다는 말이다. '천지지문天地之文'이라고 한 것은 64괘 384효 속에 천지 사물의 수가 다 들어 있기 때문이다. 이 구절은 성인의 네 가지 도 가운데 '以動者尙其變'을 설명한 것이다.

[極其數, 遂定天下之象.] '극極'은 다하다는 뜻의 진盡이다. '수數'는 '착종기수'의 '수'이며, 대연의 수를 가리킨다. 이에 대한 여러 사람의 주장은 앞에 기록한 것과 같다. 고형은 '괘효의 수'라고 하였다. '상象'은 당연히 괘효의 상이다. 우번은 '천하 길흉의 상', 공영달은 '천하 만물의 상'이라고 하였다. 고형은 공영달을 따랐고, 진고응은 '괘상'과 '천지 만물의 상'을 동시에 말하였다. 대연의 수를 셈하여 마침내 괘효의 상을 정한다는 말이다. '천하지상天下之象'이라고 한 것은 괘효의 상에 천하 만물의 상이 다 들어있기 때문이다. 이 구절은 성인의 네 가지 도 가운데 '以制器者尙其象'을 설명한 것이디.

본문에서 '參伍以變'은 通其變, 遂成天地之文으로, '錯綜其數'는 極其數, 遂定天下之象으로 이어진다. 앞의 것은 성인의 네 가지 도 가운데 '변'을, 뒤의 것은 '상'을 말하였다. '參伍以變'은 곧 '錯綜其數'이며, '通其變'은 곧 '極其數'이다. 그래서 한 구절 속에 성인의 네 가지 도 가운데 '변'과 '상' 두 가지를 동시에 기술한 것이다.

[非天下之至變, 其孰能與於此.] '지변至變'은 지극한 변화이다. 공영달은 '지극한 변화(至極之變化)'라고 하였다. '天下之至變'은 곧 '以動者尙其變'과

‘以制器者尙其象’ 두 가지를 가리켜 말한 것이다. 시초의 변화를 관통하여 괘효를 얻고, 대연의 수를 변화시켜 괘효의 상을 정하는 것이 천하의 지극한 변화라는 말이다. ‘차此’는 천하의 지극한 변화인 시초의 변화(變)와 괘효상(象)을 가리킨다. 천하의 지극한 변화가 아니면, 그 누가 지극히 변하는 시초의 변화와 괘효상과 더불어 할 수 있겠는가!라는 말이다. 다시 말해, 천하의 그 누가 시초의 변화와 괘효상과 더불어 어깨를 나란히 할 수 있겠는가라는 말이다. 혹은 천하의 지극한 변화가 아니면 어찌 이것에 이를 수 있겠는가!라고 해석하여도 통한다.

이 구절은 성인의 네 가지 도 가운데 ‘以動者尙其變’과 ‘以制器者尙其象’을 설명한 것이며, 시초의 변화와 괘효상이 지극한 변화임을 말하였다.

---

易无思也, 无爲也, 寂然不動, 感而遂通天下之故. 非天下之至神, 其孰能與於此!

역은 사려도 없고, 작위도 없으며, 고요하여 움직이지 않으나, 감응하여 마침내 천하의 일에 통한다. 천하의 지극히 신묘한 것이 아니면, 그 누가 이것과 더불어 할 수 있겠는가!

---

[易无思也, 无爲也] ‘역易’에 대해 주희는 ‘시괘蓍卦’라 하였고, 래지덕은 ‘복서卜筮’라고 하였으며, 왕부지는 ‘상·점·사·변을 통괄하여 말한 것(易統象占事變而言)’이라고 하였다. 모두 맞는 말이다. ‘역’은 대연의 수를 셈하여 효를 얻고 괘를 구하는 일, 즉 주역점을 가리킨다. ‘무사无思’는 사려가 없다는 말이다. ‘무위无爲’는 작위하는 것이 없다는 말이다. ‘무사’ ‘무위’는 곧 인위적인 것이 아니라는 말이다. 다시 말해, 주역점은 스스로 그러하게 되는 것이지(自然而然), 인위적인 사려와 작위가 없다는 말이다. ‘무사’ ‘무위’는 모두 도가의 용어이다.

[寂然不動, 感而遂通天下之故.] ‘적寂’은 고요하다는 뜻의 정정靜이며, 곧 ‘부

동不動'이다. '감感'은 감응하다는 뜻이다. 진고응은 '음양이 서로 감응한다 (陰陽相感)'고 하였다. 필자는 천하의 일에 감응하는 것이라고 해석하였다. '고故'는 사事이다. 공영달은 '천하만사天下萬事'라고 하였다. 주역점은 사려 도 없고 작위도 없으며, 고요하여 움직이지 않으나, 시초를 셈하여 점을 치 면 마침내 천하의 일에 감응하여 천하의 일에 관통한다는 말이다. 공영달은 "사려도 없고 작위도 없으니, 고요하여 움직이지 않는 것이다. 감응하면 반 드시 응하여 모든 일이 모두 통하니, 이것이 감응하여 마침내 천하의 일에 통한다는 것이다(旣无思无爲, 故寂然不動. 有感必應, 萬事皆通, 是感而遂通天 下之故也.)"라고 하였다. '적연(虛)'은 '부동(靜)'은 모두 도가의 용어이다.

[非天下之至神, 其孰能與於此.] '지신至神'은 지극히 신묘하다는 뜻이다. 공 영달은 '지극신묘至極神妙'라고 하였다. 한강백은 "고요하면서도 감응하지 않음이 없는 것(至神者, 寂然而无不應)"이라고 하였다. '天下之至神'은 곧 '以 卜筮者尚其占'을 가리켜 말한 것이다. 주역점은 사려도 없고 작위도 없으며, 고요하여 움직이지 않으나, 감응하여 마침내 천하의 일에 통하니, 천하의 지극히 신묘한 것이라는 말이다. '차此'는 무사무위无思无爲하는 주역점을 가리킨다. 천하의 지극히 신묘한 것이 아니면, 그 누가 무사무위하는 주역 점과 더불어 할 수 있겠는가! 하는 말이다. 다시 말해, 천하의 그 누가 주역 점과 더불어 어깨를 나란히 할 수 있겠는가라는 말이다. 혹은 천하의 지극 히 신묘한 것이 아니면 어찌 이것에 이를 수 있겠는가! 하고 해석하여도 통 한다.

이 구절은 성인의 네 가지 도 가운데 '以卜筮者尚其占'을 설명한 것이며, 주역점이 지극히 신묘하다는 것을 말하였다.

夫易, 聖人之所以極深而研幾也. 唯深也, 故能通天下之志. 唯幾也, 故能成天下之務. 唯神也, 故不疾而速, 不行而至. 子曰 " '易有聖人之道四焉' 者, 此之謂也."

무릇 역은 성인이 심오함을 다하고 은밀함을 탐구한 것이다. 오직 심오함으로 천하의 뜻에 관통할 수 있고, 오직 은밀하므로 천하의 일을 성취할 수 있고, 오직 신묘함으로 서두르지 않아도 빠르며, 가지 않아도 이른다. 공자께서 말씀하셨다. " '역에 성인의 도가 네 가지 있다'는 것은 이것을 말한 것이다."

---

[夫易, 聖人之所以極深而研幾也.] '역易'은 주역점을 가리킨다. '성인'은 주역점을 만든 사람이다. '극極'은 다하다는 뜻의 진盡이다. '심深'은 심오하다는 뜻이다. '연研'은 '극極'과 같으며, 궁구하다는 뜻의 구究이다. '기幾'는 『석문』에 "은밀하다는 뜻의 미微"라고 하였다. '기'는 은밀함, 기미幾微, 낌새라는 뜻이다. 하·5장에 "기미를 아는 것은 신묘한 것인가! 군자는 윗사람을 사귀어도 아첨하지 아니하고, 아랫사람과 사귀어도 업신여기지 아니하니, 기미를 아는 것이다. 기미란 움직임이 은밀한 것이고, 길흉이 먼저 나타나는 것이다. 군자는 기미를 보고 일을 행하되, 날이 다할 때까지 기다리지 않는다(子曰 知幾其神乎! 君子上交不諂, 下交不瀆, 其知幾乎! 幾者, 動之微, 吉之先見者也. 君子見幾而作, 不俟終日)"라고 하였다. 주역점은 성인이 심오함을 다하고 은밀함을 탐구한 것이라는 말이다.

[唯深也, 故能通天下之志.] '심深'은 앞의 '극심極深'의 '심'이며, 성인의 네 가지 도 가운데 '사辭'를 가리켜 말한 것이다. '통通'은 관통하다는 뜻이다. 『백서』에는 '달達'로 되어 있는데, 같은 뜻이다. '지志'는 뜻, 정황이라는 뜻이다. '천하지지'는 곧 천하의 뜻, 정황, 즉 세상의 이치라는 뜻이다. 괘효사는 오직 심오함으로 천하의 뜻에 관통할 수 있다는 말이다.

[唯幾也, 故能成天下之務.] '기幾'는 앞의 '연기研幾'의 '기'이며, 성인의 네

가지 도 가운데 '변變'과 '상象'을 가리켜 말한 것이다. 『백서』에는 '성成'이 정定으로 되어 있다. '무務'는 일이라는 뜻의 사事이다(우번). 시초의 변화와 괘효상의 변화는 오직 은밀하므로 천하의 일을 성취할 수 있다는 말이다.

[唯神也, 故不疾而速, 不行而至.] '신神'은 신묘하다는 뜻이며, 성인의 네 가지 도 가운데 '점占'을 가리켜 말한 것이다. '질疾'은 급하다는 뜻의 급急이다. 점은 신묘하므로 서두르지 않아도 빠르며, 가지 않아도 이른다는 말이다. 즉 주역점은 귀신같이 신출귀몰하다는 말이다.

[子曰 "'易有聖人之道四焉'者, 此之謂也."] 공자에 가탁하여 말한 것이다. '차此'는 '심深', '기幾', '신神'을 가리키며, 이것은 10장 전체의 내용을 가리킨다. 즉 성인의 네 가지 도, '사辭', '변變', '상象', '점占'이 '지정至精', '지변至變', '지신至神'하여, '심深', '기幾', '신神'하다는 것이다.


여기까지가 제10장이다. 본장은 주제는 주역점이며, 앞장에 이어서 주역점을 다시 찬양하였다. 주역점에는 성인의 네 가지 도, 즉 '상사尙辭', '상변尙變', '상상尙象', '상점尙占'이 있는데, '사辭'는 '지극히 정밀하고(至精)', '변變'과 '상象'은 '지극히 변화하며(至變)', '점占'은 '지극히 신묘한 것(至神)'을 말하고, 이어서 성인의 도 네 가지, '사辭'는 심오하고(深), '변變'과 '상象'은 은밀하며(幾), '점占'은 신묘함(神)을 찬양하였다. 주희는 "본장은 앞장의 뜻을 이어 역의 작용에 이 네 가지가 있음을 말하였다(此章承上章之意, 言易之用有此四者)"고 하였다. 본장은 문장 구성이 아주 치밀하며, 논리가 정연하다.

주역점에는 성인의 네 가지 도가 있다. 주역점을 가지고 말하고자 하는 사람은 그 괘효사를 숭상하고, 주역점을 가지고 움직이고자 하는 사람은 그 시초의 변화를 숭상하며, 주역점을 가지고 기물을 만들고자 하는 사람은 그 괘효의 상을 숭상하고, 주역점을 가지고 점을 치고자 하는 사람은 그 점을 숭상한다.

그러므로 군자가 장차 어떤 일을 하고자 하고 또 어떤 일을 행하고자 할 때, 주역점에 물어 시초를 셈하고 괘를 구하면 괘효사는 군자에게 하고자 하는 일의 길흉을 미리 알려준다. 주역점이 군자의 명을 받아 괘효사가 길흉을 알려주는 것이 마치 메아리가 응하는 것과 같이 미래의 일이나 지금의 일, 그윽한 것이나 심원한 것을 가리지 아니하고, 마침내 미래의 일을 정확히 알려 준다. 천하의 지극히 정밀한 것이 아니면, 그 누가 괘효사와 더불어 어깨를 나란히 할 수 있겠는가!

시초를 여러 번 섞어 변화시키고, 대연의 수를 뒤섞고 합한다. 시초의 변화를 관통하여 마침내 괘효를 얻는다. 대연의 수를 셈하여 마침내 괘효의 상을 정한다. 천하의 지극한 변화가 아니면, 그 누가 시초의 변화와 괘효상과 더불어 어깨를 나란히 할 수 있겠는가!

주역점은 사려도 없고 작위도 없으며, 고요하여 움직이지 않으나, 시초를 셈하여 점을 치면 천하의 일에 감응하여 마침내 천하의 일에 관통한다. 천하의 지극한 신묘함이 아니면, 그 누가 주역점과 더불어 어깨를 나란히 할 수 있겠는가!

무릇 주역점은 성인이 천하 사물의 심오함을 궁구하고, 은밀함을 탐구한 것이다. 괘효사(辭)는 오직 심오함으로 천하의 뜻에 관통할 수 있고, 시초의 변화(變)와 괘효상(象)은 오직 은밀하므로 천하의 일을 성취할 수 있고, 점(占)은 오직 신묘함으로 서두르지 않아도 빠르며, 가지 않아도 이른다. 공자께서 말씀하셨다. "'주역점에 성인의 도가 네 가지 있다'는 것은 이것을 말한 것이다."

# 제11장

子曰 "夫易, 何爲者也? 夫易, 開物成務, 冒天下之道, 如斯而已者
也." 是故聖人以通天下之志, 以定天下之業, 以斷天下之疑.

공자께서 말씀하셨다. "무릇 역은 무엇을 하는 것인가? 역은 시초를 두 손
에 나누어 쥐고 셈하여 사업을 이루게 하며 (혹은 만물을 창시하고 일을 완
성하여), 천하의 도리를 포괄한 것이니, 이와 같을 뿐인 것이다." 그러므로
성인은 이것으로 천하의 뜻에 관통하고, 이것으로 천하의 사업을 결정하
며, 이것으로 천하의 의혹을 판단한다.

---

[子曰 "夫易, 何爲者也?"] '자子'는 공자를 가리키며, 공자에 가탁한 것이다.
'역'은 주역점을 가리킨다. '하위何爲'는 무엇을 하는 것인가라는 말이다.
『집해』에는 '하위이작야何爲而作也'로 되어 있다. 무엇을 하기 위해 만든 것
인가라는 말이다.

[夫易, 開物成務] '개開'는 열다는 뜻의 벽闢, 시작하다는 뜻의 시始이다.
'물物'은 시초를 가리킨다. 바로 뒤에 '신물神物', '천생신물天生神物'이라고
하였는데, 시초를 가리켜 말한 것이다. '개물開物'은 49개의 시초를 열어 두

손에 나누어 쥐고(開), 셈을 시작하는 것(始)이다. '성成'은 완성하다는 뜻
의 수遂, '무務'는 일이라는 뜻의 사事이다. '성무成務'는 사업을 이루는 것
을 말한다. 주희는 "'개물성무'는 사람으로 하여금 점을 쳐 길흉을 알아서
사업을 이루는 것을 말한다(開物成務, 謂使人卜筮以知吉凶而成事業)"라고 하
였다. 주역점은 49개의 시초를 왼손과 오른손에 나누어 쥐고, 이를 셈하여
미리 길흉을 알아서 사업을 이루게 한다는 말이다. 주희는 이 구절을 점치
는 것으로 해석하였는데, 정확히 본 것이다. 이것이 「계사」의 본뜻이다. 자
연계로 말하면, '개開'는 개창開創, 창시創始라는 뜻이고, '물物'은 곧 만물
이다. '개물開物'은 만물의 시작을 말한다. '성成'은 완성하다는 뜻의 수遂,
'무務'는 일이라는 뜻의 사事이다. 래지덕은 '좇고 피하는 일(趨避之事)'이
라고 하였다. '성무成務'는 일의 완성을 말한다. 주역점은 만물을 창시하고
일을 완성한다는 말이다.

[冒天下之道, 如斯而已者也.] '모冒'는 포괄하다는 뜻의 포包와 같다. 한강
백은 "'모'는 덮는다는 뜻의 복(冒, 覆也)"이라고 하였다. '모천하지도冒天下
之道'는 천하 사물의 도리를 포괄하고 있다는 말이다. 주희는 "'모천하지도'
는 괘효가 이미 배열해 있다면, 천하의 도는 모두 그 속에 있음을 말한다(冒
天下之道, 謂卦爻旣設, 而天下之道皆在其中)"고 하였다. 시초를 셈하여 효를
얻고 괘를 얻었다면 천하의 도는 모두 그 괘효 속에 있다는 말이다. 주희의
해석이 정확하다. '사斯'는 이것 차此의 뜻이다. 『백서』에는 '차此'로 되어
있다. "주역점은 시초를 두 손에 나누어 쥐고 셈하여 미리 길흉을 알아 사업
을 이루게 하며, 천하의 도리를 포괄한 것이니, 이와 같을 뿐인 것이다"라는
말이다. 자연계로 말하면, "만물을 창시하고 일을 완성하여, 천하의 도리를
포괄한 것이니, 이와 같을 뿐인 것이다"라는 말이다. 『백서』에는 '夫易, 古物
定命, 樂天下之道.'로 되어 있다. '고'는 고沽로 읽으며, 구하다는 뜻의 구求
이다. 시초를 셈하여 효를 구하는 것이다. '물物'은 효를 가리킨다. '명命'은
운명이다. '고물정명'은 시초를 셈하여 효를 구해 미래의 운명을 예측한다
는 뜻이다. "역은 시초를 셈하여 효를 구해 미래의 운명을 결정하며, 천하의

도를 즐기는 것"이라는 말이다. 진고응은 '고물정명古物定命'은 '명물정고命物定古'가 잘못 쓰인 것이라 하고, "만물을 명명하고 만사를 바르게 하여, 천하의 도를 따라 즐긴다"고 해석하였다.

[是故聖人以通天下之志, 以定天下之業, 以斷天下之疑.] '이以'는 '이지以之'의 지之가 생략된 것이다. '이지以之'는 '용지用之'와 같으며, '지之'는 주역점을 가리킨다. 래지덕은 '이以'는 '이기역以其易'이라고 하였는데, 정확하게 읽었다. 성인은 주역점을 가지고 천하의 뜻에 관통하고, 주역점을 가지고 천하의 사업을 결정하며, 주역점을 가지고 천하의 의혹을 판단한다는 말이다.

---

是故蓍之德圓而神, 卦之德方以知, 六爻之義易以貢. 聖人以此洗
心, 退藏於密, 吉凶與民同患. 神以知來, 知以藏往, 其孰能與於此
哉! 古之聰明睿知神武而不殺者夫!

그러므로 시초의 덕은 둥글고 신묘하며, 괘의 덕은 반듯하고 지혜로우며, 여섯 효의 덕은 변화하여 알려준다. 성인은 이것으로 마음을 씻고, 물러나 은밀한 곳에 감추며, 길흉을 백성과 더불어 함께 근심한다. (성인이) 주역점의 신묘함으로 미래의 일을 알고, (주역점의) 지혜로움으로 지나간 일을 간직하니, 그 누가 이와 더불어 할 수 있겠는가! 옛날의 총명하고 지혜로우며 신묘한 무용이 있으면서도 함부로 사람을 죽이지 않은 자이겠는가!

---

[是故蓍之德圓而神] '시蓍'는 시초를, '덕德'은 모양과 작용을 가리킨다. '원圓'은 시초의 모양이 둥글다는 것이고, '신神'은 시초의 작용이 신묘하다는 것이다. 시초의 모양은 둥글고 그 작용은 신묘하다는 말이다.

[卦之德方以知] '괘卦'는 시초를 셈하여 얻은 괘체卦體를 가리킨다. '방方'은 괘의 모양이 반듯하다는 것이다. '이以'는 이而와 같다. '지知'는 지智로 읽으며, 괘의 작용이 지혜롭다는 것이다. 괘의 모양은 반듯하고 그 작용은 지혜롭다는 말이다. 시초와 괘는 미래의 일을 미리 알 수 있는 것이므로 그

덕(작용)이 신묘하고 지혜로운 것이다.

[六爻之義易以貢] '의義'는 앞의 덕德과 같으며, 효의 작용을 가리킨다.「계사」는 지금 '시蓍'와 '괘卦'와 '효爻'의 덕을 이어서 말하고 있는 것이다. '역易'은 변화이다. '이以'는 이而와 같다. 한강백은 "'공'은 알리는 것이다. 여섯 효가 변역하여 길흉을 알려준다(貢, 告也. 六爻變易, 以告吉凶)"고 하였다. 주희는 "'역이공'은 변역하여 사람에게 알리는 것을 말한다(易以貢, 謂變易以告人)"고 하였다. 하·12장에 "팔괘는 상으로 알려주고, 점글은 정황으로 말해준다(八卦以象告. 爻象以情言)"고 하였다. 여섯 효의 덕은 변화를 통하여 사람에게 길흉을 알려준다는 말이다. '공貢'을『석문』에 "경방, 육적, 우번은 '공工'으로 하였다(京陸虞作工)"고 하였다. 희평熹平 석경石經에도 '공工'으로 하였다.『백서』에도 '공工'으로 되어 있다. 진고응은 '역易'을 간이簡易의 뜻으로 새기고, "『백서』에는 '공貢'을 '공工'으로 하였는데, '공工'이 본 글자이고 '공貢'과 '공功'은 가차(借字)이다. '공工'은 정교하다, 섬세하다는 뜻이다. 여섯 효의 특성이 간이하고 정교하다는 말이다"고 해석하였다.

[聖人以此洗心] '성인'은 주역점을 만든 사람이다. '차此'는 성인이 천하의 뜻에 관통하고, 천하의 사업을 결정하며, 천하의 의혹을 판단하는 것, 즉 주역점을 가리킨다. '세심洗心'에 대해 몇 가지 해석이 있다. 첫째, '세洗'는 씻다는 뜻의 척滌, 탁濯이며, "마음을 씻는다"고 해석한 것이다. 주희, 래지덕, 왕부지 등이 이렇게 해석하였다. 둘째,『집해』에는 '세洗'가 '선先'으로 되어 있다.『석문』에도 "경방, 순상, 우번, 동우, 장번, 촉재가 선으로 하였다. 석경도 같다(京荀虞董張蜀才作先, 石經同)"고 하였다. 왕인지는 "선의 뜻으로 하는 것이 비교적 좋다. '선'은 이끌다는 뜻의 도와 같다(作先之義爲長. 蓋先猶導也)"고 하였다. '세洗'는 선先이며, "성인이『주역』을 가지고 그 마음을 계도한다"고 해석한 것이다. 즉 마음에 의심하는 바가 있으면 역으로 점을 쳐 이로써 길흉을 알아 진퇴를 결정한다는 것이다. 유백민, 고형, 주백곤이 이렇게 해석하였다. 셋째, 한강백은 "만물의 마음을 씻는다(洗濯萬物之心)"고 하였는데, "복서를 가지고 만물의 의심을 없앤다"고 해석한 것이다. 공영

달이 이렇게 해석하였다. 이러한 해석은 모두 통한다. 필자는 뒤의 '聖人以
此齋戒'를 따라 '세심洗心'으로 해석하였다. 『백서』에는 '세심'이 '일심佚心'
으로 되어 있다. '일심佚心'은 곧 그 마음을 편안하게 가지다, 아무것도 하는
것이 없다는 뜻이다. 이렇게 해석하여도 뜻은 통한다.

　[退藏於密] '퇴退'는 물러나다, '장藏'은 감추다, '밀密'은 은밀하다는 뜻이
다. '퇴장어밀'에 대해 몇 가지 해석이 있다. 첫째, 주어를 역도로 보고 "『주
역』의 도리는 은밀한 곳에 감추어 드러나지 않는다"고 해석한 것이다. 한강
백, 공영달이 이렇게 해석하였다. 둘째, 주어를 성인으로 보고, 육적은 "시
초와 거북이 알려주는 것을 받아, 의혹을 결정하여 마음에 감추어 둔다(受
蓍龜之報應, 決而藏之於心也)"고 해석하였고, 고형은 "성인이 점친 일을 기록
하여 물러나 은밀한 곳에 감추어둔다"고 해석하였으며, 주백곤은 "성인이
마음속에 역도를 감춘다"고 해석하였다. 셋째, 주어를 성인으로 보고, "성인
이 은밀한 곳으로 물러나 형적을 드러내지 않는다"고 해석한 것이다. 오징
이 이렇게 해석하였다. 넷째, 주어를 '심心'으로 보고, "마음이 드러나지 않
는 것(此心, 未發也)"이라고 해석한 것이다. 래지덕이 이렇게 해석하였다.
이러한 해석은 모두 통한다. 필자는 문장의 흐름을 보고 세 번째 오징의 해
석을 따랐다.

　[吉凶與民同患] 이 구절의 주어는 성인이며, "성인이 길흉을 백성과 더불어
같이 근심한다"는 말이다. 즉 성인이 역으로 마음을 씻고, 물러나 은밀한 곳
에 몸을 감추며, 길흉을 백성과 더불어 같이 근심한다는 말이다. 공영달은
"역도는 사람에게 길흉을 알려주는데, 백성은 또한 그 길흉을 근심한다. 이
것이 백성과 더불어 그 근심하는 바를 같이 한다는 것이다(易道以示人吉凶,
民則亦憂患其吉凶, 是與民同其所憂患也)"고 하였다. 고형은 "흉은 우환이라
말할 수 있으나, 길은 우환이라고 말할 수 없으니, '환患'은 우환憂患의 환이
아니라 당연히 관貫으로 읽어야 한다. 『이아』「석고」에 '관은 일이라는 뜻의
사(貫, 事也)'라고 하였다. 이 구절은 성인이 길흉을 백성의 일과 같이 한다
는 말이다. 성인은 백성의 길을 길로 여기며, 백성의 흉을 흉으로 여긴다는

것이다"라고 하였다. 『백서』에는 '여與'가 '능能'으로 되어 있다. '여與'와 '능能'과 '이以'는 옛날에 통용되었으며, '사使'의 뜻이다(진고응). "길흉을 백성으로 하여금 같이 근심하게 한다"는 말이다.

[神以知來. 知以藏往.] '신神'은 주역점의 신묘함을 말하고, '지知'는 미래의 일을 예지하는 것이다. '래來'는 미래의 일을 가리킨다. 뒤의 '지知'는 지智로 읽으며, 주역점의 지혜로움을 말하고, '왕往'은 지나간 일을 가리킨다. 주어는 성인이며, 성인이 주역점의 신묘함으로 미래의 일을 알고, 주역점의 지혜로움으로 지나간 일을 간직한다는 말이다.

[其孰能與於此哉!] '차此'는 곧 성인을 가리키며, "그 누가 이러한 성인과 더불어 어깨를 나란히 할 수 있겠는가"라는 말이다. 『백서』에는 '其誰能爲此 玆'로 되어 있는데, "그 누가 이와 같이 할 수 있겠는가"라는 말이다.

[古之聰明睿知神武而不殺者夫!] 『설문』에 "'예'는 깊고 밝은 것(睿, 深明也)" 이라고 하였다. '지知'는 지智로 읽는다. '예지睿智'는 곧 밝은 지혜이다. '신무神武'는 신묘한 무용이라는 뜻이다. '불살不殺'은 사람을 죽이지 않는 것이다. 옛날의 총명하고 지혜로우며 신묘한 무용이 있으면서도 사람을 함부로 죽이지 않는 자만이 성인과 더불어 어깨를 나란히 할 수 있다는 말이다. 『노자』는 "사람 죽이기를 즐거워하는 자는 천하에 뜻을 얻을 수 없다(夫樂殺人者, 則不可得志於天下矣)"고 하였다(31장). '聰明睿知神武而不殺者'는 곧 성인의 덕성이다. 공영달은 "복희 등을 말한다(聰明睿知神武之君, 謂伏羲 等)"고 하였다. 고형은 '살殺'은 잔폭한 것이라 읽고, "옛날의 총명하고 지혜 로우며 위풍당당하나 잔폭하지 않은 사람만이 비로소 이러한 경지에 이를 수 있다"고 해석하였다. 『백서』에는 '살殺'이 '양恙'으로 되어 있다. '양'은 병, 탈이라는 뜻이며, '불양자'는 결점이 없는 사람이라는 뜻이다. 진고응은 '양'을 덕德으로 읽고, '불양不恙'은 곧 부덕不德이며, "그 덕을 자랑하지 않 는(不伐其德) 사람"이라고 해석하였다.

필자는 「계사」를 지은 사람이 이 구절을 진시황에게 빗대어 한 말이 아닌 가 생각한다. '총명하고 지혜로우며 신묘한 무용'이라는 것은 오늘날의 말로 곧 카리스마를 의미한다. 진시황은 카리스마를 가지고 수많은 사람을 죽였으므로 「계사」를 지은 사람은 카리스마가 있으면서도 사람을 함부로 죽이지 않는 자만이 성인과 더불어 어깨를 나란히 할 수 있다고 하여 진시황을 은근히 빗대어 말한 것이 아닌가 생각한다. 다시 말해 "진시황 너는 사람을 많이 죽여 성인의 경지에 이르지 못한다"는 것을 나타낸 말이 아닌가 한다.

是以明於天之道, 而察於民之故, 是興神物以前民用. 聖人以此齋戒, 以神明其德夫.
그래서 하늘의 도를 밝히고 백성의 일을 살펴서, 신령한 물건을 일으켜 백성들이 사용함을 앞서서 이끌었다. 성인은 이것으로 재계하여 그 덕을 신묘하게 드러내었다.

[是以明於天之道, 而察於民之故, 是興神物以前民用.] 이 구절은 '천도天道'와 '민사民事'와 '신물神物'을 이어서 말하였다. '천도'는 자연 현상의 변화의 법칙, 즉 우주 만물의 규율이다. '고故'는 일이라는 뜻의 사事이다(공영달). '민고民故'는 백성들의 일을 말한다. '시是'는 시이是以의 준말이다. '흥興'은 들다는 뜻의 거擧, 일어나다는 뜻의 기起이다. '신물神物'은 곧 시초를 가리킨다. '전前'은 앞서서 이끌다는 뜻의 전도前導이다. 성인이 하늘의 도를 밝히고 백성의 일을 밝게 살펴서, 신령한 시초를 일으켜 백성들이 일상으로 이를 사용하여 점을 쳐 길을 좇고 흉을 피하도록 앞서서 이끌었다는 말이다. 육석은 "'신물'은 시초이다. 성인이 시초를 일으켜 길흉을 분별하고, 백성보다 앞서 사용하니, 백성들은 모두 이를 따랐다(神物, 著也. 聖人興著以別吉凶, 先民而用之, 民皆從焉)"고 하였다. 『백서』에는 '흥興'이 '합盒'으로 되어 있다. '합'은 곧 합하다는 뜻의 합合이며, "신령한 물건과 합하여"라는 말이다.

[聖人以此齋戒] '차此'는 성인이 신령한 물건을 일으켜 백성들이 사용함을

앞서서 이끈 것, 즉 주역점을 가리킨다. 공영달은 '역도', 고형은 『역경』이라고 하였다. '재齋'는 공경하다는 뜻의 경敬, '계戒'는 경계하다는 뜻의 경警이다. 한강백은 "마음을 씻는 것을 '재'라 하고, 근심을 막는 것을 '계'라 한다(洗心曰齋, 防患曰戒)"고 하였다. '재계齋戒'는 곧 앞의 '세심洗心'과 같다. '재계'는 옛날에 제사 지내기 전, 목욕하고 옷 갈아입고 심신을 깨끗이 하는 것을 말한다. 성인은 주역점에 대해 경건하고 공경한 마음을 갖는다는 말이다.

[以神明其德夫] '신명神明'은 신묘하게 드러내다는 뜻이다. '기덕其德'에 대해 몇 가지 해석이 있다. 첫째, 성인의 덕을 가리킨다. 공영달은 "성인이 역도로써 자신의 덕화를 신묘하게 드러내는 것(以易道神明其己之德化也)"이라고 하였다. 육적도 주어를 성인으로 보았다. 둘째, 오징은 '시지덕蓍之德' '괘지덕卦之德'이라고 하였다. 셋째, 래지덕은 '시귀지덕蓍龜之德'이라고 하였다. 넷째, 역의 덕이다. 진고응은 "역의 작용을 신령스럽게 한다(神化易之作用)"고 하였다. 이러한 해석은 모두 통한다. 필자는 주역점의 덕이라고 해석하였다. 「계사」에서 '신神'자가 나오는 구절은 모두 주역점과 관련이 있고, '덕德' 혹은 '덕행德行'이라는 용어도 모두 주역점을 두고 한 말이다. 성인은 주역점에 대해 경건하고 공경한 마음을 갖고 주역점의 덕을 신묘하게 드러내었다는 말이다. '덕德'은 곧 주역점의 작용을 가리켜 말한 것이다.

---

是故闔戶謂之坤, 闢戶謂之乾. 一闔一闢謂之變. 往來不窮謂之通. 見乃謂之象, 形乃謂之器. 制而用之謂之法. 利用出入, 民咸用之謂之神.

그러므로 문을 닫는 것을 곤이라 하고, 문을 여는 것을 건이라고 한다. 한 번 닫고 한 번 여는 것을 변이라고 한다. 가고 오는 것이 막힘이 없는 것을 통이라고 한다. 나타난 것을 상이라 하고, 형체가 드러난 것을 기라고 한다. (시초를 셈하여 괘를) 만들어 이를 사용하는 것을 점법이라고 한다. 점

법을 이용하여 신출귀몰하게 점을 쳐, 백성들이 모두 사용하니 이것을 신
묘하다고 한다.

---

[是故闔戸謂之坤, 闢戸謂之乾.] '합합闔'은 닫다는 뜻의 폐閉, '벽闢'은 열다는
뜻의 개開이다. '호戸'는 문이다. 『백서』에는 '벽호闢戸'가 '辟門'으로 되어
있다. '건곤乾坤'은 49개의 시초를 두 손에 나누어 쥐고, 왼손에 쥔 것은 상
㐀의 위쪽에 가로로 놓고 '천(건)'이라 하고, 오른손에 쥔 것은 상의 아래쪽
에 가로로 놓고 '지(곤)'라고 한다. '건곤'은 주역점의 또 다른 표현이다.
'합벽闔闢'은 시초를 합하고 나누고 하는 것, 즉 시초를 셈하는 것을 나타낸
말이다. 시초를 합하고(합호), 나누고(벽호) 하는 것을 건곤(주역점)이라고
한다는 말이다. 자연계로 말하면, 곤은 땅이다. 곤괘의 성질은 유순하고 고
요하고 어둡고 음이다. 이것은 우주를 닫아 만물을 포용하여 거두는 특징을
가진다. 건은 하늘이다. 건괘의 성질은 강건하고 움직이고 밝고 양이다. 이
것은 우주를 열어 만물을 창시하는 특징을 가진다.

[一闔一闢謂之變] '일합일벽'은 상·5장의 '일음일양'이다. 한 번은 닫고 한
번은 여는 것을 변화라고 한다는 말이다. '변變'은 9장의 '십유팔변이성괘
十有八變而成卦'의 '변'이다. 즉 시초를 합하고 나누고 끊임없이 셈하는 것을
주역점의 '변'이라고 한다는 말이다. 자연계로 말하면, 건곤이 열고 닫는
것, 즉 음양이 왕래하여 멈추지 않고 끊임없이 운동하는 것을 변화라고 한
다는 말이다. 공영달은 "혹은 양이 변하여 음이 되고 혹은 열었다가 다시 닫
고, 혹은 음이 변하여 양이 되고 혹은 닫았다가 다시 여는 것, 이것을 변이
라 한다(或陽變爲陰, 或開而更閉. 或陰變爲陽, 或閉而還開, 是謂之變也)"고 하
였다.

[往來不窮謂之通] '왕래往來'는 시초를 셈하는 것이다. '불궁不窮'는 다함
이 없다, 막힘이 없다는 뜻이다. 시초를 셈하여 3변하여 효를 얻고 18변하
여 괘를 얻는 것이 막힘이 없는 것, 또 효를 얻고 괘를 얻으면 노양은 음으
로, 노음은 양으로 서로 변하는 것이 막힘이 없는 것을 통이라고 한다는 말

이다. 자연계로 말하면 '왕래往來'는 음양의 변화를 가리킨다. 음양이 한 번 가면 한 번 오고, 한 번 오면 한 번 가니, 서로 변하는 것이 막힘이 없는 것을 통이라고 한다는 말이다. 즉 해와 달, 낮과 밤, 더위와 추위의 순환이 막힘이 없는 것을 통이라고 한다는 말이다. 순상은 "한 번은 겨울이고 한 번은 여름이 되어, 음양이 서로 변역하는 것이다(一冬一夏, 陰陽相變易也)"라고 하였다.

[見乃謂之象] '현見'은 나타나다는 뜻의 현現으로 읽는다. '상象'은 괘효상이다. 시초를 셈하여 효를 얻고 괘를 얻으면 그 나타난 것을 괘효상이라고 한다는 말이다. 자연계로 말하면, '상象'은 하늘에 드러난 상, 즉 일월성신과 같은 것이다. 음양이 변화하여 하늘에 나타난 것을 상이라 한다는 말이다. 순상은 "일월성신을 말한 것이다. 빛이 하늘에 나타나 상을 이루는 것이다(謂日月星辰, 光見在天而成象也)"라고 하였다.

[形乃謂之器.] '형形'은 앞의 '현見'과 같다. '형'은 시초를 셈하여 괘와 효가 형체를 드러낸 것이다. '기器'는 시초를 셈하여 얻은 괘효를 가리킨다. 다음 12장의 '形而下者謂之器'의 '기'와 같다. 시초를 셈하여 효와 괘가 형체를 드러내는 데 이것을 기라고 한다는 말이다. 자연계로 말하면, '형'은 땅에 나타난 형, 즉 산천초목과 같은 것이다. '기器'는 물物과 같다. 음양이 변화하여 땅에서 형체를 드러내는데 이것을 기라고 한다는 말이다. 순상은 "만물이 나서 자라고, 땅에서 형을 이루니, 기물이 되어 사용할 수 있는 것이다(萬物生長, 在地成形, 可以爲器用者也)"라고 하였다.

[制而用之謂之法] '제制'는 만든다는 뜻의 제製이며, 시초를 셈하여 효를 얻고 괘를 만드는 것이다. '용지用之'는 괘를 사용하는 것, 즉 주역점을 치는 것이다. '법'은 곧 서법筮法이다. 시초를 셈하여 나타난 효와 괘를 가지고 길흉을 알고, 이를 일상으로 사용하는 것을 서법이라고 한다는 말이다. 인간계로 말하면, 음양이 변화하여 나타난 '상'과 '형'을 가지고, 일용 기물을 만들어 백성들로 하여금 이를 사용하게 하는 것을 법이라고 한다는 말이다. '법'은 방법 혹은 본뜬 것(倣效), 혹은 법도, 법식 등의 뜻으로 해석하여도

모두 통한다. 순상은 "하늘에서 상을, 땅에서 형을 살펴, 기물을 만들어 사용하니, 법이 될 수 있음을 말한 것이다(謂觀象於天, 觀形於地, 制而用之, 可以爲法)"고 하였다.

[利用出入, 民咸用之謂之神.] '이용利用'은 서법筮法을 이용한다는 말이다. '출出'은 문을 여는 것(闢), '입入'은 문을 닫는 것(闔)이다. '출입'은 '일출일입一出一入', 즉 앞의 '일합일벽', '일음일양'(상·5장)과 같으며, 시초를 합하고 나누는 것, 즉 시초를 셈하여 신출귀몰, 변화무쌍하게 점을 치는 것이며, 점의 변화무쌍, 신출귀몰함을 가리킨다. '이용출입'은 서법을 이용하여 신출귀몰하게 점을 친다, 혹은 일상생활에 무궁무진 활용한다는 말이다. '함咸'은 모두라는 뜻의 개皆이다. 『백서』에는 '일一'로 되어 있는데, 하나같이라는 뜻이다. '신神'은 신묘함이다. 서법을 이용하여 변화무쌍하게 점을 쳐, 백성들이 모두 이를 사용하니, 이것을 신묘하다고 한다는 말이다. 인간계로 말하면, '이용利用'은 기물을 사용하는 법을 이용한다는 말이다. '출입'은 나가고 들어가는 것, 즉 일상생활에 활용한다는 말이다. 기물을 사용하는 법을 이용하여 혹은 나가고 혹은 들어가(일상생활에서 활용하여), 백성들은 모두 이를 사용하니, 이것을 신묘하다고 한다는 말이다. 육적은 "백성들이 모두 사용하나, 그 유래된 바를 모르므로 신묘하다고 하였다(民皆用之, 而不知所由來, 故謂之神也)", 공영달은 "성인의 덕이 미묘하므로 신묘하다고 하였다(聖德微妙, 故云謂之神)"라고 하였다.

---

是故易有太極, 是生兩儀, 兩儀生四象, 四象生八卦, 八卦定吉凶, 吉凶生大業.

그러므로 역에는 태극이 있으니, 이것이 양의를 낳고, 양의가 사상을 낳고, 사상이 팔괘를 낳고, 팔괘는 길흉을 정하고, 길흉은 대업을 낳는다.

---

[是故易有太極] 이 구절은 제9장의 '대연지수' 문장에서 시초를 셈하여 괘

를 구하는 법을 간결하게 요약하여 다시 설명한 것이다. '시고是故'는 앞 구절의 주역점(서법)을 이어서 말한 것이다. '역'은 주역점을 가리킨다. '태극太極'은 시초를 셈하는 최초의 근원이며 곧 '大衍之數五十'이다. 『백서』에는 '태극'이 '대항大恒'으로 되어 있다. '태극'은 공간적으로 끝이 없음을 말한 것이고, '대항'은 시간적으로 영원함을 말한 것이다. '태극'은 『장자』에서 가져온 것이다.

[是生兩儀] '시是'는 태극을 가리킨다. '생生'은 시초를 셈하는 것이다. 상·5장에 "生生之謂易"이라고 하였는데, 시초를 셈하고 또 셈하여 효를 얻고 또 얻는 것을 역이라고 한다는 말이다. '역'은 곧 주역점이며, 자연계로 말하면 변역이다. '양兩'은 천과 지이다. '의儀'는 짝이라는 뜻의 필匹이다. '양의'는 천지를 가리키며, 천지를 상대 개념으로 파악한 것이다. 49개의 시초를 두 손에 나누어 쥐고 왼손에 쥔 것은 상의 위쪽에 가로로 놓고 천, 오른손에 쥔 것은 상 아래쪽에 가로로 놓고 지라고 한다. 바로 뒤에서 "상을 본받는 것은 천지보다 큰 것이 없다(法象莫大乎天地)"고 하였는데, 천지를 양의로 여긴 것이다. 이 구절은 '대연지수' 문장에서 "이것을 둘로 나누어 양의를 상징한다(分而爲二以象兩)"는 것에 해당한다.

[兩儀生四象] '사상四象'은 9·7·6·8 네 개의 수이며, 곧 사계절(四時)이다. 이 구절은 '대연지수' 문장에서 "네 개씩 덜어내어 사계절을 상징한다(揲之以四以象四時)"에 해당한다. 사계절은 각각 그 상을 가지고 있으므로 '사상'이라고 한 것이다. 천지가 사계절을 생한다. 고형은 다음과 같이 주장하였다. "주역점은 네 가지 수로 사계절을 상징하고 있으니 곧 7은 봄을 상징하고, 9는 여름을 상징하고, 8은 가을을 상징하고, 6은 겨울을 상징한다. 봄에 양기는 점차 왕성해지므로 봄을 상징하는 7은 소양少陽이다. 여름에 양기는 점차 쇠약해지므로 여름을 상징하는 9는 노양老陽이다. 가을에 음기는 점차 왕성해지므로 가을을 상징하는 8은 소음少陰이다. 겨울에 음기는 점차 쇠약해지므로 겨울을 상징하는 6은 노음老陰이다. 봄에서 여름으로 가는 것은 곧 양에서 양으로 가는 것이다. 시간적 순서는 비록 바뀌나 양기는 변하지

않으므로 7은 변하지 않는 양효라고 하는 것이다. 여름에서 가을로 가는 것은 곧 양에서 음으로 가는 것이다. 시간적 순서는 이미 바뀌고 양기 또한 변하므로 9는 변하는 양효라고 하는 것이다. 가을에서 겨울로 가는 것은 곧 음에서 음으로 가는 것이다. 시간적 순서는 비록 바뀌나 음기는 변하지 않으므로 8은 변하지 않는 음효라고 하는 것이다. 겨울에서 봄으로 가는 것은 곧 음에서 양으로 가는 것이다. 시간적 순서는 이미 바뀌고 음기 또한 변하므로 6은 변하는 음효라고 하는 것이다. 따라서 7·9·8·6의 네 수는 곧 춘하추동 사계절(四時)을 상징하는 것이다. 이 네 개의 수가 곧 사상이며 이것이 팔괘를 결정한다.” 고형이 명쾌하게 설명하였다.

[四象生八卦] ‘팔괘’는 곧 건·태·리·진·손·감·간·곤 여덟 개의 괘이다. 이 구절은 ‘대연지수’ 문장에서 “네 번 경영하여 역을 이룬다(四營而成易)”, “18변하여 괘를 이룬다(十有八變而成卦)”에 해당한다. 주역점은 분이分二, 괘일掛一, 설사揲四, 귀기歸奇, 네 번의 과정을 거쳐 9·7·8·6 네 개의 수 가운데 한 수를 얻게 되며, 18번의 과정을 거쳐 한 괘를 얻게 된다.

[八卦定吉凶, 吉凶生大業.] 팔괘를 겹쳐 64괘를 만들고, 그 용도는 점을 치는데 있으니, 팔괘가 길흉을 정하며, 사람은 길을 좇고 흉을 피하니, 길흉이 대업을 낳는다는 말이다. 『백서』에는 ‘정定’이 ‘생生’으로 되어 있다. 송대에 이르러 소송(1011~1077)은 이 구절을 그림으로 그려 ‘선천팔괘차서도’(혹은 ‘복희 팔괘차서도’)라고 하였다. 『역전해설』을 참고하라.

---

是故法象莫大乎天地. 變通莫大乎四時. 縣象著明莫大乎日月. 崇高莫大乎富貴. 備物致用, 立成器, 以爲天下利, 莫大乎聖人. 探賾索隱, 鉤深致遠, 以定天下之吉凶, 成天下之亹亹者, 莫大乎蓍龜.

그러므로 상을 본받는 것은 천지보다 큰 것이 없고, 변하여 통하는 것은 사계절보다 큰 것이 없으며, 상을 걸어 밝음을 드러내는 것은 해와 달보다 큰 것이 없고, 숭고한 것은 부귀보다 큰 것이 없다. 시초를 갖추어 쓰임을 다하고, 괘효의 상을 세워 괘효를 이루어 천하를 이롭게 하는 것은 성인보다 큰 것이 없다. 사물의 심오한 도리(혹은 복잡함)를 찾고 은밀함을 구하며, 심오함을 취하고 원대함에 이르러, 천하의 길흉을 결정하고, 천하의 미묘함을 이루는 것은 시초와 거북보다 큰 것이 없다.

---

[是故法象莫大乎天地] '법法'은 본받는다는 뜻이다. '상象'은 괘상이다. '천지天地'는 바로 앞의 '양의兩儀'이며, 49개의 시초를 두 손에 나누어 쥐고 왼손에 쥔 것은 상의 위쪽에 가로로 놓고 천, 오른손에 쥔 것은 상 아래쪽에 가로로 놓고 지라고 한다. 천지의 상을 본받아 건곤 두 괘가 정해졌다. 상·1장에 "하늘은 높고 땅은 낮으니, 건과 곤이 정해진다(天尊地卑, 乾坤定矣)"고 하였다. 괘상을 본받는 것은 천지보다 더 큰 것이 없다는 말이다. 래지덕은 "하늘이 상을 이루고 땅이 이를 본받으므로 '법상'이라고 하였다. 만물이 태어남에 드러나는 것도 있고 은밀한 것도 있는데, 모두 상을 본받은 것이며, 천지보다 더 큰 것이 없다(天成象, 地效法之, 故曰法象. 萬物之生, 有顯有微, 皆法象也, 而莫大乎天地)"고 하였다.

[變通莫大乎四時] '변變'은 두 가지 뜻을 가지고 있다. 하나는 시초의 변화이다. 시초를 셈하여 1변하고 2변하고 18변하는 것이다. 또 하나는 효의 변화이다. 시초를 셈하여 양을 얻고 음을 얻으면, 노양은 음으로 노음은 양으로 변하는 것이다. '통通'도 두 가지 뜻을 가지고 있다. 하나는 시초를 18변하는 것이 막힘없이 통하는 것이고, 또 하나는 시초를 셈하여 얻은 노양은 음으로 노음은 양으로 효가 변하여 막힘없이 통하는 것이다. 상·6장에 "변하여 통하는 것은 사계절에 짝한다(變通配四時)." 하·2장에 "역은 궁하면 변하고, 변하면 통하고, 통하면 오래간다(易窮則變, 變則通, 通則久)"고 하였다. '사시四時'는 사계절이며, 바로 앞의 '사상'이다. 사계절은 순서를 어기지 않고 변하여 통한다. 시초를 셈하고 또 효가 변하여 통하는 것은 사계절이 변하여 통하는 것과 같으며, 변하여 통하는 것은 사계절보다 더 큰 것이 없다는 말이다. 순상은 "사계절은 서로 변하여 끝나면 다시 시작한다(四時

相變, 終而復始也)"고 하였다.

[縣象著明莫大乎日月] '현縣'은 걸다는 뜻의 현懸이다. 『백서』에는 드리우다는 뜻의 '수垂'로 되어 있다. '저著'는 드러내다는 뜻의 현顯이다. '명明'은 곧 해와 달의 밝음이다. 하늘에 상을 걸어 밝음을 드러내는 것은 해와 달보다 더 큰 것이 없다는 말이다.

[崇高莫大乎富貴] '부귀富貴'는 군왕의 세력과 지위를 가리킨다. 한강백은 "자리는 천하의 움직임을 하나로 하여 만물을 구제하는 것이다(位所以一天下之動而濟萬物)"라고 하였는데, 공영달은 "군왕은 다섯째 양효에 거하니, 부귀의 자리이다. 세력은 천하의 움직임을 하나로 할 수 있고, 도는 만물을 구제하니 숭고의 극이다(王者居九五, 富貴之位, 力能齊一天下之動, 而道濟萬物, 是崇高之極)"라고 하였다. 주희는 "'부귀'는 천하를 가지고 임금의 자리에 있는 것(富貴謂有天下履帝位)", 래지덕은 "'숭고'는 자리로 말한 것이다. '귀'는 천자이고, '부'는 사해가 있는 것이다(崇高以位言, 貴爲天子, 富有四海是也)"라고 하였다. 숭고한 것은 부귀보다 더 큰 것이 없다는 말이다. 『백서』에는 '숭고'가 '영榮'으로 되어 있다.

[備物致用] '비備'는 갖추다는 뜻의 구具이다. '물物'은 신물神物의 물, 즉 시초蓍草를 가리킨다. '치致'는 끝까지 다하다는 뜻이다. 『백서』에는 '지至'로 되어 있다. '용用'은 시초의 쓰임이다. '치용致用'은 시초의 쓰임을 끝까지 다한다는 뜻이다. '비물치용'은 시초를 갖추어 그 쓰임을 끝까지 다한다는 밀이다.

[立成器, 以爲天下利, 莫大乎聖人.] '입성立成'에 대해, 공영달은 '건립성취建立成就'라 하고, "천하의 기물을 건립하고 성취하여 천하 백성을 이롭게 하는 것은 오직 성인만이 그러할 수 있다(建立成就天下之器, 以爲天下之利, 唯聖人能然)"고 해석하였다. 주희는 "'입'자 아래에 글자가 빠진 것 같다(立下疑有闕文)"고 하였는데, 유백민은 "순열荀悅의 『한기漢紀』에는 '입立'자 아래에 '상象'자가 있다" 하고, '입상성기立象成器'로 읽었다. 고형은 "『한서』「화식전貨殖傳」에 『역』을 인용하기를 '입공성기立功成器'라 하였다" 하

고, "공을 세워 기물을 이룬다"고 해석하였다. 진고응은 '입공성거立功成器'
를 '입상성기立象成器'로 읽고, 이것은 곧 '관상제기觀象製器'이며, "성인이
물상을 관찰하여 기물을 만들었다", 혹은 "괘상을 세워 이것으로 기물을 만
들었다"고 해석하였다. 어느 해석이나 모두 통한다. 필자는 '입立'자 아래에
당연히 '상象'자가 있어야 하며, '기器'는 앞의 '형내위지기形乃謂之器'의 기
이며, 시초를 셈하여 얻은 괘효를 가리키는 것이라고 생각한다. 지금 「계사」
는 끊임없이 주역점에 대해 말하고 있기 때문이다. '입상성기'는 괘효의 상
을 세워 괘효를 이룬다는 뜻이다. '이以'는 이而로 읽어도 되고 뒤에 지之가
생략된 것으로 읽어도 된다. '지之'는 는 '비물치용, 입상성기', 즉 주역점을
가리킨다. 시초를 갖추어 쓰임을 다하고, 괘효의 상을 세워 괘효를 이루어
천하를 이롭게 하는 것은 성인보다 더 큰 것이 없다는 말이다. '성인'은 주
역점을 만든 사람이다. 이 구절은 성인이 시초를 갖추어 쓰임을 다하고, '입
상'하고 '성기'하여 천하를 이롭게 한다는 것을 말하였다. 『백서』에는 '位成
器'로 되어 있다.

　[探賾索隱] '탐探'은 찾다는 뜻의 심심尋이다. '색賾'은 8장에서 '심오한 도
리'(공영달), 혹은 '사물의 복잡함'(주희)이라는 두 가지 뜻이 있다고 하였
다. '색索'은 구한다는 뜻의 구求이다. '은隱'은 은밀하다는 뜻이다. 공영달
은 '색賾'을 '그윽하고 깊어 보기 어려운 것(幽深難見)'이라 읽고, "'탐'은 엿
보아서 찾고 구하고 취한다는 말이다. '색'은 그윽하고 깊어 보기 어렵다는
말이다. 복서는 그윽하고 어두운 도리를 엿보아 찾을 수 있는 것이므로 '탐
색探賾'이라고 말한 것이다. '색'은 구하여 찾는다는 말이다. '은'은 감춘다
는 말이다. 복서는 감추어진 곳을 구하여 찾을 수 있으므로 '색은索隱'이라
말한 것이다(探謂窺探求取, 賾謂幽深難見. 卜筮則能窺探幽昧之理, 故云探賾也.
索謂求索. 隱謂隱藏. 卜筮能求索隱藏之處, 故云索隱也)"라고 하였다. 복서를
가지고 찾고 구하여, 사물의 심오한 도리를 예측한다는 말이다. 유염은 '색
賾'을 복잡하고 어지럽다는 뜻의 잡란雜亂으로 읽고, "'색'은 복잡하고 어지
러운 것을 말한다. '탐'은 뽑아내는 것이다. '은'은 은벽하다는 말이다. '색'

은 찾아서 얻는 것이다(頤謂雜亂, 探者抽而出之也, 隱謂隱僻, 索者, 尋而得之也)"고 하였다. '탐색색은'은 사물의 심오한 도리(혹은 복잡함)를 찾고 은밀함을 구한다는 말이다.

[鉤深致遠, 以定天下之吉凶] '구鉤'는 취하다는 뜻의 취取이다. 갈고리(鉤)를 가지고 물고기를 잡는 것이니, 고기를 취하는 것(取魚)이므로 '구鉤'는 취取의 뜻으로 새기는 것이다(고형). '심深'은 심오하다는 뜻이다. '치致'는 이르다는 뜻의 지至이다. 『백서』에는 '지至'로 되어 있다. '원遠'은 원대함이다. '구심치원'은 심오함을 취하고 원대함에 이른다는 말이다. 즉 심오함을 취하고 원대함에 이르러, 천하의 길흉을 결정한다는 말이다. 공영달은 "복서가 그렇게 할 수 있다(卜筮能然)"고 하였는데, 복서가 심오함을 취하고 원대함에 이른다는 말이다.

[成天下之亹亹者, 莫大乎蓍龜.] '성成'은 『백서』에 '정定'으로 되어 있다. '미미亹亹'에 대해 세 가지 해석이 있다. 첫째, 하·12장의 같은 구절에서, 『석문』에 왕숙은 "힘쓴다는 뜻의 면勉"이라 하였고(王肅云勉), 『집해』에 후과는 부지런히 힘쓴다는 뜻의 '면면勉勉'으로 읽었는데, 뒷사람들은 모두 이를 따랐다. 주희는 "'미미'는 면면과 같다. 의심하면 태만하나, 결정되었으므로 힘을 쓰는 것이다(亹亹猶勉勉也. 疑則怠, 決故勉)"라고 하였다. '미미'는 곧 분발 노력하여 앞으로 나아가는 것이다. 즉 천하 사람의 길흉을 결정하고, 천하 사람으로 하여금 힘써 앞으로 나아가게 한다는 말이다. 둘째, 『백서』에는 '물물勿勿'로 되어 있고, 『집해』에는 '미미娓娓'로 되어 있다. 『집해』에 하·12장의 같은 구절의 주에 순상은 "'미미'는 음양의 미묘함이다(娓娓者, 陰陽之微)"라고 하였다. 굴만리의 기록을 보면, 『일체경음의一切經音義』권78에 유환劉瓛의 역주를 인용하여 "'미미'는 미묘와 같다(亹亹, 猶微妙也)"고 하였고, 또 『문선文選』「광절교론廣絶交論」주에 왕필 주를 인용하여 "'미미'는 미묘하다는 뜻(亹亹, 微妙之意也)"이라고 하였다. '미미亹亹'는 미미微微와 음이 같으며, 미묘하다는 뜻으로도 새길 수 있다. 앞의 '탐색색은, 구심치원'의 문장으로 보면 '미묘하다'는 뜻이 더욱 본뜻에 가깝다는 생

각이 든다. 셋째, 진고응은 ‘미미’를 『노자』의 ‘부물운운夫物芸芸’(16장)의
‘운운’으로 읽고 “역은 천하의 여러 사물을 성취할 수 있다”고 해석하였다.
세 가지 해석은 모두 통한다. 필자는 “천하의 길흉을 결정하고 천하의 미묘
함을 이루는 것은 시귀보다 더 큰 것이 없다”고 해석하였다. ‘시蓍’는 시초
점이고, ‘귀龜’는 거북점이다. ‘시蓍’를 서筮 또는 점占이라 하고, ‘귀龜’를
복卜이라고 한다. 옛사람들은 시초를 사용하여 점을 치고(筮), 거북껍질을
이용하여 점을 쳤다(卜). 「계사」는 이 두 가지를 ‘신물神物’로 여겨 점을 치
는데 가장 영험한 것으로 여긴 것이다. 『백서』, 『집해』, 『석문』에는 ‘대大’가
선善으로 되어 있는데 뜻은 모두 통한다. 이 구절은 시귀가 ‘탐색’하고 ‘색
은’하며, ‘구심’하고 ‘치원’하여, 천하의 길흉을 정하고 천하의 미묘함을 이
룬다는 것을 말하였다.

---

是故天生神物, 聖人則之. 天地變化, 聖人效之. 天垂象, 見吉凶, 聖
人象之. 河出圖, 洛出書, 聖人則之. 易有四象, 所以示也. 繫辭焉, 所
以告也. 定之以吉凶, 所以斷也.

그러므로 하늘이 신령한 물건을 내었으니, 성인이 이를 본떴다. 천지가 변
화하니 성인이 이를 본받았다. 하늘이 상을 드리워 길흉을 나타내니, 성인
이 이를 본떴다. 황하에서 그림이 나오고, 낙수에서 글이 나오니, 성인이
이를 본떴다. 역에 사상이 있는 것은 보이기 위함이다. 점글을 이은 것은
알려주기 위함이다. 길흉으로 정한 것은 판단하기 위함이다.

---

[是故天生神物, 聖人則之.] ‘신물神物’은 곧 앞의 ‘시초(蓍)’와 ‘거북(龜)’을
가리킨다. ‘칙則’은 본받는다는 뜻의 법法이다. 하늘이 시초와 거북 두 가지
의 신령한 물건을 만들어 내었으니, 성인이 이에 근거하여 복卜과 서筮를 만
들었다는 말이다. 공영달은 “하늘이 시초와 거북을 내어 성인이 이를 본떠
복과 서를 만들었다(天生蓍龜, 聖人法則之, 以爲卜筮也)”고 하였다.

[天地變化, 聖人效之.] '효效'는 본받는다는 뜻의 법法이다. 성인이 천지 만물의 변화를 본떠 괘와 효의 변화를 만들었다는 말이다. 즉 괘와 효의 변화는 천지 만물의 변화를 상징하는 것이다. 육적은 "하늘에는 낮과 밤 사계절의 변화의 도가 있고, 성인은 384효를 만들어 이를 본떴다(天有晝夜四時變化之道, 聖人設三百八十四爻以效之矣)"고 하였다. 유염은 "천지변화는 사계절을 말한 것이다. 더위가 가면 추위가 오고, 추위가 가면 더위가 오니, 이것이 변화라고 말한다. 성인이 이를 본뜬 것은 괘효가 동정하는 것과 같이, 대개 천지의 변화를 본뜬 것이다(天地變化, 謂四時也. 暑往則寒來, 寒往則暑來, 是謂變化. 聖人效之, 如卦爻之動靜, 蓋倣效天地之變化)"라고 하였다. 주백곤은 '천지'를 '천지지수'로 보고, "성인이 천지지수를 본뜬 것이 '대연지수'이며, 대연지수는 곧 천지지수에서 나온 것"이라고 해석하였다.

[天垂象, 見吉凶, 聖人象之.] '천수상'은 하늘이 일월성신과 밝음과 어둠 등의 상을 사람에게 보인다는 말이다. '현見'은 나타나다는 뜻의 현現으로 읽는다. '현길흉'은 하늘이 상을 드리워 사람에게 길흉을 나타내 보인다는 말이다. 뒤의 '상象'은 본떠다는 뜻이다. 이 구절에서 '칙則'과 '효效'와 '상象'은 모두 같은 뜻이다. 하늘이 상을 사람에게 보여 길흉을 나타내니 성인이 이를 본떠 괘효의 상을 만들어 길흉을 정하였다는 말이다.

[河出圖, 洛出書, 聖人則之.] '하河'는 황하黃河이고, '낙洛'은 황하의 지류인 낙수洛水이다. 황하에서 그림이 나오고, 낙수에서 글이 나왔다는 말이다. 황하에서 어떤 그림이 나왔고, 낙수에서 어떤 글이 나왔으며, 이것을 보고 성인이 무엇을 본떴는지 「계사」는 설명하지 않았다. 『역전해설』을 참고하라.

[易有四象, 所以示也.] '역'은 주역점을 가리킨다. '사상四象'이 무엇인가에 대해 주장이 분분하다. 첫째, 우번은 '사시四時'라고 하였다. 둘째, 후과는 앞의 '신물神物'·'변화變化'·'수상垂象'·'도서圖書'를 사상이라고 하였는데, 래지덕이 이를 따랐다. 셋째, 정현은 '6水·8木·9金·7火'를 사상이라고 하였다. 넷째, 『정의』에서 장씨莊氏는 64괘 중 실상實象·가상假象·의상義象·용상用象을 사상이라고 하였다. 다섯째, 또 하씨何氏는 앞의 네 구

절을 사상이라고 하였다. 여섯째, 공영달은 '금목수화' '7·8·9·6'을 사상이라고 하였다. 일곱째, 소옹은 '음양강유陰陽剛柔'를 사상이라고 하였다. 여덟째, 장재는 건괘의 4덕을 사상이라 하고, 사계절의 상이라고 하였다. 아홉째, 정이는 '좌우전후左右前後'와 사방을 사상이라 하였다. 열째, 주희는 '음양노소陰陽老少'를 사상이라 하였다. '사상'은 '兩儀生四象'의 사상이며, 노양 9(여름)·소음 8(가을)·소양 7(봄)·노음 6(겨울) 네 가지 효상이다. 주역점에 사상이 있는 것은 사상으로써 점의 변화를 보이기 위함이라는 말이다. 『백서』에는 '시示'가 '현見'으로 되어 있다. 점의 변화를 나타내기 위함이라는 뜻이다.

[繫辭焉, 所以告也.] '계사繫辭'는 점글이며 곧 괘와 효 아래 이어 쓴 괘효사이다. 점글을 이은 것은 길흉을 알려주기 위함이라는 말이다.

[定之以吉凶, 所以斷也.] '단斷'은 판단하다는 뜻이다. 점글을 이어, 길흉으로 정한 것은 미래의 일을 판단하기 위함이라는 말이다. 우번은 "천하의 의심을 판단한다(以斷天下之疑)"고 하였다.


여기까지가 제11장이다. 본장의 주제는 주역점이며, 시종일관 주역점과 이를 만든 성인을 찬양하였다.

공자께서 말씀하셨다. "무릇 주역점은 무엇을 하는 것인가? 주역점은 시초를 두 손에 나누어 쥐고, 이를 셈하여 미리 길흉을 알아서 사업을 이루게 하며, 천하의 도리를 포괄한 것이니, 이와 같을 뿐인 것이다." 그러므로 성인은 주역점을 가지고 천하의 뜻에 관통하고, 주역점을 가지고 천하의 사업을 결정하며, 주역점을 가지고 천하의 의혹을 판단한다. 그러므로 주역점을 칠 때 사용하는 시초의 모양은 둥글고 그 작용은 신묘하며, 시초를 셈하여 얻은 괘의 모양은 반듯하고 그 작용은 지혜로우며, 시초를 셈하여 얻은 여섯 효의 덕은 변화를 통하여 사람에게 길흉을 알려준다. 성인은 주역점으로 마음을 씻고, 은밀한 곳으로 물러나 형적을 드러내지 않으며, 길흉을 백성과 더불어 같이 근심한다. 신묘한 시초로 미래의 일을 알고, 지혜로운 괘로 지나간 일을 간직하니, 그 누가 이러한 성인과 더불어 어깨를 나란히 할 수 있겠는가! 옛날의 총명하고 지혜로우며 신묘한 무용이 있으면서도 사람을 함부로 죽이지 않는 자만이 성인의 경지에 도달할 수 있는 것이다. 그러므로 성인은 하늘의 도를 밝히고 백성의 일을 살펴서, 신령한 시초를 일으켜 백성들이 일상으로 이를 사용하여 점을 쳐 길을 좇고 흉을 피하도록 앞서서 이끌었다. 성인은 재계하여 주역점에 대해 경건하고 공경한 마음을 갖고 주역점의 덕을 신묘하게 드러내었다.

그러므로 시초를 합하는 것을 곤이라 하고 나누어 셈하는 것을 건이라고 한다. 시초를 합하고 나누고 끊임없이 셈하는 것을 변이라고 한다. 시초를 셈하여 3변하여 효를 얻고 18변하여 괘를 얻는 것이 막힘이 없는 것, 또 노양은 음으로 노음은 양으로 서로 변하는 것이 막힘이 없는 것을 통이라고 한다. 시초를 셈하여 효를 얻고 괘를 얻으면 그 나타난 것을 괘효상이라 하고, 시초를 셈하여 효와 괘가 형체를 드러내는데 이것을 기라고 한다. 시초를 셈하여 나타난 효와 괘를 가지고 길흉을 알고, 이를 일상으로 사용하는 것을 서법이라고 한다. 서법을 이용하여 신출귀몰하게 점을 쳐, 백성들이 모두 사용하니, 이것을 신묘하다고 한다. 그러므로 주역점에는 태극, 즉 오십 개의 시초가 있으니, 이것을 둘로 나누어 양의, 즉 천지를 낳고, 양의가 사상, 즉 사계절을 낳고, 사상이 다시 팔괘를 낳는다. 팔괘를 겹쳐 64괘를 만들어 점을 치면 이것이 길흉을 정하며, 사람은 길을 좇고 흉을 피하니, 길흉이 대업을 낳는다. 그러므로 천지의 상을 본받아 건곤 두 개가 정해졌으니, 괘상을 본받는 것은 천지보다 더 큰 것이 없고, 사계절은 순서를 어기지 않고 변하여 통하니, 변하여 통하는 것은 사계절보다 더 큰 것이 없으며, 하늘에 상을 걸어 밝음을 드러내는 것은 해와 달보다 더 큰 것이 없고, 숭고한 것은 부귀보다 더 큰 것이 없다. 시초를 갖추어 쓰임을 다하고, 괘효의 상을 세워 괘효를 이루어 천하를 이롭게 하는 것은 성인보다 더 큰 것이 없다. 사물의 심오한 도리(혹은 복잡함)를 찾고 은밀함을 구하며, 심오함을 취하고 원대함에 이르러, 천하의 길흉을 결정하고, 천하의 미묘함을 이루는 것은 시초와 거북보다 더 큰 것이 없다. 그러므로 하늘이 시초와 거북 두 가지의 신령한 물건을 만들어 내었으니, 성인이 이에 근거하여 복卜과 서筮를 만들었다. 성인이 천지 만물의 변화를 본떠 괘효의 변화를 만들었고, 괘와 효의 변화는 천지 만물의 변화를 상징하는 것이다. 하늘이 일월성신과 밝음과 어둠 등의 상을 사람에게 보여 길흉을 나타내니, 성인이 이를 본떠 괘효의 상을 만들어 길흉을 정하였다. 황하에서 그림이 나오고, 낙수에서 글이 나오니, 성인이 이를 본떴다. 주역점에 사상이 있는 것은 사상으로써 점의 변화를 보이기 위함이다. 괘와 효 아래 점글을 이은 것은 길흉을 알려주기 위함이다. 점글을 이어, 길흉으로 정한 것은 미래의 일을 판단하기 위함이다.

# 제12장

易曰 “自天祐之, 吉无不利.” 子曰 “祐者, 助也. 天之所助者, 順也. 人之所助者, 信也. 履信思乎順, 又以尙賢也, 是以自天祐之, 吉无不利也.”

『역』에 말하였다. “하늘에서 도우니, 길하여 이롭지 않음이 없다.” 공자께서 말씀하셨다. “‘우’는 돕는다는 것이다. 하늘이 돕는 것은 순응하기 때문이다. 사람이 돕는 것은 믿음이 있기 때문이다. 믿음을 지키고 (하늘에) 순응하는 것을 생각하며, 현인을 숭상하므로 그래서 ‘하늘에서 도우니, 길하여 이롭지 않음이 없다’는 것이다.”

[易曰 自天祐之, 吉无不利.] ‘우祐’는 돕는다는 뜻의 조助이다. 대유괘大有卦 꼭대기 양효의 효사를 인용한 것이다.

[子曰 祐者, 助也. 天之所助者, 順也.] ‘순順’은 하늘에 순응한다는 뜻이다. 하늘에 순응하면 하늘의 이치에 어긋나지 않으므로 그래서 하늘이 돕는다는 말이다.

[人之所助者, 信也.] ‘신信’은 믿음이라는 뜻이다. 사람이 믿음이 있으면 사

람을 속이지 않으니 그래서 사람이 돕는다는 말이다.

[履信思乎順, 又以尙賢也, 是以自天祐之, 吉无不利也.] '이履'는 밟다, 실천하다는 뜻이다. '이신履信'은 믿음을 지킨다는 뜻이다. '사순思順'은 하늘에 순응하는 것을 생각한다는 뜻이다. '우이又以'는 『석문』에 "정현본에는 '유이'로 하였다(鄭本作有以)"고 하였고, 『집해』에도 '유이有以'로 되어 있다. '유有'와 '우又'는 종종 통용되었다. '상현尙賢'은 현인을 숭상한다는 뜻이다. 하늘에 순응하면 하늘의 도움을 얻고, 믿음을 지키면 사람의 도움을 얻으며, 현인을 숭상하면 현인의 도움을 얻는다. 이 세 가지를 갖추면 비로소 하늘이 도우니, 길하여 이롭지 않음이 없다는 말이다. 주희는 "이 구절은 잘못 들어간 것 같으니, 마땅히 제8장 끝에 있어야 한다(或恐是錯簡, 宜在第八章之末)"고 하였다. 주희의 주장이 맞다. 여기에 이 구절이 있어야 할 이유가 없다.

---

子曰 "書不盡言, 言不盡意." 然則聖人之意, 其不可見乎? 子曰 "聖人立象以盡意, 設卦以盡情僞, 繫辭焉以盡其言, 變而通之以盡利, 鼓之舞之以盡神."

공자께서 말씀하셨다. "글은 말을 다하지 못하고, 말은 뜻을 다하지 못한다." 그런즉 성인의 뜻은 알 수 없는 것인가? 공자께서 말씀하셨다. "성인이 상을 세워 뜻을 다하였고, 괘를 그려 참됨과 거짓을 다하였으며, 점글을 이어 말을 다하였고, 변하고 통하게 하여 이로움을 다하였고, 고무하여 신묘함을 다하였다."

---

[子曰 書不盡言, 言不盡意.] '자왈子曰'은 공자를 가리키며, 뒤에 또 '자왈'이 나온다. 주희는 "두 '자왈'자 중 하나는 마땅히 잘못 들어간 것이다. '자왈'자는 모두 뒷사람이 갖다 붙인 것이므로 이런 잘못이 있게 되었다(兩子曰字, 宜衍其一. 蓋子曰字, 皆後人所加, 故有此誤)"고 하였다. '서書'는 글을, '언

言'은 말을, '의意'는 뜻, 생각, 사상을 가리킨다. 래지덕은 "글은 본래 말을 기록하는 것인데, 글은 한계가 있으므로 무궁한 말을 다 기록하기에 부족하다. 말은 본래 생각을 표현하는 것인데, 말은 한계가 있으므로 무궁한 생각을 다 표현하기에 부족하다(書本所以載言, 然書有限, 不足以盡無窮之言. 言本所以盡意, 然言有限, 不足以盡無窮之意)"고 하였다.

[然則聖人之意, 其不可見乎?] '글은 말을 다 기록하지 못하고, 말은 뜻을 다 표현하지 못한다면, 성인의 생각은 알 수 없는 것인가?'라는 말이다. '성인지의聖人之意'는 곧 뒤의 '입상立象', '설괘設卦', '계사繫辭', '변통變通', '고무鼓舞'이다. 즉 상象, 괘卦, 사辭, 효爻, 시蓍 다섯 가지를 가리키는데, 이 다섯 가지는 바로 주역점을 구성하는 핵심 요소이다. 이 다섯 가지를 10장의 성인의 네 가지 도와 비교하면, '상象'은 상상尚象에, '사辭'는 상사尚辭에, '괘卦'와 '효爻'는 상변尚變에, '시蓍'는 상점尚占에 해당한다. '성인지의'는 10장의 '성인지도'와 같은 말이다. 『백서』에는 '然則聖人之意, 其義可見已乎'로 되어 있는데, '의義'는 '불不'자가 잘못 쓰인 것이며 해석은 같다.

[子曰 聖人立象以盡意] '상象'은 괘효상이다. '진의盡意'는 생각을 다하다는 뜻이다. "성인이 상을 세워 뜻을 다하였다"는 것은 성인이 괘효상을 세워 그 생각을 나타내었는데, 『주역』의 괘효상은 말이 다 표현할 수 없는 성인의 깊은 생각을 다 표현하였다는 말이다. 최경은 "복희가 우러러 살피고 굽어 살펴, 팔괘의 상을 세워 그 뜻을 다 하였다(言伏羲仰觀俯察, 而立八卦之象, 以盡其意)"고 하였고, 공영달은 "비록 말은 뜻을 다 표현할 수 없지만, 상을 세워 생각을 다 표현할 수 있다(雖言不盡意, 立象可以盡之也)"고 하였으며, 주희는 "말이 전하는 것은 얕고, 상이 보이는 것은 깊다. 홀짝 두 획을 보면 변화가 다함이 없음을 포함하고 있으니, 상이 생각을 다 표현할 수 있음을 알 수 있는 것이다(言之所傳者淺, 象之所示者深. 觀奇耦二畫, 包含變化無有窮盡, 則可見矣)"라고 하였다.

[設卦以盡情僞] '설괘設卦'는 괘를 그리는 것이다. '정위情僞'는 참과 거짓이다. 하·12장에 "참과 거짓이 서로 감응하여 이로움과 해로움이 생겨난다

(情僞相感而利害生)"고 하였다. 공영달은 "'정'은 실정이고, '위'는 허위이다(情謂情實. 僞謂虛僞)"라고 하였다. '정위'는 참됨과 거짓이라는 뜻의 진위眞僞와 같다. 성인이 64괘를 만들어 사물의 참과 거짓을 반영하였다는 말이다. 최경은 "복희가 우러러 보고 굽어 살펴 팔괘의 상을 세워, 그 뜻을 다하였다. 괘를 펼친다는 것은 이에 따라 겹쳐, 64괘의 참과 거짓이 그 가운데에 다하였다는 말이다(言伏羲仰觀俯察, 以立八卦之象, 以盡其意. 設卦, 謂因而重之, 爲六十四卦之情僞, 盡在其中矣)"라 하였고, 공영달은 "괘를 펼쳐 백성들의 참과 거짓을 다하였다(設卦以盡百姓之情僞也)"라고 하였다.

[繫辭焉以盡其言] '계사繫辭'는 괘와 효 아래에 점글을 잇는 것이다. '기언其言'은 성인의 말이다. 성인이 괘와 효 아래에 점글을 이어 그 말을 다 기록하였다는 것이다. 최경은 "문왕이 괘효사를 지어, 복희가 세운 괘상에 이으니, 상은 뜻을 다하였으므로 점글 또한 말을 다한 것이다(文王作卦爻之辭, 以繫伏羲立卦之象, 象旣盡意, 故辭亦盡言也)"라 하였고, 공영달은 "비록 글은 말을 다 표현하지 못하지만, 점글을 이어 그 말을 다 표현할 수 있다(雖書不盡言, 繫辭可以盡其言也)"라고 하였다.

[變而通之以盡利] '변이통지'의 주어는 성인이다. '변통變通'은 곧 효를 가리켜 말한 것이다. '이利'는 길(이로움)을 좇고 흉(해로움)을 피하는 것이다. 성인이 64괘 384효를 변하고 통하게 하여 천하 사람으로 하여금 길(이로움)을 좇고 흉(해로움)을 피하게 하여, 그 이로움을 다 하였다는 말이다. 육적은 "384효를 변화시키고 이를 서로 교통시켜, 천하의 이로움을 다하였다(變三百八十四爻, 使相交通, 以盡天下之利)"라고 하였다.

[鼓之舞之以盡神] '고鼓'는 북을 친다는 뜻이고, '무舞'는 춤을 춘다는 뜻이다. '고지무지鼓之舞之'의 주어는 성인이며, 시초를 셈하여 효를 얻고 괘를 얻는 것을 가리켜 말한 것이다. 즉 주역점 치는 것을 고무한다는 말이다. 진몽뢰는 "고무는 점이다(鼓舞, 占也)"라고 하였는데, 정확하게 본 것이다. '신神'은 '음양불측지위신陰陽不測之謂神'의 '신'이다. 시초를 셈하여 양을 얻고 음을 얻는 것은 아무도 예측할 수 없으니 신묘하다는 것이다. 성인이

주역점 치는 것을 고무하여 신묘함을 다하였다는 말이다. 굴만리는 '지之'를 인민人民으로 읽고, "백성을 고무하여 알 수 없는 것을 다하였다", 고형은 '신神'을 지혜로 읽고, "『역경』이 사람을 고무하여 그 지혜를 다하였다"고 해석하였다.

乾坤, 其易之縕邪? 乾坤成列, 而易立乎其中矣. 乾坤毀, 則无以見易. 易不可見, 則乾坤或幾乎息矣.

건곤은 역으로 들어가는 길인가? 건곤이 배열을 이루니, 역은 그 가운데 성립된다. 건곤이 무너지면 역을 볼 수가 없다. 역을 볼 수 없으면 건곤은 혹 거의 소멸한다.

[乾坤, 其易之縕邪?] '건곤乾坤'은 49개의 시초를 두 손에 나누어 쥐고, 왼손에 쥔 것은 상牀의 위쪽에 가로로 놓고 '건'이라 하고, 오른손에 쥔 것은 상의 아래쪽에 가로로 놓고 '곤'이라고 한다. '건곤'은 주역점의 또 다른 표현이다. '역易'은 주역점이다. '온縕'에 대해 해석이 분분하다. 우번은 '온縕'은 간직하다는 뜻의 장藏이라 하였는데, 고형이 이를 따랐다. 후과는 깊고 심오하다는 뜻의 연오淵隩, 한강백은 연오淵奧라고 하였다. 공영달은 깊이 쌓아둔다는 뜻의 온적縕積이라고 읽었다. 주희는 '온縕'은 온蘊과 같다 하고, "싸서 쌓아둔 것인데, 옷 속에 들어있는 것이 드러난 것과 같다(縕, 所包蓄者, 猶衣之著也)"고 하였다. 래지덕은 "옷 속의 드러난 솜(縕者, 衣中所著之絮也)," 왕부지 역시 "옷 속의 솜이 드러난 것(縕, 衣內絮著也)"이라고 하였다. 한漢 석경石經에는 '온縕'을 온蘊으로 하였는데, 주희의 해석처럼 오늘날에는 '온蘊'으로 통용되며, 깊이 쌓아두다, 축적하다는 온축蘊蓄의 뜻이다. "건곤은 곧 주역점을 온축한 것"이라는 말이다. 유백민은 혜동惠棟의 『구경고의九經古義』에서 인용하여 "'온'은 싸다는 뜻의 포과(縕者, 包裹之意)"라고 하였다. 『백서』에는 '온縕'이 '경經'으로 되어 있다. '온縕'은 '경經'으로 읽는

것이 맞을 것이다. 글자 모양이 비슷하여 「계사」가 잘못 쓴 것이다. '경經'은 길이라는 뜻의 도道이다. 진고응은 길이라는 뜻의 경徑으로 읽었다. "건곤은 곧 주역점으로 들어가는 길"이라는 뜻이다. 하·6장에 "건곤은 역으로 들어가는 문인가?(乾坤, 其易之門邪)"라고 하였다. '야邪'는 '야'로 발음하며, 어조사 야耶와 같다.

　이 구절의 해석에 대해, 공영달은 "건곤은 역도가 깊이 축적되어 있는 근원이다(乾坤是易道之所縕積之根源也)"라 해석하였고, 유염은 "건곤이 역의 64괘 가운데에 온축되어 있다는 말이지, 역이 건곤 두 괘 가운데에 온축되어 있다는 말이 아니다(謂乾坤縕於易六十四卦之中, 非謂易縕於乾坤兩卦之中也)"라고 하였다. 공영달은 역의 64괘는 곧 건곤 두 괘 속에 온축되어 있다고 해석하였고, 유염은 건곤이 역의 64괘 가운데에 온축되어 있다고 해석하였다. 누구의 해석이 맞는지는 알 수 없다. 고형은 "'건곤'은 천지이며, '역'은 음양변화의 도이다. 천지는 곧 음양변화의 역도를 간직한 것"이라 하였고, 진고응은 "건곤 두 괘상은 역리를 파악하는 관건"이라고 해석하였다. 필자는 49개의 시초를 둘로 나누어 상의 위(건) 아래(곤)에 둔 것은 곧 주역점으로 들어가는 길(주역점을 시작하는 것)이라고 해석하였다. 이렇게 해석해야 문장이 매끄럽게 이어진다. 필자의 해석이 「계사」의 본뜻일 것이다.

　[乾坤成列, 而易立乎其中矣.] '건곤'은 49개의 시초를 둘로 나누어 상의 위 아래쪽에 가로로 놓아둔 것을 가리킨다. '성열成列'은 배열을 이룬다는 뜻이며, 곧 자리를 정한다는 정위定位와 같다(고형). '역'은 주역점이다. '기其'는 건곤(천지)이다. 건곤이 상의 위 아래쪽에 자리를 정하니, 주역점은 그 가운데에 성립된다는 말이다. 공영달은 '역'을 역도로 해석하였고, 주희는 '역'을 역지체易之體로 해석하여 "괘를 그려 자리를 정하니, 건곤 두 괘가 배열을 이루어 역의 체계가 확립된다(畫卦定位, 則二者成列而易之體立矣)"고 하였다. 고형은 "하늘은 위에, 땅은 아래에 자리를 정하니, 음양 변화의 역도는 그 가운데에 있다", 진고응은 "건곤 두 괘상이 확립되면, 모든 역리는 그 가운데에 있다"고 해석하였다.

[乾坤毁, 則无以見易.] '훼毁'는 훼멸하다, 무너지다는 뜻이다. '무이无以'는 무엇을 할 수 없다는 뜻이다. 건곤은 주역점으로 들어가는 길이므로, 건곤이 무너지면 주역점은 있을 수 없다는 말이다.

[易不可見, 則乾坤或幾乎息矣.] '역'은 주역점이다. '기幾'는 거의라는 뜻이다. '식息'은 지식止息, 소멸한다는 뜻이다. 건곤은 주역점으로 들어가는 길이므로 건곤이 무너지면 주역점은 있을 수 없고, 주역점을 볼 수 없으면 건곤도 거의 소멸한다는 말이다. 공영달은 "역도가 무너져 그 변화의 원리를 볼 수 없다면, 건곤 역시 무너져 혹 거의 소멸한다(若易道毁壞, 不可見其變化之理, 則乾坤亦壞, 或其近乎止息矣)"고 하였고, 주희는 "건곤이 소멸한다는 것은 변화가 행하지 않는다는 말이다(乾坤息謂變化不行)"라고 하였다. 고형은 '역'을 역도로 보고, "만약 음양 변화의 역도를 볼 수 없으면 천지는 혹 거의 소멸한다", 진고응은 "만약 역리를 볼 수 없으면, 건곤 두 괘상은 거의 없어진다"고 해석하였다. 주희가 가장 정확하게 해석하였다. 주희가 말한 '변화'란 곧 9장의 '此所以成變化而行鬼神也'의 '변화'이며, 시초를 셈하는 것을 가리킨다.

---

是故形而上者謂之道, 形而下者謂之器, 化而裁之謂之變, 推而行之謂之通, 擧而錯之天下之民謂之事業.

그러므로 (시초를 셈하여 아직 괘와 효가) 형체를 갖추지 않은 것을 도라 하고, 형체를 갖춘 것을 기器라고 한다. 변화하여 괘효를 이루는 것을 변이라 하고, 막힘 없이 변화를 행하는 것을 통이라고 한다. (시초를) 취하여 천하의 백성에게 (점을 치도록) 베푸는 것을 사업이라고 한다.

---

[是故形而上者謂之道] '시고是故'는 앞의 주역점을 이어서 말한 것이다. '형形'은 사물의 형체이며, 괘효를 가리킨다. '이상而上'은 이상以上과 같다. '형이상形而上'은 형체를 갖추지 않은 것이라는 뜻이며, 바로 괘와 효를 얻

기 위해 시초를 셈하는 것을 가리킨다. 아직 괘와 효의 형체를 얻은 것이 아니므로 '형이상形而上'이라고 한 것이다. '도道'는 형체가 없는 추상적인 것이며, 바로 주역점의 도이다. 즉 괘와 효를 얻기 위해 시초를 셈하는 것을 주역점의 도라고 한다는 말이다. 상·5장에 "(시초를 셈하여) 한 번은 음을 얻고 한 번은 양을 얻는 것을 주역점의 도라고 한다(一陰一陽之謂道)"고 하였는데, 같은 말이다. 자연계로 말하면, '도'는 음양의 변화이며, 우주의 규율, 혹은 법칙이다. '도'는 곧 형체의 운동을 주도하는 정신적인 요소이다.

[形而下者謂之器] '이하而下'는 이하以下와 같다. '형이하形而下'는 형체를 갖춘 것이라는 뜻이며, 바로 시초를 셈하여 얻은 괘와 효를 가리킨다. 괘와 효를 얻어 형체를 갖추었으므로 '형이하形而下'라고 한 것이다. '기器'는 형체가 있는 구체적인 사물이며, 앞장의 '형내위지기形乃謂之器'의 '기器', 즉 시초를 셈하여 얻은 괘와 효를 가리킨다. 시초를 셈하여 얻은 괘와 효를 기라고 한다는 말이다. 자연계로 말하면, '기器'는 곧 물物과 같으며, 음양이 변화하여 형체를 이룬 것이다. '기'는 곧 형체의 물질 상태를 나타낸 물질적인 요소이다. 주희는 "괘효 음양은 모두 형이하자이고, 그 원리가 곧 도이다(卦爻陰陽, 皆形而下者. 其理則道也)"라고 하였는데, 전형적인 이학적 해석이다. 「계사」의 '형이상' '형이하'에 대해 『역전』 이후 오늘에 이르기까지 그 본뜻을 정확하게 이해한 사람은 한 사람도 없었다.

[化而裁之謂之變] '화化'는 변화하다는 뜻이며, '변變'과 같은 개념이다. '변'이라 하지 않고 '화化'라고 한 것은 이 구절 끝에 '변變'이라는 글자가 나오기 때문이다. '재裁'는 재성裁成, 즉 마름질하여 이룬다는 뜻이다. '재지裁之'의 '지之'는 앞의 '기器'를 가리키며, 곧 시초를 셈하여 얻은 괘효이다. 시초를 셈하여 효를 얻고 괘를 이루는 것, 또 노양은 음으로 노음은 양으로 변하여 괘를 이루는 것을 변이라고 한다는 말이다. 『백서』에는 '爲而施之胃之變'으로 되어 있는데, '재裁'를 '시施'로 하였다. '시'로 읽어도 뜻은 통한다.

[推而行之謂之通] '추推'는 밀다, 바뀌다는 뜻이다. '행지行之'의 '지之'는

앞의 '변變'을 가리킨다. '추이행지'는 앞 장의 '往來不窮'이며, 막힘 없이 변화를 행한다는 뜻이다. 시초를 셈하여 효를 얻고 괘를 이루는 것이 막힘이 없는 것, 또 노양은 음으로 노음은 양으로 바뀌는 것이 막힘없이 행하는 것을 통이라고 한다는 말이다. 상·11장에 "가고 오는 것이 막힘이 없는 것을 통이라 한다(往來不窮謂之通)"고 하였다.

[擧而錯之天下之民謂之事業] '거擧'는 취하다는 뜻의 취取와 같다(고형). '착錯'은 조措로 읽는다. 『석문』에 "본래 또 조로 하였다(本又作措)"고 하였는데, 『집해』에서는 '조措'로 되어 있다. '조措'는 두다는 뜻의 치置, 들다는 뜻의 거擧, 베풀다는 뜻의 시施이다. 굴만리와 고형은 '시施'로 읽었다. '사업事業'은 곧 천하의 백성들로 하여금 모두 함께 주역점을 치도록 하는 것을 가리킨다. 시초를 취하여 천하의 백성들로 하여금 일상으로 점을 치도록 베푸는 것을 사업이라고 한다는 말이다. 고형은 "도와 기를 취하여 천하의 백성에게 베푸는 것을 사업이라고 한다", 진고응은 "도와 기를 천하 백성의 일상생활에 응용하는 것을 사업이라 한다"고 해석하였다.

是故夫象, 聖人有以見天下之賾, 而擬諸其形容, 象其物宜, 是故謂之象. 聖人有以見天下之動, 而觀其會通, 以行其典禮, 繫辭焉以斷其吉凶, 是故謂之爻.

그러므로 무릇 상은, 성인이 천하의 심오함(혹은 복잡함)을 보고, 그 형태를 본떠서, 사물의 알맞음을 상징하였으니, 그러므로 이것을 괘상이라고 한다. 성인이 천하의 변화를 보고, 그 모이고 통하는 것을 살펴서, 여섯 자리에 음효와 양효를 위아래로 배열하였으며, 점글을 이어서 길흉을 논단하였으니, 그러므로 이것을 효라고 한다.

[是故夫象] 고형은 "'부夫'는 당연히 효爻로 해야 한다. 글자 모양이 비슷하여 잘못되었다. 이 구절은 곧 효상爻象 두 글자를 들어 다음 문장을 일으

킨 것이다. 다음 문장에서 바로 효와 상 두 글자를 분석하였다. 그러므로 '是故謂之象', '是故謂之爻'를 말하였다"라고 하였다. 그러나 '상'은 괘상과 효상을 가리키는 것으로도 볼 수 있다. 즉 '是故謂之象'의 '상'은 괘상을 가리키고, '是故謂之爻'의 '효'는 효상을 가리키는 것으로 볼 수 있다는 말이다. 그 이하의 문장은 8장과 중복되므로 해설을 생략하였다.

極天下之賾者存乎卦, 鼓天下之動者存乎辭, 化而裁之存乎變, 推而
行之存乎通, 神而明之存乎其人, 默而成之, 不言而信, 存乎德行.
천하의 심오함(혹은 복잡함)을 다하는 것은 괘상에 있고, 천하의 변화를
고무하는 것은 점글에 있고, 변화하여 괘효를 이루는 것은 변에 있고, 막힘
없이 변화를 행하는 것은 통에 있고, (점을) 신묘하게 밝히는 것은 그 사람
에 있고, 말없이 이루고 말하지 않아도 믿는 것은 (시초의) 덕행에 있다.

[極天下之賾者存乎卦] '극極'은 다하다는 뜻의 진盡이다. '색賾'은 공영달이 심오한 도리(幽深難見)로, 주희는 복잡함(雜亂)으로 해석하였다. '천하지색'은 천하의 심오한 도리, 혹은 천하의 복잡함이다. 시초를 셈하여 이를 다한다는 말이다. '존호存乎'는 재어在於와 같다. '괘卦'는 괘상이다. 우번은 "괘상이 천하의 깊은 뜻을 다하였다(卦象極盡天下之深情也)"고 하였고, 주희는 "괘는 곧 상이다(卦, 卽象也)"라고 하였다. 시초를 셈하여 천하의 심오함(혹은 복잡함)을 다하는 것은 괘상에 있다는 말이다.

[鼓天下之動者存乎辭] '고鼓'는 고무하다는 뜻이다. '동動'은 변동, 즉 변화이다. '천하지동'은 천하의 변화이다. 시초를 셈하여 이를 고무한다는 말이다. '사辭'는 괘효사, 즉 점글이다. 시초를 셈하여 천하의 변화를 고무하는 것은 점글에 있다는 말이다. '사'에 대해, 송충은 '육효지사六爻之辭', 한강백은 '효사爻辭', 공영달은 '효괘지사爻卦之辭', 주희는 "사는 곧 효사(辭, 卽爻也)"라고 하였는데, 래지덕이 이를 따랐다. '사'를 효사로 본 것은 앞 문장

798

의 ‘효’를 이어서 해석하였기 때문이다.

[化而裁之存乎變] ‘화化’는 변화하다는 뜻이다. ‘재裁’는 재성裁成(최경), 즉 마름질하여 이룬다는 뜻이다. ‘지之’는 시초를 셈하여 얻은 괘효를 가리킨다. 시초를 셈하여 효를 얻고 괘를 이루는 것, 또 노양은 음으로 노음은 양으로 변하여 괘를 이루는 것은 변에 있다는 말이다. 『백서』에는 ‘재裁’가 만들다는 뜻의 ‘제制’로 되어 있는데, ‘재성裁成’과 같다. 시초를 셈하여 효를 얻고, 또 이를 변화시켜 괘를 만드는 것은 변에 있다는 말이다.

[推而行之存乎通] ‘추推’는 밀다, 바뀌다는 뜻이다. ‘지之’는 앞의 변變을 가리킨다. 시초를 셈하여 효를 얻고 괘를 이루는 것이 막힘이 없는 것, 또 노양은 음으로 노음은 양으로 바뀌는 것이 막힘없이 행하는 것은 통에 있다는 말이다.

[神而明之存乎其人] ‘신神’은 신묘하다는 뜻이다. ‘명明’은 밝힌다는 뜻이다. 『백서』에는 ‘화化’로 되어 있다. ‘기인其人’은 주역점을 운용하여 점을 치는 사람, 곧 점술가를 가리킨다. 하·8장에 “만약 그 사람이 아니면, 역도는 여섯 효의 자리에 운행하지 아니한다(苟非其人, 道不虛行)”고 하고, 또 12장에 “사람이 도모하고 귀신이 도모하니, 백성도 더불어 주역점을 운용할 수 있다(人謀鬼謀, 百姓與能)”고 하였는데, ‘인人’은 모두 「계사」 당시의 점술가를 가리킨다. 시초를 셈하여 점을 신묘하게 밝히는 것은 점을 치는 그 사람에게 있다는 말이다. 최경은 “역의 신묘함은 통하지 않는 것이 없고, 밝음은 비추지 않는 것이 없음을 말하며, 이 원리에 이를 수 있는 것은 그 사람에게 있으니, 문왕과 같은 역을 지은 성인을 말한다(言易神无不通, 明无不照. 能達此理者, 存乎其人, 謂文王述易之聖人)”라고 하였다.

[默而成之, 不言而信, 存乎德行.] ‘묵默’은 시초가 말이 없는 것이다. ‘불언不言’은 시초가 말하지 않는 것이다. ‘신信’은 시초를 사람들이 믿는 것이다. ‘덕행德行’은 시초(주역점)의 덕행이다. 상·9장에 ‘顯道神德行’이라고 하였는데, ‘덕행’은 곧 시초(주역점)의 덕행(작용)을 가리켜 말한 것이다. 시초를 셈하여 시초가 말없이 업을 이루고, 시초가 말하지 않아도 사람들이 믿

는 것은 바로 시초(주역점)의 덕행(작용)에 있다는 말이다. '덕행'에 대해, 최경은 '천지의 덕(合天地之德)'이라 하였고, 한강백은 '현인의 덕행(德行, 賢人之德行也)이라'고 하였는데, 공영달이 이를 따랐다. 주희는 "괘효가 변하고 통하는 것은 사람에게 있고, 사람이 신묘하게 밝을 수 있는 것은 덕에 있다(卦爻所以變通者在人, 人之所以能神而明之者在德)"고 하여, '덕행'을 '인 人'의 덕행으로 보았는데, 래지덕, 왕부지, 주백곤 등 뒷사람들은 이를 따랐다. 『백서』에는 '묵이성지'가 '謀而成'으로 되어 있다. "꾀하여 이룬다"는 뜻이며, 이렇게 해석하여도 통한다.

여기까지가 제12장이다. 본장의 주제는 주역점이며, 주역점을 구성하는 핵심 요소인 '상'·'괘'·'사'·'효'·'시'를 설명하고, 주역점의 덕(작용)을 찬양하였다.

『역』에 말하였다. "하늘에서 도우니, 길하여 이롭지 않음이 없다." 공자께서 말씀하셨다. "우祐는 돕는다는 것이다. 하늘에 순응하면 하늘의 이치에 어긋나지 않으니 하늘이 돕는다. 사람이 믿음이 있으면 사람을 속이지 않으니 사람이 돕는다. 하늘에 순응하면 하늘의 도움을 얻고, 믿음을 지키면 사람의 도움을 얻으며, 현인을 숭상하면 현인의 도움을 얻는다. 이 세 가지를 갖추면 비로소 하늘이 도우니, 길하여 이롭지 않음이 없다는 것이다."

공자께서 말씀하셨다. "글은 말을 다하지 못하고, 말은 뜻을 다하지 못한다." 그런즉 성인의 뜻은 알 수 없는 것인가? 공자께서 말씀하셨다. "성인이 괘효상을 세워 그 생각을 나타내었는데, 괘효상은 말이 다 표현할 수 없는 성인의 깊은 생각을 다 표현하였고, 64괘를 만들어 사물의 참과 거짓을 반영하였으며, 괘와 효 아래에 점글을 이어 그 말을 다 기록하였고, 64괘 384효를 변하고 통하게 하여 천하 사람으로 하여금 이로움을 좇고 해로움을 피하게 하여 그 이로움을 다하였고, 주역점 치는 것을 고무하여 신묘함을 다하였다."

49개의 시초를 두 손에 나누어 쥐고, 왼손에 쥔 것은 상朿의 위쪽에 가로로 놓고 '건'이라 하고, 오른손에 쥔 것은 상의 아래쪽에 가로로 놓고 '곤'이라고 한다. 건곤은 주역점으로 들어가는 길인가? 건곤이 자리를 정하니, 주역점은 그 가운데에 성립된다. 건곤은 주역점으로 들어가는 길이므로 건곤이 무너지면 주역점이 있을 수 없고, 주역점을 볼 수 없으면 건곤도 거의 소멸한다. 그러므로 괘와 효를 얻기 위해 시초를 셈하는 것은 아직 괘와 효의 형체를 갖춘 것이 아니므로 주역점의 도라 하고, 시초를 셈하여 얻은 괘와 효는 형체를 갖춘 것이므로 기라고 한다. 시초를 셈하여 효를 얻고 괘를 이루는 것, 또 노양은 음으로 노음은 양으로 변하여 괘를 이루는 것을 변이라 하고, 시초를 셈하여 효를 얻고 괘를 이루는 것이 막힘이 없는 것, 또 노양은 음으로 노음은 양으로 바뀌는 것이 막힘없이 행하는 것을 통이라고 한다. 시초를 취하여 천하의 백성들로 하여금 일상으로 점을 치도록 베푸는 것을 사업이라고 한다.

그러므로 무릇 상은 성인이 천하의 심오함(혹은 복잡함)을 통찰하고, 그 형태를 본떠서 괘를 그려 사물의 알맞음을 상징하였으니, 그러므로 이것을 괘상이라고 한다. 성인이 천하의 변화를 통찰하고, 그 모이고 통하는 것을 살펴서, 음효와 양효를 여섯 자리에 위아래로 배열하여 귀천의 차등을 행하며, 점글을 이어서 길흉을 논단하였으니, 그러므로 이것을 효상이라고 한다.

시초를 셈하여(주역점을 쳐) 천하의 심오함(혹은 복잡함)을 다하는 것은 괘상에 있고, 시초를 셈하여 천하의 변화를 고무하는 것은 점글에 있고, 시초를 셈하여 효를 얻고 괘를 이루는 것, 또 노양은 음으로 노음은 양으로 변하여 괘를 이루는 것은 변에 있고, 시초를 셈하여 효를 얻고 괘를 이루는 것이 막힘이 없는 것, 또 노양은 음으로 노음은 양으로 바뀌는 것이 막힘없이 행하는 것은 통에 있고, 시초를 셈하여 점을 신묘하게 밝히는 것은 점을 치는 그 사람에게 있고, 시초를 셈하여 시초가 말없이 업을 이루고, 시초가 말하지 않아도 사람들이 믿는 것은 바로 시초(주역점)의 덕행(작용)에 있다.

# 계사繫辭

## 하

# 제1장

八卦成列, 象在其中矣. 因而重之, 爻在其中矣. 剛柔相推, 變在其中
矣. 繫辭焉而命之, 動在其中矣.
팔괘가 배열을 이루니, 괘상이 그 가운데에 있다. 이에 따라 겹치니, 효상
이 그 가운데에 있다. 강과 유가 서로 바뀌니, 효의 변화가 그 가운데에 있
다. 점글을 이어 알리니, 움직임이 그 가운데에 있다.

---

　[八卦成列, 象在其中矣.] '팔괘'는 태극이 양의를 낳고, 양의가 사상을 낳고,
사상이 팔괘를 낳은 것이다. 즉 시초를 셈하어 팔괘를 얻는 것이다. '성열成
列'에 대해, 주희는 "건일·태이·리삼·진사·손오·감육·간칠·곤팔의
유이다(成列, 謂乾一, 兌二, 離三, 震四, 巽五, 坎六, 艮七, 坤八之類)"고 하였
다. '상象'은 괘상이다. 주희는 "괘의 형체를 말한다(謂卦之形體也)"고 하였
다. 팔괘는 각각 그 상을 가진다. 건은 하늘, 태는 못, 리는 불, 진은 우레, 손
은 바람, 감은 물, 간은 산, 곤은 땅 등을 상징한다. 시초를 셈하어 팔괘를 얻
으면 팔괘의 상은 그 가운데 있다는 말이다. 한강백은 "천하의 상을 갖춘다
(備天下之象)"고 하였는데, 공영달은 '상'을 천지 만물의 물상으로 보았다.

"팔괘가 각각 배열된 자리를 이루면, 만물의 상은 팔괘 가운데에 있음을 말한 것이다(言八卦各成列位, 萬物之象在其八卦之中也)"라고 하였다.

[因而重之, 爻在其中矣.] '인因'은 따르다, '중重'은 겹치다는 뜻이다. 『백서』에는 '동動'으로 되어 있다. '효爻'는 효상이다. 효상은 곧 노양 9·소음 8·소양 7·노음 6의 네 가지 효상이다. 시초를 셈하여 팔괘 중 한 괘를 얻은 후, 계속 시초를 셈하여 다시 팔괘 중 한 괘를 얻어 한 괘 여섯 효를 이루면(인이중지) 각 효는 9·7·6·8 가운데 한 수를 갖게 되니, 효상이 그 가운데에 있다는 말이다. 주희는 "각각 한 괘를 따라 팔괘를 순서대로 더하면 64괘가 되는 것을 말한다. 효는 육효이다. 겹친 괘는 효가 여섯이다(謂各因一卦而以八卦次第加之爲六十四也. 爻, 六爻也. 旣重而後卦有六爻也)"라고 하였다. 즉 팔괘를 겹쳐 한 괘를 이루면 효는 여섯이고, 64괘가 되면 384효가 그 가운데에 있다는 말이다. '효'는 육효를 가리키는 것으로 해석하여도 통한다.

[剛柔相推, 變在其中矣.] '강剛'은 양효이고, '유柔'는 음효이다. '상추相推'는 번갈아 바뀐다는 뜻이다. '변變'은 효의 변화이다. 시초를 셈하여 한 괘를 얻으면 노양은 음으로, 노음은 양으로 바뀌니, 효의 변화가 그 가운데에 있다는 말이다. 상·2장에 "강과 유가 서로 바뀌어 변화를 낳는다(剛柔相推而生變化)"고 하였다. 자연계로 말하면, 음양이 번갈아 바뀌니, 사물의 변화는 모두 그 가운데에 있다는 말이다.

[繫辭焉而命之, 動在其中矣.] '계사繫辭'는 괘효 아래에 이은 점글, 즉 괘효사이다. '명命'은 알린다는 뜻의 고告이다. 상·11장에 "점글을 이은 것은 알려주기 위함이다(繫辭焉, 所以告也)"고 하였다. 점글을 이어 길흉을 알려주는 것이다. 『석문』에 맹희는 '명命'을 '명明'으로 하였다(孟作明). "점글을 이어 밝혔다"고 해석하여도 뜻은 통한다. '동動'에 대해 두 가지 해석이 있다. 하나는 사람의 행동을 가리킨다. "점글을 이어 길흉을 알리니, 행동할 바가 그 가운데에 있다"는 말이다. 래지덕은 "'동'은 사람의 동작과 행위이다. 즉 길을 좇고 흉을 피하는 것이다(動者, 人之動作營爲, 卽趨吉避凶也)"고 하였는데, 왕부지, 굴만리, 고형이 이렇게 해석하였다. 또 하나는 변동의 뜻

이다. "점글을 이어 길흉을 알리니, 효상(혹은 괘효)의 변동이 그 가운데에 있다"는 말이다. 우번, 한강백, 공영달, 주희가 이렇게 해석하였는데, 주백곤과 진고응이 이를 따랐다. 두 가지 해석은 모두 통한다. 필자는 '동'을 상·2장의 "군자는 …움직일 때는 괘효의 변화를 보고 점을 음미한다(君子 … 動則觀其變而玩其占)"의 '동'으로 보고 해석하였다.

이 단락은 시초를 셈하여 점을 치는 순서를 기술한 것이다. 즉 시초를 셈하여 먼저 팔괘 중 한 괘를 얻고(팔괘성열), 계속 셈하여 64괘 중 한 괘를 얻은 다음(인이중지), 노양은 음으로 노음은 양으로 서로 변화시키고(강유상추), 그 다음 해당하는 점글을 찾아서 점글이 예시해 주는 것을 알고는(계사언이명지) 행동에 임한다는 말이다(동재기중의).

吉凶悔吝者, 生乎動者也. 剛柔者, 立本者也. 變通者, 趣時者也. 吉凶者, 貞勝者也. 天地之道, 貞觀者也. 日月之道, 貞明者也. 天下之動, 貞夫一者也.

길하고 흉하고 뉘우치고 어려운 것은 움직임에서 나온다. 강과 유는 괘의 근본을 세우는 것이다. 변하여 통하는 것은 때에 응하는 것이다. 길하고 흉한 것은 바른 것으로 이기는 것이다. 천지의 도는 바른 것으로 보여주는 것이다. 해와 달의 도는 바른 것으로 밝게 비추는 것이다. 천하의 변화는 바른 것 그 하나인 것이다.

[吉凶悔吝者, 生乎動者也.] '길吉'은 길한, '흉凶'은 흉함, '회悔'는 뉘우침, '인吝'은 어려움이다. '동動'에 대해 두 가지 해석이 있다. 하나는 사람의 행동이다. "길하고 흉하고 뉘우치고 어려움은 사람의 행동에서 나온다"는 말이다. 래지덕과 고형이 이렇게 해석하였다. 또 하나는 변동이다. 우번은 "'동'은 효를 말한다. 효는 천하의 변동을 본뜬 것이다(動, 謂爻也. 爻者, 效天下之動者也)"라고 하였고, 한강백은 "변동이 있은 후에 길흉이 있다(有變

動而後有吉凶)"고 하였다. '변동'은 곧 괘효의 변동이며, '강유상추'의 변동이다(유백민). "길흉회린 등 판단사는 괘효의 변동에 근거한다"는 말이다. 공영달, 주희, 주백곤, 진고응 등이 이렇게 해석하였다. 두 가지 해석은 모두 통한다. 필자는 '동'을 앞의 '동'과 같은 것으로 보고 해석하였다. 이 구절은『좌전』의 '길흉유인吉凶由人'(길하고 흉한 것은 자신으로부터 말미암은 것이다)과 같은 말이다.

[剛柔者, 立本者也.] '강'은 양이고, '유'는 음이다. '입본立本'에 대해 두 가지 해석이 있다. 하나는 '입괘지본立卦之本'이다. 즉 "강유는 괘의 근본을 세우는 것이다"는 말이다. 공영달이 이렇게 해석하였다. 또 하나는 '강유'는 구九와 육六이며, 이것을 역의 근본으로 여기고, "강유는 역의 근본을 세우는 것이다"라고 해석한 것이다. 유염과 래지덕이 이렇게 해석하였다.「계사」의 본뜻은 "강유는 시초를 셈하여 괘의 근본을 확립하는 것"이라는 뜻이다. 강유(음양)는 64괘의 근본이며, 자연계로 말하면 천지 만물의 근본이다.

[變通者, 趣時者也.] 상·11장에 "한 번 닫고 한 번 여는 것을 변이라 한다(一闔一闢謂之變)"고 하고, 또 "가고 오는 것이 막힘이 없는 것을 통이라 한다(往來不窮謂之通)"고 하였다. '변통變通'은 시초를 셈하는 것, 또 음효와 양효가 서로 변하는 것이(변) 막힘이 없다(통)는 말이다. '취趣'는 향向의 뜻이며, 향하다, 응하다, 좇는다는 뜻이다. 공영달은 '취향趣向'이라 하였고, 래지덕은 "'취'는 향(趣, 向也)"이라고 하였다. '시時'는 괘효지시卦爻之時, 즉 괘와 효가 처한 구체적 상황을 가리킨다. 상·6장에 "변하여 통하는 것은 사계절에 짝한다(變通配四時)"고 하였다. 변하여 통하는 것은 때(상황)에 응하는 것이라는 말이다. 즉 때에 맞게 변하여 통한다는 말이다. 사계절은 때에 맞게 변하여 통한다. 유염은 "역은 궁하면 변하고, 변하면 통하니, 변하지 않으면 통하지 않는다. 한 괘의 상황이 있고, 한 효의 상황이 있다. 그 상황의 알맞음에 따라 움직이는 것이 변하여 통하는 도이다(易窮則變, 變則通, 不變則不通也. 有一卦之時, 有一爻之時, 隨其時之宜而動, 此變而通之之道也. )"라고 하였다.『백서』에는 '變迵也者, 聚者也.'로 되어 있는데, '취聚'는 무엇

을 말한 것이지 필자는 이해할 수 없다.

[吉凶者, 貞勝者也.] 『역전』은 '정貞'을 바르다는 뜻의 정正으로 해석하였는데, 제나라 직하의 유생들이 유가의 의리로 해석한 것이다. 이하 네 개의 '정貞'자는 모두 정正의 뜻이다. '승勝'은 이기다는 뜻의 극克이다. '정승貞勝'은 바른 것으로 이긴다(以正取勝)는 뜻이다. 길하고 흉한 것은 바른 것으로 이기는 것이라는 말이다. 고형은 "인간사의 길흉은 그 일이 바른가 그른가에 있으며, 바르면 이겨서 길하고, 그르면 패하여 흉하다는 말이다. 즉 바르면 이긴다는 것이다"라고 하였다. 래지덕은 "성인이 지은 한 권의 역경은 모두 바르게 하는 데에 이로움이 있다(聖人一部易經, 皆利于正)"고 하고, "'승'은 승부의 승이다. 오직 바르면 이기니, 길흉을 말할 필요가 없다는 말이다(勝者, 勝負之勝, 言惟正則勝, 不論吉凶也)"라고 하였다. 주희는 "'정貞'은 정正이고 상常이다. 사물은 바른 것을 항상으로 한다. 천하의 일은 길이 아니면 흉이고, 흉이 아니면 길이니, 길흉이 항상 서로 이기는 것이 그치지 않는다(貞, 正也, 常也. 物以其所正爲常者也. 天下之事, 非吉則凶, 非凶則吉, 常相勝而不已也)"고 하여, 길흉이 서로 이기는 것으로 해석하였다. 『석문』에는 '정승貞勝'을 "요신본에 '정칭貞稱'이라 하였다(姚本作貞稱)"고 하였는데, '칭稱'은 곧 서로 짝이 되어 어울리는 것을 말한다. 상병화가 이를 따라 말하기를 "정은 상이다. 길흉의 도는 음양과 더불어 서로 짝이 되어 어울리지 않는 것이 없다(貞, 常也. 吉凶之道, 無不與陰陽相稱也)"고 하였다. 굴만리 역시 '칭'으로 읽고, "항상 그러함을 지켜 변하지 않는 것은 많이 길하다"고 하였다. 『백서』에는 이하 네 개의 '정貞'이 모두 '상上'으로 되어 있다. 진고응은 '상上'을 '상尙'으로 읽고, 귀하다, 혹은 중하다는 뜻으로 새겨, "길흉은 음양의 제약이 합당한가 아닌가를 중히 여긴다"고 해석하였다.

[天地之道, 貞觀者也.] '천지지도'는 곧 '건곤지도'이며, 주역점의 도이다. 주희는 "'관'은 보이다는 뜻의 시(觀, 示也)"라 하였고, 래지덕은 "'관'은 상을 드리워 사람에게 보이는 것(觀者, 垂象以示人也)"이라고 하였다. '정관貞觀'은 바른 것으로 사람에게 보여주는 것(以正示於人)이라는 말이다. 주역점

의 도는 바른 것이며, 따라서 바른 것으로 사람에게 보여주는 것이라는 말이다. 자연계로 말하면, '천지'는 하늘과 땅이다. '도'는 천지가 행하는 길, 혹은 가지고 있는 도리이다. 천도는 사계절의 변화, 낮과 밤의 변화 등 자연현상의 변화를 말하며, 지도는 천도의 변화에 따라 만물을 낳고 기르는 일정한 도리이다. 즉 하늘에는 사계절의 변화가 있고, 이에 따라 땅에서 만물은 자라고 무성하고 시들고 없어지는 것이다. 이러한 천지의 도는 조금도 어긋남이 없으니 바른 것이며, 따라서 바른 것으로 사람에게 보여주는 것이라는 말이다. '정貞'은 곧 『중용』의 참됨(誠)이고, 이 구절은 곧 『중용』의 "참된 것은 하늘의 도이다(誠者, 天之道也)"와 같은 말이다(20장).

[日月之道, 貞明者也.] '도'는 일월이 행하는 길, 혹은 가지고 있는 도리이다. 『백서』에는 '행行'으로 되어 있는데, 운행이라는 뜻이다. 해와 달의 운행은 조금도 어긋남이 없다. 육적은 "일월이 바르니, 밝게 비추는 것을 도로 한다는 말이다(言日月正, 以明照爲道也)"라고 하였다. '명明'은 밝게 비춘다는 뜻이다. '정명貞明'은 바른 것으로 밝게 비춘다(以正明照)는 말이다. 일월의 도는 바른 것으로 천하를 밝게 비추는 것이라는 말이다. 상·6장에 "음과 양의 변화는 해와 달에 짝한다(陰陽之義配日月)", 11장에 "상을 걸어 밝음을 드러내는 것은 해와 달보다 큰 것이 없다(縣象著明莫大乎日月)", 하·5장에 "해와 달이 서로 바뀌어 밝음이 생겨난다(日月相推而明生焉)"고 하였다.

[天下之動, 貞夫一者也.] '동動'은 변화의 뜻이다. '부夫'에 대해 두 가지로 해석할 수 있다. 하나는 중국어로 발음이 푸fu인데 1성과 2성 두 가지 발음이 있다. 1성으로 발음하면 남편, 사내의 뜻이고, 2성으로 발음하면 감탄, 강세를 나타내는 조사 '기其'의 뜻이 된다. 여기서는 2성으로 발음한다. 문장 앞에 놓여 발어사나 문장 끝에 놓여 감탄의 뜻을 나타낼 때도 2성으로 발음한다. 또 하나는 '부夫'를 어조사로 보는 것이다. 『노자』에 "使夫智者, 不敢爲也"(지혜로운 사람으로 하여금 감히 인위적이 조작을 하지 못하게 한다)라고 하였는데(3장), '부'가 어조사로 쓰인 예이다. 이러한 예는 아주 많다. '정부일貞夫—'은 '정기일正其—' 혹은 '정부일正夫—'로 읽는다. 천하의 변

화는 바른 것 그 하나인 것이라는 말이다. 다시 말해, 천하의 모든 것은 바르게 변화한다는 말이다. 사계절이 질서정연하게 바뀌는 자연의 변화가 그렇고, 태어나 살다가 늙어서 죽어가는 인간의 변화 또한 그렇다. 공영달은 "하나에서 바름을 얻는다(得正在一也)"고 해석하였고, 유백민, 고형, 주백곤은 '정부일貞夫一'을 '정우일正于一'로 읽었는데, 유백민은 "항상 바른 것으로 하나에 이른다", 고형은 "한 가지로 바른 것", 주백곤은 "정도를 행하여 한 곳으로 돌아가는 것(行正道而歸于一致)"이라고 해석하였다. 진고응은 '부夫'를 '어於', '일一'을 '상常'으로 읽고, "천하의 각종 운동 현상을 이해하는 것은 동정의 상도를 파악하는 데에 있다"고 해석하였다.

이 단락은 앞 단락을 이어서 '길흉', '강유', '변통'을 설명하면서 '바른 것(貞)'이라는 개념을 이끌어내어, '천지의 도', '일월의 도', '천하의 변화'는 모든 것이 바른 것임을 말하였고, 따라서 당연히 사람의 행동(動)도, 강유도, 변통도, 길흉도 정상적인 규범과 규율에 부합해야 한다는 것을 말하였다. 말하고자 하는 요지는, 주역점은 곧 바른 것 그 하나일 뿐이라는 것이다.

夫乾, 確然示人易矣. 夫坤, 隤然示人簡矣. 爻也者, 效此者也. 象也者, 像此者也. 爻象動乎內, 吉凶見乎外, 功業見乎變, 聖人之情見乎辭.

건은 강건하여 사람에게 쉬움을 보여준다. 곤은 유순하여 사람에게 간다함을 보여준다. 효는 이것을 본받은 것이고, 상은 이것을 본떠 형상화한 것이다. 효와 상은 (시초를 셈하여 얻은) 괘 안에서 변동하고, 길과 흉은 괘 밖에서 나타나며, (주역점의) 업적은 시초의 변화에서 나타나고, 성인의 뜻은 점글에서 나타난다.

[夫乾, 確然示人易矣.] '건'은 49개의 시초를 두 부분으로 나누어 상牀 위쪽에 가로로 놓은 것이며, 하늘(천)을 상징한다. '확確'은 『석문』에 "마음과 한

강백이 강건한 모양(馬韓云 剛貌)"이라고 하였다. 하·12장에 "건은 천하의 지극히 강건한 것이다(夫乾, 天下之至健也)"라고 하였다. '시示'는 보여준다는 뜻이다. '이易'는 쉽다, 평이하다는 뜻이며, 건의 특성이다. 건은 강건하여 사람에게 쉬움을 보여준다는 말이다. 자연계로 말하면, '건'은 하늘(天)이고 양이다. 건(천도)은 강건하여 사람에게 쉬움을 보여준다는 말이다. 하늘에서 사계절의 변화, 낮과 밤의 변화는 조금도 멈추지 않으니 강건하며, 지극히 쉽게 변한다.

[夫坤, 隤然示人簡矣.] '곤'은 49개의 시초를 두 부분으로 나누어 상 아래쪽에 가로로 놓은 것이며, 땅(지)을 상징한다. '퇴隤'는『석문』에 마융이 "유순한 모양(隤, 柔貌)"이라고 하였다. 하·12장에 "곤은 천하의 지극히 유순한 것이다(夫坤, 天下之至順也)"라고 하였다. '간簡'은 간단하다는 뜻이며, 곤의 특성이다. 곤은 유순하여 사람에게 간단함을 보여준다는 말이다. 자연계로 말하면, '곤'은 땅(地)이고 음이다. 곤(지도)은 유순하여 사람에게 간단함을 보여준다는 말이다. 땅은 하늘을 따라 만물을 낳고 기르니 유순하며, 지극히 간단하게 낳고 기른다. 상·1장에 "건은 쉬움으로써 시작을 행하고, 곤은 간단함으로써 효를 이룬다(乾以易知, 坤以簡能)"라고 하였다. 한강백은 "'확'은 강건한 모양이다. '퇴'는 유순한 모양이다. 건곤은 모두 그 덕이 한결같으니, 사물은 여기에서 이룬다. 그러므로 간단하고 쉬운 것이다(確, 剛貌也. 隤, 柔貌也. 乾坤皆恒一其德, 物由以成, 故簡易也)"라고 하였다. 건곤, 즉 천지의 변화는 지극히 쉽고 간단한 것이다. 성인은 이를 본떠 주역점을 만들었으니, 주역점 또한 지극히 쉽고 간단한 것이다. 다음 구절에서 바로 이것을 말하였다.

[爻也者, 效此者也.] '효爻'는 한 괘 6효, 64괘 384효를 가리킨다. '효效'는 본받다는 뜻이다. '차此'는 건이곤간乾易坤簡의 도, 즉 천지 건곤의 쉽고 간단한 도이다.『주역』의 384효는 곧 천지 건곤의 쉽고 간단한 원리를 본받은 것이라는 말이다. '차此'에 대한 해석은 분분하다. 우번은 '삼재三才(謂效三才以爲六畫)', 공영달은 '사물의 변동(效此物之變動)', 주희는 "앞 문장의 건

곤이 보이는 원리(此, 謂上文乾坤所示之理)", 유염은 "앞 문장의 건곤이 내보이는 것(上文乾坤之所示也)", 래지덕은 '바른 것 하나(貞一)', 진몽뢰는 '강건하고 유순한 원리(健順之理)', 고형은 '천지의 도(天地之道)'라고 하였다. 유백민과 진고응은 '건곤간이지도乾坤簡易之道'라고 하였는데, 이들이 정확하게 보았다.

[象也者, 像此者也.] '상象'은 괘상이다. '상像'은 동사이며, 본떠 형상화하였다는 말이다. '차此'는 건이곤간乾易坤簡의 도, 즉 천지 건곤의 쉽고 간단한 도이다. 괘상은 곧 천지 건곤의 쉽고 간단한 원리를 본떠 형상화한 것이라는 말이다.

[爻象動乎內] '효상'은 앞의 '효爻'와 '상象'이다. '동動'은 변동이다. '내內'에 대해 여러 가지 해석이 있다. 우번은 '처음 효(內, 初)'라 하였고, 한강백은 '괘'라고 하였는데, 공영달은 '괘 안(卦之內)'으로 보았다. "효와 상은 괘 안에서 변동한다"는 것이며, 래지덕도(卦之中) 이렇게 해석하였다. 주희는 '시괘지중蓍卦之中'으로 보았다. "효와 상은 시초를 셈하여 얻은 괘 안에서 변동한다"는 것이다. 유염은 '시책지중蓍策之中'으로 보고, "시초를 셈하는 속에서 변동한다"고 해석하였다. 오징은 '역서지내易書之內'로 보았다. "효와 상은 『주역』이라는 책 안에서 변동한다"는 말이다. 진몽뢰는 "시초를 나누어 괘를 셈할 때(分蓍揲卦之時)"라고 하였다. "효와 상은 시초를 나누어 괘를 셈할 때 변동한다"는 말이다. 왕부지는 '기미가 처음 움직이는 것(幾之初動者曰內)'이라고 하였다. "효와 상은 기미가 처음 움직이는 것에서 변동한다"는 말이다. 유백민은 '효상의 안(爻象之內)'이라고 하였다. "효와 상은 효와 상 안에서 변화한다"는 말이다. 굴만리, 고형, 진고응은 '괘내卦內'로 보았다. 「계사」는 일관되게 주역점을 말한 것이므로 주희의 해석이 「계사」의 본뜻일 것이다.

[吉凶見乎外] '길흉'은 점글의 판단사이다. '현見'은 나타나다는 뜻의 현現으로 읽는다. '외外'에 대해 여러 가지 해석이 있다. 우번은 '꼭대기 효(外, 上也)'라 하였고, 한강백은 '사事'라고 하였는데, 공영달은 '괘 밖(卦外)', 즉

사물(事物之上)로 보았다. "길흉은 괘 밖(사물)에서 나타난다"는 것이며, 래지덕도(卦之外) 이렇게 해석하였다. 주희는 '시괘지외蓍卦之外'로 보았다. "길흉은 시초를 셈하여 얻은 괘 밖에서 나타난다"는 것이다. 오징은 '역서지외易書之外'로 보았다. "길흉은『주역』이라는 책 밖에서 나타난다"는 말이다. 진몽뢰는 "괘를 얻은 후(成卦之後)"라고 하였다. "길흉은 괘를 얻은 후에 나타난다"는 말이다. 왕부지는 '사물이 응하여 일어나는 것(事應之生起者曰外)'이라고 하였다. "길흉은 사물이 응하여 일어나는 것에서 나타난다"는 말이다. 유백민은 '효상의 밖(爻象之外)'이라고 하였다. "길흉은 효와 상 밖에서 나타난다"는 말이다. 굴만리는 '인사人事'로, 고형과 진고응은 '괘외'로 보았다. 주희의 해석이「계사」의 본뜻일 것이다.

[功業見乎變] '공업功業'은 공로 혹은 업적이라는 뜻이다. 공영달은 '공로사업功勞事業', 래지덕은 '일을 이루고 업을 정하는 것(成務定業)', 진고응은 '건공입업建功立業'이라고 하였다. '공업'은 곧 주역점의 공업이다. '변變'에 대해, 앞 구절을 따라 '효와 상의 변화'로 볼 수 있고, 또 문장 전체는 주역점을 말한 것이므로 '시초의 변화'로도 볼 수 있다. 앞의 것은 한강백의 해석이고, 뒤의 것은 오징의 해석이다. 두 가지 해석 모두 통한다. 필자는 '十有八變而成卦'의 '변'으로 보고 해석하였다. 주역점의 업적은 시초를 셈하는 변화에 따라 나타난다는 말이다.

[聖人之情見乎辭] '성인'은 주역점을 만든 사람이다. '정情'은 뜻, 생각, 정감의 뜻이다. '성인지정'은 상·11장의 "길흉을 백성과 더불어 함께 근심하는 것(吉凶與民同患)"이다. '현見'은 현現으로 읽으며, 나타나다는 뜻이다. '사辭'는 괘효사, 즉 점글이다. 성인의 뜻은 괘효사 중에 표현되어 있다는 말이다.

天地之大德曰生, 聖人之大寶曰位. 何以守位曰仁, 何以聚人曰財.
理財正辭, 禁民爲非曰義.

천지의 큰 덕을 낳는 것이라 하고, 성인의 큰 보물을 자리라고 한다. 무엇으로 자리를 지키는가 하는 것은 인재로 한다. 무엇으로 인재(점술가)를 모으는가 하는 것은 재능(혹은 절도)으로 한다. (성인은 점술가로 하여금) 재능(혹은 절도)을 다듬고 점글을 바르게 습득하여, 백성들에게 (길흉을 알려주어) 그릇된 행위를 금하게 하는 것을 의라고 한다.

---

[天地之大德曰生] '천지'는 49개의 시초를 두 부분으로 나누어 쥐고, 왼손에 쥔 것은 상 위쪽에 가로로 놓고 '천'이라 하고, 오른손에 쥔 것은 상 아래쪽에 가로로 놓고 '지'라고 한다. '생生'은 시초를 셈하여 효를 얻고 괘를 얻는 것이다. 상·5장에 '生生之謂易'이라고 하였다. '생생'은 50개의 시초를 3변하여 한 효를 얻고, 9변하여 작은 괘를 얻고, 18변하여 한 괘를 얻는 것을 말한다. 한 괘를 얻기 위해 시초를 변화시키고 또 변화시킨다는 뜻이며, 이것이 천지의 큰 덕이라는 말이다. 자연계로 말하면, '천지'는 하늘과 땅이고, '생'은 만물을 낳는 것이다. 천지는 만물을 낳고 또 낳는다. 상·6장에 건은 크게 생하고(大生), 곤은 넓게 생한다(廣生)고 하였다. 이것이 곧 천지의 큰 덕이다. "천지의 큰 공덕은 만물을 화육하는 것"이라는 말이다. 『백서』에는 '대덕大德'이 '대사大思'로 되어 있다.

[聖人之大寶曰位] 이하 문장은 효위를 인간계에 적용한 것이다. '성인'은 주역점을 만든 사람이다. '위位'는 성인의 자리이며, 효위를 성인의 자리에 적용한 것이다. 상·3장에 "귀한 것과 천한 것을 배열한 것은 여섯 효의 자리에 있다(列貴賤者存乎位)"고 하였다. 『중용』에 "비록 그러한 덕은 있으나 만약 그러한 자리가 없다면, 진실로 감히 예락을 만들 수 없다(雖有其德, 苟無其位, 亦不敢作禮樂焉)"고 하였는데(28장), 바로 이 '위位'이다. 성인의 가장 귀한 보물은 자리라는 말이다. 자리가 있어야 공업을 세울 수 있다. 『백서』에는 '聖人之大費曰立立'으로 되어 있다. "성인이 크게 공을 들이는 것은 자리를 세우는 것"이라는 뜻이다.

[何以守位曰仁] '인仁'에 대해 두 가지 해석이 있다. 하나는 공영달이 인애

仁愛로 해석한 것이다. “성인은 무엇으로 그 자리를 지키는가 하는 것은 반드시 인애를 믿는다는 말이다(言聖人何以保守其位, 必信仁愛)”라고 하였다. 또 하나는 『백서』와 『석문』에는 ‘인仁’이 ‘인人’으로 되어 있다. 바로 뒤의 “무엇으로 인재를 모으는가 하는 것은 재능으로 한다(何以聚人曰財)”는 것은 바로 이 ‘인人’자를 이어서 말한 것이다. 송충은 “자리를 지키는 데는 마땅히 사대부, 공후를 얻고, 인자한 사람과 현명한 사람이 있어야 두루 천하를 구제한다(守位當得士大夫, 公侯, 有其仁賢, 兼濟天下)”고 하였고, 오징은 “‘수’는 보유한다는 말이다. 반드시 뭇사람들이 귀속하여야 임금의 자리를 보유할 수 있다(守謂保有之, 必得衆人之歸向, 乃能保有君師之位)”고 하였다. 사람이 있은 이후에 그 자리를 지킬 수 있다는 말이다. 『맹자』「등문공滕文公」상上에 “천하를 위해 사람을 얻는 것을 인이라 한다(爲天下得人者謂之仁)”고 하였는데, ‘인仁’은 곧 사람을 얻는 것이다. 성인의 가장 큰 보물은 자리이고, 무엇으로 성인의 자리를 지키는가 하는 것은 인재로 한다는 말이다.

[何以聚人曰財] ‘취인聚人’의 ‘인人’은 『맹자』의 “천하를 위해 사람을 얻는 것을 인이라고 한다(爲天下得人者謂之仁)”의 ‘인人’과 같으며 인재, 인물이라는 뜻이다. 「계사」는 당연히 점술가를 가리켜 말한 것이며, 상·12장의 ‘神而明之存乎其人’의 인人이다. 만약 이 ‘인人’을 사람이라는 보통 명사로 해석하면 바로 뒤의 ‘민民’과 개념이 같게 된다. ‘인’은 ‘민’과 확연히 다르다. 하·12장에 ‘人謀鬼謀, 百姓與能’이라고 하였는데, ‘인’과 ‘백성’이 확연히 다른 것과 같다. 「계사」에 ‘인人’이 모두 12곳 나오는데, 그중 4곳이 점술가를 가리켜 말하였다. 성인이 주역점을 만들었다면 성인의 자리에서 그 다음 필요한 것은 주역점을 잘 활용할 인재, 즉 점술가이다. ‘재財’는 전통적으로 재물로 읽었는데, 『대학』의 “재물이 모이면 곧 백성들은 흩어지고, 재물이 흩어지면 곧 백성들은 모인다(財聚則民散, 財散則民聚)”는 내용을 따라 읽은 것이다. 이 구절의 전통적인 해석은 “성인은 무엇으로 자리를 지키는가 하는 것은 인仁으로 하며, 무엇으로 사람을 모으는가 하는 것은 재물로 한다”는 것이다. 『대학』은 정치 이상을 밝힌 책이다. 따라서 백성을 얻는 방법으

로 재물을 백성들에게 흩어주는 것으로 말한 것이다. 「계사」는 주역점을 찬양한 글이다. 당연히 『대학』과 같은 방식으로 해석할 수 없다. 「계사」의 ‘인人’은 『대학』의 ‘민民’의 개념이 아니다. 성인은 천지와 더불어 만물을 화육하는 사람인데, 구태여 재물을 가지고 사람을 모아 자신의 자리를 보존하고자 하겠는가? 공자의 3천 제자는 공자가 재물로 모은 것이 아니라, 공자의 위인 됨을 흠모하여 스스로 찾아온 제자들이다. 필자는 이 구절을 두 가지로 해석한다. 하나는 ‘재財’를 재才로 읽는 것이다. 『맹자』 「진심盡心」 상에 맹자가 군자의 다섯 가지 가르치는 방법을 말하면서 “재능을 이루게 하는 것이 있다(有達財者)”고 하였는데, 이 ‘재財’는 곧 재才의 뜻으로 사용된 것이다. 『백서』에는 ‘재財’가 ‘재材’로 되어 있는데, ‘재材’ 역시 재才의 뜻이다. 또 「설괘」 2장에 ‘兼三才而兩之’라고 하였는데, 『백서』에는 ‘삼재三財’로 되어 있다. ‘재財’와 ‘재材’와 ‘재才’는 옛날에 통용되었다. ‘재才’는 재능 혹은 재능 있는 사람을 뜻한다. “무엇으로 인재를 모으는가 하는 것은 그 사람의 재능을 보고 모은다”고 해석하는 것이다. 또 하나는 ‘재財’를 재裁로 읽는 것이다. 태泰 「상」에 “임금은 이 괘상을 본받아 천지의 도를 헤아려 이룬다(后以財成天地之道)”고 하였는데, 이 ‘재財’는 곧 재裁의 뜻으로 사용된 것이다. ‘재財’와 ‘재裁’는 옛날에 통용되었다. ‘재裁’는 헤아리다는 뜻의 탁度, 절도節度라는 뜻의 절節이다. 『중용』의 “희로애락이 나타나 모두 절도에 맞는 것을 조화라고 한다(發而皆中節謂之和)”의 ‘절節’이다(1장). 정현은 태 「상」 주에서 “‘재’는 절(財, 節也)”이라고 하였다 태 「상」에는 동사, 「계사」는 명사로 사용하였다. “무엇으로 인재를 모으는가 하는 것은 절도로 한다”고 해석하는 것이다. ‘절도’는 곧 올곧은 행동이다. 두 가지 해석은 모두 통한다.

[理財正辭] ‘이理’는 다듬다는 뜻의 치治이다. ‘재財’는 재능(혹은 절도)이다. ‘이재’는 재능(혹은 절도)을 다듬는다는 말이다. ‘정사正辭’에 대해 세 가지 해석이 있다. 첫째, ‘사’를 언言으로 보고, “언사를 바르게 한다”고 해석하는 것이다. 최경은 “언사는 사람에게 요긴하고 중요한 것이지만 의로써

바르게 하지 않으면 반드시 욕됨이 있다(言辭, 人之樞要, 不以義正之, 則必有辱也)”고 하였다. 진몽뢰는 “옳고 그름을 분별하는 것(分別是非)”이라고 하였다.『대학』에 “진실함이 없는 자는 그 말을 다 하지 못하게 한다(無情者, 不得盡其辭)”고 한 것이 바로 이 말이다. 유백민이 이렇게 해석하였다. 둘째, ‘사’를 제도와 법령으로 해석하는 것이다. 고형은 ‘제도 법령의 조문’, 진고응은 ‘제도교령制度敎令’이라고 해석하였다. 셋째, 필자는 ‘사’를 괘효사, 즉 점글로 보고, ‘정사’는 점글을 바르게 습득하는 것으로 해석하였다.「계사」에 ‘사辭’자가 27곳 나오는데, 모두 괘효사를 가리킨다. 이 구절의 주어는 ‘성인’이며, 성인이 ‘인(점술가)’으로 하여금 ‘이재정사’하게 한다는 것이다. 즉 ‘이재정사’는 자신의 재능(혹은 절도)를 다듬고 점글을 바르게 습득한다는 뜻이다.

[禁民爲非曰義] 성인이 ‘인(점술가)’으로 하여금 ‘이재정사’하여 백성들에게 길흉을 알려주게 하여 그릇된 행위를 범하지 않도록 하는 것을 ‘의’라 한다는 말이다. 진몽뢰는 “‘금민위비’는 역이 길흉을 결단하고, 득실을 밝히며, 안팎으로 경계해야 할 바를 알게 하는 것이다(禁民爲非, 易之斷吉凶, 明失得, 內外使知懼也)”라고 하였다. 최경은 “백성이 그릇됨이 있어 의로써 금하지 않으면 반드시 고칠 수 없다(百姓有非, 不以義禁之, 則必不改也)”고 하였다.『백서』에는 ‘愛民安行曰義’로 되어 있다. “백성을 사랑하고 행위를 안정되게 하는 것을 의라고 한다”는 말이다.


여기까지가 제1장이다. 본장의 주제는 주역점이며, 시초를 셈하여 점을 치는 순서에 따라 용어를 설명하고, 주역점은 바른 것 하나일 뿐임을 강조하였다.

시초를 셈하여 먼저 팔괘를 얻으니, 팔괘의 상이 그 가운데에 있다. 계속 시초를 셈하여 다시 팔괘를 얻어 한 괘 여섯 효를 이루면 효상이 그 가운데에 있다. 한 괘를 얻으면 노양은 음으로, 노음은 양으로 바뀌니, 효의 변화가 그 가운데에 있다. 해당하는 점글을 찾아 점글이 길흉을 예시해 주니, 행동할 바가 그 가운데에 있다. 길하고 흉하고 뉘우치고 어려움은 사람의 행동에서 나온다. 강과 유는 시초를 셈하여 괘의 근본을 확립하는 것이다. 변하고 통하는 것은 때에 응하는 것이다. 인간사의 길흉은 바르면 이겨서 길하고, 그르면 패하여 흉하다. 천지의 도는 바른 것이니 바른 것으로 사람에게 보여주는 것이다. 해와 달의 도는 바른 것으로 천하를 밝게 비추는 것이다. 천하의 변화는 바른 것 그 하나인 것이다. 곧 주역점은 바른 것 그 하나일 뿐이다.

건은 강건하여 사람에게 쉬움을 보여준다. 곤은 유순하여 사람에게 간단함을 보여준다. 『주역』의 384효는 곧 천지 건곤의 쉽고 간단한 원리를 본받은 것이고, 64괘 괘상은 곧 천지 건곤의 쉽고 간단한 원리를 본떠 형상화한 것이다. 효와 상은 시초를 셈하여 얻은 괘 안에서 변동하고, 길과 흉은 시초를 셈하여 얻은 괘 밖에서 나타나며, 주역점의 업적은 시초의 변화에 따라 나타나고, 성인의 뜻은 괘효사 속에 표현되어 있다.

천지의 큰 공덕은 시초를 셈하여 효를 얻고 괘를 얻는 것이니, 낳는 것이라 하고, 성인의 가장 귀한 보물은 자리라고 한다. 자리가 있어야 공업을 세울 수 있다. 성인은 무엇으로 자리를 지키는가 하는 것은 인재로 하며, 무엇으로 인재(점술가)를 모으는가 하는 것은 그 사람의 재능을 보고 모은다(혹은 절도로 한다). 성인이 점술가로 하여금 자신의 재능(혹은 절도)을 다듬고 점글을 바르게 습득하게 하여, 백성들에게 길흉을 알려주어 백성들이 그릇된 행위를 범하지 않도록 하는 것을 의라고 한다.

# 제2장

古者包犧氏之王天下也, 仰則觀象於天, 俯則觀法於地, 觀鳥獸之文
與地之宜, 近取諸身, 遠取諸物, 於是始作八卦, 以通神明之德, 以類
萬物之情. 作結繩而爲罔罟, 以佃以漁, 蓋取諸離.

옛날에 포희씨가 천하를 다스릴 때, 우러러서는 하늘에서 상을 살피고, 굽
어서는 땅에서 법을 살피며, 새와 짐승의 무늬와 초목의 알맞음을 살피고,
가까이는 몸에서 취하고, 멀리는 사물에서 취하여, 비로소 팔괘를 만들어,
이것으로 (주역점의) 신묘하고 밝은 덕에 통하고, 이것으로 만물의 정황을
분류하였다. 줄을 엮어 망을 만들어, 짐승을 잡고 물고기를 잡았으니, 대개
리괘에서 취한 것이다.

[古者包犧氏之王天下也] '고古'는 뒤 구절에 나오는 상고上古이며, 아주 먼
옛날을 가리킨다. '포희包犧'는 『석문』에 "'포'는 맹희, 경방이 복伏으로 하
였다. … '희犧'자는 또 희義로 하였다. 맹희, 경방은 희戱로 하였다(孟京作
伏. …犧字又作義. 孟京作戱)"고 하였는데, 복희伏犧 혹은 복희伏義 혹은 복
희伏戱라고도 하며, 전설속의 인물이다. 『백서』에는 '희시戱是'로 되어 있

다. '복희'는 『장자』에서 가져온 것이다. 「계사」는 복희가 팔괘를 그렸다고
여겼는데, 다음에 복희가 팔괘를 만드는 과정을 설명하였다.

[仰則觀象於天, 俯則觀法於地] '앙仰'은 위를 우러러 본다는 뜻이다. '상象'
은 천상天象, 하늘의 상이다. '부俯'는 아래를 굽어본다는 뜻이다. '법法'은
지법地法, 땅의 법이다. 복희가 팔괘를 그리기 위해 우러러서는 하늘에서 상
을 살피고, 굽어서는 땅에서 법을 살폈다는 말이다. 순상은 '하늘의 상'으로
"진괘와 손괘는 우레와 바람이고, 리괘와 감괘는 해와 달이다(震巽爲雷風,
離坎爲日月也)"라 하였고, 구가역은 '땅의 법'으로 "간괘와 태괘는 산과 못
이다(艮兌爲山澤也)"라고 하였다. 래지덕은 "하늘의 상은 해와 달과 별이고,
땅의 법은 산과 구릉과 하천과 못이다(天之象, 日月星辰也. 地之法, 山陵川澤
也)"라고 하였다.

[觀鳥獸之文與地之宜] '문文'은 문紋으로 읽으며 무늬, 문양이다. '지지의地
之宜'는 땅에서 자라는 초목을 가리킨다. 래지덕은 '초목의 유(草木之類也)'
라 하였고, 고형은 '식물'을 가리키는 것이라고 하였다. 초목은 땅에서 나서
각각 그 마땅함을 지닌다. 이렇게 해석해야 '조수'와 '초목'이 서로 짝이 된
다. 복희가 팔괘를 그리기 위해 새와 짐승의 무늬와 풀과 나무의 알맞음을
살폈다는 말이다. 『후한서』 「순상전」에는 '與天地之宜'라고 하였다(굴만리).
복희가 팔괘를 그리기 위해 새와 짐승의 무늬와 하늘과 땅의 올바름을 살폈
다는 말이다. 『백서』에는 '地之義'로 되어 있다. '의義'는 의宜이다.

[近取諸身, 遠取諸物, 於是始作八卦] '저諸'는 지어之於이다. '신身'은 사람
의 몸이다. '물物'은 각종 사물이다. 복희가 가까이는 몸에서 취하고, 멀리
는 사물에서 취하여 비로소 팔괘를 그렸다는 말이다. 순상은 '근취제신'에
대해 「설괘」에서 인용하여, "건은 머리이고, 곤은 배이며, 진은 발이고, 손
은 다리이다(乾爲首, 坤爲腹, 震爲足, 巽爲股也)"라 하고, '원취제물'에 대해
"건은 금과 옥이고, 곤은 베와 솥의 유가 이것이다(乾爲金玉, 坤爲布釜之類是
也)"라고 하였다.

이 구절은 복희가 '관觀'하고 '취取'하여 팔괘를 그렸다는 것인데, '관'은

관찰한 것이며, 하늘의 상, 땅의 법, 새와 짐승의 무늬, 초목의 알맞음 등 네 가지이고, '취'는 모방한 것이데, 사람의 몸과 각종 사물 등 두 가지이다. 이 여섯 가지 대상을 세밀히 '관'하고 '취'하여 팔괘를 그렸다는 말이다.

[以通神明之德] '이以'는 이지以之의 지之가 생략된 것이며, '지之'는 팔괘를 가리킨다. '통通'은 관통하다는 뜻이다. 『백서』에는 '달達'로 되어 있다. '신명지덕'에 대해, 순상은 "건곤은 하늘과 땅이고, 감리는 해와 달이며, 진손은 우레와 바람이고, 간태는 산과 못이다. 이것이 모두 신명의 덕이다(乾坤爲天地, 坎離爲日月, 震巽爲雷風, 艮兌爲山澤, 此皆神明之德也)"라고 하였는데, '신명'을 팔괘의 상으로 설명하였다. 공영달은 "만사가 말하고 행동하는 것은 모두 신명의 덕이다. 만약 팔괘를 만들지 않았다면 이 신명의 덕은 가려서 숨겨졌을 것이다. 팔괘를 만들어 신명의 덕을 상징하니, 이것이 신명의 덕을 통달한 것이다(萬事云爲, 皆神明之德也. 若不作八卦, 此神明之德, 閉塞幽隱, 旣作八卦則以象之, 是通達神明之德也)"라고 하였는데, 팔괘가 신명의 덕을 상징한 것이라고 하였다. 주희는 "건은 강건하고, 곤은 유순하며, 진은 움직임이고, 간은 멈춤이라는 덕성과 같다(神明之德, 如健順動止之性)"고 하여, '신명'을 괘덕으로 해석하였는데, 래지덕, 진몽뢰, 유백민 등이 이를 따랐다. 고형은 "천지만물의 신묘하고 분명히 들어난 성질", 진고응은 "음양 조화의 성질"이라고 하였다. 필자는 "주역점의 신묘하고 밝은 작용"이라고 해석하였다. '신神'은 신묘하다는 뜻이고, '명明'은 밝다는 뜻이다. '신명'은 주역점을 가리켜 말한 것이며, 주역점의 작용이 신묘하고 밝다는 말이다. '덕德'은 주역점의 작용이다. 복희가 팔괘를 그려서 주역점의 신묘하고 밝은 작용을 관통하였다는 말이다. 하·6장에도 '以通神明之德'이라고 하였는데 같은 말이다. 이 구절은 ①복희가 주역점을 만들었다. ②복희가 팔괘를 그렸고, 훗날 주역점의 신묘하고 밝은 덕에 관통하였다. 두 가지로 볼 수 있는데 「계사」는 분명하게 설명하지 않았다.

[以類萬物之情] '유類'는 분류이다. '정情'은 정황이다. '만물지정'에 대해, 구가역은 "64괘는 11,520책을 가지고 있으니, 책은 한 사물을 분류한 것이

므로, '유만물지정'이라고 하였다. 이것으로 복희가 팔괘를 겹쳐 64괘를 만든 것임이 분명함을 알 수 있다(六十四卦, 凡有萬一千五百二十策. 策類一物, 故曰類萬物之情. 以此知庖犧重爲六十四卦明矣)"고 하였는데, '만물'을 『주역』의 11,520책으로 여겼다. 공영달은 객관 세계에 존재하는 모든 사물로 여겼다. 주희는 "우레 · 바람 · 산 · 못의 상과 같은 것(萬物之情, 如雷風山澤之象)"이라고 하여, 괘상으로 여겼는데, 래지덕, 진몽뢰 등이 이를 따랐다. 복희가 팔괘를 그려서 천지 만물의 정황을 분류하였다는 말이다. 이 구절은 ①복희가 천지만물의 정황을 분류하였다. ②복희가 팔괘를 그렸고, 훗날 천지만물의 정황을 분류하였다. 두 가지로 볼 수 있는데 「계사」는 분명하게 설명하지 않았다. 「계사」는 복희가 '관'하고 '취'하여 '시작팔괘'하였고, '이통신명지덕'하고 '이류만물지정'하였다고 주장하였다. 복희가 팔괘를 그렸다는 설은 여기에서 비롯되었다. 다음 구절부터 '관상제기觀象制器'의 일을 기술하였다.

[作結繩而爲罔罟] 왕념손王念孫은 "'작作'자는 위의 문장 '작팔괘'와 관련되어 잘못 들어간 글자이다(作字涉上文 '作八卦'而衍)"라고 하였다. '결結'은 묶는다는 뜻이고, '승繩'은 줄이다. '망罔'은 망网이며 그물, 망이라는 뜻이다. '고罟'는 『석문』에 마융과 요신이 '망网'과 같다(馬姚云猶网也)고 하였다. 『백서』에는 '고古'로 되어 있다. 『석문』에 "짐승을 잡는 것을 '망'이라 하고, 물고기를 잡는 것은 '고'라 한다(取獸曰罔, 取魚曰罟)"라고 하였다. 줄을 엮어 망을 만들었다는 말이다.

[以佃以漁] '전佃'은 『백서』와 『집해』에 '전田'으로 되어 있다. 『석문』에도 "본래 노한 전田으로 하였다(本亦作田)"고 하였다. '전田'과 '전佃'은 옛날에 통용되었으며, 사냥하다는 뜻의 엽獵이다. 새와 짐승을 잡는 것이며, 옛날에는 망을 사용하였다. '어漁'는 물고기를 잡는 것이다. 『석문』에 마융은 "짐승을 잡는 것을 '전'이라 하고, 물고기를 잡는 것을 '어'라 한다(取獸曰佃, 取魚曰漁)"고 하였다. 짐승을 잡고 물고기를 잡았다는 말이다.

[蓋取諸離] '개蓋'는 대개라는 뜻이다. '리離'는 괘명이다. 『백서』에는 '라

羅'로 되어 있는데, '리離'와 '라羅'는 옛날에 통용되었다. '라羅'는 그물, 망이라는 뜻이다. 복희가 줄을 엮어 망을 만들어, 짐승을 잡고 물고기를 잡았는데, 망은 대개 리괘에서 취한 것이라는 말이다. 복희 시대는 망으로 짐승을 잡고 물고기를 잡던 수렵과 어로의 시대였다. 우번은 "리는 눈(離爲目)"이라 하고, "눈이 겹친 것은 오직 망이다(目之重者唯罟)"고 하였다. 한강백은 "리는 붙는 것이다. 망의 쓰임은 반드시 사물이 붙는 바를 살핀다(離, 麗也. 罔罟之用, 必審物之所麗也)"고 하였다. 뒷사람들은 모두 이들의 해석을 따랐다.

'리離'는 팔괘의 '리'를 가리키는 것인지, 64괘의 '리'를 가리키는 것인지 「계사」는 분명히 밝히지 않았다. 문장의 흐름으로 보아서는 복희가 팔괘를 그렸으므로 당연히 팔괘의 '리'에서 취한 것이라고 말할 수 있다. 그러나 64괘의 '리'는 두 개의 '리(☲)'가 서로 겹쳐 있어, 그 상이 밖은 실하나 가운데는 허한(外實中虛) 것이어서 줄을 묶는 망을 상징하므로 64괘의 '리'라고도 말할 수 있다. 우번, 왕필, 육덕명, 공영달 등은 복희가 팔괘를 겹쳐 64괘를 만들었다고 주장하고 있는데, 이들은 '리'를 64괘의 리로 보았으며, 이 구절이 그들 주장의 한 근거가 되었다. 공영달은 『정의』 서序에서 "지금 복희가 줄을 엮어 망을 만든 것은 곧 도구를 만든 것이니, 복희가 이미 괘를 겹친 것임을 밝힌 것이다(今伏犧結繩而爲罟, 則是制器, 明伏犧已重卦矣)"라고 하였다.

---

包犧氏沒, 神農氏作, 斲木爲耜, 揉木爲耒, 耒耨之利, 以敎天下, 蓋取諸益. 日中爲市, 致天下之民, 聚天下之貨, 交易而退, 各得其所, 蓋取諸噬嗑.

포희씨가 죽자 신농씨가 뒤를 이어, 나무를 깎아 보습을 만들고, 나무를 휘어 쟁기를 만들어, 쟁기와 보습의 이로움을 천하 사람들에게 가르쳤으니, 대개 익괘에서 취한 것이다. 한낮에 시장을 열어, 천하의 백성들을 이르게 하고, 천하의 물품을 모이게 하며, 교역하여 물러가게 하여, 각각 필요한 것을 얻게 하였으니, 대개 서합괘에서 취한 것이다.

---

[包犧氏沒, 神農氏作] '몰沒'은 끝나다는 뜻의 종終이다(우번). '신농' 역시 전설속의 인물이다. '작作'은 일어나다는 뜻의 기起이다(우번). 포희씨가 죽자 신농씨가 뒤를 이었다는 말이다. 복희 시대는 수렵과 어로의 시대였지만, 신농 시대는 농경과 상업의 시대였다.

[斲木爲耜, 揉木爲耒] '착斲'은 쪼개다는 뜻의 작斫이다. 나무를 깎는 것이다. '사耜'는 보습이며, 농기구의 하나이다. '유揉'는 휘어서 굽게 하는 것이다. 『설문』에 "'뢰'는 손으로 경작하는 굽은 나무(耒, 手耕曲木也)"라고 하였다. '뢰耒'는 쟁기이다. 신농이 나무를 깎아 보습을 만들고, 나무를 휘어 쟁기를 만들었다는 말이다. 이것이 곧 농경 시대의 기원이다. 『백서』에는 '揉木爲耒耨'로 되어 있다. 나무를 휘어 쟁기와 호미를 만들었다는 말이다.

[耒耨之利, 以敎天下] '누耨'는 『석문』에 마음이 "호미라는 뜻의 서鉏"라고 하였다. 서鉏는 곧 서鋤이다. 바로 앞에서 '사耜'와 '뢰耒'를 같이 썼으니 '누耨'는 당연히 사耜로 해야 맞다. 『한서』「식화전食貨傳」에는 사耜로 하였다(고형). 신농이 쟁기와 보습의 이로움을 천하 사람들에게 가르쳤다는 말이다.

[蓋取諸益] '익益'은 윗괘가 손巽(☴)이고 아랫괘는 진震(☳)이다. 「설괘」에 "손은 나무(巽爲木)"라 하고, 또 "진은 움직임(震, 動也)"이라고 하였다. 익의 괘상은 곧 나무가 움직이는 것이다. 쟁기와 보습은 나무로 만드는 것이고, 이것을 움직여 밭을 가니, 신농이 쟁기와 보습을 만든 것은 대개 익괘에서 상을 취한 것이라는 말이다. 『정의』서序에서 정현은 팔괘를 겹쳐 64괘를 만든 사람은 신농이라고 주장하였는데, 바로 이 구절에 근거한 것이다.

[日中爲市, 致天下之民, 聚天下之貨, 交易而退, 各得其所] '일중日中'은 한낮이라는 뜻이다. '시市'는 시장이다. '치致'는 불러들이다는 뜻이다. 『백서』에는 '지至'로 되어 있다. '화貨'는 물품, 재물이다. '소所'는 사람이 필요한 물

건을 가리키는 말이다. 『백서』에는 '소所' 뒤에 '욕欲'자가 있다. 각각 원하는 바를 얻는다는 뜻이다. 신농이 한낮에 시장을 열어, 천하의 백성들을 이르게 하고, 천하의 물품을 모이게 하며, 교역하여 물러가게 하여, 각각 필요한 것을 얻게 하였다는 말이다. 이것이 상업 시대의 기원이다.

[蓋取諸噬嗑] '서합噬嗑'은 윗괘가 리離(☲)이고 아랫괘는 진震(☳)이다. 「설괘」에 "리는 해(離爲日)"라 하고, 또 "진은 움직임(震, 動也)"이라고 하였다. 서합의 괘상은 위는 밝고 아래는 움직이는 것(上明而下動)이니, 곧 사람이 해 아래에서 움직이는 것이다. 한낮에 시장을 열어 사람들이 해 아래에서 왕래하니, 신농이 시장을 열어 교역하게 한 것은 대개 서합괘에서 상을 취한 것이라는 말이다.

---

神農氏沒, 黃帝, 堯, 舜氏作, 通其變, 使民不倦, 神而化之, 使民宜之. 易, 窮則變, 變則通, 通則久. 是以自天祐之, 吉无不利. 黃帝, 堯, 舜垂衣裳而天下治, 蓋取諸乾坤.

신농씨가 죽자 황제 · 요 · 순이 뒤를 이어, (주역점의) 변화를 관통하여, 백성들로 하여금 게으르지 않게 하고, 신묘하게 교화시켜, 백성들로 하여금 올바르게 살도록 하였다. 역은 궁하면 변하고, 변하면 통하고, 통하면 오래 간다. 그래서 하늘에서 도우니 길하여 이롭지 않음이 없다. 황제 · 요 · 순은 의상을 만들어 천하를 다스렸으니, 대개 건괘와 곤괘에서 취한 것이다.

---

[神農氏沒, 黃帝, 堯, 舜氏作] '황제 · 요 · 순'은 모두 전설 속의 제왕들이며, 백성들을 잘 다스려 성군으로 불리는 사람들이다. 신농씨가 죽자 황제 · 요 · 순이 뒤를 이었다는 말이다.

[通其變] '변變'은 상·9장의 '十有八變而成卦'의 '변'이며, 곧 시초를 셈하는 변화이다. '통기변'은 시초점을 셈하는 변화를 관통하였다는 말이다. 상

·10장의 '通其變'과 같다. 황제·요·순이 시초점을 셈하는 변화를 관통하여 '使民不倦, 神而化之, 使民宜之'하였다는 말이다. 혹은 '변變'을 시대의 변화로 보고, '통기변'은 복희·신농 시대에서 황제·요·순 시대의 변화에 관통하였다고 해석할 수도 있다. 즉 앞 시대에 사용하던 물건이나 제도 등을 변화시켜 그 시대에도 통하게 하였다는 말이다.

[使民不倦] '권倦'은 게으르다는 뜻의 해懈이다. 황제·요·순이 백성들로 하여금 게으르지 않게 하였다는 말이다.

[神而化之] '신神'은 신묘하다는 뜻이다. '화化'는 교화하다는 뜻이다. '지之'는 백성을 가리킨다. 황제, 요, 순이 신묘하게 백성들을 교화시켰다는 말이다.

[使民宜之.] '의宜'는 의義와 같다. 황제·요·순이 백성들로 하여금 올바르게 살도록 하였다는 말이다. '通其變, 使民不倦, 神而化之, 使民宜之'는 하·1장에서 "성인은 점술가로 하여금 재능(혹은 절도)을 다듬고 점글을 바르게 습득하여, 백성들에게 길흉을 알려주어 그릇된 행위를 금하게 하는 것을 의라고 한다(理財正辭, 禁民爲非曰義)"는 것과 같은 말이다.

[易, 窮則變, 變則通, 通則久.] '역'은 주역점을 가리킨다. '궁窮'은 다하다는 뜻의 극極이며, 주역점에서 시초를 셈하여 1변이 끝나면 2변을, 2변이 끝나면 3변을, 18변하여 셈을 다한다는 뜻이다. 상·5장에 "책수를 다하여 미래의 일을 예지하는 것을 점이라고 한다(極數知來之謂占)," 상·10장에 "수를 다힌디(極其數)"는 말이 바로 이것이다. '변變'은 시초를 셈하여 18변하는 것, 또 시초를 셈하여 효를 얻고 괘를 얻어, 노양은 음으로 노음은 양으로 변하는 것이나. '동通'은 시초를 셈하여 18변하는 것이 막힘이 없는 것, 또 노양과 노음의 변화, 괘의 변화가 막힘없이 통한다는 뜻이다. '구久'는 변효를 가지고 해당하는 괘효사를 찾아 점을 판단하면, 그 상황은 일정 기간 지속된다는 뜻이다. 주역점은 시초의 셈을 다하여(窮) 1변 2변 … 18변하고 또 효를 얻으면 그 효를 변화시키고(變), 18변이 막힘 없이 통하고 또 효를 변화시키면 음양이 통하고(通), 통하여 점을 판단하면 그 상황은 오래간다

(久)는 말이다. 자연계로 말하면, '역'은 자연의 변화를 가리키며, 양(더위)이 다하면 음(추위)으로 변하고, 음(추위)이 다하면 양(더위)으로 변하여, 음양의 변화는 막힘없이 통하고, 통하게 되면 오래간다는 말이다. 인간계로 말하면, '역'은 인간사의 변화를 가리키며, 인간사는 한 상황이 다하면 변하고, 변하면 통하고, 통하면 오래간다는 말이다. 한강백은 "변화에 관통하면 끝이 없으니 오래 갈 수 있다(通變則无窮, 故可久也)"고 하였다. 즉 변하고 통해야 오래 간다는 말이다. 이 구절은 주역점을 가지고 변화의 필요성을 말하였다. 황제 · 요 · 순이 시초를 셈하는 변화에 관통하여 백성들로 하여금 게으르지 않게 하고, 신묘하게 교화시켜, 올바로 살도록 하였지만, 이것이 다하면 또 변하고, 변하면 통하고, 통하면 또 오래간다는 말이다. 즉 한 상황이 다하면, 낡은 것은 새것으로 교체되어 새로운 국면을 맞이하게 된다는 말이다. 이 말의 요지는 황제 · 요 · 순이 주역점의 변통의 원리를 인간 사회에 잘 운용하였다는 말이다. 육적은 "음이 다하면 변하여 양이 되고, 양이 다하면 변하여 음이 되는 것이 하늘의 도이다. 포희가 망을 만들어 백성들에게 짐승을 잡도록 가르쳐 먹을 것을 충족하게 하였는데, 백성은 많아지고 짐승은 적어지게 되자, 그 도가 궁하게 되었다. 신농이 씨를 뿌리고 자라게 하여 이를 변하게 하였으니, 이것이 궁하고 변하는 것의 큰 요지이다. 궁하면 변하고 변하면 통하는 것은 하늘과 더불어 시작과 끝이다. 그러므로 오래갈 수 있다. 백성은 그 쓰임을 얻었으므로 이롭지 아니 하는 것이 없는 것이다(陰窮則變爲陽, 陽窮則變爲陰, 天之道也. 庖犧作网罟, 教民取禽獸, 以充民食. 民衆獸少, 其道窮. 則神農教播殖以變之. 此窮變之大要也. 窮則變, 變則通, 與天終始, 故可久. 民得其用, 故无所不利也)"라고 하였다. 『백서』에는 '易冬則變, 迵則久'로 되어 있다. '동冬'은 종終이며, 궁窮의 뜻이다. '동迵'은 통通이다.

[是以自天祐之, 吉无不利.] 대유괘 꼭대기 양효의 효사를 인용하였다. '우祐'는 귀신이 돕는 것이다. 그래서 하늘에서 도우니 길하여 이롭지 않음이 없다는 말이다.

[黃帝, 堯, 舜垂衣裳而天下治] 구가역은 "황제 이전에는 깃털이나, 껍질, 가

죽, 나무로 추위와 더위를 막았으나, 황제에 이르러 비로소 의상을 만들어 천하 사람에게 가르침을 내렸다(黃帝以上, 羽皮革木, 以禦寒暑, 至乎黃帝, 始制衣裳, 垂示天下)"고 하였다. 고형은 "'수垂'는 당연히 철철자의 가차이다. '철綴'은 꿰매다는 뜻의 봉縫이다. 『설문』에 '철은 합하여 붙이는 것(綴, 合箸也)'이라고 하였다. '저箸'는 부착하다는 뜻의 부附이다. '합저合箸'는 두 물건을 이어 합하여 서로 부착하는 것이니, '철綴'은 곧 봉縫의 뜻이다. '철의상綴衣裳'은 바느질하여 옷을 만드는 것을 말한다"고 하였다. 황제·요·순이 의상을 만들어 천하를 다스렸다는 말이다.

[蓋取諸乾坤] 건은 하늘(天)이고, 곤은 땅(地)이다. 구가역은 "'의'는 건에서 상을 취한 것이니, 위에서 물건을 덮는 것이다. '상'은 곤에서 상을 취한 것이니, 아래에서 물건을 품는 것이다(衣取象乾, 居上覆物. 裳取象坤, 在下含物也)"라고 하였다. '의'는 윗옷, '상'은 아래옷이라는 말이다. 황제·요·순이 의상을 만든 것은 곧 건곤 두 괘에서 상을 취하였다는 말이다. 한강백은 "의상을 만들어 귀천을 분별하였으니, 건은 높고 건은 낮다는 뜻이다(垂衣裳以辨貴賤, 乾尊地卑之義也)"라고 하였다.

---

刳木爲舟, 剡木爲楫, 舟楫之利, 以濟不通, 致遠以利天下, 蓋取諸渙.
나무속을 파내어 배를 만들고, 나무를 깎아 노를 만들어, 배와 노의 이로움으로 통하지 않는 곳을 건너, 먼 곳까지 이르게 하여 천하를 이롭게 하였으니, 대개 환괘에서 취한 것이다.

---

[刳木爲舟, 剡木爲楫] '고刳'는 나무속을 파내는 것이다. '염剡'은 깎는다는 뜻의 삭削이다. '즙楫'은 배를 젓는 노이다. 황제·요·순이 통나무를 파내어 배를 만들고, 나무를 깎아 노를 만들었다는 말이다.

[舟楫之利, 以濟不通, 致遠以利天下] '제濟'는 건너다는 뜻의 도渡이다. '불통不通'은 육로로 통하지 않는 곳이다. '致遠以利天下'에 대해, 『석문』에서는

“어떤 책에는 이 구절이 없다(一本无此句)”고 하였고, 주희는 잘못 들어간 구절이 아닌가(疑衍) 여겼다. 황제·요·순이 배와 노의 이로움으로 통하지 않는 곳을 건너, 먼 곳까지 이르게 하여 천하를 이롭게 하였다는 말이다.

[蓋取諸渙] ‘환渙’은 윗괘가 손巽(☴)이고 아랫괘는 감坎(☵)이다. 「설괘」에 “손은 나무이고, 바람이다(巽爲木, 爲風)”라 하고, 또 “감은 물이다(坎爲水)”라고 하였다. 환의 괘상은 곧 나무가 물 위에서 바람을 타고 가는 것이다. 구가역은 “나무가 물 위에 있어, 흘러가는 것이 바람과 같으니, 배와 노의 상이다(木在水上, 流行若風, 舟楫之象也)”라고 하였다. 황제·요·순은 나무로 배와 노를 만들어 육로로 통하지 않는 먼 곳까지 이르게 하여 천하를 이롭게 하였으니, 대개 환괘에서 상을 취한 것이라는 말이다.

---

服牛乘馬, 引重致遠, 以利天下, 蓋取諸隨.
소와 말을 가지고 수레를 몰아, 무거운 물건을 운반하여 먼 곳까지 이르게 하여, 천하를 이롭게 하였으니, 대개 수괘에서 취한 것이다.

---

[服牛乘馬, 引重致遠, 以利天下] ‘복服’과 ‘승乘’은 모두 수레를 몰다는 뜻의 가駕이다(고형). 『백서』에는 ‘복우服牛’가 비우備牛로 되어 있다. 소 수레, 말 수레를 갖추었다는 뜻이다. ‘인중引重’은 무거운 물건을 운반한다는 뜻이다. 황제·요·순이 소와 말에게 수레를 몰게 하여 무거운 물건을 운반하여 먼 곳까지 이르게 하여, 천하를 이롭게 하였다는 말이다. 『백서』에는 ‘치원致遠’이 행원行遠으로 되어 있다.

[蓋取諸隨] ‘수隨’는 윗괘가 태兌(☱)이고 아랫괘는 진震(☳)이다. 「설괘」에는 기록되어 있지 않으나, 「계사」는 태를 가축으로 여긴 것이다. 『국어』「진어晉語」에 “진은 수레(震, 車也)”라고 하였다. 수의 괘상은 소와 말이 수레를 끄는 것이다. 황제·요·순은 소와 말에게 수레를 끌게 하였으니, 대개 수괘에서 상을 취한 것이라는 말이다.

重門擊柝, 以待暴客, 蓋取諸豫.
문을 겹으로 하고 딱따기를 쳐서, 도적을 방비하였으니, 대개 예괘에서 취
한 것이다.

---

[重門擊柝, 以待暴客] '중문'은 문을 겹으로 한다는 뜻이다. '탁柝'은 『석문』
에 마융이 "두 나무를 서로 치며 밤에 가는 것(兩木相擊以行夜)"이라고 하였
다. '탁柝'은 곧 딱따기이다. '대待'는 방비하다는 뜻이다. '폭객暴客'은 도적
(고형), 강도(진고응)이다. 황제·요·순이 문을 겹으로 하고 밤에 딱따기
를 쳐서 도적을 방비하였다는 말이다.

[蓋取諸豫] '예豫'는 윗괘가 진震(☳)이고 아랫괘는 곤坤(☷)이다. 「설
괘」에 "진은 우레(震爲雷)"라 하고, 또 "진은 움직임(震, 動也)"이라고 하였
다. 곤은 땅(地)이다. 예의 괘상은 곧 사람이 딱따기를 치며 땅 위에서 움직
이고 있는 것이다. 황제·요·순이 밤에 딱따기를 쳐서 도적을 방비하도록
하였으니, 대개 예괘에서 상을 취한 것이라는 말이다.

---

斷木爲杵, 掘地爲臼, 臼杵之利, 萬民以濟, 蓋取諸小過.
나무를 잘라 절굿공이를 만들고, 땅을 파서 절구를 만들어, 절구와 절굿
공이의 이로움으로 만민을 유익하게 하였으니, 대개 소과괘에서 취한 것
이다.

---

[斷木爲杵, 掘地爲臼] '저杵'는 절굿공이이다. '굴지掘地'은 땅을 판다는 뜻
이다. 『설문』에 "'구'는 절구라는 뜻의 용이다. 옛날에는 땅을 파서 절구를
만들었는데, 후에는 나무와 돌을 뚫어 만들었다(臼, 舂也. 古者掘之爲臼, 其
後穿木石)"고 하였다. 황제·요·순이 나무를 잘라 절굿공이를 만들고, 땅
을 파서 절구를 만들었다는 말이다.

[臼杵之利, 萬民以濟]『이아』「석언」에 “‘제’는 유익하다는 뜻의 익(濟, 益也)”이라고 하였다. ‘만민이제萬民以濟’는 곧 ‘이제만민以濟萬民’이다(진고응). 황제·요·순이 절구와 절굿공이의 이로움으로 만민을 유익하게 하였다는 말이다.

[蓋取諸小過] ‘소과小過’는 윗괘가 진震(☳)이고 아랫괘는 간艮(☶)이다. 「설괘」에 “진은 움직임(震, 動也), 간은 멈춤(艮, 止也)”이라고 하였다. 소과의 괘상은 곧 절굿공이는 위에서 움직이고, 절구는 아래에 놓여있는 것이다. 황제·요·순이 절굿공이와 절구를 만들어 만민을 유익하게 하였으니, 대개 소과괘에서 상을 취한 것이라는 말이다.

---

弦木爲弧, 剡木爲矢, 弧矢之利, 以威天下, 蓋取諸睽.
나무에 시위를 걸어 활을 만들고, 나무를 깎아 화살을 만들어, 활과 화살의 이로움으로 천하에 위엄을 나타내었으니, 대개 규괘에서 취한 것이다.

---

[弦木爲弧, 剡木爲矢]『설문』에 “‘현’은 나무 활(弦, 木弓也)”이라고 하였다. ‘현弦’은 활시위이다. ‘현목弦木’은 나무에 시위를 걸은 것이다. ‘호弧’는 활이다. ‘염剡’은 깎는다는 뜻의 삭削이다. ‘시矢’는 화살이다. 황제·요·순이 나무에 시위를 걸어 활을 만들고, 나무를 깎아 화살을 만들었다는 말이다.

[弧矢之利, 以威天下] 황제·요·순이 활과 화살을 만들어, 활과 화살의 이로움으로 천하에 위엄을 나타내었다는 말이다.

[蓋取諸睽] ‘규睽’는 윗괘가 리離(☲)이고 아랫괘는 태兌(☱)이다. 리는 줄(繩)이다. 앞에서 “줄을 엮어 망을 만들어, 짐승을 잡고 물고기를 잡았으니, 대개 리괘에서 취한 것이다(作結繩而爲罔罟, 以佃以漁, 蓋取諸離)”라고 하였다. 「설괘」에 “태는 훼손하여 부러뜨리는 것(毁折)”이라고 하였는데, 「계사」는 태를 나무로 여겼다. 규의 괘상은 곧 줄이 나무 위에 있는 것이니, 굽은 나무위에 시위를 걸어 활을 만드는 것이다. 황제·요·순이 활과 화살

을 만들어 천하에 위엄을 나타내었으니, 대개 규괘에서 상을 취한 것이라는
말이다.

---

上古穴居而野處, 後世聖人易之以宮室, 上棟下宇, 以待風雨, 蓋取
諸大壯.
아주 옛날에는 굴이나 들에 거처하였는데, 후세의 성인이 이것을 가옥으
로 바꾸어, 위에는 마룻대를 올리고 아래에는 담을 둘러 비바람을 대비하
였으니, 대개 대장괘에서 취한 것이다.

---

[上古穴居而野處, 後世聖人易之以宮室] '상고上古'는 복희 시대를 가리킨다.
'혈거穴居'는 동굴 혹은 구멍을 파서 거주하였다는 말이다. '야처野處'는 들
에 머물러 살았다는 말이다. '후세성인'은 곧 황제 · 요 · 순을 가리킨다. '궁
실宮室'은 곧 가옥이다. 복희 시대에는 굴이나 들에 거처하였는데, 황제 ·
요 · 순이 가옥으로 바꾸었다는 말이다.

[上棟下宇, 以待風雨] '동棟'은 집의 마룻대이다. 우번은 "'우'는 집의 가장
자리를 말한다(宇, 謂屋邊也)"고 하고, 『설문』에서도 "'우'는 집의 가장자리
(宇, 屋邊也)"라고 하였다. '옥변屋邊'은 집의 사방 담 벽을 말한다. 『백서』에
는 '우字'가 '미楣'로 되어 있는데, 문 위에 가로 댄 나무라는 뜻이다. '대待'
는 대비하다는 뜻이다. 황제 · 요 · 순이 위에는 마룻대를 올리고 아래에는
담을 둘러 비바람을 대비하게 하였다는 말이다.

〔蓋取諸大壯〕 '대장大壯'은 윗괘가 진震(☳)이고 아랫괘는 건乾(☰)이
다. 「설괘」에 "진은 우레이다(震爲雷)"라 하고, 또 "건은 하늘이고, 둥글다
(乾爲天, 爲圜)"라고 하였다. 대장의 괘상은 곧 우레와 비는 위에서 움직이
고, 집은 아래에서 하늘같이 둥근 모양으로 있는 것이다. 황제 · 요 · 순이
가옥을 만들어 비바람을 막았으니, 대개 대장괘에서 상을 취한 것이라는 말
이다.

古之葬者, 厚衣之以薪, 葬之中野, 不封不樹, 喪期无數. 後世聖人易
之以棺槨, 蓋取諸大過.

옛날에 장례를 치르는 사람은 섶으로 두텁게 싸서, 들판에서 장사를 치르
는데, 봉분도 쌓지 않고 나무도 심지 않았으며, 복상 기간도 정해진 날짜가
없었다. 후세의 성인이 관과 곽으로 바꾸었으니, 대개 대과괘에서 취한 것
이다.

---

[古之葬者, 厚衣之以薪] '고古'는 복희 시대를 가리킨다. '장葬'은 장사를 지
낸다는 뜻이다. 『설문』에 "'의'는 의(衣, 依也)"라고 하였는데 덮다, 싸는 뜻
이다. 『백서』에는 '과褁'로 되어 있는데, 같은 뜻이다. '신薪'은 섶이며, 땔나
무이다. 옛날에 장사를 지내는 사람은 섶으로 시신을 두텁게 쌌다는 말이다.

[葬之中野, 不封不樹] 『백서』에는 '지之'가 저諸로 되어 있다. '중야中野'는
야중野中, 즉 들 가운데이다. '봉封'은 봉분封墳이다. 『예기』 「왕제王制」에
장례에 대해 "서인은 …봉분도 하지 않고 나무도 심지 않는다(庶人 …不封
不樹)"고 기록한 것을, 정현은 주에서 "'봉'은 흙을 두텁게 쌓아 올린 묘(封,
謂爲厚土爲墳)"라고 하였다. '수樹'는 나무를 심는 것이다. 들판에서 장사를
치르는데, 봉분도 쌓지 않고 나무도 심지 않았다는 말이다.

[喪期无數] '상기喪期'는 복상 기간을 말한다. 『백서』에는 '장기葬期'로 되
어 있다. '무수无數'는 정해진 날짜가 없었다는 말이다. 복상 기간도 정해진
날짜가 없었다는 말이다.

[後世聖人易之以棺槨] '후세성인'은 황제·요·순을 가리킨다. '관棺'은 안
쪽 관이고. '곽槨'은 관을 싼 바깥쪽 관이다. 『장자』 「천하天下」에 "옛날의
상례는 귀천의 법식이 있었고, 상하의 구별이 있었다. 천자는 관곽을 일곱
겹으로 하였고, 제후는 다섯 겹, 대부는 세 겹, 사는 두 겹으로 하였다(古之
喪禮, 貴賤有儀, 上下有等, 天子棺槨七重, 諸侯五重, 大夫三重, 士再重)"고 하였
다. 서인은 관은 있으나 곽은 없었다. 옛날에는 장례를 치를 때 봉분도 쌓지

않고 나무도 심지 않았으며, 복상 기간도 정해진 날짜가 없었는데, 황제 ·
요 · 순이 관과 곽을 만들어 장례를 치르도록 하였다는 말이다.

[蓋取諸大過] '대과大過'는 윗괘가 태兌(☱)이고 아랫괘는 손巽(☴)이다.
「설괘」에 "태는 못이고(兌爲澤), 손은 나무(巽爲木)"라고 하였다. 대과의 괘
상은 곧 나무가 못 안에 있는 것이다. 「계사」는 못을 구덩이에, 나무를 관과
곽에 비유하여, 구덩이를 파서 무덤을 만들고 그 속에 관과 곽을 넣는 것은
바로 나무가 못 안에 있는 것과 같은 것으로 여긴 것이다. 황제 · 요 · 순이
비로소 관과 곽을 만들어 죽은 사람을 장사 지내니, 대개 대과괘에서 상을
취한 것이라는 말이다.

上古結繩而治, 後世聖人易之以書契, 百官以治, 萬民以察, 蓋取諸
夬.
아주 옛날에는 줄을 엮어 세상을 다스렸으나, 후세의 성인이 새김글자로
바꾸어, 백관은 이것으로 다스렸고, 만민은 이것으로 번거로운 일을 살폈
으니, 대개 쾌괘에서 취한 것이다.

[上古結繩而治] '상고上古'는 복희 시대를 가리킨다. '승繩'은 줄이다. 복희
시대에는 줄을 엮어 사실을 기록하였다는 말이다.

[後世聖人易之以書契] '후세성인'은 황제 · 요 · 순을 가리킨다. '서書'는 문
자이고, '계契'는 나무와 죽간에 글자를 새긴 것이다. '서계'는 곧 나무에 글
자를 새기는 것이나. 황제 · 요 · 순이 서계를 사용하도록 하였다는 말이다.

[百官以治, 萬民以察] '백관百官'은 모든 관리를 가리킨다. 백관은 서계를
사용하여 정사를 다스렸고, 만민은 서계를 사용하여 번거로운 일을 살폈다
는 말이다.

[蓋取諸夬] '쾌夬'는 윗괘가 태兌(☱)이고 아랫괘는 건乾(☰)이다. 「계
사」는 태를 나무로 여겼다. 「설괘」에 "건은 쇠(乾爲金)"라고 하였다. 쾌의 괘

상은 곧 나무에 칼을 가지고 글자를 새겨 일을 기록하는 것이다. 황제·요·순이 서계를 만들어 백관과 만민이 사용하게 하니, 대개 쾌괘에서 상을 취한 것이라는 말이다.

이상 기술한 12조는 모두 64괘의 상을 보고 기물을 만든 일(觀象制器)을 기록한 것이다. 「계사」는 「설괘」에서 기록하지 않은 상들도 취하고 있으니, 리는 줄, 진은 수레, 태는 가축, 나무라고 여긴 것 등이다.


여기까지가 제2장이다. 본장의 주제는 괘상을 취한 것이며, 고대 성인인 복희가 팔괘를 그리고, 신농, 황제·요·순의 순서에 따라 13개의 괘를 들어, 괘상을 보고 기물을 만든 것(觀象制器)을 기술하였다.

옛날에 복희가 하늘의 상, 땅의 법, 새와 짐승의 무늬, 초목의 알맞음을 관찰하고, 사람의 몸과 각종 사물을 모방하여 팔괘를 그렸다. 그리하여 리괘의 상에서 취하여, 줄을 엮어 망을 만들어, 짐승을 잡고 물고기를 잡았다.

복희가 죽자 신농이 뒤를 이어, 익괘에서 상을 취하여, 나무를 깎아 보습을 만들고, 나무를 휘어 쟁기를 만들어, 이를 사용하도록 천하 사람들에게 가르쳤다. 서합괘에서 상을 취하여, 한낮에 시장을 열어, 천하의 백성들이 교역하여 필요한 것을 얻게 하였다.

신농이 죽자 황제·요·순이 뒤를 이어, 주역점의 변화에 관통하여, 백성들로 하여금 게으르지 않게 하고, 신묘하게 교화시켜, 올바로 살도록 하였지만, 이것이 다하면 또 변하고, 변하면 통하고, 통하면 또 오래간다. 황제·요·순은 건괘와 곤괘에서 상을 취하여, 의상을 만들어 천하를 다스렸다. 환괘에서 상을 취하여, 나무속을 파내어 배를 만들고, 나무를 깎아 노를 만들어, 배와 노의 이로움으로 통하지 않는 곳을 건너, 먼 곳까지 이르게 하였다. 수괘에서 상을 취하여, 소와 말을 가지고 수레를 몰아, 무거운 물건을 운반하여 먼 곳까지 이르게 하였다. 예괘에서 상을 취하여, 문을 겹으로 하고 딱따기를 쳐서, 도적을 방비하였다. 소과괘에서 상을 취하여, 나무를 잘라 절굿공이를 만들고, 땅을 파서 절구를 만들어, 절구와 절굿공이의 이로움으로 만민을 유익하게 하였다. 규괘에서 상을 취하여, 나무에 시위를 걸어 활을 만들고, 나무를 깎아 화살을 만들어, 활과 화살의 이로움으로 천하에 위엄을 나타내었다. 대장괘에서 상을 취하여, 아주 옛날 굴이나 들에 거처하던 것을 가옥으로 바꾸어, 위에는 마룻대를 올리고 아래에는 담을 둘러 비바람을 대비하였다. 대과괘에서 상을 취하여, 봉분도 쌓지 않고 나무도 심지 않았으며 복상 기간도 정해진 날짜가 없었던 옛날 장례를 관과 곽으로 바꾸었다. 쾌괘에서 상을 취하여, 옛날에 줄을 엮어 세상을 다스리던 것을 새김글자로 바꾸어, 백관은 이것으로 다스리게 하였고 만민은 이것으로 번거로운 일을 살피게 하였다.

# 제3장

是故易者, 象也. 象也者, 像也. 彖者, 材也. 爻也者, 效天下之動者
也. 是故吉凶生而悔吝著也.

그러므로 역은 상이다. 상은 형상을 본뜬 것이다. 단은 한 괘의 뜻을 판단
한 것이다. 효는 천하의 변동을 본받은 것이다. 그러므로 길함과 흉함이 생
겨나고 뉘우침과 어려움이 드러난다.

[是故易者, 象也.] '시고是故'는 앞 문장의 13개의 괘에서 상을 취한 것을
가리킨다. '역易'은 주역점을 가리킨다. '상象'은 괘상과 효상 모두 가리킨
다. 공영달은 '만물의 형상(萬物之形象)', 고형은 '괘상'이라고 하였다. 주역
점은 곧 괘효상이 근본이라는 말이다.

[象也者, 像也.] '상象'은 괘효상을 가리킨다, '상像'은 형상을 본뜬 것이라
는 뜻이다. 즉 괘효상은 객관 사물의 형상을 본뜬 것이라는 말이다. 건괘는
하늘(天), 태괘는 못(澤), 리괘는 불(火), 진괘는 우레(雷), 손괘는 바람
(風), 감괘는 물(水), 간괘는 산(山), 곤괘는 땅(地)을 본뜬 것이고, 소양 7
은 봄, 노양 9는 여름, 소음 8은 가을, 노음 6은 겨울 등 사계절을 본뜬 것이

다. 다시 말해 괘효상은 사물을 본떠 형상화한 것이라는 말이다. 『석문』에 "맹희, 경방, 우번, 동우, 요신은 여전히 '상象'으로 하였다(孟京虞董姚還作象)"고 하였다. '상像'은 곧 '상象'이라는 말이며, 본뜬다는 뜻의 법法이다.

[彖者, 材也.] '단彖'은 괘사를 가리킨다. 「계사」에 '단'은 네 곳 쓰였는데 (상·3, 하·3, 9, 12장), 이중 하·9장만 효사를 가리키고, 나머지는 모두 괘사를 가리킨다. 「계사」는 괘사를 '단'이라고 칭하였다. '단彖'은 판단하다, 단정하다는 뜻의 단斷이다. 괘사는 한 괘의 길흉을 판단하는 것이므로 '단彖'이라고 칭한 것이다. '재材'에 대해 몇 가지 해석이 있다. 첫째, 한강백이 '재덕才德'으로 해석한 것인데, 뒷사람들은 대개 이 해석을 따랐다. 공영달은 '괘의 재덕(卦之材德)', 주희는 '한 괘의 재덕(一卦之材)', 래지덕은 "한 괘의 재는 곧 괘덕(一卦之材, 卽卦德也)"이라고 하였다. 둘째, 우번은 '삼재三才'로 해석하고, "천지인의 도(天地人之道也)"라고 하였다. 셋째, 주백곤은 "재材는 덕행이며, 한 괘의 괘의를 가리킨다"고 하였다. 넷째, 굴만리, 유백민, 고형, 진고응은 '재材'는 재裁로 읽으며, '재裁' 역시 판단하다는 뜻의 단斷이라고 하였다. 『백서』에는 '재材'가 '제制'로 되어 있다. 상·12장에서도 '化而裁之存乎變'이 '化而制之存乎變'으로 되어 있다. '재材'와 '재裁'와 '제制'는 옛날에 통용되었다. '단자, 재야'는 곧 단사(괘사)는 한 괘의 뜻을 판단한 것이라는 말이다.

[爻也者, 效天下之動者也.] '효爻'는 효상과 효사를 가리킨다. '효效'는 본받다는 뜻이다. '동動'은 변동이라는 뜻이다. 효는 천하 사물의 변동을 본받은 것이라는 말이다.

[是故吉凶生而悔吝著也] '시고是故'는 앞의 '상象', '단彖', '효爻', 즉 괘효상과 괘효사를 이어서 말한 것이다. '저著'는 밝게 드러난다는 뜻이다. 인간사의 길흉회린은 괘효상과 괘효사에서 드러난다는 말이다.


여기까지가 제3장이다. 본장의 주제는 주역점이며, 주역점의 중요한 요소가 괘효상과 괘효사이며, 인간사의 길흉회린이 여기에서 드러난다는 것을 말하였다.

주역점은 곧 괘효상이 근본이다. 괘효상은 사물의 형상을 본뜬 것이다.
괘사는 한 괘의 뜻을 판단한 것이다. 효는 천하 사물의 변동을 본받은 것이
다. 인간사의 길흉회린은 괘효상과 괘효사에서 드러난다.

# 제4장

<hr>

陽卦多陰, 陰卦多陽, 其故何也? 陽卦奇, 陰卦耦. 其德行何也? 陽一
君而二民, 君子之道也. 陰二君而一民, 小人之道也.

양괘는 음효가 많고, 음괘는 양효가 많은데, 그 까닭은 무엇인가? 양괘는
홀수이고, 음괘는 짝수이기 때문이다. 양괘와 음괘의 덕행은 어떠한가? 양
괘는 한 임금에 두 백성이니, 군자의 도이다. 음괘는 두 임금에 한 백성이
니, 소인의 도이다.

<hr>

[陽卦多陰, 陰卦多陽, 其故何也?] '양괘'는 진(☳) · 감(☵) · 간(☶) 세
괘를 가리키며, 모두 한 양효에 두 음효가 있으므로, 음이 많다고 한 것이
다. '음괘'는 손(☴) · 리(☲) · 태(☱) 세 괘를 가리키며, 모두 한 음효에
두 양효가 있으므로, 양이 많다고 한 것이다. 그 까닭은 무엇인가?

[陽卦奇, 陰卦耦.] '기奇'는 기수, 즉 홀수이고, '우耦'는 우偶로 읽으며, 우
수, 즉 짝수이다. 이 구절은 앞의 물음에 답한 것이며, 세 가지 해석이 있다.
첫째, 한강백은 "양괘는 두 음이므로 기(양)를 임금으로 하고, 음괘는 두 양
이므로 우(음)를 주인으로 한다(陽卦二陰, 故奇爲之君. 陰卦二陽, 故耦爲之

主)"라고 하였다. 즉 양괘는 한 양이 임금이므로 기이고, 음괘는 한 음이 주인이므로 우라는 말이다. 공영달과 래지덕 등 뒷사람들은 대부분 이렇게 해석하였다. 둘째, 우번은 "양괘는 한 양이므로 기이고, 음괘는 두 양이므로 우이다(陽卦一陽故奇, 陰卦二陽故耦)"라고 하였다. '기'는 양괘의 한 양효를 가리키고, '우'는 음괘의 두 양효를 가리키는 것으로 해석한 것이다. 진고응은 이를 따라 "세 개의 양괘는 모두 한 개의 양효가 있으니 홀수이고, 세 개의 음괘는 모두 두 개의 양효가 있으니 짝수이다. 양괘는 한 양이 기이고, 두 음은 우이니, 아래 구절의 '일군이민一君二民'이고, 음괘는 두 양이 우이고 한 음이 기이니, 아래 구절의 '이군일민二君一民'이다"고 하였다. 셋째, 주희는 "양괘는 모두 5획이고, 음괘는 모두 4획이다(凡陽卦皆五畫, 凡陰卦皆四畫)"라고 하였다. 5획은 홀수이므로 기이고, 4획은 짝수이므로 우라고 한다는 말이다. 고형이 이를 따랐다. 세 가지 해석은 모두 통한다. 래지덕은 주희의 주장을 비판하여 "만약 옛 주에 의거하여, 양괘는 모두 5획이고, 음괘는 모두 4획이라고 한다면, 그 뜻은 양괘는 양이 한 획이고 음은 4획이며, 음괘는 양이 2획이고, 음이 2획이 된다. 만약 이렇게 되면 아래 문장의 '양은 한 임금에 두 백성'은 두 백성이 아니라 네 백성이 되며, '음은 두 임금에 한 백성'은 한 백성이 아니라 두 백성이 된다(若依舊註, 陽卦皆五畫, 陰卦皆四畫, 其意以陽卦陽一畫, 陰四畫也. 陰卦陽二畫, 陰二畫也. 若如此, 則下文陽一君二民, 非二民乃四民矣. 陰二君一民, 非一民乃二民矣)"라고 하였다.

[其德行何也?] '기其'는 양괘와 음괘를 가리킨다. 양괘는 음이 많고 음괘는 양이 많은데, 그 덕행은 어떠한가라는 말이다.

[陽一君而二民, 君子之道也.] '양'은 양괘를 가리킨다. '군君'은 임금이고, '민民'은 백성이다. '군자'는 도덕 수양의 경지가 높은 사람을 가리킨다. 양괘인 진·감·간, 세 괘는 모두 한 양효에 두 음효를 가지고 있다. 양효는 임금을, 음효는 백성을 상징하니, 한 임금이 여러 백성을 다스리는 것을 상징한다. 여러 백성이 한 임금을 섬기는 것이 곧 군자의 도라는 말이다.

[陰二君而一民, 小人之道也.] '음'은 음괘를 가리킨다. '소인'은 도덕 수양이

되어 있지 않는 사람을 가리킨다. 음괘인 손·리·태, 세괘는 모두 두 양효
에 한 음효를 가지고 있다. 이것은 두 임금이 한 백성을 다스리는 것을 상징
한다. 한 백성이 두 임금을 섬기는 것은 소인의 도라는 말이다. 한강백은
"한 양효를 임금으로 하니, 임금의 덕이다. 두 양효가 임금의 자리에 있으
니, 임금의 도가 아니다. 그러므로 양괘는 군자의 도를 말하였고, 음괘는 소
인의 도를 말하였다(以一爲君, 君之德也. 二居君位, 非其道也. 故陽卦曰君子之
道, 陰卦曰小人之道也)"라고 하였다.

　여기까지가 제4장이다. 본장의 주제는 양괘와 음괘를 해석한 것이다.
　진·감·간, 세 양괘는 음효가 많고, 손·리·태, 세 음괘는 양효가 많은
데, 그 까닭은 무엇인가? 양괘는 한 양이 임금이므로 기이고, 음괘는 한 음
이 주인이므로 우이다. 양괘와 음괘의 덕행은 어떠한가? 양괘인 진·감·
간, 세 괘는 모두 한 양효에 두 음효를 가지고 있으니, 여러 백성이 한 임금
을 섬기고 있는 것을 상징하며, 이것은 곧 군자의 도이다. 음괘인 손·리·
태, 세괘는 모두 두 양효에 한 음효를 가지고 있으니, 한 백성이 두 임금을
섬기고 있는 것을 상징하며, 이것은 곧 소인의 도이다.

# 제5장

易曰 "憧憧往來, 朋從爾思." 子曰 "天下何思何慮? 天下同歸而殊塗, 一致而百慮. 天下何思何慮? 日往則月來, 月往則日來, 日月相推而明生焉. 寒往則暑來, 暑往則寒來, 寒暑相推而歲成焉. 往者屈也, 來者信也, 屈信相感而利生焉. 尺蠖之屈, 以求信也. 龍蛇之蟄, 以存身也. 精義入神, 以致用也. 利用安身, 以崇德也. 過此以往, 未之或知也. 窮神知化, 德之盛也."

『역』에 말하였다. "뜻을 정하지 못하고 왔다 갔다 하니, 벗이 너의 생각을 따른다." 공자께서 말씀하셨다. "천하는 무엇을 생각하고 무엇을 근심하겠는가? 천하는 같은 곳으로 귀결되나 길은 다르고, 같이 한 곳에 이르나 생각은 백 가지이다. 천하는 무엇을 생각하고 무엇을 근심하겠는가? 해가 지면 달이 뜨고, 달이 지면 해가 뜬다. 해와 달이 서로 바뀌어 밝음이 생겨난다. 추위가 가면 더위가 오고, 더위가 가면 추위가 온다. 추위와 더위가 서로 바뀌어 해가 이루어진다. 가는 것은 굽는 것이고, 오는 것은 펴는 것이다. 굽는 것과 펴는 것이 서로 감응하여 이로움이 생겨난다. 자벌레가 굽는 것은 펼침을 구하기 위해서이다. 용과 뱀이 몸을 숨기는 것은 몸을 보존하기 위해서이다. (주역점의) 이치에 정통하여 신묘한 경지에 들어가는 것은 그것의 쓰임을 다하기 위해서이다. (주역점을) 잘 사용하여 몸을 편안히 하는 것은 그 덕(작용)을 높이기 위해서이다. 이것을 지나쳐서 가면 혹 (주역점의 미묘한 도리를) 알지 못한다. (주역점의) 신묘함을 다하고 변화를 아니, 덕이 성대한 것이다."

---

[易曰 "憧憧往來, 朋從爾思."] 함괘咸卦 넷째 양효의 효사를 인용한 것이다. '동동憧憧'은 마음이 잡히지 않는 모양, 왔다 갔다 하는 모양이다. '붕朋'은 뜻을 정하지 못하고 왔다 갔다 하는 벗이다. '이爾'는 너, 곧 점술가를 가리킨다. '사思'는 생각이다. 뜻을 정하지 못하고 왔다 갔다 하니, 벗이 너의 생각을 따른다는 말이다. 「계사」는 "뜻을 정하지 못하고 왔다 갔다 하니, 벗이 네가 점쳐 알려 준 것을 따른다"고 해석하였다.

[子曰 "天下何思何慮? 天下同歸而殊塗, 一致而百慮. 天下何思何慮?"] '사思'와 '려慮'는 곧 효사의 '동동憧憧'을 해석한 것이다. '동귀同歸' 같은 곳으로 돌아간다는 뜻이며, 주역점을 가리킨다. 하·1장의 "천하의 변화는 바른 것 그 하나인 것이다(天下之動, 貞夫一者也)"와 같은 말이다. '수殊'는 다르다는 뜻의 이異이다. '도塗'와 '도涂'와 '도途'는 같으며, 길이라는 뜻의 도道이다. '수도殊塗'는 길이 다르다는 것이다. '동귀이수도'는 길은 같지 않지만 결국은 주역점으로 귀결된다는 말이다. '치致'는 이르다는 뜻의 지至로 읽는다. '일치一致'는 한 곳에 이른다는 뜻이며, 이것 역시 주역점을 가리켜 말한 것이다. '백려百慮'는 생각이 여러 가지라는 뜻이다. '일치이백려'는 생각은 여러 가지이나 결국은 주역점으로 이르게 된다는 말이다. 함괘 넷째 양효의 효사 '붕종이사'라는 것은 뜻을 정하지 못하고 왔다 갔다 하는 벗이 네가 점을 쳐 생각하고 있는 바를 따르는데, 무엇을 생각하고 무엇을 근심하겠는가 하는 뜻이다. 이 구절은 점치는 것을 강조한 것이다. 즉 천하만사가 주역점으로 귀결되는데, 천하 사람의 인위적인 생각이 무슨 필요가 있겠는가 하는 말이다.

[日往則月來, 月往則日來, 日月相推而明生焉.] 해가 지면 달이 뜨고, 달이 지면 해가 뜬다는 것은 음양이 서로 감응하는 것을 말한다. 상·6장에 "음과 양의 변화는 해와 달에 짝한다(陰陽之義配日月)"고 하였다. 해와 달이 서로 바뀌어 밝음이 생겨난다.

[寒往則暑來, 暑往則寒來, 寒暑相推而歲成焉.] '세歲'는 해(年)를 가리킨다. 추위가 가면 더위가 오고, 더위가 가면 추위가 온다는 것 역시 음양이 서로 감응하는 것을 말한다. 추위와 더위가 서로 바뀌어 해가 이루어진다. 상·11장에 "가고 오는 것이 막힘이 없는 것을 통이라 한다(往來不窮謂之通)"고 하였다.

[往者屈也, 來者信也, 屈信相感而利生焉.] '굴屈'은 굽다는 뜻이다. 『백서』와 『집해』에는 '굴詘'로 되어 있는데, 같은 뜻이다. '신信'은 『석문』에 "펴다는 뜻의 신伸(本又作伸)"이라고 하였다. 『백서』에는 '신伸'으로 되어 있다. 가는 것은 굽는 것이고, 오는 것은 펴는 것이라는 것 역시 음양이 서로 감응하는 것을 말한다. 굽는 것과 펴는 것이 서로 감응하여 이로움이 생겨난다.

'일월', '한서', '왕래', '굴신'은 모두 시초를 합하고 덜어내고, 다시 합하여 셈하는 것을 상징한다. 그래서 '생生' '성成' '생生'을 말하였다. 즉 천시, 계절, 자연의 변화 법칙을 가지고 주역점의 변화무쌍함을 말한 것이다.

[尺蠖之屈, 以求信也.] 『설문』에 "'확'은 자벌레이다. 굽히고 펴는 벌레이다(蠖, 尺蠖, 屈伸蟲也)"라 하였고, 『이아』「익翼」에 "자벌레의 형상은 누에와 같이 가늘고 작다. 기어가면 그 허리를 맞대고 머리와 끝을 서로 접근시켜 앞으로 나아갈 수 있다. 굽히는 것에 펼침이 있으므로 굽히고 펴는 벌레라 한다(尺蠖, 狀如蠶而細小, 行則促其腰, 使首尾相就, 乃能進步, 屈中有申, 故曰屈申蟲)"고 하였다. 자벌레가 그 몸을 굽히는 것은 곧 펼치기 위해서라는 말이다.

[龍蛇之蟄, 以存身也.] 우번은 "'칩'은 숨기는 것(蟄, 潛藏也)"이라고 하였다. 용과 뱀이 몸을 숨기는 것은 몸을 보존하기 위해서라는 말이다. 이것은 용과 뱀 역시 몸을 굽혀서 펼침을 구한다는 말이다. 이 두 구절은 시초를 합

하고 셈하는 것이 자벌레와 용과 뱀이 굽히고 펼치는 것과 같이, 서로 감응하는 것이 자연의 이치임을 말하였다.

[精義入神, 以致用也.] '정의精義'는 주역점의 이치에 정통한다는 말이다. '입신入神'은 신묘한 경지에 들어간다는 뜻이다. '치용致用'은 주역점의 쓰임을 다한다는 뜻이다. 상·11장에 "시초를 갖추어 쓰임을 다한다(備物致用)"라고 하였다. '정의입신'하는 것은 곧 '치용'하기 위해서라는 말이다. 주역점의 이치를 궁구하여 신묘한 경지로 들어가는 것은 곧 주역점의 쓰임을 다하기 위해서라는 말이다. 『백서』에는 '치용致用'이 '지용至用'으로 되어 있다.

[利用安身, 以崇德也.] '이용利用'은 곧 주역점을 잘 사용한다는 뜻이다. '안신安身'은 안심安心이며, 마음을 편안히 한다는 뜻이다. '숭덕崇德'은 주역점의 덕(작용)을 높인다는 뜻이다. 상·7장에 "무릇 역은 성인이 덕을 높이고 업을 넓힌 것이다(夫易, 聖人所以崇德而廣業也)"라고 하였다. '이용안신'하는 것은 곧 '숭덕'하기 위해서라는 말이다. 주역점을 잘 사용하여 몸을 편안히 하는 것은 곧 주역점의 덕을 높이기 위해서라는 말이다.

[過此以往, 未之或知也.] '과過'는 지나치다는 뜻이다. '차此'는 '정의입신'에서 '이숭덕야'까지의 내용 전체를 가리킨다. 공영달은 '정의입신'에서 '숭덕야'까지, "이 두 구절은 모두 사람의 이치의 끝이다. 이 두 가지를 지나쳐서 가면 미묘함은 알 수가 없다는 말이다(言'精義入神, 以致用也. 利用安身, 以崇德也'此二者皆人理之極, 過此二者以往, 則微妙不可知)"라고 하였다. '精義入神, 以致用也'와 '利用安身, 以崇德也'를 지나쳐 가면 주역점의 미묘한 도리를 알지 못한다는 말이다.

[窮神知化, 德之盛也.] '궁신窮神'은 주역점의 신묘함을 궁구하는 것이다. '화化'는 상·12장에 "변화하여 괘효를 이루는 것을 변이라 한다(化而裁之謂之變)"고 하였다. '화'는 '변變'과 같은 개념이며, 시초를 셈하여 괘와 효를 얻는 것, 또 곧 노양은 음으로 노음은 양으로 변하는 것이며, 곧 주역점의 변화이다. '지화知化'는 주역점의 변화를 아는 것이다. '궁신지화'는 상·9장

의 "변화의 도를 아는 사람은 그 신묘한 변화가 일으키는 작용을 아는 것인가!(知變化之道者, 其知神之所爲乎!)"와 같은 말이다. '덕德'은 곧 주역점의 작용이다. '궁신지화'하는 것이 덕이 성대한 것이라는 말은 '궁신'하고 '지화'하는 것이 주역점의 작용을 성대하게 한다는 말이다.

---

易曰 "困于石, 據于蒺藜, 入于其宮, 不見其妻, 凶." 子曰 "非所困而困焉, 名必辱. 非所據而據焉, 身必危. 旣辱且危, 死期將至, 妻其可得見邪?"

『역』에 말하였다. "돌에 곤란을 받고, 가시나무에 의지하여, 집에 들어가도 아내를 보지 못하니, 흉하다." 공자께서 말씀하셨다. "곤경을 당할 바가 아닌데 곤경을 당하고 있으니, 이름은 반드시 욕된다. 의지할 바가 아닌데 의지하고 있으니, 몸은 반드시 위태롭다. 이미 욕되고 또 위태로워 죽을 때가 장차 이른 것이니, 아내는 어찌 볼 수 있겠는가?"

---

곤괘困卦 셋째 음효의 효사를 해석한 것이다. '곤困'은 곤궁하다, 곤란하다는 뜻이다. '거據'는 의지하다는 뜻의 의依이다. '질려蒺藜'는 가시나무이다. '기其'는 어찌 기豈와 같다. '야邪'는 어조사 야耶이다. '곤困'과 '거據'는 처할 곳이 아닌 것에 처해 있음을 말한 것이다. 「계사」는 곤괘 셋째 음효 효사를, 처할 곳이 아닌 것에 처해 있으니, 이름은 욕되고 몸은 위태로워 죽을 때가 장차 이른 것이니, 아내는 어찌 볼 수 있겠는가? 흉하다고 해석하였다.

---

易曰 "公用射隼于高墉之上, 獲之, 无不利." 子曰 "隼者, 禽也. 弓矢者, 器也. 射之者, 人也. 君子藏器於身, 待時而動, 何不利之有. 動而不括, 是以出而有獲. 語成器而動者也."

『역』에 말하였다. "공公이 높은 성벽 위에서 매를 쏘아 잡으니, 이롭지 않음이 없다." 공자께서 말씀하셨다. "매는 새이다. 활과 화살은 도구이다. 활을 쏘는 것은 사람이다. 군자는 몸에 도구를 감추고 때를 기다려 움직이니 무슨 불리함이 있겠는가. 움직여도 막힘이 없으니, 그래서 나가면 얻는 바가 있는 것이다. 이것은 도구를 이룬 이후에 움직인다는 것을 말한 것이다."

---

[易曰 "公用射隼于高墉之上, 獲之, 无不利."] 해괘解卦 꼭대기 음효의 효사를 인용한 것이다. '준隼'은 매이다. '용墉'은 성벽이다. 공公이 높은 성벽 위에서 매를 쏘아 잡으니, 이롭지 않음이 없다는 말이다. 「계사」는 효사를, 활과 화살의 도구를 갖추고 매를 잡듯이, 시초를 가지고 점을 친 후에 (혹은 덕성을 닦은 이후에) 움직이므로 이롭지 않음이 없다고 해석하였다.

[子曰 "隼者, 禽也. 弓矢者, 器也. 射之者, 人也.] '금禽'은 새와 짐승을 가리킨다. '기器'는 도구이며, 활과 화살을 가리킨다. '인人'은 효사의 '공公'인데, 바로 뒤의 군자이며, 점술가를 가리킨다. 매는 새이고, 활과 화살은 새를 잡는 도구이며, 활을 쏘는 것은 사람이라는 말이다. 이것은 '매'는 당면한 문제, '활과 화살'은 시초에, '사람'은 점치는 사람에 비유한 것이다.

[君子藏器於身, 待時而動, 何不利之有.] '장기어신'은 몸에 도구를 감춘다는 뜻인데, 몸에 시초를 감춘다고 해석할 수도 있고, 혹은 덕성을 수양하는 것에 비유한 것으로도 해석할 수도 있다. '대시이동'은 때를 기다려 움직인다는 뜻인데, 군자가 주역점을 쳐서 길흉을 미리 내다보고 때를 기다려 움직인다(혹은 군자가 먼저 덕성을 수양하고 움직일 때를 기다려야 한다)는 말이다. 군자가 주역점을 쳐서 길흉을 미리 내다보고(혹은 덕성을 닦고) 때를 기다려 움직이면 아무런 불리함이 없다는 말이다.

[動而不括, 是以出而有獲. 語成器而動者也."] '괄括'은 닫다는 뜻의 폐閉, 막히다는 뜻의 색塞이다. '동이불괄'은 주역점을 쳐 미래의 길흉을 예지하고 (혹은 덕성을 닦고) 때를 기다려 움직이니, 움직이는 것이 통하여 막힘이 없다는 뜻이다. 『백서』에는 '動而不矰'으로 되어 있는데, '증矰'은 주살이라는

뜻이며, "움직여도 매이지 않는다"는 뜻이다. '출이유획'은 나가면 얻는 바가 있다는 뜻이다. '어語'는 말하다는 뜻의 언言과 같다. 『백서』에는 '언言'으로 되어 있다. '성기이동'은 군자가 도구를 이룬 것을 몸에 지닌 후에 움직인다는 뜻이다. 즉 주역점을 쳐 미래를 예지한 이후에 (혹은 훌륭한 덕성을 닦은 후에) 움직인다는 말이다. 『백서』에는 '言擧成器而動者也'로 되어 있는데, 뜻은 같다. 요컨대, 「계사」는 해괘 꼭대기 음효의 효사 '공사준획지'는 곧 활과 화살의 도구가 있기 때문이라고 여겼다. 이것은 주역점을 치는 것 혹은 훌륭한 덕성을 닦는 것으로 해석할 수 있다. 군자가 움직임에 막힘이 없고 나가면 얻는 바가 있는 것은 곧 주역점을 쳐 미래를 예지한 후에(혹은 훌륭한 덕성을 닦은 후에) 움직이기 때문이라는 말이다. 그리하여 이롭지 않은 바가 없다는 것이다.

子曰 "小人不恥不仁, 不畏不義, 不見利不勸, 不威不懲. 小懲而大誡, 此小人之福也. 易曰 '屨校滅趾, 无咎.' 此之謂也."
공자께서 말씀하셨다. "소인은 인자하지 않음을 부끄럽게 여기지 아니하고, 의롭지 않음을 두렵게 여기지 아니하며, 이로움을 보지 않으면 힘쓰지 아니하고, 위엄이 아니면 징계할 수 없다. 작은 징계를 받고 큰일을 경계하니, 이것은 소인의 복이다. 『역』에 이르기를 '족쇄를 끌며 발이 잘려나가나, 허물이 없다' 고 한 것은 이것을 말한 것이다."

[子曰 "小人不恥不仁, 不畏不義, 不見利不勸, 不威不懲. 小懲而大誡, 此小人之福也.] '소인'은 도덕 수양이 되어 있지 않은 사람이다. '치恥'는 부끄러워하다는 뜻의 욕辱이다. '외畏'는 두려워하다는 뜻의 구懼이다. '권勸'은 힘쓴다는 뜻의 면勉이다. 『집해』에는 움직인다는 뜻의 동動으로 되어 있다. '위威'는 형벌의 위엄이다. '징懲'은 징계하다는 뜻이다. '계誡'는 경계하다는 뜻의 계戒로 읽는다. 『백서』에는 '계戒'로 되어 있다. '소징이대계小懲而大誡'

는 작은 징계를 받고 큰일을 경계한다는 뜻이다.

[易曰 '屨校滅趾, 无咎.' 此之謂也."] 서합괘噬嗑卦의 처음 양효의 효사를 인용한 것이다. '구履'는 끌다는 뜻의 예曳이다. '교校'는 발에 채우는 형구이다. '멸滅'은 잘라내다는 뜻이다. '지趾'는 발이다. '족쇄를 끌며 발이 잘려나간다(屨校滅趾)'는 것은 형벌이 죽음보다 가벼운 것이다. 그러므로 '작은 징계(小懲)'라고 하였다. 「계사」는 효사를, 소인은 '불인不仁'하고 '불의不義'하고 '견리見利'하므로 위엄으로 징계해야 한다. 가벼운 형벌을 받고 앞으로 일어날 수 있는 큰 일을 경계하니, 소인의 복이라고 해석하였다.

---

"善不積, 不足以成名. 惡不積, 不足以滅身. 小人以小善爲无益而弗爲也, 以小惡爲无傷而弗去也, 故惡積而不可掩, 罪大而不可解. 易曰 '何校滅耳, 凶.'"

"선행을 쌓지 않으면 이름을 이루기에 부족하고, 악행을 쌓지 않으면 몸을 망치기에 부족하다. 소인은 조그마한 선행도 이로움이 없다고 여겨 하지 아니하고, 조그마한 악행도 해로울 것이 없다고 여겨 버리지 아니한다. 그러므로 악행이 쌓이면 가릴 수 없고, 죄가 커지면 풀 수 없다. 『역』에 이르기를 '형틀을 지고 귀가 잘려나가니, 흉하다'고 하였다."

---

이 구절은 앞의 문장 '자왈子曰'에 이은 것이므로 여전히 공자의 말이며, 공자의 이름을 빌려 서합괘 꼭대기 양효의 효사를 해석한 것이다. '적積'은 쌓다는 뜻이다. 『백서』에는 세 개의 '적'이 모두 '책責'으로 되어 있는데, '책'은 구하다는 뜻의 구求이다. '善不責'은 "선행을 추구하지 않으면"이라는 뜻이다. '엄掩'은 덮는다는 뜻의 개蓋이다. 『백서』에는 '개蓋'로 되어 있다. '하何'는 지다는 뜻의 하荷이다. '교校'는 칼(枷)이며, 목에 채우는 형구이다. '하교멸이何校滅耳'는 형틀을 지고 귀가 잘려 나간다는 말이며, 형이 무거운 것이다. 「계사」는 효사를, 소인이 악행을 쌓고 죄를 지어 중형을 받

는 것으로 해석하였다.

子曰 "危者, 安其位者也. 亡者, 保其存者也. 亂者, 有其治者也. 是
故君子安而不忘危, 存而不忘亡, 治而不忘亂, 是以身安而國家可保
也. 易曰 '其亡! 其亡! 繫于苞桑.'"

공자께서 말씀하셨다. "위태로운 것은 그 자리를 안전하게 하는 것이요,
망하는 것은 그 생존을 보존하게 하는 것이요, 어지러운 것은 다스림을 있
게 하는 것이다. 그러므로 군자는 편안해도 위태로움을 잊지 아니하고, 생
존해도 망하는 것을 잊지 아니하며, 다스려져도 어지러워지는 것을 잊지
아니하니, 이로써 몸은 편안하고 국가는 보존할 수 있는 것이다. 『역』에 이
르기를 '망한다 망한다고 하면서 무성한 뽕나무에 묶어 두었다'고 하였다."

[子曰 "危者, 安其位者也. 亡者, 保其存者也. 亂者, 有其治者也.] 그 자리를 안
전하게 하는 것은 위태로움을 알기 때문이요, 생존을 보존하게 하는 것은
망하는 것을 알기 때문이요, 잘 다스리고 있는 것은 어지러움을 알기 때문
이다. '위危'를 알면 '안安'할 수 있고, '망亡'을 알면 '존存'할 수 있고, '난
亂'을 알면 '치治'할 수 있다는 말이다.

[是故君子安而不忘危, 存而不忘亡, 治而不忘亂, 是以身安而國家可保也.] 세 개
의 '불망不忘'은 항상 경계하는 마음을 가지는 것이다. 군자는 편안할 때
(安) 항상 위태로움(危)을 경계하고, 생존해 있을 때(存) 항상 망하는 것
(亡)을 경계하며, 잘 다스려질 때(治) 항상 어지러움(亂)을 경계하면, 몸을
망치고 나라를 망치는 화를 면할 수 있다는 말이다.

[易曰 "其亡!其亡! 繫于苞桑."] 비괘否卦 다섯째 양효의 효사를 인용한 것이
다. '기망기망其亡其亡'은 생사존망의 위기를 두려워하는 것이다. '계繫'는
묶는다는 뜻의 결結, 매단다는 뜻의 유維이다. '포苞'는 무성하다는 뜻의 무
茂이다. '계우포상繫于苞桑'은 무성한 뽕나무에 묶어두었다는 뜻이며, 안정

되고 견고한 것에 비유한 말이다. 망한다 망한다고 하면서 무성한 뽕나무에
묶어 놓은 것과 같이 견고하다는 말이다. 「계사」는 효사를, 군자는 편안해도
위태로움을 잊지 아니하고, 생존해도 망하는 것을 잊지 아니하며, 다스려져
도 어지러워지는 것을 잊지 아니하니, 이로써 몸은 편안하고 국가는 보존할
수 있다고 해석하였다. 『백서』에는 이 구절이 「요要」에 기록되어 있다.

子曰 "德薄而位尊, 知小而謀大, 力小而任重, 鮮不及矣. 易曰 '鼎折
足, 覆公餗, 其形渥, 凶.' 言不勝其任也."

공자께서 말씀하셨다. "덕은 부족하면서 자리는 높고, 지혜는 작으면서 도
모하는 것은 크며, 역량은 작으면서 임무가 무거우면, 화가 미치지 않음이
드물다. 『역』에 이르기를 '솥의 다리가 부러져 공의 음식을 엎질러, 형벌
을 받으니 흉하다'고 한 것은 임무를 감당해 낼 수 없음을 말한 것이다."

[子曰 "德薄而位尊, 知小而謀大, 力小而任重] 『백서』에는 이 구절이 「요要」에
기록되어 있으며, '자왈'이 '부자왈夫子曰'로 되어 있다. '지知'는 '지智'로
읽는다. '모대謀大'는 도모하는 것이 크다는 뜻이다. 현행 통행본에는 '지소
知小', '역소力小'라고 하였는데, 『집해』에는 '지소知少', '역소力少'로 되어
있다. 지혜와 역량이 보잘 것 없다는 뜻이다. '임중任重'은 임무가 무겁다는
뜻이다.

[鮮不及矣] '선鮮'은 드물다는 뜻의 소少이다. '급及'은 재난에 이른다는 뜻
이다. 재난에 이르는 것을 옛말에는 다만 '급及'이라 하였고, 재난을 면하는
것을 '면免'이라고만 하였다(고형). 화가 미치지 않음이 드물다는 말이다.

[易曰 '鼎折足, 覆公餗, 其形渥, 凶.' 言不勝其任也."] 정괘鼎卦 넷째 양효의
효사를 인용한 것이다. '복覆'은 뒤집어엎는다는 뜻이다. '속餗'은 탕이나
채소 반찬이나 죽 등의 음식을 모두 속餗이라고 한다. 『집해』에는 '형악形
渥'이 형악刑渥으로 되어 있다. 우번은 '악渥'은 큰 형벌(大刑)이라 하였고,

『석문』에 정현은 형벌 '옥剭'으로 하였다. '형악'은 형벌을 가하다는 뜻이
다. 솥이 임무를 감당하지 못해 다리가 부러져 공의 음식을 엎질러, 형벌을
받으니 흉하다는 말이다. 「계사」는 효사를, 덕은 부족하면서 자리는 높고,
지혜는 작으면서 도모하는 것은 크며, 역량은 작으면서 임무가 무거워, 임
무를 감당해 낼 수 없어 화가 미친 것이라고 해석하였다.

子曰 "知幾其神乎. 君子上交不諂, 下交不瀆, 其知幾乎. 幾者, 動之
微, 吉(凶)之先見者也. 君子見幾而作, 不俟終日. 易曰 '介于石, 不
終日, 貞吉.' 介如石焉, 寧用終日, 斷可識矣. 君子知微知彰, 知柔知
剛, 萬夫之望."

공자께서 말씀하셨다. "기미를 아는 것은 신묘한 것인가! 군자는 윗사람을
사귀어도 아첨하지 아니하고, 아랫사람과 사귀어도 업신여기지 아니하니,
기미를 아는 것이다. 기미란 움직임이 은밀한 것이고, 길(흉)이 먼저 나타
나는 것이다. 군자는 기미를 보고 일을 행하되, 날이 다할 때까지 기다리지
않는다. 『역』에 이르기를 '돌처럼 단단하나 종일을 가지 않으니, 바르게
하여 길하다'고 하였다. 돌과 같이 단단하나, 어찌 종일을 기다리겠는가?
단연히 알 수 있는 것이다. 군자는 은밀한 것을 알면 드러난 것을 알고, 부
드러운 것을 알면 강한 것을 아니, 모든 사람이 우러러 본다."

[子曰 "知幾其神乎. 君子上交不諂, 下交不瀆, 其知幾乎.] '기幾'는 기미, 낌새
라는 뜻의 미微이다. '신神'은 신묘하다는 뜻이다. '첨諂'은 아첨하다는 뜻
의 유諛이다. '독瀆'은 독嬻으로 읽으며, 업신여긴다는 뜻이다. 진고응은
『한서』「초원왕전楚元王傳」에 목생穆生의 말을 인용하면서 '君子上交不諂,
下交不瀆, 其知幾乎'의 세 구절은 없으므로, 이 구절은 잘못 들어간 것이라
하고, '첨諂'과 '독瀆'은 '기幾'와 아무 관계가 없으므로『한서』와『백서』에
이 세 구절이 없다고 하였다. 진고응의 주장이 맞을 것이다. 군자가 '아첨하

지 아니하는 것'과 '업신여기지 아니하는 것'은 '기미를 아는 것'과 서로 관계가 없다. 『백서』에는 '자왈'부터 '길(흉)지선견자야'까지 기록되어 있지 않다. 그 아래 구절은 「계사」에 기록되어 있다.

[幾者, 動之微, 吉(凶)之先見者也.] 현행 통행본에는 '흉凶'자가 없다. 공영달은 "여러 책에는 흉자가 있으나 정본에는 없다(諸本或有凶字者, 其定本則无也)"고 하였고, 주희는 "『한서』에는 '길지吉之' 사이에 흉자가 있다(漢書吉之之間有凶字)"고 하였다. 『한서』「초원왕전楚元王傳」에는 '흉'자가 있다. '기幾'는 길흉을 포괄해서 말한 것이므로 '흉凶'자가 있는 것이 맞다. 기미란 움직임이 은밀한 것이고, 길흉이 먼저 나타나는 것이라는 말이다.

[君子見幾而作, 不俟終日.] '작作'은 행하다는 뜻의 행行과 같다. '사俟'는 기다리다는 뜻의 대待이다. 군자는 기미를 보고 일을 행하되, 날이 다할 때까지 기다리지 않는다는 말이다. 『백서』에는 '不位冬日'로 되어 있다. '위位'는 입立이며, 기다리다는 뜻이고, '동일冬日'은 종일終日이다.

[易曰 '介于石, 不終日, 貞吉.'] 예괘豫卦 둘째 음효의 효사를 인용한 것이다. '개介'는 개砎로 읽으며, 단단하다는 뜻의 견堅이다(고형). 최경은 강직하다는 뜻의 '경개耿介'라고 하였다. 「계사」는 '우于'를 여如로 읽었다. '정貞'은 바르다는 뜻의 정正이다. 돌처럼 단단하나 종일을 가지 않으니, 바르게 하여 길하다는 말이다. 「계사」는 효사를, 군자의 품성이 돌과 같이 단단하나 기미를 알면 기다리지 않고 즉시 행동을 취하는 것으로 해석하였다.

[介如石焉, 寧用終日, 斷可識矣.] '녕寧'은 하何, 혹은 기豈와 같다. 『백서』에는 '안安'으로 되어 있는데, 같은 뜻이다. '단斷'은 부사로 사용된 것이며, 단언히리는 뜻이다. 단단함이 돌과 같으나, 어찌 종일을 기다리겠는가? 단연코 알 수 있다는 말이다.

[君子知微知彰, 知柔知剛, 萬夫之望.] '미微'는 은밀한 것이며, 앞날에 대한 조짐을 가리킨다. '창彰'은 분명히 드러난 것이며, 일에 대한 결과를 가리킨다. '지미지창'은 곧 은밀한 미래를 알면 드러날 결과를 안다는 뜻이다. '지유지강'은 부드러운 것을 알면 곧 강한 것을 안다는 뜻이다. '지미지창'과

'지유지강' 두 구절은 곧 기미를 아는 것에 대해 말한 것이다. '만부萬夫'는 만인萬人이다. 순상은 '만물'이라고 하였다. '망望'은 머리를 들어 우러러 보는 것이다. 군자는 은밀한 미래를 알면 드러날 결과를 알고, 또 부드러움을 알면 강한 것을 알아, 기미를 먼저 알므로 모든 사람이 우러러 본다는 말이다. '군자'는 곧 점술가를 가리켜 말한 것이다. 『백서』에는 '지미지창'이 '知物知章'으로 되어 있다. '물物'은 효를 가리키며, '장章'은 글, 문장의 뜻, 즉 괘효사를 가리킨다. "효를 알면 괘효사를 안다"는 말이다.



子曰 "顔氏之子, 其殆庶幾乎. 有不善未嘗不知, 知之未嘗復行也. 易曰 '不遠復, 无祗悔, 元吉.'"
공자께서 말씀하셨다. "안회는 대개 도에 가까웠다. 잘못이 있으면 반드시 알았고, 잘못을 알았으면 다시 저지르지 않았다. 『역』에 이르기를 '멀리 가지 아니하고 돌아오니, 큰 뉘우침이 없으며, 크게 길하다'고 하였다."

[子曰 "顔氏之子, 其殆庶幾乎.] '안씨지자'는 안회顔回를 가리키며, 공자의 제자이다. '태殆'는 대개大概의 뜻이다. '서庶'는 거의, '기幾'는 가깝다는 뜻의 근近이다. '서기庶幾'는 가깝다는 뜻이다. 주희는 "'서기'는 가깝다는 뜻이다. 도에 가까움을 말한 것이다(庶幾, 近義. 言近道也)"고 하였다. 안회는 도덕 수양에 있어 아주 훌륭하였다는 말이다.

[有不善未嘗不知, 知之未嘗復行也.] '불선'은 잘못을 말한다. 안회는 잘못이 있으면 반드시 알았고, 잘못을 알았으면 다시 저지르지 않았다. 『논어』「옹야雍也」에 공자가 안회를 칭찬하기를 "화를 다른 곳으로 옮기지 않았고, 같은 잘못을 두 번 되풀이 하지 않았다(不遷怒, 不貳過)"고 하였는데, 바로 이 말이다.

[易曰 '不遠復, 无祗悔, 元吉.'] 복괘復卦 처음 양효의 효사를 인용한 것이다. '지祗'는 크다는 뜻의 대大이다. '원길元吉'은 곧 대길大吉이다. 집을 나

서 멀리 가지 아니하고 돌아오니, 큰 뉘우침이 없으며 또 크게 길하다는 말이다. 「계사」는 효사를, 안회를 인용하여 잘못을 알고 즉시 고치는 것으로 해석하였다. 『백서』에는 이 구절 이하 모두 「요要」에 기록되어 있다.

---

"天地絪縕, 萬物化醇. 男女構精, 萬物化生. 易曰 '三人行, 則損一人. 一人行, 則得其友.' 言致一也."

"천기와 지기가 뒤섞이니, 만물이 화육하고 가지런한다. 남녀가 정기를 합하니, 만물이 화육하고 태어난다. 『역』에 이르기를 '세 사람이 가면 한 사람을 잃게 되고, 한 사람이 가면 그 벗을 얻게 된다'고 하였다. 하나에 이르는 것을 말한 것이다."

---

[天地絪縕, 萬物化醇.] '천지'는 곧 천지 음양 두 기를 가리킨다. 『석문』에 "'인絪'은 본래 또 인氤, '온縕'은 본래 또 온氳으로 하였다(絪本又作氤, 縕本又作氳)"고 하였는데, '인온絪縕'은 인온氤氳으로 읽으며, 음양 두 기가 뒤섞이는 것이다. '순醇'은 순純이며, 가지런하다는 균均의 뜻이다(고형). 하늘의 양기와 땅의 음기가 뒤섞이니 만물이 화육하고 가지런히 자란다는 말이다. 주희는 "'인온'은 교밀한 상태이고, '순'은 두터이 엉긴 것을 말하니, 기화를 말한 것이다(絪縕, 交密之狀, 醇謂厚而凝也, 言氣化者也)"라고 하였다. 『백서』에는 '天地㬜, 萬物潤'으로 되어 있다.

[男女構精, 萬物化生.] '남녀'에 대해, 간보는 "음양과 같다(男女猶陰陽也)"고 하였고, 래지덕은 "'남녀'는 곧 만물의 남녀이며, 조류의 암컷 수컷, 짐승의 암컷 수컷이지, 사람의 남녀만이 아니다(男女, 乃萬物之男女, 雌雄, 牝牡, 不獨人之男女也)"라고 하였다. 공영달은 "'구'는 합하다는 뜻의 합이다. 남녀 음양이 서로 감응하는 것을 말한다(構, 合也. 言男女陰陽相感")고 하였다. '정精'은 정기이다. 남녀가 정기를 합하니, 만물이 화육하고 태어난다는 말이다. 『백서』에는 '男女購請, 而萬物成'으로 되어 있다.

[易曰 '三人行, 則損一人. 一人行, 則得其友.' 言致一也.] 손괘損卦 셋째 음효의 효사를 인용한 것이다. 세 사람이 가면 음양이 하나로 합할 수 없기 때문에 한 사람을 잃게 된다는 것이고, 한 사람이 가면 음양이 하나로 합할 수 없기 때문에 그 벗을 얻게 된다는 것이다. '치일致一'은 하나로 합하는 것을 말한다. 『백서』에는 '지일至一'로 되어 있다. 세 사람이 두 사람이 되고, 한 사람이 두 사람으로 되는 것은 천지 남녀가 교합하기 때문이다. 천기와 지기가 하나가 되어 만물이 화순하고, 남자와 여자가 하나가 되어 만물이 화생한다는 말이다. 「계사」는 효사를 천지 남녀가 하나로 합하는 것으로 해석하였다.

子曰 "君子安其身而後動, 易其心而後語, 定其交而後求. 君子脩此三者, 故全也. 危以動, 則民不與也. 懼以語, 則民不應也. 无交而求, 則民不與也. 莫之與, 則傷之者至矣. 易曰 '莫益之, 或擊之, 立心勿恒, 凶.'"

공자께서 말씀하셨다. "군자는 그 몸을 편안히 한 후에 움직이고, 그 마음을 평온하게 한 후에 말을 하며, 사귐을 정한 후에 도움을 구한다. 군자는 이 세 가지를 닦으므로 안전하다. 위태로움을 무릅 쓰고 움직이면 백성들은 함께 하지 않는다. 두려움을 품고 말을 하면 백성들은 응하지 않는다. 사귐이 없이 구하면 백성들은 도와주지 않는다. 도와주는 사람이 없으면 해치는 사람이 있게 된다. 『역』에 이르기를 '도와주는 사람이 없는데 어떤 사람이 공격을 하니, 마음을 세워 항구하지 말라. 흉하다'고 하였다."

[子曰 "君子安其身而後動, 易其心而後語, 定其交而後求."] '이이易'는 평이하다는 뜻의 평平이다. 군자는 '안신安身', '이심易心', '정교定交' 한 후에 '동動' 하고, '어語' 하고, '구求' 한다는 말이다. 몸을 편안히 한 후에 움직이고, 그 마음을 평온하게 한 후에 말을 하며, 사귐을 정한 이후에 도움을 구한다는

말이다. 『백서』에는 ‘定其交而後求’가 ‘定位而後求’로 되어 있다. ‘교交’를 ‘위位’로 하여도 뜻은 통한다. “자리를 정한 후에 도움을 구한다”는 말이다.

[君子脩此三者, 故全也.] ‘수脩’는 수修로 읽는다. 『백서』와 『집해』에는 ‘수修’로 되어 있다. ‘차삼자’는 앞의 세 구절을 가리킨다. ‘전全’은 안전하다는 뜻이다. 『백서』에는 ‘故存也’로 되어 있다.

[危以動, 則民不與也. 懼以語, 則民不應也. 无交而求, 則民不與也.] 앞의 ‘여與’자는 함께 하다는 뜻이고, 뒤의 ‘여與’자는 돕다는 뜻의 조助이다. 『백서』에는 ‘여予’로 되어 있다. 군자가 위태로움을 무릅쓰고 행동을 하고, 두려움을 품고 말을 하고, 사귐이 없이 도움을 구하면 백성은 따르지 않는다는 말이다. 즉 군자는 이 세 가지를 잘 수양하지 않으면 백성은 돌아선다는 말이다. 『백서』에는 ‘无交而求’가 ‘无立而求’로 되어 있다. ‘입立’은 앞의 ‘위位’자가 잘못 쓰인 것이다. “군자가 자리도 없이 구하면 백성은 도와주지 않는다”는 말이다.

[莫之與, 則傷之者至矣.] ‘여與’는 『백서』에 ‘여予’로 되어 있다. 도와주는 사람이 없으면, 해치는 사람이 있게 된다는 말이다. 즉 군자가 백성의 지지를 얻지 못하면 해를 당하게 된다는 말이다. 『백서』에는 ‘則傷之者必至矣’로 되어 있다.

[易曰 ‘莫益之, 或擊之, 立心勿恒, 凶.’] 익괘益卦 꼭대기 양효의 효사를 인용한 것이다. 도와주는 사람은 없는데 어떤 사람이 공격을 하니, 흉하다는 말이다. 「계사」는 ‘마익지莫益之’와 ‘혹격지或擊之’의 원인은 그 사람이 위태로움을 무릅쓰고 움직이고, 두려움을 품고 말을 하며, 사귐이 없이 도움을 구하는 것으로 해석하였다.


여기까지가 제5장이다. 본장은 괘효사에서 11구절을 인용하여 공자의 이름을 빌려, 혹은 점과 결부하여 해석하거나, 혹은 의리로 해석하였다. 문장이 수려하고 행문이 유창하며 문의가 심오한 것을 보면 「계사」를 지은 사람은 당대 최고의 지적 엘리트였음을 짐작할 수 있다.

# 제6장

子曰 "乾坤, 其易之門邪. 乾, 陽物也. 坤, 陰物也. 陰陽合德, 而剛柔
有體, 以體天地之撰, 以通神明之德. 其稱名也, 雜而不越. 於稽其
類, 其衰世之意邪."

공자께서 말씀하셨다. "건곤은 역으로 들어가는 문인가! 건은 양에 속하는
것이고, 곤은 음에 속하는 것이다. 음양이 덕을 합하여, 강유가 형체를 갖
게 되니, 이것으로 천지의 변화를 체현하고, 이것으로 (주역점의) 신묘하
고 밝은 덕에 통하였다. (주역점이) 점글을 들은 것은 복잡하나 (주역점의
범주에서) 벗어나지 않는다. 점글의 사류를 고찰하면 (은나라 주왕 때의)
세상이 쇠퇴하는 의미일 것이다."

---

[子曰 "乾坤, 其易之門邪.] '건곤'은 49개의 시초를 두 손에 나누어 쥐고, 왼
손에 쥔 것은 상牀 위쪽에 가로로 놓고 하늘, 즉 '건'이라 하고, 오른손에 쥔
것은 상 아래쪽에 가로로 놓고 땅, 즉 '곤'이라고 한다. '역易'은 주역점이
다. '문門'은 들어가는 곳이다. 49개의 시초를 두 손에 나누어 쥐고 상의 위
아래에 가로로 놓는 것은 곧 주역점을 시작하는 것이라는 말이다. 그래서

건곤은 주역점으로 들어가는 문이라고 한 것이다. 혹은 '건곤'은 건괘와 곤괘를 가리키며, 건곤 두 괘가 『주역』 64괘의 머리에 놓여 있어 『역』으로 들어가는 문이라고 해석하여도 통한다. 또 '문'을 근본의 뜻으로 새겨, 건괘와 곤괘는 『주역』의 근본이라고 해석하여도 통한다. 자연계로 말하면, 하늘과 땅은 우주 변화의 문이라는 말이다. 『백서』와 『석문』에는 '문호門戶'로 되어 있다. 『백서』에는 본장부터 9장까지 「계사」에 없고, 「역지의易之義」에 있다.

[乾, 陽物也. 坤, 陰物也.] '물物'은 시초, 효, 사물, 세 가지 모두 가리킨다. 상 위쪽에 가로로 놓아 둔 시초(건)는 양에 속하는 것이고, 상 아래쪽에 가로로 놓아둔 시초(곤)는 음에 속하는 것이라는 말이다. 괘로 말하면, 팔괘에서 건괘는 세 효 모두 양이고, 곤괘는 세 효 모두 음이다. 64괘에서 건괘는 여섯 효 모두 양이고, 곤괘는 여섯 효 모두 음이다. 자연계로 말하면, '건'은 하늘(天)이고, 하늘은 양에 속하며, '곤'은 땅(地)이고, 땅은 음에 속한다. 인간계로 말하면, '건'은 남자이고, 남자는 양에 속하며, '곤'은 여자이고, 여자는 음에 속한다.

[陰陽合德, 而剛柔有體] '음'은 곤을, '양'은 건을 가리킨다. '덕德'은 덕성 혹은 작용의 뜻이다. '음양합덕'은 곧 건곤합덕이며, 상 위쪽에 놓아둔 시초(양)와 아래쪽 놓아둔 시초(음)를 서로 합하고 나누어 셈한다는 말이다. '체體'는 형체이다. 고형은 '체성體性'이라고 하였다. 시초를 셈하여 양효를 얻고 음효를 얻으면, 강유가 형체를 갖게 되어 한 괘가 성립된다는 말이다. 9번하여 팔괘 중 한 괘를 얻고 18변하여 64괘 중 한 괘를 얻게 된다. 자연계로 말하면, 천지 음양의 덕은 서로 조화를 이루어, 강한 것과 부드러운 것이 각각 형체를 지니게 된다. 인간계로 말하면, 남녀가 덕을 합하여, 아들(강)과 딸(유)이 형체를 지니게 된다.

[以體天地之撰] '이以'는 '이지以之'의 지之가 생략된 것이며, '지之'는 건곤 음양을 가리킨다. '체體'는 체현하다는 뜻이다. '찬撰'에 대해 몇 가지 해석이 있다. 첫째, 구가역은 "'찬'은 수이다. 만물의 형체는 모두 천지의 수를 받은 것이니, 9는 천수요, 6은 지수임을 말한 것이다. 강유는 이것을 얻어

형체가 된다(撰, 數也. 萬物形體, 皆受天地之數也, 謂九天數, 六地數也. 剛柔得
以爲體矣)”고 하였다. 한강백 역시 “‘찬’은 수(撰, 數也)”라고 하였는데, 공영
달은 “‘찬’은 수이다. 천지 속의 만물의 상은 강이 아니면 유이니, 혹 강유의
형체로써 천지의 수를 상징하였다(撰, 數也. 天地之內, 萬物之象, 非剛則柔,
或以剛柔體象天地之數也)”고 하였다. 『석문』에도 ‘수數’라고 하였다. 둘째,
주희는 “‘찬’은 일이라는 뜻의 사와 같다(撰, 猶事也)”고 하였다. 괘의 강유
의 형체는 모두 건곤(음양)이 합하여 이루어진 것이니, 이것으로 천지의 일
을 체현한다는 말이다. 셋째, 래지덕은 ‘찬’은 짓다는 뜻의 술述이라 하고,
천지가 짓는 것은 하늘, 땅, 우레, 바람의 유이다(撰者, 述也. 天地之撰, 天地
雷風之類也)”라고 하였다. 왕부지도 짓다는 뜻의 작作으로 읽었다. 넷째, 고
형은 ‘체體’는 구분하다, ‘찬撰’은 구유하다는 뜻의 구具라고 하였다. ‘천지
지찬’은 곧 천지가 구유하고 있는 일체의 사물을 말하며, ‘이체천지지찬’은
음양 강유를 가지고 천지가 구유하고 있는 사물을 구분한다는 말이라고 하
였다. 이러한 해석은 모두 통한다. 『백서』「역지의」에는 ‘찬撰’이 ‘화化’로
되어 있다. 상·4장에 “역은 천지의 변화를 포괄한다(範圍天地之化)”고 하였
는데, 같은 말이다. 즉 “음양으로 천지의 변화를 체현한다”는 뜻이다. 필자
는 『백서』를 따라 해석하였다.

[以通神明之德.] ‘신명神明’은 신묘하고 밝은 덕이며, 주역점의 작용을 가
리켜 말한 것이다. ‘덕’은 곧 주역점의 작용이다. 주역점의 작용이 신묘하고
밝다는 말이다. 구가역은 “은밀하게 감춰져 있는 것을 ‘신’이라 하고, 드러
나 보이는 것을 ‘명’이라 하며, 음양이 서로 교통하는 것을 곧 ‘덕’이라 한다
(隱藏謂之神, 著見謂之明, 陰陽交通乃謂之德)”고 하였다. 공영달은 “만물의
변화는 혹 태어나거나 혹 이루거나 신명의 덕이다. 역은 그 변화의 원리를
나타낸 것이다. 이것이 역이 신명의 덕을 통달할 수 있는 것이다(萬物變化,
或生或成, 是神明之德. 易則象其變化之理, 是其易能通達神明之德也)”라고 하였
다. 그는 만물 변화의 원리를 가지고 신명의 덕을 해석하였다.

상 위쪽에 가로로 놓아둔 시초(건)와 아래쪽에 가로로 놓아둔 시초(곤)를

합하고 나누어 셈을 하여(陰陽合德), 음효와 양효를 얻으면 강유가 형체를 갖게 되니(剛柔有體), 이것(건곤음양)으로 천지의 변화를 체현하고(以體天地之撰), 이것으로 주역점의 신묘하고 밝은 덕에 통하였다(以通神明之德)는 말이다.

[其稱名也, 雜而不越.] '기其'는 주역점을 가리킨다. '명名'에 대해 해석이 분분하다. 구가역은 '괘명(名, 謂卦名)', 공영달은 '만물의 이름(萬物之名)', 주희는 '괘효의 뜻(卦爻之義)', 래지덕은 '괘효의 이름(卦爻之名)', 유백민은 '괘지칭명卦之稱名', 고형은 '괘효사(爻辭),' 진고응은 '『주역』이 가리키는 사물'이라고 하였다. '칭명稱名'은 64괘의 괘명 혹은 괘효사를 가리킨다. '잡雜'은 섞여서 복잡하다, '불월不越'은 주역점의 범주를 넘어서지 않는다는 뜻이다. 주역점이 괘명 혹은 괘효사를 들은 것은 복잡하나 주역점의 범주에서 벗어나지 않는다는 말이다. 래지덕은 "한 괘는 한 괘의 명칭이 있고, 한 효는 한 효의 명칭이 있는데, 혹은 사물의 상을 말하였고, 혹은 사물의 변화를 말하였으니, 지극히 복잡하다고 말할 수 있다. 그러나 천지의 지음을 체현하고, 신명의 덕을 통달하는 것을 넘지 않는다(一卦有一卦之稱名, 一爻有一爻之稱名, 或言物象, 或言事變, 可謂至雜矣. 然不過體天地之撰, 通神明之德也)"고 하였다. 굴만리는 '월越'을 잃다는 뜻의 실失, 진고응은 산만한 것이라고 해석하였다. 『백서』에는 '其辯名也'로 되어 있다. '변辯'은 변辨으로 읽으며, 분별하다는 뜻이다. "이름을 분별한 것은"이라는 말이다.

[於稽其類, 其衰世之意邪.] '어於'는 받어사이다. 『석문』과 우번은 "'계'는 고찰하다는 뜻의 고(稽, 考也)"라고 하였는데, 뒷사람들은 모두 이를 따랐다. 후과와 공영달은 "'유'는 사류(類謂事類)"라고 하였는데, '유'는 곧 일이라는 뜻의 사事이다. 굴만리는 '괘류卦類'로 보았다. '쇠세衰世'는 은나라 주왕 때를 가리킨다. 주역점에서 괘효사가 말한 사류를 고찰하면 대개 은나라 주왕 때의 세상이 쇠퇴하는 의미일 것이라는 말이다. 『백서』 「역지의」에는 '계稽'가 '지指'로 되어 있다. "그 일의 종류를 가리키면"이라는 말이다. 진고응은 선진先秦 시대에는 '명名'과 '지指'를 종종 짝으로 들었다 하고, 이

구절은 '其稱名也雜, 而不越於指, 其類衰世之意邪.'로 읽은 것 같다 하고, 이렇게 읽어야 아래 구절의 '其稱名也小, 其取類也大.'와 서로 대조할 수 있다고 하였다.

"夫易彰往而察來, 而微顯闡幽, 開而當名辨物, 正言斷辭, 則備矣. 其稱名也小, 其取類也大. 其旨遠, 其辭文, 其言曲而中, 其事肆而隱. 因貳以濟民行, 以明失得之報."

"무릇 역은 지나간 일을 밝히고 미래의 일을 살피며, 은밀한 일을 나타내고 감추어진 일을 드러낸다. 『주역』을 열어 읽으면 합당한 이름과 구별되는 사물, 바른 말과 판단하는 글이 갖추어 있다. (주역점이) 점글을 들어 말한 것은 작으나, 사류를 취한 것은 크다. 그 취지는 심원하고, 그 점글은 아름다우며, 그 말은 완곡하나 사리에 부합하고, 그 일은 드러나나 은밀하다. 백성이 의심하는 바에 따라 점을 쳐 길흉을 알려주어 그 행위를 이루게 하니, 이로써 잃고 얻음의 결과를 밝혀준다."

[夫易彰往而察來, 而微顯闡幽] '역易'은 주역점을 가리킨다. '창彰'은 밝다는 뜻의 명明이다. '왕往'은 지나간 일이다. '창왕'은 지나간 일을 분명하게 밝힌다는 뜻이다. '래來'는 미래의 일을 가리킨다. '찰래'는 미래의 일을 살핀다는 뜻이다. 주희는 "'이미현而微顯'은 당연히 '미현이微顯而'로 해야 하는 것이 아닌가 한다(而微顯, 恐當作微顯而)"고 하였다. 고형은 당연히 '현미이천유顯微而闡幽'로 해야 한다고 하였다. 고형의 주장이 맞다. '창왕이찰래'와 '현미이천유'는 서로 짝이 되며, 또 '현'과 '천', '미'와 '유'가 서로 짝이 된다. '현顯'은 나타내다는 뜻이고, '미微'는 은밀한 것이라는 뜻이다. '현미'는 은밀한 일을 나타낸다는 뜻이다. '천闡'은 『석문』에 "밝다는 뜻의 명明"이라 하였고, '유幽'는 감추어진 것이라는 뜻이다. '천유'는 감추어진 일을 밝혀낸다는 뜻이다. 주역점은 지나간 일을 밝히고 미래의 일을 살피

며, 은밀한 일을 나타내고 감추어진 일을 드러낸다는 말이다. 『백서』「역지
의」에는 '微顯贊絶'로 되어 있다. '미현찬절'은 현미찬절로 읽어야 하며, "은
밀한 일을 나타내고 막힌 일을 밝혀낸다"는 뜻이다.

　[開而當名辨物, 正言斷辭, 則備矣.] '개開'에 대해, 한강백은 "효괘를 해석하
는 것(開釋爻卦)"이라 하였고, 래지덕은 "64괘에 해당하는 이름을 각각 연
다(各開六十四卦所當之名)"고 하였으며, 유백민은 "역은 건곤을 변화시켜 64
괘를 이루므로 '개'라고 하였다(易出入乾坤, 成六十四卦, 故開)"고 하였다.
고형은 "『역경』이라는 책을 여는 것"이라고 하였다. 진고응은 '개開'를 진술
하다는 뜻으로 새기고, "괘효사가 진술한 것"이라고 해석하였다. 또 '개물
성무開物成務'의 '개물'을 『백서』에서 고물古物로 되어 있는 것을 예로 들어,
'개이開而'를 '고이故而'로 읽을 수 있다고 하였다. 필자는 고형의 해석을 따
랐다. '당명當名'에 대해, 한강백은 '各當其名', 공영달은 '各當所象之名', 래
지덕은 '所當之名', 진몽뢰는 '各當其位', 굴만리는 '名實相符', 유백민은 '各
當其名', 고형은 '정명正名'과 같다고 하였고, 주백곤은 '괘명이 그 실제와
부합하는 것', 진고응은 '합당한 개념'이라고 하였다. 필자는 글자 그대로
'합당한 이름'이라고 해석하였다. '명'은 앞의 '기칭명야'의 '명'과 같으며,
64괘의 괘명 혹은 괘효사를 가리킨다. '변물辨物'은 사물을 구별한다는 뜻
이다. '단사斷辭'는 괘효사 중의 판단사이다. 『주역』이라는 점책을 열어 읽
으면, 합당한 이름과 분별되는 사물, 바른 말과 판단하는 글이 모두 구비되
이 있다는 말이다. 『집해』에는 '변물辯物'로 되어 있는데, 간보는 "사물의 유
를 분별하는 것이다. '정언'은 바른 뜻을 말하는 것이다. '단사'는 길흉을 판
단하는 것이다. 이와 같은 것이 곧 『경』에 갖춰져 있다는 것이다(辯物類也.
正言, 言正義也. 斷辭, 斷吉凶也. 如此, 則備於經矣)"라고 하였다. 『백서』「역지
의」에는 '巽而恒當, 當名辯物, 正言巽辭而備'로 되어 있다. '손巽'은 유순하다
는 뜻의 순順으로 읽어, "유순하여 항구히 적당하고, 합당한 이름과 구별되
는 사물, 바른 말고 부드러운 말이 (주역에) 갖추어 있다"는 뜻이다.

　[其稱名也小, 其取類也大.] '기其'는 주역점을 가리킨다. '칭명稱名'은 64괘

의 괘명, 혹은 괘효사를 가리킨다. 고형은 '사물의 이름을 들어 말한 것'이라 하고, '취류取類'는 유사한 사물을 취해 비유한 것이라고 하였다. '유類'는 앞의 '계기류稽其類'의 '유'이며, 일이라는 뜻의 사事이다. 주역점이 64괘의 괘명 혹은 괘효사를 들어 말한 것은 작으나 사류를 취한 것은 크다는 말이다. 즉 역은 은말 주초의 많은 역사적 내용을 기록하고 있다는 말이다. 진고응은 "사물의 개념을 칭한 것은 유한하나, 비유한 사류를 취한 것은 무한하다"고 해석하였다. 『백서』「역지의」에는 '其稱名也少, 其取類也多.'로 되어 있다.

[其旨遠, 其辭文, 其言曲而中, 其事肆而隱.] '기其'는 주역점을 가리킨다. '지원旨遠'은 취지는 심원하다는 뜻이다. 『백서』「역지의」에는 '其指閒'으로 되어 있다. '간閒'은 간簡으로 읽으며, 주역점이 가리키는 것은 간단하다는 뜻이다. '사辭'는 괘효사, '문文'은 아름답다는 뜻의 미美이다. '사문辭文'은 점글은 아름답다는 뜻이다. '곡이중曲而中'은 그 말은 완곡하나 사리에 부합한다는 뜻이다. '중中'은 들어맞는다는 뜻이다. '사事'는 주역점이 말하는 일을 가리킨다. '사肆'에 대해 우번은 곧다는 뜻의 직(肆, 直也)이라고 하였다. 즉 "그 일은 곧으나 은밀하다"고 해석하였다. 한강백은 드러나다는 뜻의 '현顯'으로 읽고, "일은 드러나나 이치는 은밀하다(事顯而理微也)"고 하였다. 공영달은 '제멋대로 드러내다(放肆顯露)'는 뜻으로 읽고, 『주역』이 신고 있는 일은 그 점글은 제멋대로 드러나 있으나, 의리를 논한 것은 깊고 유은하다(其易之所載之事, 其辭放肆顯露, 而所論義理深而幽隱也)"고 하였다. 한강백의 해석이 좋다. 주역점의 취지는 심원하고, 그 점글은 아름다우며, 그 말은 완곡하나 사리에 부합하고, 그 일은 드러나나 은밀하다는 말이다. 『백서』「역지의」에는 '肆而隱'이 '隱而單'으로 되어 있다. 그 일은 은밀하나 단순하다는 뜻이다. 진고응은 '단單'을 '천闡'으로 읽고, "기술한 일은 은밀하나 도리는 밝다"고 해석하였다.

[因貳以濟民行] '이貳'에 대해 몇 가지 해석이 있다. 첫째, 우번은 "'이'는 건과 곤을 말한다(二, 謂乾與坤也)"라고 하였다. "건곤의 도리를 운용하여

866

백성의 행동을 돕는다"는 말이다. 유백민이 이를 따랐다. 둘째, 한강백은 "'이'는 곧 실득이다(貳則失得也)"라고 하였다. "잃고 얻음에 따라 백성의 행동을 관통하여 돕는다(因失得以通濟民行)"고 하였다. 셋째, 공영달은 "'이'는 이二다. 길흉 두 원리를 말한다(貳, 二也. 謂吉凶二理)"고 하였다. "역은 길흉 두 원리를 가지고 백성의 행동을 돕는다"고 해석하였다. 넷째, 주희는 "'이'는 의심하다는 뜻의 의(貳, 疑也)"라고 하였다. "백성이 의심하는 바에 따라 길흉을 알려준다"는 말이다. 주희의 해석이 합당하다. 고형이 이를 따랐다. '제濟'는 이루다는 뜻의 성成이다. 주역점은 백성이 의심하는 바에 따라 점을 쳐 길흉을 알려주어 그 행위를 이루게 한다는 말이다.『백서』「역지의」에는 '因齎人行'으로 되어 있다. '재齎'는 제濟로 읽으며, 이루다는 뜻의 성成이다. "백성의 행위를 이루게 한다"는 뜻이다. 진고응은 원문의 '이貳'는 '재齎'자가 잘못 쓰인 것이며, '이제以濟'는 잘못 들어간 것이라 하고, '재齎'는 제濟이며 돕는다는 뜻의 조助, '행行'은 용用이라 하고, "이로써 백성들이 사용하는 것을 돕는다"고 해석하였다.

[以明失得之報."] '보報'는 응답應答, 응보應報의 뜻이다. 주역점이 백성들에게 길흉을 알려주어 잃고 얻음의 결과를 밝혀준다는 말이다. '실득失得'에 대해, 상·2장에 "길함과 흉함은 잃음과 얻음의 상이다(吉凶者, 失得之象也)", 3장에 "길과 흉은 잃음과 얻음을 말한 것이다(吉凶者, 言乎其失得也)"라고 하였다.


여기까지가 제6장이다. 본장의 주제는 주역점이며, 공자의 이름을 빌려 주역점을 여러 방면에서 찬양하였다.

49개의 시초를 두 손에 나누어 쥐고, 왼손에 쥔 것은 상 위쪽에 가로로 놓고 하늘, 즉 '건'이라 하고, 오른손에 쥔 것은 상 아래쪽에 가로로 놓고 땅, 즉 '곤'이라 한다. 이 건곤이 곧 주역점으로 들어가는 문이다. 상 위쪽에 놓아 둔 시초(건)는 양에 속하는 것이고, 상 아래쪽에 놓아둔 시초(곤)는 음에 속하는 것이다. 이 건곤 음양을 서로 합하고 나누어 셈을 하여 양효를 얻고 음효를 얻으면, 강유가 형체를 갖게 되어 한 괘가 성립되니, 이것으로 천지의 변화를 체현하고, 이것으로 주역점의 신묘하고 밝은 덕에 통하였다. 주역점이 괘명 혹은 괘효사를 들은 것은 복잡하나 주역점의 범주에서 벗어나지 않는다. 점글이 말한 사류를 고찰하면 대개 은나라 주왕 때의 세상이 쇠퇴하는 의미일 것이다. 무릇 주역점은 지나간 일을 밝히고 미래의 일을 살피며, 은밀한 일을 나타내고 감추어진 일을 드러낸다. 『주역』이라는 점책을 열어 읽으면 합당한 이름과 구별되는 사물, 바른 말과 판단하는 글이 갖추어 있다. 주역점이 점글을 들어 말한 것은 작으나 사류를 취한 것은 크다. 그 취지는 심원하고, 그 점글은 아름다우며, 그 말은 완곡하나 사리에 부합하고, 그 일은 드러나나 은밀하다. 주역점은 백성이 의심하는 바에 따라 점을 쳐 길흉을 알려주어 그 행위를 이루게 하니, 이로써 백성에게 잃고 얻음의 결과를 밝혀준다.

# 제7장

易之興也, 其於中古乎? 作易者, 其有憂患乎? 是故履, 德之基也. 謙, 德之柄也. 復, 德之本也. 恒, 德之固也. 損, 德之脩也. 益, 德之裕也. 困, 德之辨也. 井, 德之地也. 巽, 德之制也.

역이 흥한 것은 중고 때인가? 역을 만든 사람은 우환이 있어서인가? 그러므로 이괘는 덕의 기초이다. 겸괘는 덕의 자루이다. 복괘는 덕의 근본이다. 항괘는 덕이 견고한 것이다. 손괘는 덕을 닦는 것이다. 익괘는 덕을 넉넉하게 하는 것이다. 곤괘는 덕을 분별하는 것이다. 정괘는 덕이 있는 곳이다. 손괘는 덕의 제재이다.

---

[易之興也, 其於中古乎? 作易者, 其有憂患乎?] '역'은 주역점을 가리킨다. '흥興'은 일어나다는 뜻의 기起, 성하다는 뜻의 성盛이다. '중고中古'는 은주 교체 시기, 은나라 주왕紂王과 주나라 문왕文王 때를 가리킨다. 하·11장에 "역이 흥한 것은 은의 말세, 주의 덕이 성할 때인가? 문왕과 주왕 때의 일인가?(易之興也, 其當殷之末世, 周之盛德邪? 當文王與紂之事邪?)"라고 하였다. 「계사」는 주역점이 흥한 시대는 은주 교체 시기일 때라고 여겼다. 이 시기는

앞 장에서 말한 것처럼, '세상이 쇠퇴하는(衰世)' 시기였으므로 주역점을 만든 사람은 우환이 있어서인가 하고 말한 것이다.

『백서』「역지의」에는 이 구절 바로 아래에 "上卦九者, 贊以德而占以義者也"라는 구절이 들어가 있다. 진고응은 '상上'을 상尙으로 읽어, 중요하다는 뜻이라 하고, "『주역』에는 중요한 괘가 9개 있는데, 아래의 첫째 단락은 '덕으로 찬양한 것(贊以德)'이고, 둘째·셋째 단락은 '의로써 점을 말한 것(占以義)'이다"라고 하였다. 『백서』의 이 구절이 있어야 다음 구절과 문장이 순조롭게 연결된다.

[是故履, 德之基也.] '이'는 이괘를 말한다. '이'는 밟다, 실천하다는 뜻이다. 「계사」는 '이履'는 곧 예禮라고 여겼다. 즉 예를 따라 실천한다는 의미이다. 『집해』「서괘」에 "이는 예(履者, 禮也)"라 하였고, 『백서』에는 '이'는 모두 '예'로 되어 있다. '덕德'은 도덕 수양을 말한다. 공영달은 "그러므로 덕을 행할 때, 먼저 반드시 그 예를 실천해야 하니, 윗사람을 공경하고 섬기므로 이는 덕의 기초이다(故爲德之時, 先須履踐其禮, 敬事於上, 故履爲德之初基也)"라고 하였다. '기基'는 기초, 토대이다. 도덕 수양은 반드시 예로부터 시작하니, 이는 덕의 기초가 되는 것이다.

[謙, 德之柄也.] '겸'은 겸괘를 말한다. '겸'은 겸허하다는 뜻이다. '병柄'은 자루라는 뜻의 가柯이다. 우번은 '근본(柄, 本也)'이라고 하였다. 간보는 "'병'은 물건을 잡는 것이고, '겸'은 예를 잡는 것이다(柄, 所以持物. 謙, 所以持禮者也)"라고 하였다. 겸은 덕의 자루라는 말이다. 공영달은 "덕을 행할 때 겸허를 용으로 한다. 만약 덕을 행하되 겸허하지 않으면 덕을 베풀 수가 없다. 이것이 겸이 덕의 자루가 되는 것이니, 도끼와 칼이 자루를 용으로 하는 것과 같다(爲德之時, 以謙爲用, 若行德不用謙, 則德不施用, 是謙爲德之柄, 猶斧刀以柯柄爲用也)"라고 하였다.

[復, 德之本也.] '복'은 복괘를 말한다. '복'은 바른 길로 돌아온다는 뜻이다. 「계사」는 '복'을 바른 길로 돌아오는 것으로 여겼다. 하·5장 복괘 처음 양효의 효사 '멀리 가지 않고 돌아온다(不遠復)'를 해석한 문장에서 "잘못이

있으면 반드시 알았고, 잘못을 알았으면 다시 저지르지 않았다(有不善未嘗不知, 知之未嘗復行也)”고 하였다. ‘본本’은 근본이다. 바른 길로 돌아오는 것은 곧 덕의 근본이라는 말이다.

[恒, 德之固也.] ‘항’은 항괘를 말한다. ‘항’은 항구라는 뜻, 항구히 바름을 지킨다는 뜻이다. 「계사」는 ‘항’을 덕과 지조를 굳게 지켜 항구히 바꾸지 않는 것으로 여겼다. 항恒 「상」에 “군자는 이 괘상을 본받아 변하지 않는 항구한 도를 확립한다(君子以立不易方)”고 하였다. ‘고固’는 견고하다는 뜻의 견堅이다. 굴만리는 “굳게 지켜 변하지 않는 것(固執不移也)”이라고 하였다. 덕은 항구하므로 견고하니, 항은 덕이 견고한 것이라는 말이다. 공영달은 “덕을 행할 때 항구하면 고수할 수 있고 시종 변하지 아니하니, 곧 덕이 견고한 것이므로 덕의 견고함이 되는 것이다(爲德之時, 恒能執守, 始終不變, 則德之堅固, 故爲德之固)”라고 하였다.

[損, 德之脩也.] ‘손’은 손괘를 말한다. ‘손’은 덜어내다는 뜻이다. 「계사」는 ‘손’을 사람이 나쁜 생각과 그릇된 행실을 덜어내는 것으로 여겼다. 손損 「상」에 “군자는 이 괘상을 본받아 분노를 제지하고 탐욕을 막는다(君子以懲忿窒欲)”고 하였다. ‘수脩’는 수修로 읽는다. 『백서』와 『집해』에는 ‘수修’로 되어 있다. 순상은 “분노를 제지하고 탐욕을 막는 것이 덕을 닦는 것이다(懲忿窒慾, 所以修德)”고 하였다. 나쁜 생각과 그릇된 행실을 덜어내는 것이 곧 덕을 닦는 것(修德)이다. 그러므로 손은 덕을 닦는 것이라는 말이다.

[益, 德之裕也.] ‘익’은 익괘를 말한다. ‘익’은 더하다는 뜻이다. 「계사」는 ‘익’을 사람이 선한 생각과 아름다운 행실을 더하는 것으로 여겼다. 익益 「상」에 “군자는 이 괘상을 본받아 선을 보면 옮겨 따르고 과실이 있으면 고친다(君子以見善則遷, 有過則改)”고 하였다. ‘유裕’는 넉넉하다는 뜻의 요饒이다. 순상은 “선을 보면 옮겨 따르고 과실이 있으면 고치니, 덕이 넉넉한 것이다(見善則遷, 有過則改, 德之優裕也)”라고 하였다. 선한 생각과 아름다운 행실을 더하는 것은 곧 그 덕을 넉넉하게 하는 것이다. 그러므로 익은 덕을 넉넉하게 하는 것이라는 말이다. 공영달은 “‘유’는 관대한 것이다. 사물을

이롭게 할 수 있으면 덕은 더욱 관대해진다(裕, 寬大也. 能以利益於物, 則德更寬大也)” 하였다. 『백서』 「역지의」에는 ‘德之譽也’로 되어 있다. 덕의 영예라는 뜻이다.

[困, 德之辨也.] ‘곤’은 곤괘를 말한다. ‘곤’은 곤궁하다는 뜻이다. 「계사」는 ‘곤’을 사람이 곤궁한 지경에 처하여 바름을 지키는 것으로 여겼다. 곤困 「상」에 “군자는 이 괘상을 본받아 생명을 버리고 뜻을 행한다(君子以致命遂志)”고 한 것은 군자가 곤궁에 처하여 비록 죽음을 택하나 그 뜻을 굽히지 않는다는 말이다. ‘변辨’은 분별하다는 뜻의 별別이다. 사람이 곤궁한 지경에 처하면 그 사람의 덕의 경지를 분별할 수 있다. 그러므로 곤은 덕을 분별하는 것이라는 말이다. 공영달은 “만약 곤궁한 때를 만났을 때, 지조를 지키어 변하지 않는다면, 덕은 곧 분별할 수 있는 것이다(若遭窮困之時, 守操不移, 德乃可分辨也)”라고 하였다. 『백서』 「역지의」에는 ‘德之欲也’로 되어 있다. 덕의 욕구라는 뜻이다.

[井, 德之地也.] ‘정’은 정괘는 말한다. ‘정’은 우물이라는 뜻이다. 「계사」는 ‘정’을 물로 사람을 기르는 것으로 여겼다. 정井 「단」에 “우물은 사람을 길러도 물은 다하지 않는다(井養而不窮也)”고 하였다. ‘지地’에 대해 두 가지 해석이 있다. 하나는 한강백은 처소, 곳이라는 뜻으로 해석하였다. “처한 곳을 옮기지 않으니, 거함에 있을 곳을 얻었음을 상징한다(所處不移, 象居得其所也)”라 하였고, 공영달은 “고을을 개축하여도 우물은 개조하지 않으니, 우물은 항상 있는 곳에 있어 자리를 지켜 옮기지 않는다. 이것이 덕이 있는 곳이며, 덕 또한 옮길 수 없는 것을 말한다(改邑不改井, 井是所居之常處, 能守處不移, 是德之地也. 言德亦不移動也)”고 하였다. 뒷사람들은 모두 이를 따랐다. 또 하나는 고형은 베푼다는 뜻의 시施로 해석한 것이다. “‘지’는 당연히 베푼다는 뜻의 시로 해야 하는 것이 아닌가 한다. 글자 모양이 비슷하여 잘못되었다. …우물이 물로 사람을 기르는 것은 사람이 덕으로 사람에게 베푸는 것과 같다 그러므로 정은 덕을 베푸는 것이다(地疑當作施, 形似而誤. …井以水養人, 似人以德施人, 故井爲德之施)”라고 하였다. “우물에 물이 있듯이,

정은 덕이 있는 곳이다." 혹은 "우물이 물로 사람을 기르듯이, 정은 덕을 사람에게 베푼다." 두 가지 해석은 모두 통한다.

[巽, 德之制也.] '손'은 손괘를 말한다. '손'은 겸손하다는 뜻이다. 「계사」는 '손'을 겸손하고 사양하는 것으로 여겼다. 「단」은 종종 '손'을 겸손으로 해석하였다. 『설문』에 "'제'는 제재하다는 뜻의 재(制, 裁也)"라고 하였다. 겸손하고 사양하는 것은 반드시 덕으로 제재하는 것이다. 그러므로 손은 덕의 제재라는 말이다. 『백서』「역지의」에는 '손'이 '환渙'으로 되어 있다.

이상 공영달과 고형의 해석이 서로 일치하는 것이 많으므로 이를 참고하여 썼다. 『백서』「역지의」에는 이 구절 끝에 '是故占曰' 네 글자가 있다. 이 단락까지는 『주역』의 중요한 9개의 괘에 대해 '찬이덕贊以德'을 말하였고, 다음 단락부터는 '점이의占以義'를 말한 것이다.

履, 和而至. 謙, 尊而光. 復, 小而辨於物. 恒, 雜而不厭. 損, 先難而後易. 益, 長裕而不設. 困, 窮而通. 井, 居其所而遷. 巽, 稱而隱.

이는 조화로우면서 지극하다. 겸은 높고 빛난다. 복은 작은 일에서부터 사물에 두루 미친다. 항은 (시작과 끝을) 돌아서 멈추지 않는다. 손은 먼저 어려우나 뒤에는 쉽다. 익은 오랫동안 넉넉하여 곤궁하지 않다. 곤은 궁하나 통한다. 정은 그 자리에 있으면서 옮긴다. 손은 찬양하나 드러내지 아니한다.

[履, 和而至.] '이'는 예이다. '화和'는 조화로운 것이다. 예는 조화를 중시한다. '지至'는 지극하다는 뜻의 극極이다. 예는 사람을 대함에 지극해야 한다. 이는 조화로우면서 지극하다는 말이다. 고형은 '화和'는 다투지 않는 것, '지至'는 사람에게 베푸는 것이라 하고, "이는 온화하게 베푼다"고 해석하였다.

[謙, 尊而光.] '겸'은 겸허이다. '존尊'은 높다는 뜻이고, '광光'은 빛나는 것

이다. 겸「단」에도 '尊而光'이라고 하였다. 공영달은 "겸허하고 낮출 수 있으므로 그 덕은 갈수록 높고 밝다(以能謙卑, 故其德益尊而光明也)"고 하였다. 겸허하면 자신을 낮추니, 높고 빛난다는 말이다. 왕인지는 '존尊'을 준撙으로 읽고, 스스로 낮추는 것이라 하고, '광光'은 넓다는 뜻의 광廣, 크다는 뜻의 대大라고 하여, "겸허한 것은 스스로 낮추니 넓다"고 해석하였다.

[復, 小而辨於物.] '복'은 바른 길로 돌아오는 것이다. '소小'에 대해 몇 가지 해석이 있다. 첫째, 우번은 양기가 미약한 것으로 보았다. "양이 처음 나타나므로 '소小'이다. 건은 양에 속하는 것이고, 곤은 음에 속하는 것이다. 건으로 곤에 거하니, 그러므로 달리 '물物'이라 칭하였다(陽始見故小, 乾陽物, 坤陰物, 以乾居坤, 故稱別物)"고 하였다. 복괘의 괘상으로 해석한 것이다. 둘째, 한강백은 미소한 것이라고 하였다. "미소하여 분별하니, 멀리 가지 아니하고 돌아오는 것이다(微而辨之, 不遠復也)"라고 하였다. 공영달은 "복괘의 처음 효가 미세하고 작을 때, 사물의 길흉을 분별할 수 있으므로 멀리가지 아니하고 곧 돌아온다는 것을 말하였다(言復卦於初, 細微之小時, 即能辨於物之吉凶, 不遠速復也)"고 하였다. 주희, 진고응이 이를 따랐다. 셋째, 왕인지는 자신으로 보았다. "'소'는 일신을 말한다. 천하 국가로 말하면, 몸은 작은 것이다. '변'은 두루라는 뜻의 편으로 읽는다. 옛글자에는 변과 편은 통용되었다(小, 謂一身也. 對天下國家言之, 則身爲小矣. 辨, 讀爲遍, 古字辨與遍通)"고 하였다(『經義述聞』). 넷째, 고형은 작은 일이라고 하였다. 선한 곳으로 돌아와, 작은 일에서부터 두루 일체의 사물에 미친다는 말이다. 이러한 해석은 모두 통한다. 필자는 고형의 해석을 따랐다.

[恒, 雜而不厭.] '항'은 항구한 것이다. '잡雜'에 대해, 공영달은 "항괘가 비록 사물의 복잡함과 더불어 함께 있지만, 항상 지조를 굳게 지켜 사물의 그릇된 것을 입지 않는다(言恒卦, 雖與物雜碎並居, 而常執守其操, 不被物之不正也)"고 하였다. 즉 '잡'은 옳음과 그릇됨이 서로 뒤섞인 것이며, 옳음과 그릇됨이 서로 뒤섞여 있을 때, 항상 바름을 지켜 싫어하지 않는다는 말이다. 왕인지는 "'잡雜'은 당연히 잡帀으로 읽어야 한다. 잡帀은 돌다는 뜻의 주周이

다. 한 바퀴 도는 것을 말한다. 항의 도는 시작과 끝을 서로 돌아 멈추는 때가 없다. 그러므로 '돌아서 멈추지 않는다(帀而不厭)'고 한 것이다. 항恒「단」에 '갈 곳이 있으면 이롭다는 것은 끝나면 또 시작한다는 것이다(利有攸往, 終則有始也)'라고 하였다. 끝나면 돌고 끝나면 또 시작하니, 이것이 '잡이불염帀而不厭이다"라고 하였다(『經義述聞』). 두 가지 해석은 모두 통한다. 『백서』「역지의」에는 '잡雜'이 '구久'로 되어 있다. "항은 항구하여 싫어하지 않는다"는 뜻이다.

[損, 先難而後易.] '손'은 나쁜 생각과 그릇된 행실을 덜어내는 것이다. 한강백은 "덜어내어 수신하므로 먼저는 어렵다, 수신하면 환난이 없으므로 뒤에는 쉽다(刻損而脩身, 故先難也. 身脩而无患, 故後易也)"고 하였다. 공영달은 "먼저 스스로 덜어내는 것이 먼저 어렵다는 것이다. 뒤에 곧 환난이 없는 것이 뒤에는 쉽다는 것이다(先自減損是先難也. 后乃无患是后易也)"라고 하였다. 나쁜 생각과 그릇된 행실을 덜어내는 것이 먼저는 어려우나 뒤에는 쉽다는 말이다.

[益, 長裕而不設.] '익'은 선한 생각과 아름다운 행실을 더한다는 뜻이다. '유裕'는 넉넉하다는 뜻의 요饒이다. '설設'에 대해, 한강백은 '공허하게 베풀지 않는 것(不虛設)'이라고 하였다. "흥하는 바가 있어 이것으로 사물에 더하므로 '오랫동안 넉넉하다'고 하였다. 사물에 따라 일을 흥하게 하니, 공허하게 베푸는 것이 아니다(有所興爲, 以益於物, 故曰長裕. 因物興務, 不虛設也)"라고 하였다. 주희는 "조작하지 않는 것(不造作)"이라고 하였다. 굴만리는 '설設'을 살殺로 읽고, 덜다는 뜻의 감減으로 해석하였다. 고형은 '설設'을 지騺로 읽고, 『설문』에 "'지'는 말의 짐이 무거운 모양(騺, 馬重貌)"이라고 하였는데, '지'는 곤궁하다는 뜻이라고 하였다. '장유이부지長裕而不騺'는 오랫동안 넉넉하여 곤궁하지 않다는 말이다. 선한 생각과 아름다운 행실을 더하면 오랫동안 넉넉하여 곤궁하지 않다는 말이다. 『백서』「역지의」에는 '長裕而與'로 되어 있다. 오랫동안 넉넉하여 더불어 함께 한다는 뜻이다.

[困, 窮而通.] '곤'은 곤궁하다는 뜻이다. 한강백은 "곤궁에 처하여 그 도를

굽히지 않는 것(處窮而不屈其道也)”이라 하였고, 공영달은 “곤궁할 때 절개를 지킬 수 있어, 도가 통하여 굽히지 아니하는 것을 말한다(言困卦於困窮之時, 而能守節, 使道通行而不屈也)”고 하였다. 곤괘는 사람이 곤궁에 처하여 바름을 지키어 통함에 이르는 것을 가르쳐 준다는 말이다. 주희는 “몸은 곤궁하나 도는 형통하다(身困而道亨)”고 하였다. 『백서』「역지의」에는 ‘窮而達’로 되어 있다.

[井, 居其所而遷.] ‘정’은 우물이다. 한강백은 “우물은 있는 곳을 옮기지 아니하고, 그 베푸는 것을 옮길 수 있다(井所居不移, 而能遷其施也)”고 하였는데, 우물은 영원히 그 자리에 있으면서 물은 다른 곳으로 옮겨 사람에게 베푼다는 말이다. 이것은 사람이 그 자리에 거하면서 덕을 베푸는 것에 비유한 것이다. 공영달도 이렇게 해석하였다. 주희도 “움직이지 않으면서 사물에 이른다(不動而及物)”고 하였다. 혹은 ‘천遷’자 앞에 ‘불不’자가 생략된 것으로 보고, “우물은 그 자리에 있으면서 옮기지 않는다”고 해석하여도 통한다(굴만리).

[巽, 稱而隱.] ‘손’은 겸손하다는 것이다. ‘칭稱’에 대해 두 가지 해석이 있다. 하나는 찬양하다, 칭찬하다는 뜻이다. “겸손하면 찬양하는 말을 들어나 드러내지 않는다”는 말이다. 한강백은 “찬양하여 명령하나, 백성은 그 이유를 모른다(稱揚命令, 而百姓不知其由也)”고 하였다. 공영달, 최경 등이 이렇게 해석하였다. 또 하나는 ‘칭稱’을 저울에 달다, 가늠하다는 뜻으로 새기는 것이다. “손은 가늠하여 드러내지 않는 것”이라는 말이다. 주희는 “사물의 알맞음을 가늠하여 숨기어 드러내지 않는다(稱物之宜, 而潛隱不露)”고 하였다. 래지덕이 이렇게 해석하였다. 두 가지 해석은 모두 통한다. ‘은隱’은 숨기다는 뜻이다. 『백서』「역지의」에는 ‘손’이 ‘환渙’, ‘은隱’이 ‘구救’로 되어 있다. 진고응은 ‘구救’는 곧 멈추다는 뜻의 지止(『설문』)라 하고, “손은 가늠하여 때를 알고 멈추는 것”이라고 해석하였다.

履以和行. 謙以制禮. 復以自知. 恒以一德. 損以遠害. 益以興利. 困
以寡怨. 井以辨義. 巽以行權.

이로써 조화롭게 행한다. 겸으로써 예를 제정한다. 복으로써 스스로 잘못
을 안다. 항으로써 덕을 한결같이 한다. 손으로써 해로움을 멀리 한다. 익
으로써 이로움을 일으킨다. 곤으로써 원망을 적게 한다. 정으로써 의로움
을 분별한다. 손으로써 권세를 행한다.

---

[履以和行] ‘이’는 예이다. 사람은 예로써 조화롭게 행동한다. 『백서』「역
지의」에는 ‘以果行也’로 되어 있다. 과감하게 행동한다는 뜻이다.

[謙以制禮] ‘겸’은 겸허이다. ‘제制’는 만든다는 뜻의 조造이다. 겸허한 것으
로 예를 세정한다는 말이다. 우번은 제압하다(以一陽制五陰), 공영달은 만들
다(以裁制於禮)는 뜻으로 읽었다. 고형은 ‘제制’는 따르다는 뜻의 종從이라
하고, ‘제예制禮’는 종예從禮, 즉 “겸은 예를 준칙으로 한다”고 해석하였다.

[復以自知] ‘복’은 바른 길로 돌아오는 것이다. ‘자지自知’에 대해, 우번은
“잘못이 있으며 반드시 아는 것(有不善未嘗不知)”, 한강백은 “자신에게서 잘
못을 구하는 것(求諸己也)”, 공영달은 “되돌아 와 자신에게서 구하는 것(返
復求身)” 등이라고 하였는데, 모두 자성自省의 뜻으로 새겼다. 복은 스스로
잘못을 아는 것이라는 말이다. 고형은 ‘자각自覺’으로 해석하였는데, 복은
지각하는데 있다는 말이다.

[恒以一德] ‘항’은 항구하다는 뜻이다. ‘일덕一德’은 덕을 한결같이 한다는
말이다. 공영달은 “항은 처음부터 끝까지 변하지 않으므로 그 덕을 순일하
게 할 수 있다(恒能終始不移, 是純一其德也)”고 하였다. 항괘는 바름을 지켜
변하지 않으므로 덕행을 순일하게 유지할 수 있다는 말이다.

[損以遠害] ‘손’은 나쁜 생각과 그릇된 행실을 덜어내는 것이니, 이렇게 하
면 해를 멀리한다는 말이다.

[益以興利] ‘익’은 선한 생각과 아름다운 행실을 더하는 것이니, 이렇게 하

면 이로움이 흥한다는 말이다. 『백서』「역지의」에는 '興禮也'로 되어 있다. 예를 일으킨다는 뜻이다.

[困以寡怨] '곤'은 곤궁하다는 뜻이다. 곤궁하나 바름을 지키면 원망하는 것이 적다는 말이다. 공영달은 "곤궁한 일을 만나 절개를 지켜 변하지 아니하고, 하늘을 원망하지 아니하고 남을 탓하지 아니하면, 이것이 사물에 원망하는 것이 없는 것이니, 그러므로 원망이 적은 것이다(遇困守節不移, 不怨天, 不尤人, 是无怨於物, 故寡怨也)"라고 하였다. 『백서』「역지의」에는 '辟咎也'로 되어 있다. 허물을 피한다는 뜻이다.

[井以辨義] '정'은 우물이다. 우물의 의로움은 사람을 기르는데 있다. 그러므로 정으로써 의로움을 분별한다는 말이다. 한강백은 "베푸나 사사로움이 없으니, 의로움이 반듯한 것이다(施而无私, 義之方也)"라고 하였다.

[巽以行權] '손'은 겸손하다는 것이다. '행권行權'은 한강백과 공영달이 권세를 행하는 것이라고 해석하였다. 자신을 낮추는 것으로 권세를 행한다는 뜻이다. 고형은 "항상 사용하는 도가 경經이고, 일시의 계책이 권權이다"라고 하였다. 사양하는 것은 찬양하고 또 숨기어 감추니, 곧 일시의 계책을 행하는 것이라고 해석하였다. 『백서』「역지의」에는 '손'이 '환渙'으로 되어 있다.


여기까지가 제7장이다. 본장의 주제는 주역점이며, 주역점이 흥한 것은 중고 시대, 주역점을 만든 사람은 그 시대의 우환이 있어서 만든 것임을 말하고, 이어 이履, 겸謙, 복復, 항恒, 손損, 익益, 곤困, 정井, 손巽 등 9개의 괘를 세 차례 진술하여 우환 중의 도덕 수양에 대해 밝혔다. 즉 삼진구괘의 의의는 자신을 되돌아보고 덕을 닦아 우환 중에 도덕적 경지를 더 높이고자 하는데 있으며, 이것으로써 흉을 길로 변화시키는 수단으로 여긴 것이다. 공영달은 "64괘는 모두 덕을 닦고 우환을 방지하는 것이다. 그러나 여기의 9개의 괘는 덕을 닦는 것이 가장 지극한 것이므로 특별히 들어서 말하였다(六十四卦, 悉爲脩德防患之事. 但於此九卦, 最是脩德之甚, 故特擧以言焉)"고 하였고, 주희는 "이 장은 삼진구괘를 가지고 우환의 도에 처하는 것을 밝혔다(此章三陳九卦, 以明處憂患之道)"고 하였으며, 래지덕은 "성인이 9개의 괘로 덕을 닦는 것을 말하였다(此章論聖人以九卦脩德)"고 하였다.

# 제8장

易之爲書也不可遠, 爲道也屢遷. 變動不居, 周流六虛. 上下无常, 剛柔相易, 不可爲典要, 唯變所適. 其出入以度, 外內使知懼, 又明於憂患與故. 无有師保, 如臨父母. 初率其辭而揆其方, 旣有典常. 苟非其人, 道不虛行. (而苟无德而占, 則易亦不當)

『역』이라는 책은 멀리 할 수 없으며, 그 도는 거듭 변하는 것이다. 변동하여 멈추지 아니하고, 여섯 자리에 두루 흐른다. 위아래의 효는 변화하여, 강유는 서로 바뀌니, 일정한 법칙이 될 수 없이, 오직 알맞게 변한다. 주역점의 시초를 셈하는 변화는 법도로써 하고, 안팎으로 경계해야 할 바를 알게 하며, 또 우환과 사고에 밝게 한다. 스승이 없어도 부모에 임하는 것 같다. 처음에 그 점글을 따라 도를 헤아리면, 곧 일정한 법칙이 있다. 만약 그 사람이 아니면, 역도는 여섯 효의 자리에 운행하지 아니한다. (만약 덕이 없는 사람이 점을 치면 주역점은 또한 부정확하다)

[易之爲書也不可遠] ‘역’은 『주역』이라는 점책을 가리킨다. ‘불가원’은 『주역』이라는 점책은 멀리 할 수 없다는 말이다. 후과는 “움직이지 않을 때는

괘효의 상을 관찰하고, 움직일 때는 점을 음미하니, 멀리할 수 없는 것이다 (居則觀象, 動則玩占, 故不可遠也)"라 하였고, 주희는 "'원'은 잊다는 뜻의 망과 같다(遠猶忘也)"고 하였으며, 래지덕은 "떨어질 수 없는 것(不可離)"이라고 하였다. 『백서』「역지의」에는 '不可遠'이 '難前'으로 되어 있는데, '전前'은 원遠으로 읽으며, 뜻은 통행본과 같다. 진고응은 '전前'은 찬贊으로 읽으며, 밝힌다는 뜻이라 하고, "『역』이라는 책은 밝히기가 어렵다"고 해석하였다.

[爲道也屢遷] '도'는 역도易道, 즉 주역점의 도이며, '일음일양지위도一陰一陽之謂道', 즉 시초를 셈하여 한 번은 음을 얻고 한 번은 양을 얻는 것, 또 양효가 음효로 음효가 양효로 변하는 음양변화의 도이다. '천遷'은 옮기다는 뜻의 사徙이다(우번). '누천屢遷'은 자주 옮긴다는 뜻이며, 역도는 거듭 변하는 것이라는 말이다. '누천'의 내용은 아래에서 말하고 있다.

[變動不居, 周流六虛.] '거居'는 멈추다는 뜻의 지止이다. '주류周流'는 두루 흐른다는 뜻이다. '유流'는 곧 변화의 개념이다. '육허六虛'는 여섯 효의 자리이다. 우번과 한강백은 "'육허'는 효의 여섯 자리(六虛, 六位也)"라고 하였다. 공영달은 "육위를 '허'라고 말한 것은, 효의 자리는 본래 형체가 없는 것이나, 효에 따라 비로소 나타나므로 '허'라 칭한 것이다(六位言虛者, 位本无體, 因爻始見, 故稱虛也)"라 하였고, 진몽뢰는 "여섯 효는 강유가 왕래하는 것이 잠시 맡긴 것과 같은 것이지, 실제로 있는 것이 아니므로 '허'라고 하였다(六爻剛柔往來如寄, 非實有也, 故曰虛)"라고 하였다. 시초를 셈하여 여섯 효를 얻으면, 음양 변화의 도는 변동하여 멈추지 아니하고 여섯 효의 자리에 두루 작용한다는 말이다. 즉 여섯 효는 두루 변한다는 말이다.

[上下无常] '상하'는 한 괘 여섯 효의 상하이다. '무상'은 일정함이 없다는 뜻이며, 변화한다는 말이다. 시초를 셈하여 여섯 효를 얻으면, 음양 변화의 도는 여섯 효에 두루 작용하니, 위아래의 효는 일정함이 없이 변화한다는 말이다. 즉 여섯 효의 변화는 혹은 윗자리에 있기도 하고, 혹은 아랫자리에 있기도 한다는 말이다.

[剛柔相易] ‘강’은 양효이고, ‘유’는 음효이다. 여섯 효는 혹은 강이 변하여 유가 되고, 혹은 유가 변하여 강이 되니, 강유가 서로 바뀐다는 말이다. 상·2장에 “강과 유가 서로 바뀌어 변화를 낳는다(剛柔相推而生變化)”고 하고, “강과 유는 낮과 밤의 상이다(剛柔者, 晝夜之象也)”라고 하였다. 낮(강)이 밤(유)으로 밤(유)이 낮(강)으로 바뀐다는 말이다.

[不可爲典要] 우번은 “‘전’은 일정하다는 뜻의 상, ‘요’는 도(典, 常也. 要, 道也)”라고 하였다. ‘전요典要’는 상도常道, 즉 일정한 법칙, 불변의 규칙이라는 뜻이다. 한강백은 ‘일정한 표준(定準)’이라 하고, 이 구절을 “일정한 표준을 세울 수 없는 것(不可立定準也)”이라고 해석하였다. 음양 변화의 도는 변동하여 멈추지 아니하고, 여섯 효의 자리에 두루 작용하니, 여섯 효의 변화는 혹은 윗자리에 있기도 하고 혹은 아랫자리에 있기도 하며, 혹은 강이 변하여 유가 되기도 하고 혹은 유가 변하여 강이 되기도 하니, 이것은 일정한 법칙이 될 수가 없다는 말이다.

[唯變所適] ‘변’은 ‘강유상역剛柔相易’의 변이며, 노양은 음으로 노음은 양으로 변하는 것을 가리킨다. ‘적適’은 알맞다는 뜻의 중中이다. 한강백은 ‘적시適時’라고 하여, ‘유변소적唯變所適’을 적시이변適時而變으로 보았다. 즉 때에 알맞게 변하는 것이라는 말이다. 그러나 「계사」의 이 구절은 변화를 말하면서 ‘알맞게 변한다(適)’는 것을 말하였지, ‘때에’ 알맞게 변한다는 것은 말하지 않았다. 음양 변화의 도는 여섯 효에서 오직 알맞게 변한다는 말이다.

[其出入以度, 外內使知懼] 이 구절은 참 해석하기가 어렵다. 주희는 “이 구절은 자세하지 않으니, 탈자와 오자가 있는 것이 아닌가 한다(此句未詳, 疑有脫誤)”고 하고 해석하지 않았다. ‘기其’는 ‘위서爲書’와 ‘위도爲道’를 포괄한 것, 즉 주역점을 가리킨다. ‘출입出入’은 상·11장의 ‘출입’과 같으며, 시초를 합하고 나누는 것, 즉 주역점의 신출귀몰, 변화무쌍함을 가리킨다. ‘도度’는 법도이다(래지덕). 주역점의 시초를 셈하는 신출귀몰한 변화는 법도로써 한다는 말이다. 『백서』「역지의」에는 ‘出入又度’로 되어 있다. ‘우又’는

유有로 읽는다. 주역점의 시초를 셈하는 신출귀몰한 변화는 법도가 있다는 말이다. '외내外內'는 점치는 사람의 안팎의 일을 가리킨다. 한강백은 "나가고 들어오는 법도를 밝혀 사물로 하여금 안팎으로 경계함을 알게 한다. '출입'은 행하고 감추는 것과 같고, '외내'는 은밀하고 드러남과 같다(明出入之度, 使物知外內之戒也. 出入猶行藏, 外內猶隱顯)"고 하였다. '구懼'는 경계하다는 뜻의 계戒와 같다. 주역점은 점치는 사람으로 하여금 안팎으로 경계해야 할 바를 알게 한다는 말이다. 혹은 '외'는 한 괘에서 윗괘를, '내'는 아랫괘를 가리킨다고 하여, '출'은 내괘에서 외괘로 이르는 것이고, '입'은 외괘에서 내괘로 이르는 것이라고 하여, 앞의 것을 '왕往'이라 하고, 뒤의 것을 '래來'라고 해석하기도 한다. 주백곤은 '其出入以度外內, 使知懼'로 읽고, "효상이 아랫괘와 윗괘에서 출입하는데, 이것으로 괘의 길흉을 헤아린다"고 해석하였다. 진고응은 '출입'은 여섯 효의 가고 오는 것(往返), '외내'는 내외괘의 합, '도度'와 '구懼'는 서로 짝이며, '구'는 척도, 표준이라는 뜻의 확矱으로 읽고, '도'와 같은 뜻이라 하고, "여섯 효의 가고 오는 것은 모두 내재 법도의 제약이 있고, 내외괘의 조합은 모두 내재 준칙의 지배가 있다"고 해석하였다. 고형은 '其出入以度外內, 使知懼'로 읽고, "'탁度'은 헤아린다는 뜻이다. 점법에 의하면, 효가 변하면 괘도 변한다. 먼저 얻은 괘를 본괘本卦라 하고, 뒤에 변한 괘를 변괘變卦라고 한다. 옛사람들은 이를 지괘之卦라고 칭하였다. '출입'은 본괘에서 나와 변괘로 들어가는 것이다. '내외'는 본괘를 '내'라 하고, 변괘를 '외'라고 한다. 이 구절은 괘가 이것에서 나와 저것으로 들어가는 변화를 가지고 내괘와 외괘의 관계를 헤아려, 길흉을 정하는데, 요점은 사람으로 하여금 경계해야 할 바를 알게 하는데 있다"고 하였다. 이러한 해석은 모두 통한다. 『백서』「역지의」에는 '外內皆瞿'로 되어 있다.

[又明於憂患與故] 한강백은 "'고'는 사고(故, 事故也)"라고 하였다. 주역점은 점치는 사람으로 하여금 우환과 사고에 밝게 한다는 말이다. 『백서』「역지의」에는 '又知患故'로 되어 있다. '환고'는 근심스런 일이다. "근심스런 일을 알게 한다"는 말이다.

[无有師保, 如臨父母.] '사보師保'는 옛날에 귀족 자제들을 가르치던 스승을 가리킨다. 『예기』「문왕세자文王世子」에 "들어가면 '보'가 있고, 나가면 '사'가 있다. 그래서 가르침을 깨닫고 덕은 이루어진다(入則有保, 出則有師. 是以敎喩而德成也)"고 하였다. 주역점은 스승의 가르침이 없어도 부모가 친히 가르치는 것에 임하는 것과 같다는 말이다. 주희는 "비록 스승은 없으나, 항상 부모에 임하는 것과 같으니, 경계하고 두려워하는 것이 지극한 것이다(雖无師保, 而常若父母臨之, 戒懼之至)"라고 하였다. 유백민, 진고응도 이와 같이 해석하였다. 고형은 "'무无'는 당연히 우尤로 해야 한다. 글자 모양이 비슷하여 잘못되었다. '우尤'는 유猶로 읽으며, 같다는 뜻이다. …이 두 구절은 『역경』은 사람이 행하는 일을 지도할 수 있으니, 사람에게 이것이 있는 것은 사보가 있는 것과 같으며, 부모에 임하는 것과 같다"고 해석하였다. 『백서』「역지의」에는 '无又師保而親若父母'로 되어 있다. "스승이 없어도 부모와 같이 친근하다"는 뜻이다.

[初率其辭而揆其方, 旣有典常.] '초初'는 처음이라는 뜻의 시始이다. '솔率'은 따르다는 뜻의 순循이다(공영달). 『집해』에는 '솔帥'로 되어 있는데, 같은 뜻이다. '기其'는 주역점을 가리킨다. '사辭'는 괘효사, 즉 점글이다. '규揆'는 헤아리다는 뜻의 탁度이다(공영달). '방方'에 대해, 한강백이 의리라는 뜻의 의義라고 하였는데, 공영달이 이를 따랐다. 『석문』에 마융은 '도道'라고 하였는데, 후과, 주희, 래지덕 등이 이를 따랐다. '기旣'는 즉卽과 같다. '전상典常'은 앞의 '전요典要'와 같으며, 일정불변의 법칙이다. 처음에 주역점의 점글을 따라 그 도를 헤아리면, 곧 일정한 법칙이 있다는 말이다. 공영달은 "『역』의 점글을 좇아서 그 의리를 헤아리면 『역』에 일정한 법칙이 있음을 알 수 있으므로 '기유전상'이라고 하였다. 『역』은 비록 천변만화하여 일정한 법칙이 될 수 없으나, 점글을 좇고 그 뜻을 헤아려, 그 처음을 찾고 그 끝을 맺으면 모두 알맞게 변하는 것이니, 이것이 그 일정한 법칙이다(依循其易之文辭, 而揆度其易之義理, 則能知易有典常也, 故云旣有典常. 易雖千變萬化, 不可爲典要, 然循其辭, 度其義, 原尋其初, 要結其終, 皆唯變所適, 是其典常也)"

라고 하였다. 『백서』「역지의」에는 '卬率其辭, 樛度其方, 无又典常.'으로 되어
있다. '인卬'은 초初로 읽는다. 규樛는 규揆와 같으며, 헤아리다는 뜻의 탁度
이다. '우又'는 유有로 읽는다. '무우无又'는 없다는 뜻이다. "처음에 점글을
따라 도를 헤아리면, 또 일정한 법칙이 없다"는 뜻이다. 통행본은 '유有'라
하고, 『백서』는 '무无'라고 하였는데, 어느 쪽이 맞는지 알 수 없다.

　[苟非其人, 道不虛行] '구苟'에 대해, 우번은 '진실로(誠)', 왕인지는 '만약
(若)'으로 해석하였다. 두 가지 다 통한다. '기인其人'에 대해 우번은 '현인
賢人'으로, 최경과 공영달은 '성인聖人'으로 해석하였다. 이 구절에 대해 해
석은 분분하나 지금까지 본뜻을 정확하게 이해한 사람은 한 사람도 없었다.
'기인其人'은 상·11장의 '기인其人', 하·1장의 '인人'이며, 곧 역도를 아는
사람, 「계사」 당시의 점술가를 가리킨다. '도'는 역도, 즉 음양 변화의 도이
다. '허虛'는 앞의 '육허六虛'의 '허虛', 즉 효의 여섯 자리이다. '행行'은 '수
류육허周流六虛'의 '유流'와 같으며, 운행하다는 뜻이다. '도불허행'은 음양
변화의 도는 여섯 효의 자리에 두루 운행하지 아니한다는 말이다. 즉 만약
올바르게 점치는 사람이 아니면, 시초를 셈하여 효를 얻고 괘를 얻어, 음효
는 양효로 양효는 음효로 변하는 음양 변화의 도를 여섯 효의 자리에 두루
적용할 수 없다는 말이다. 『백서』「역지의」에는 이 구절 아래에 '□□无德而
占, 則易亦不當.'이라는 두 구절로 끝을 맺었다. 진고응은 한 개의 □안에는
'구苟'자가 들어갈 것이라 하고, "만약 덕이 없는 사람이 점을 치면 『역』은
또한 부정확하다"고 해석하였다. 진고응이 해석이 정확하다. 필자는 앞에 있
는 또 하나의 □에는 '이而'자가 들어가야 한다고 생각한다. 『백서』의 이 구
절이 있어야 앞뒤 구절이 짝으로 연결되어 그 내용이 순조롭다.


　여기까지가 제8장이다. 본장의 주제는 주역점이며, 『주역』이라는 점책과
점도를 찬양하였다.
　『주역』이라는 점책은 아주 중요하여 그 누구도 일상생활에서 멀리 할 수
없으며, 그 도는 거듭 변하는 것이다. 시초를 셈하여 여섯 효를 얻으면, 음

양 변화의 도는 변동하여 멈추지 아니하고 여섯 효의 자리에 두루 작용한다. 여섯 효의 변화는 혹은 윗자리에 있기도 하고 혹은 아랫자리에 있기도 하며, 혹은 강이 변하여 유가 되기도 하고 혹은 유가 변하여 강이 되기도 하니, 이것은 일정한 법칙이 될 수가 없이, 오직 여섯 효에서 알맞게 변한다. 주역점이 시초를 셈하는 신출귀몰한 변화는 법도로써 하고, 점치는 사람으로 하여금 안팎으로 경계해야 할 바를 알게 한다. 또 주역점은 점치는 사람으로 하여금 우환과 사고에 밝게 한다. 주역점은 스승의 가르침이 없어도 부모가 친히 가르치는 것에 임하는 것과 같이, 길을 좇고 흉을 피하여, 시종 경계하고 허물을 저지르지 않도록 지도해 준다. 처음에 주역점의 점글을 따라 그 도를 헤아리면, 곧 일정한 법칙이 있다. 만약 올바르게 점치는 사람이 아니면, 시초를 셈하여 효를 얻고 괘를 얻어, 음효는 양효로 양효는 음효로 변하는 음양 변화의 도를 여섯 효의 자리에 두루 적용할 수 없다. (만약 덕이 없는 사람이 점을 치면 주역점은 또한 합당한 것을 알려주지 않는다)

# 제9장

易之爲書也, 原始要終, 以爲質也. 六爻相雜, 唯其時物也. 其初難知, 其上易知, 本末也. 初辭擬之, 卒成之終. 若夫雜物撰德, 辨是與非, 則非其中爻不備. 噫亦要存亡吉凶, 則居可知矣. 知者觀其象辭, 則思過半矣.

『역』이라는 책은 시원을 살피고 종말을 밝혀, 이것을 괘체卦體로 한다. (한 괘의) 여섯 효는 음양이 서로 뒤섞여, 다만 어느 때(상황)의 일(사건)을 나타낸다. 처음 효는 알기 어려우나, 꼭대기 효는 알기 쉬우니, 근본과 말단이다. 처음 효의 효사는 사물(사건)의 시작을 헤아리고, 꼭대기 효의 효사는 그 일의 결과를 결정한 것이다. 효의 음양을 뒤섞고 괘의 덕을 확정하여, 옳고 그름을 분별하는 것은, 중간의 효가 아니면 갖추어지지 않는다. 또한 존망과 길흉은 구하면 가만히 앉아서 알 수 있다. 지혜로운 사람이 중간 효의 효사를 보면, 그 괘의 뜻을 절반 이상은 알 것이다.

[易之爲書也, 原始要終, 以爲質也.] '역'은 『주역』이라는 점책을 가리킨다. '원原'은 살피다는 뜻의 관觀이다. '시始'는 처음 효를 가리키며, 사물의 시

작이다. ‘요要’는 구하다는 뜻의 구求이다. ‘종終’은 꼭대기 효를 가리키며, 사물의 끝이다. ‘原始要終’은 상·4장의 ‘原始反終’과 같다. ‘질質’에 대해 우번은 근본의 ‘본本’이라 하였고, 최경은 ‘체體’라고 하였다. 한강백은 “‘질’은 몸이라는 뜻의 체이다. 괘가 처음과 끝을 갖추고 있다는 뜻이다(質, 體也. 卦兼終始之義也)”라고 하였는데, 곧 괘체를 가리킨다. 주희는 “‘질’은 괘체를 말한다. 괘는 반드시 그 시작과 끝을 들은 후에 몸을 이룬다(質, 謂卦體. 卦必擧其始終而後成體)”고 하였다. 『주역』이라는 책은 시원을 살피고 종말을 밝혀 이것으로 괘체의 대의를 형성한다는 말이다. 즉 사물(사건)이 시작에서 마침에 이르는 전체의 상황을 나타내어, 한 괘체를 이루어 이것으로 한 사물(사건)의 전체를 상징한다는 말이다. 『백서』「역지의」에는 ‘易之爲書也’가 ‘易之義’로 되어 있다. 즉 “역의 대의”라는 뜻이다. ‘원시요종’은 ‘贊始反冬’으로 되어 있다.

[六爻相雜, 唯其時物也.] ‘잡雜’은 뒤섞이다는 뜻이다. 우번은 “음양이 섞여 있는 것을 ‘잡’이라 한다(陰陽錯居稱雜)”고 하였다. ‘유唯’는 다만, 오로지라는 뜻이다. ‘시時’에 대해, 왕필은 『주역약례周易略例』「명괘통변통효明卦通變通爻」에서 “괘란 때(상황)을 말하는 것이고, 효란 때(상황)에 알맞게 변화하는 것이다(卦者, 時也. 爻者, 適時之變者也)”라고 하였다. ‘시’는 곧 어느 상황을 말한다. 하나의 괘는 어느 한 상황을 반영하고, 효는 어느 한 상황의 어느 한 단계를 반영한다는 말이다. ‘물物’은 하·11장의 “모든 일을 버리지 않는다(百物不廢)”의 ‘물’과 같으며, 일 사事이다. ‘시물時物’은 곧 어느 한 때(상황)의 일(사건)이라는 뜻이다. ‘시물’에 대해, 한강백은 “효는 각각 그 때(상황)를 가지고 있다. ‘물’은 일이라는 뜻의 사이다(爻各存乎其時. 物, 事也)”라고 하였다. 상병화는 “여섯 효는 강유가 서로 뒤섞여 있으나, 효는 각각 그때(상황)를 가지고 있고, 각각 그 사물(사건)을 가지고 있다. 때(상황)와 사물(사건)이 합당하면 길하고 그렇지 않으면 흉하다(六爻剛柔相雜, 然爻各有其時, 各有其物. 時物當則吉, 否則凶矣)”고 하였다. 여섯 효는 음양이 서로 뒤섞여 다만 특정한 상황과 어떤 사건을 반영한다는 말이다. 진몽뢰는

888

'시'는 여섯 자리의 시(時謂六爻之時), '물'은 음양 두 가지(物謂陰陽二物)를 가리킨다 하고, "여섯 효는 강유가 뒤섞여, 여섯 자리의 시를 따라 음양 두 가지를 분별한다(六爻則剛柔錯雜, 隨其時而辨其物)"고 하였다. '六爻相雜, 唯其時物'은 여섯 효는 음양이 서로 뒤섞여, 다만 어느 때(상황)의 일(사건)을 나타낸다는 말이다.

[其初難知, 其上易知, 本末也.] '기其'는 여섯 효를 가리킨다. '초初'는 처음 효(初爻)를 가리키며, 사물(사건)이 은밀할 때를 상징한다, '상上'은 꼭대기 효(上爻)를 가리키며, 사물(사건)이 드러날 때를 상징한다. 시초를 셈하여, 처음 효를 얻어서는 전체 괘를 알기 어렵다. 꼭대기 효를 얻었다면 전체 괘를 알기가 쉽다. 인간사에 비유하면, 사물(사건)이 발생하는 시초는 은밀하게 드러나지 않았으므로 알기 어렵고, 사물(사건)이 발전하여 끝에 이르면 이미 모두 드러났으므로 쉽게 알 수 있다는 말이다. '본本'은 처음 효를 가리키고, '말末'은 꼭대기 효를 가리킨다. 대과「단」에 "本末弱也."라고 하였는데 같은 뜻이다. 후과는 "'본말'은 처음과 꼭대기 효이다. 처음 효는 일이 미약하므로 알기 어렵고, 꼭대기 효는 일이 드러났으므로 쉽게 안다(本末, 初上也. 初則事微, 故難知. 上則事彰, 故易知)"고 하였다. 『백서』「역지의」에는 '其初難知而上易知也, 本難知也而末易知也'로 되어 있는데, 통행본보다 더욱 분명하게 기술하였다.

[初辭擬之, 卒成之終.] '초사初辭'는 처음 효(初爻)의 효사이다. '의擬'는 헤아리다는 뜻의 탁度이다. '졸卒'자 뒤에 앞의 '초사'를 이어서 '사辭'자를 생략하였다(고형). '졸'은 마침이다. '졸사卒辭'는 꼭대기 효(上爻)의 효사이다. '성成'은 정하다는 뜻의 정定과 같다. '지之'는 기其로 읽는다. '卒成之終'은 '卒成其終'이다. '초사의지初辭擬之'는 곧 '기초난지其初難知'에, '졸성지종卒成之終'은 곧 '기상이지其上易知'에 해당한다. 처음 효의 효사는 사물(사건)의 시작을 헤아리고, 꼭대기 효의 효사는 그 일의 결과를 결정한 것이라는 말이다. 『백서』「역지의」에는 '初如擬之, 敬以成之, 冬而无咎'로 되어 있다. 진고응은 본문의 '사辭'와 『백서』의 '여如'는 당연히 시始로 해야 하며,

이 구절은 본래 '初始擬之, 卒終成之.'가 맞는 것이 아닌가 하고, "처음 효는 한 괘의 헤아림에 대한 시작이고, 꼭대기 효는 한 괘의 판단에 대한 마지막 완성을 말하는 것"이라고 하였다.

[若夫雜物撰德] '잡雜'은 '육효상잡六爻相雜'의 '잡雜'이다. 음양이 뒤섞인 것이다. '물物'은 하·10장의 '爻有等, 故曰物'의 '물'이며, 당연히 효의 음양의 획을 가리킨다. 공영달은 '천하의 사물(天下之物)', 유염은 '효의 음양(爻之陰陽)'이라고 하였다. '잡물'은 곧 효의 음양을 뒤섞는다는 뜻이다.『광아』「석고」에 "'찬'은 확정하다는 뜻의 정(撰, 定也)"이라고 하였다. '덕'은 괘의 덕이다. 상·11장에 "괘의 덕은 반듯하고 지혜롭다(卦之德方以知)"고 하였다. 공영달은 '뭇사람의 덕(衆人之德)', 유염은 '괘의 덕(卦之德)'이라고 하였다. 효의 음양을 뒤섞고, 괘의 덕을 확정한다는 말이다.『백서』에는 이 구절부터 아래 '可知矣'까지는「계사」에 기록되어 있다.

[辨是與非] '변辨'은 분별하다는 뜻의 별別이다. '시是'는 옳은 것, '비非'는 그릇된 것이다. 옳고 그름을 분별한다는 말이다.

[則非其中爻不備] '중효中爻'에 대해, 최경은 둘째(二), 셋째(三), 넷째(四), 다섯째(五)의 효를 가리킨다고 하였다. 공영달은 아랫괘의 가운데 자리인 둘째(二)와 윗괘의 가운데 자리인 다섯째(五)를 가리킨다고 하였다. 다음 구절을 보면 최경의 주장이 맞다. 효의 음양을 뒤섞고 괘의 덕을 확정하여, 옳고 그름을 분별하는 것은 중간의 네 효가 아니면 갖추어지지 않는다는 말이다. 즉 한 괘의 중간의 네 효는 음양이 뒤섞여 있고 괘의 덕을 확정하여, 옳고 그름을 분별한다는 말이다.

[噫亦要存亡吉凶, 則居可知矣.] 래지덕은 "'희'는 중간 효의 묘함을 감탄한 것(噫者, 嘆中爻之妙也)"이라 하고, '역요亦要'를 한 구절로 보고, '요要'는 허리 혹은 중요한 곳이라는 뜻의 '요腰'로 읽고, 중간의 효(中爻)라고 하면서, "이것 역시 여섯 효의 가운데에 불과함을 말한 것일 뿐이다(言此亦不過六爻之要耳)"라고 하였다. 왕인지는 "'희'는 억과 통한다(噫與抑通)"고 하였고, 배학해裴學海는 "'억'은 전어사(抑, 轉語詞也)"라고 하였다(『古書虛字集

釋』). 필자는 '희噫'를 '억'과 같이 발어사로 보았다. 발어사가 아니면 잘못 들어간 글자일 것이다. '요要'는 구하다는 뜻의 구求이다. '거居'는 평소에, 혹은 가만히 앉아서라는 뜻이다. 『석문』에는 "처하다는 뜻의 처處"라고 하였다. 중간의 네 효에서 또한 존망과 길흉을 구하면 가만히 앉아서 알 수 있다는 말이다. 『백서』에는 이 구절이 '初大要, 存亡知凶, 則將可知矣.'로 되어 있다. 진고응은 원문의 '희噫'는 잘못 들어간 글자이며, '역亦'은 『백서』의 '대大'자가 잘못 쓰인 것이라 하고, '초대요初大要'는 처음 효는 매우 중요하다는 뜻이라 하였다. "처음 효는 매우 중요하니, 존망길흉을 장차 알 수 있다"는 뜻이다. 그는 「계사」는 중간의 네 효는 '변시비辨是非'에 치중하여 말하였고, 처음과 꼭대기 효는 '지길흉知吉凶'에 치중하여 말하였다고 하였다.

[知者觀其象辭, 則思過半矣.] '지知'는 지智로 읽는다. 『집해』에는 지智로 되어 있다. '기其'는 중효中爻, 즉 중간의 네 효를 가리킨다. '단사'는 『석문』에서 마융은 '괘사', 정현은 '효사'라고 하였는데(馬云 卦辭也. 鄭云 爻辭也), 문맥으로 보아 효사로 읽어야 앞뒤 문장이 통한다. '단사'는 곧 중간 네 효의 효사를 가리킨다. '사思'는 괘가 지니고 있는 의미, 뜻을 가리킨다. 지혜로운 사람이 중간 네 효의 효사를 보면, 그 괘가 지니고 있는 뜻을 절반 이상 파악할 수 있다는 말이다. 『백서』에는 이 구절부터 다시 「역지의」에 기록되어 있다. 「역지의」에는 '說過半矣'로 되어 있다. "지혜로운 사람이 중간 네 효의 효사를 보면, 그 괘가 말하는 것을 절반 이상 알 수 있다"는 뜻이다.

---

二與四同功而異位, 其善不同, 二多譽, 四多懼, 近也. 柔之爲道, 不利遠者, 其要无咎, 其用柔中也. 三與五同功而異位, (其遇不同), 三多凶, 五多功, 貴賤之等也. 其柔危, 其剛勝邪.

둘째 효와 넷째 효는 기능은 같으나 자리는 다르고, 그 가치가 같지 않다. 둘째 효는 명예가 많고, 넷째 효는 두려움이 많은 것은, 다섯째 효와 가깝기 때문이다. 유의 도는 다섯째 효에서 먼 것은 이롭지 않으나, 둘째 효의 효사의 요지가 '허물이 없다'는 것은 유이면서 가운데 자리에 있기 때문이다. 셋째 효와 다섯째 효는 기능은 같으나 자리는 다르고, (그 경우가 같지 않다). 셋째 효는 흉이 많고, 다섯째 효는 공이 많은 것은, 귀천의 차등 때문이다. 셋째 효와 다섯째 효가 유이면 위태롭고, 강이면 감당할 수 있다.

---

[二與四同功而異位] '이二'는 둘째 효(二爻)를, '사四'는 넷째 효(四爻)를 가리킨다. '공功'은 공용功用, 즉 효용, 기능의 뜻이다. '위位'는 효위爻位이다. 둘째와 넷째 효는 모두 음의 자리이므로 '기능은 같다(同功)'고 한 것이다. 또 둘째 효는 아랫괘의 가운데 자리에, 넷째 효는 윗괘의 치우친 자리에 있다. 두 효의 자리는 아랫괘와 윗괘의 분별이 있고 또 가운데와 치우친 자리의 분별이 있으므로 '자리는 다르다(異位)'고 한 것이다. 한강백은 "(두 효는) 음의 기능이 같고, 아랫괘와 윗괘에 있다(同陰功也. 有內外也)"고 하였고, 주희는 "'동공'은 두 효 모두 음의 자리에 있다는 말이고, '이위'는 다섯째 효에서 멀고 가까움이 같지 않음을 말한다(同功, 謂皆陰位. 異位, 謂遠近不同)"고 하였다.

[其善不同] '기其'는 둘째와 넷째 효를 가리킨다. '선善'은 좋고 나쁨, 즉 가치 개념이다. "둘째와 넷째 효는 기능은 같으나 자리는 다르고, 그 가치가 같지 않다"는 말이다. 가치가 다른 내용은 아래에 설명하고 있다.

[二多譽, 四多懼, 近也.] 둘째 효의 효사에는 명예가 많고, 넷째 효의 효사에는 두려움이 많은 것은 다섯째 효와 가깝기 때문이라는 말이다. 한강백은 "둘째 효는 가운데 자리에 있으므로 명예가 많다. 넷째 효는 다섯째 효인 임금에게 핍박을 받으므로 두려움이 많다(二處中和, 故多譽也. 位逼於君, 故多懼也)"고 하였고, 주희도 "넷째는 다섯째 효인 임금과 가까우므로 두려움이 많다(四近君, 故多懼)"고 하였다. 고형은 "'근近'자 앞에 당연히 '원遠'자가 있어야 한다. 옮겨 쓰면서 잘못하여 빠뜨렸을 것이다. … 둘째 효의 효사에는 명예가 많고, 넷째 효의 효사에는 두려움이 많은 것은, 효위에 원근이 있기 때문이다. 둘째 효는 아랫괘에 거하여 가까운 곳에 있으므로 명예가 많고, 넷

째 효는 윗괘에 거하여 먼 곳에 있으므로 두려움이 많다”고 하였다. 『백서』
「역지의」에는 ‘近也’라 하고, 이어 ‘近也者, 嗛之謂也.’로 되어 있다. ‘겸嗛’은
겸謙이며, “‘근’이라는 것은 임금의 자리에 가까이 있으므로 겸허한 것을 말
한다”는 뜻이다.

　[柔之爲道, 不利遠者] ‘유柔’는 둘째와 넷째 효를 가리킨다. ‘원遠’은 다섯
째 효로부터 멀리 있다는 것이다. 둘째와 넷째 효는 음의 자리이고, 음의 도
는 다섯째 효로부터 멀리 있는 것은 이롭지 않다는 말이다. 최경은 “이것은
둘째와 넷째 효 모두 음의 자리에 있음을 말하였다. 음의 도는 양에 가까이
있어 양을 이음으로 먼 것은 이롭지 않은 것이다(此言二四皆陰位. 陰之爲道,
近比承陽, 故不利遠矣)”고 하였다. 고형은 넷째 음효로 보고, “유의 도는 먼
것을 사용하면 쉽게 능욕을 받으므로 넷째 효는 두려움이 많다”고 해석하였
다. 진고응은 “‘원遠’은 당연히 ‘근近’으로 읽어야 하며, 이것은 앞의 ‘근近’
자를 이어서 말한 것이다. 다섯째 효인 임금의 자리와 가까워 핍박을 받는
것을 말하며, 넷째 효를 가리킨다”고 하였다. 이러한 해석은 모두 통한다.

　[其要无咎, 其用柔中也.] 두 개의 ‘기其’는 둘째 효를 가리킨다. ‘요要’는 요
지, 중요한 것을 가리킨다. 하·11장에도 ‘其要无咎’라고 하였는데 같은 뜻이
다. ‘용用’은 이以와 같다. ‘중中’은 가운데 자리(中位)이다. ‘유중柔中’은 둘
째 음효(六二)를 가리킨다. 둘째 효의 효사의 요지가 ‘허물이 없다’고 말하
는 것은 둘째 음효가 유이면서 아랫괘의 가운데 자리에 있기 때문이라는 말
이다. 한강백은 “둘째 효가 ‘무구’할 수 있는 것은, 유이면서 가운데 자리에
처하기 때문이다(二之能无咎, 柔而處中也)”고 하였다.

　[三與五同功而異位] ‘삼三’은 셋째 효(三爻)를, ‘오五’는 다섯째 효(五爻)를
가리킨다. 셋째와 다섯째 효는 모두 양의 자리이므로 ‘기능은 같다(同功)’고
한 것이다. 또 셋째 효는 아랫괘의 치우친 자리에, 다섯째 효는 윗괘의 가운
데 자리에 있다. 두 효의 자리는 아랫괘와 윗괘의 분별이 있고 또 치우침과
가운데 자리의 분별이 있으므로 ‘자리는 다르다(異位)’고 한 것이다. 한강백
은 “(두 효는) 양의 기능이 같고, 귀하고 천함의 차등이 있다(同陽功也. 有貴

賤也)"고 하였다. 주희는 "셋째와 다섯째는 같은 양의 자리이나, 귀천이 같지 않다(三五同陽位, 而貴賤不同)"고 하였다. 『백서』「역지의」에는 이 구절 아래에 '其過□□'라는 한 구절이 더 있다. 진고응은 '其遇不同'으로 읽고, 이 구절이 있어야 앞의 '其善不同'과 짝이 된다고 하였다. '우遇'는 경우境遇의 뜻이며, "셋째 효와 다섯째 효는 기능은 같으나 자리는 다르고, 그 경우가 같지 않다"는 말이다. 진고응의 주장이 매우 합당하다. 경우가 다른 내용은 아래에 설명하고 있다.

[三多凶, 五多功, 貴賤之等也.] '공功'은 공적을 말한다. '귀貴'는 다섯째, '천賤'은 셋째 효를 가리킨다. '등等'은 상하 위치의 차등差等이다. 상·1장에 "낮은 것과 높은 것이 배열해 있으니, 귀하고 천한 것이 자리를 잡는다(卑高以陳, 貴賤位矣)", 3장에 "귀한 것과 천한 것을 배열한 것은 여섯 효의 자리에 있다(列貴賤者存乎位)"고 하였다. 셋째 효의 효사에 흉이 많은 것은 아랫괘의 치우친 자리에 있고, 비천한 자리에 처하고 있기 때문이며, 다섯째 효의 효사에 공이 많은 것은 윗괘의 가운데 자리에 있고, 존귀한 자리에 처하고 있기 때문이다. 이 두 효의 흉이 많고 공이 많은 구별은 귀하고 천한 자리에 처하는 차등에 있다는 말이다.

[其柔危, 其剛勝邪.] '기其'는 셋째 효와 다섯째 효를 가리킨다. '유위柔危'는 셋째와 다섯째의 효의 자리는 양의 자리인데, 만약 음이 오면 위태롭다는 말이다. 이것은 곧 음효가 양의 자리에 있으니 자리가 부당한 것(位不當)이고, 처한 자리가 합당하지 않는 상이다. '강승剛勝'은 셋째와 다섯째의 효의 자리는 양의 자리인데, 만약 양이 오면 임무를 능히 감당할 수 있다는 말이다. 이것은 곧 양효가 양의 자리에 있으니 자리가 합당한 것(當位)이고, 합당한 자리에 처해 있는 상이다. '승勝'은 승임勝任의 뜻이며, 그 임무를 감당해 낼 수 있다는 뜻이다. 한강백은 "셋째와 다섯째 효는 양의 자리인데, 유의 자리가 아니므로, 유가 그 자리에 있으면 위태롭고, 강의 강건함이 그 자리에 있으면 그 임무를 감당할 수 있다(三五陽位, 柔非其位, 處之則危, 居以剛健, 勝其任也)"고 하였다.

894

여기까지가 제9장이다. 본장의 주제는 주역점의 효위이며, 여섯 효의 효위에 따른 성질과 작용의 같고 다름을 개괄적으로 설명하였다.

『주역』이라는 점책은 사물이 시작에서 마침에 이르는 전체의 상황을 나타내어, 한 괘체를 이루어, 한 괘체로 한 사물(사건)의 전체를 상징한다. 한 괘의 여섯 효는 음양이 서로 뒤섞여 다만 특정한 상황의 어떤 사건을 반영한다. 시초를 셈하여, 처음 효를 얻어서는 전체 괘를 알기 어려우나 꼭대기 효를 얻었다면 전체 괘를 알기가 쉬우니, 이것은 곧 괘의 근본과 말단이다. 처음 효의 효사는 사물(사건)의 시작을 나타낸 것이고, 꼭대기 효의 효사는 그 일의 결과를 결정한 것이다. 한 괘의 여섯 효의 음양을 뒤섞고, 그 괘의 덕을 확정하여, 옳고 그름을 분별하는 것은 중간의 네 효가 아니면 갖추어지지 않는다. 중간의 네 효에서 또한 존망과 길흉을 구하면 가만히 앉아서 알 수 있다. 지혜로운 사람이 중간 네 효의 효사를 보면, 그 괘가 지니고 있는 뜻을 절반 이상 파악할 수 있다.

둘째와 넷째 효는 모두 음의 자리이므로 기능은 같으나, 둘째 효는 아랫괘의 가운데 자리에, 넷째 효는 윗괘의 치우친 자리에 있으므로 자리는 다르고, 그 가치가 같지 않다. 둘째 효의 효사에 명예가 많고, 넷째 효의 효사에 두려움이 많은 것은, 다섯째 효와 가깝기 때문이다. 음의 도는 다섯째 효로부터 멀리 있는 것은 이롭지 않으나, 둘째 효의 효사의 요지가 '허물이 없다'고 말하는 것은 둘째 음효가 유이면서 아랫괘의 가운데 자리에 있기 때문이다.

셋째와 다섯째 효는 모두 양의 자리이므로 기능은 같으나, 셋째 효는 아랫괘의 치우친 자리에, 다섯째 효는 윗괘의 가운데 자리에 있으므로 자리는 다르고, (그 경우가 같지 않다). 셋째 효의 효사에 흉이 많은 것은 아랫괘의 치우친 자리에 있고, 비천한 자리에 처하고 있기 때문이며, 다섯째 효의 효사에 공이 많은 것은 윗괘의 가운데 자리에 있고, 존귀한 자리에 처하기 있기 때문이니, 귀하고 천한 자리에 처하는 차등이 있기 때문이다. 셋째와 다섯째 효는 양의 자리이므로 유가 그 자리에 있으면 위태롭고, 강이 그 자리에 있으면 그 임무를 감당할 수 있다.

# 제10장

易之爲書也, 廣大悉備, 有天道焉, 有人道焉, 有地道焉. 兼三才而兩之, 故六. 六者非它也, 三才之道也. 道有變動, 故曰爻. 爻有等, 故曰物. 物相雜, 故曰文. 文不當, 故吉凶生焉.

『역』이라는 책은 넓고 커서 모든 것을 갖추고 있으니, 천도도 있고, 인도도 있고, 지도도 있다. 삼재를 겸하여 둘로 하므로 여섯 효이다. 여섯 효는 다른 것이 아니라, 삼재의 도이다. 도에 변동이 있으니, 그러므로 효라고 한다. 효에는 차등이 있으니, 그러므로 물이라고 한다. 물은 서로 뒤섞이니, 그러므로 효라고 한다. 효의 자리가 합당하거나 합당하지 않으므로 길흉이 생겨난다.

[易之爲書也, 廣大悉備] '역'은 『주역』이라는 점책을 가리킨다. '광대廣大'는 『역』이라는 점책이 품고 있는 내용의 광대함을 가리킨다. 상·6장에 "무릇 역은 넓기도 하고 크기도 하다(夫易, 廣矣大矣)"고 하고, "넓고 큰 것은 천지에 짝한다(廣大配天地)"고 하였다. '광'은 땅의 넓음에, '대'는 하늘의 큼에 비유한 것이다. '실悉'은 모두라는 뜻의 개皆이다. '비備'는 갖추다는 뜻의

구具이다. 『역』이라는 점책은 그 내용이 넓고 커서 모든 것을 다 갖추고 있다는 말이다. 아래에서 갖추고 있는 내용을 구체적으로 진술하고 있다.

[有天道焉, 有人道焉, 有地道焉.] '천도'와 '인도'와 '지도'는 『역』이 갖추고 있는 구체적인 내용이다. 「설괘」 2장에 "하늘의 도를 세워 음과 양이라 하고, 땅의 도를 세워 유와 강이라 하며, 사람의 도를 세워 인과 의라고 하였다(立天之道曰陰與陽, 立地之道曰柔與剛, 立人之道曰仁與義)"고 하였다. 「계사」는 천·인·지로, 「설괘」는 천·지·인으로 하였다.

[兼三才而兩之, 故六.] '겸兼'은 겸하다, 쌓다는 뜻이다. '삼재三才'는 천·인·지를 가리킨다. 세 획의 괘를 그리면 이미 천·인·지 삼재가 갖추어진다. '양지兩之'는 세 획인 팔괘를 겹친다는 뜻이다. 세 획인 팔괘를 겹치니 모두 여섯 획의 괘가 그려지는 것이다. '육六'은 곧 여섯 효가 된다는 말이다.

[六者非它也, 三才之道也.] '비타非它'는 다른 것이 아니다는 뜻이다. '삼재지도'는 '삼극지도三極之道'와 같다. 상·2장의 "여섯 효의 변화는 천·인·지 삼극의 도이다(六爻之動, 三極之道也)"라고 하였다. 여섯 효는 다른 것이 아니라 곧 삼재의 도를 본뜬 것이라는 말이다. 즉 여섯 효는 천·인·지 삼재의 도가 구체화된 것이라는 말이다. 주희는 "세 획은 이미 삼재를 갖추었으니, 이를 겹치면 여섯 효가 된다. 위의 두 효는 하늘이고, 가운데 두 효는 사람이며, 아래의 두 효는 땅이다(三畫已具三才, 重之故六. 而以上二爻爲天, 中二爻爲人, 下二爻爲地)"리고 하였다.

[道有變動, 故曰爻.] '도道'는 삼재지도이다. '변동變動'은 천·인·지의 변화이다. 전·인·지 삼재의 도는 변화하며, 여섯 효는 곧 이러한 변회를 본뜬 것이다. 그래서 여섯 획을 효라고 한다는 말이다. 즉 효는 천·인·지 삼재지도의 변화를 본뜬 것이라는 말이다. 육적은 "천도에는 낮과 밤, 해와 달의 변화가 있고, 지도에는 강과 유, 마르고 젖는 변화가 있고, 인도에는 행함과 멈춤, 움직임과 고요함, 길과 흉, 선과 악의 변화가 있다. 성인이 효를 그리면서 이 세 가지의 변동을 본받았으므로 이를 일러 효라고 하는 것이다

(天道有晝夜日月之變, 地道有剛柔燥濕之變, 人道有行止動靜吉凶善惡之變, 聖人
設爻, 以效三者之變動, 故謂之爻者也)"라고 하였다.

[爻有等, 故曰物.] 이 구절에 대해 두 가지 해석이 있다. 하나는 한강백의
해석이다. "'등等'은 종류의 유類이다. 건은 양물이고 곤은 음물이다. 효에
는 음양의 종류가 있은 이후에 강유의 쓰임이 있다. 그러므로 '효에는 종류
가 있으니, 그러므로 물이라고 한다'고 하였다(等, 類也. 乾, 陽物也. 坤, 陰物
也. 爻有陰陽之類, 而後有剛柔之用 故曰爻有等, 故曰物)." 효에는 음양 두 종류
가 있으니, 곧 음양 두 종류의 사물을 상징한다는 말이다. 고형이 이 주장을
따랐다. 또 하나는 공영달의 해석이다. "'물物'은 종류의 유이다. 효에는 음
양 귀천의 등급이 있어 만물의 종류를 상징하는 것을 말하였다. 그러므로
이를 일러 '물'이라고 하였다(物, 類也. 言爻有陰陽貴賤等級, 以象萬物之類, 故
謂之物也)." 주희와 래지덕이 이를 따랐다. 주희는 "'등'은 원근 귀천의 차등
을 말한다(等, 謂遠近貴賤之差)"고 하였고, 래지덕은 "'등'은 강유, 대소, 원
근, 귀천의 유이다. 물은 양물, 음물이다. 효는 물이라고 말할 수 없으나, 차
등이 있으면 물이라 한다(等者, 剛柔大小遠近貴賤之類也. 物者, 陽物陰物也.
爻不可以言物, 有等則謂之物矣)"고 하였다. '등'은 곧 음양 귀천의 차등이다.
'물'은 음양 이물二物을 가리킨다. 하·6장에 "乾, 陽物也. 坤, 陰物也"라고 하
였다. 음양 이물이 자연계로 확대되면 사물을 가리키게 되는 것이다. 한 괘
여섯 효에는 음양 귀천의 차등이 있다. 이것은 음양 물상을 상징하므로 '물'
이라고 한다는 말이다.

[物相雜, 故曰文.] '물物'은 음양 이물二物, 즉 효를 가리킨다. 하·9장에 '육
효상잡六爻相雜'이라고 하였다. '상잡'은 주희가 "강유의 자리가 서로 사이
를 두고 있는 것을 말한다(相雜, 謂剛柔之位相間)"고 하였다. 한 괘에서 처
음·셋째·다섯째는 양이, 둘째·넷째·꼭대기는 음이 서로 사이를 두고
배열되어 있는 것을 말한다. '문文'에 대해 우번은 '문장'이라고 하였는데,
뒷사람들은 대개 이를 따랐다. 즉 한 괘에서 음양 두 종류의 효는 서로 뒤섞
여 역괘의 문장을 구성한다는 말이다. 진고응은 "『설문』에 '문은 획을 섞는

것(文, 錯畫也)'이라고 하였다. 효는 '물物'로 칭할 수 있을 뿐만 아니라 또한 '획畫'으로도 칭할 수 있다. 「역지의」와 「설괘」에 '육획이성괘六畫而成卦'라고 하였는데, 이것은 곧 '육효이성괘六爻而成卦'와 같다. '문'은 곧 '육획'의 '획'이다"고 하였다. '문文'은 곧 획이며, 획은 곧 효이다. 한 괘에서 음양 두 가지 물은 서로 뒤섞이니, 그러므로 효라고 한다는 말이다. 상·10장에 '遂成天地之文'이라고 하였는데, 『석문』에 "우번, 육적본에는 '지문之文'을 '지효之爻'로 하였다(虞陸本作之爻)"고 하였다. '문'은 곧 효를 가리킨다.

[文不當, 故吉凶生焉.] '문'은 효이다. '부당不當'은 효의 위치를 말한 것이다. 주희는 "'부당'은 효가 부당위임을 말한다(不當, 謂爻不當位)"고 하였다. 고형은 "'문부당'은 본래 '문당불文當不'이 아닌가 한다. 옮겨 쓰면서 글자의 위치가 바뀌었을 것이다. '불不'과 '부否'는 옛날에 통용되었다. '당불當不'은 '당부當否'이다"고 하였다. 효위에는 당위當位와 부당위不當位가 있다. 음양효가 각각 자신의 자리에 있는 것을 당위라 하고, 자신의 자리에 있지 않는 것을 부당위라고 한다. 당위면 길하고, 부당위면 흉하다. 효위의 당위와 부당위에 따라 길흉이 생겨난다는 말이다.


여기까지가 제10장이다. 본장의 주제는 '삼재의 도'이며, 『주역』은 한 괘 여섯 효에 삼재의 도를 갖추고 길흉을 나타낸다는 것을 말하였다. 『백서』에는 본장이 없다.

『주역』이라는 점책이 포함히고 있는 도리는 넓고 커서 모든 것을 두루 갖추고 있으니, 천도도 있고, 인도도 있고, 지도도 있다. 세 획의 괘를 그리면 이미 천·인·지 삼재가 갖추어지고, 이를 겹치니 모두 여섯 획의 괘가 그려진다. 여섯 효는 다른 것이 아니라 곧 삼재의 도를 본뜬 것이다. 즉 위의 두 효는 하늘이고, 가운데 두 효는 사람이며, 아래의 두 효는 땅이다. 이러한 삼재의 도는 변화하며, 여섯 효는 곧 이러한 변화를 본뜬 것이다. 그래서 여섯 획을 효라고 한다. 한 괘 여섯 효에는 음양·귀천의 차등이 있으니, 이것은 음양 물상을 상징하므로 '물物'이라고 한다. 한 괘에서 음양 두 가지

물은 서로 뒤섞이니, 그러므로 효라고 한다. 효의 자리가 당위이거나 혹은
부당위이거나 이에 따라 길흉이 생겨난다.

# 제11장

易之興也, 其當殷之末世, 周之盛德邪? 當文王與紂之事邪? 是故其
辭危, 危者使平, 易者使傾. 其道甚大, 百物不廢. 懼以終始, 其要无
咎, 此之謂易之道也.

역이 흥한 것은 은의 말세, 주의 덕이 성할 때였는가? 문왕과 주왕紂王 때
의 일에 해당하는가? 그러므로 그 점글은 위태로우며, 위태롭다고 여기는
자는 평안하게 하고, 안이하게 여기는 자는 기울게 한다. 그 도는 매우 커
서 모든 일을 버리지 않는다. 처음부터 끝까지 두려움을 말하여, 그 요지는
허물이 없도록 하고자 함이니, 이것을 역의 도라고 이른다.

[易之興也, 其當殷之末世, 周之盛德邪? 當文王與紂之事邪?] '역'은 주역점을
가리킨다. '문왕'은 주나라의 성덕을 이룬 왕이고, '주왕'은 은나라를 망친
은의 마지막 왕이다. 「계사」는 주역점이 흥한 시기는 은주의 교체기, 문왕과
주왕의 일을 반영한 것이라고 여겼다. 우번은 "문왕은 천하를 삼분하여 그
둘을 가졌음에도 은을 섬겼으니, 주나라의 덕이 지극하다고 말할 수 있다
(文王三分天下而有其二, 以服事殷, 周德其可謂至德矣)"고 하였다.

[是故其辭危] ‘기其’는 역, 즉 주역점을 가리킨다. ‘사辭’는 괘효사, 즉 점글이다. ‘위危’는 위태롭다는 뜻이다. 주역점의 점글은 한 왕조가 멸망하고 한 왕조가 일어나는 것을 반영한 것이므로 그 내용이 위태롭다는 말이다.

[危者使平, 易者使傾.] ‘위자危者’는 위태로움을 아는 사람이다. ‘평平’은 평안하다는 뜻이다. ‘이易’는 평이平易하다, 안이安易하다는 뜻이다. ‘이자易者’는 안이하게 여기는 사람이다. ‘경傾’은 기울다는 뜻의 복覆이다. 점글은 위태롭다고 여기는 사람은 평안하게 하고, 안이하게 여기는 사람은 무너지게 한다는 말이다. 위태롭다고 여긴 사람은 주의 문왕이고, 안이하게 여긴 사람은 은의 주왕이었다.

[其道甚大, 百物不廢.] ‘기其’는 주역점을 가리킨다. ‘도道’는 공영달이 역도易道라고 하였는데, 뒷사람들은 대개 이를 따랐다. ‘도’는 주역점이 지니고 있는 도리를 가리킨다. 래지덕은 “‘물’은 일이라는 뜻의 사(物者, 事也)”라고 하였다. ‘백물百物’은 백 가지 일, 즉 모든 일이다. ‘폐廢’는 버리다는 뜻의 유遺이다. 주역점이 지니고 있는 도리는 매우 커서 그 어떤 것도 버리지 아니하고 다 포함하고 있다는 말이다. 즉 주역점은 사람이 살아가면서 만날 수 있는 모든 상황을 다 포함하고 있다는 말이다.

[懼以終始, 其要无咎, 此之謂易之道也.] 주어는 ‘기도其道’, 즉 주역점의 도이다. ‘요要’는 요지이다. 주역점의 도는 처음부터 끝까지 두려움을 말하여, 그 요지는 사람으로 하여금 ‘무구无咎’하도록(허물이 없도록) 하고자 하는 것이니, 이것이 곧 주역점의 도라는 말이다.


여기까지가 제11장이다. 본장의 주제는 주역점이며, 주역점이 흥한 배경을 들어, 점글과 주역점의 도를 말하였다. 『백서』에는 본장이 없다.

주역점이 흥한 시기는 은의 말세, 주의 덕이 성할 때, 문왕과 주왕의 때의 일에 해당한다. 그러므로 점글은 한 왕조가 멸망하고 한 왕조가 일어나는 것을 반영한 것이므로 그 내용은 위태로우며, 위태롭다고 여기는 사람은 평안하게 하고, 안이하게 여기는 사람은 무너지게 한다. 주역점이 지니고 있는 도리는 매우 커서 그 어떤 것도 버리지 아니하고, 사람이 살아가면서 만날 수 있는 모든 상황을 다 포함하고 있다. 주역점의 도는 처음부터 끝까지 두려움을 말하여, 그 요지는 사람으로 하여금 허물이 없도록 하고자 하는 것이니, 이것을 곧 주역점의 도라고 이른다.

# 제12장

夫乾, 天下之至健也, 德行恒易, 以知險. 夫坤, 天下之至順也, 德行恒簡, 以知阻. 能說諸心, 能研諸侯之慮, 定天下之吉凶, 成天下之亹亹者. 是故變化云爲, 吉事有祥, 象事知器, 占事知來. 天地設位, 聖人成能. 人謀鬼謀, 百姓與能.

건은 천하의 지극히 강건한 것이고, 덕행은 항상 쉬우나, 위태로움을 알려준다. 곤은 천하의 지극히 유순한 것이고, 덕행은 항상 간단하나, 험난함을 알려준다. (주역점이 쉽고 간단한 것은) 제후의 마음을 기쁘게 할 수 있고, (주역점이 위태롭고 험난함을 알려주므로) 제후의 의혹을 결정할 수 있으니, 천하의 길흉을 정하고, 천하의 미묘함을 이룬다. 그러므로 (시초를 셈하는) 변화에는 행하는 바가 있고, 길한 일에는 상서로움이 있으며, 괘상을 관찰하는 일에서 도구를 만드는 방법을 알고, 점치는 일에서 미래를 예측한다. 천지가 자리를 정하니, 성인이 주역점을 만들어 공을 이루었다. 사람이 도모하고 귀신이 도모하니, 백성도 더불어 주역점을 운용할 수 있다.

---

[夫乾, 天下之至健也, 德行恒易, 以知險.] '건'은 49개의 시초를 두 손에 나누

어 쥐고, 왼손에 쥔 것은 상㮋 위쪽에 가로로 놓고, '건'이라고 하며 하늘을 상징한다. '지건至健'은 지극히 강건하다는 뜻이며, 자연계의 하늘(천)의 성질을 가지고 건을 묘사한 것이다. 괘로 말하면, '건'은 여섯 획이 모두 강이니, 지극히 강건한 것이다. '덕행德行'은 건의 갖고 있는 성질 혹은 작용이다. '항恒'은 항상, 변하지 않는다는 것이다. '이易'는 쉽다, 평이하다는 뜻이다. 상·1장에 "건은 쉬움으로써 시작을 행한다(乾以易知)"고 하였다. '이以'는 이而와 같다. '지知'에 대해, 공영달은 "건의 덕행은 항상 쉽고 간략하니, 어려움이 없다. 이러한 까닭으로써 위태로움이 일어나는 것을 알 수 있다. 만약 쉽고 간략하지 않다면 위태로운 것이니, 그러므로 쉬움을 행하여 위태로움을 아는 것이다(乾之德行恒易略, 不有艱難, 以此之故, 能知險之所興, 若不有易略則爲險也, 故行易以知險也)"라고 하였다. 공영달은 '지知'를 안다의 뜻으로 해석하였다. 뒷사람들은 모두 이를 따랐다. 고형은 '지知'는 위爲와 같다 하고, "위태로움을 만들어 낸다"고 해석하였다. 즉 하늘이 한발과 장마, 폭뢰와 광풍 등을 만들어 낸다는 것이다. 필자는 알려준다(告知)는 뜻으로 해석하였다. '건'과 '곤'은 곧 주역점으로 들어가는 문이며(하·6장), 주역점은 쉽고 간단하나, 사람에게 위태로움을 알려준다는 말이다.

[夫坤, 天下之至順也, 德行恒簡, 以知阻.] '곤'은 49개의 시초를 두 손에 나누어 쥐고, 오른손에 쥔 것은 상 아래쪽에 가로로 놓고, '곤'이라고 하며 땅을 상징한다. '지순至順'은 지극히 유순하다는 뜻이며, 자연계의 땅(지)의 성질을 가지고 곤을 묘사한 것이다. 괘로 말하면, '곤'은 여섯 획이 모두 유이니, 지극히 유순한 것이다. '덕행德行'은 곤이 갖고 있는 성질 혹은 작용이다. '간簡'은 긴단하다는 뜻이다. 상·1장에 "곤은 간단함으로써 효를 이룬다(坤以簡能)"고 하였다. '조阻'는 우번이 '험난함(阻, 險阻也)'이라고 하였다. '지知'에 대해, 공영달은 "곤의 덕행은 항상 간단하고 고요하니, 번잡함이 없다. 이러한 까닭으로써 험난함이 일어나는 것을 알 수 있다. 만약 간단하지 않다면 험난한 것이니, 그러므로 간단하고 고요함을 행하여 험난함을 아는 것이다(坤之德行恒爲簡靜, 不有煩亂, 以此之故, 知阻之所興也, 若不簡則爲阻難,

故行簡靜以知阻也)"라고 하였다. 공영달은 '지知'를 안다의 뜻으로 해석하였다. 뒷사람들은 모두 이를 따랐다. 고형은 '지知'는 위爲와 같다 하고, "험난함을 만들어 낸다"고 해석하였다. 즉 땅이 높은 산, 준령, 대천, 거봉 등을 만들어 낸다는 것이다. 필자는 주역점은 쉽고 간단하나, 사람에게 험난함을 알려준다고 해석하였다. 본장의 주제가 주역점이다. '험險'과 '조阻'는 같은 개념이며, 사람이 살아가면서 만나는 어려움(難)이다. 주역점이 이를 알려준다는 것이다.

[能說諸心] '열說'은 기쁘다는 뜻의 열悅이다. '저諸'는 지어之於의 줄임말이다. 즉 마음에서 쉽고(易) 간단한(簡) 도리를 기뻐할 수 있다는 말이다. 다시 말해 주역점의 쉽고 간단한 원리는 사람의 마음을 기쁘게 할 수 있다는 말이다. 이것이 원문의 해석이다. 고형은 "'열說'은 당연히 열閱로 읽어야 한다. '열說'과 '열閱'은 옛날에 통용되었다. 『설문』에 '열은 문 속에 사물을 구비하여 살피는 것(閱, 具數于門中也)'이라고 하였다. '구수具數'는 앞에서 사물을 구비하여 열거하고 하나하나 헤아리며, 하나하나 살피는 것이다. 그러므로 열閱의 파생된 것이 열람閱覽의 뜻이다. '능열제심能閱諸心'은 마음속에서 천지의 종종 현상을 살필 수 있다는 말이다. 즉 마음으로 천지의 각종 현상을 살핀다는 것이다"라고 하였다. 『백서』에는 '저심諸心'이 '지심之心'으로 되어 있다. 진고응은 아래에 '제후지려諸侯之慮'라고 한 것을 보면, '지심之心' 앞에 '제후諸侯' 두 글자가 있어야 한다고 하였다. 진고응의 주장이 맞다. 이 구절은 '能說諸侯之心'이 완전한 문장이다. 주역점이 쉽고 간단하여 제후의 마음을 기쁘게 할 수 있다는 말이다.

[能研諸侯之慮] 이 구절에 대해 몇 가지 주장이 있다. 첫째, 왕필의 『주역약례』「명효통변明爻通變」에 이 구절을 인용하면서 '能說諸心, 能研諸慮'라고 하였다. 사마광이 이를 따라, "'후지'는 잘못 들어간 글자(侯之, 衍字也)"라 하였고, 주희도 "'후지' 두 글자는 잘못 들어간 것(侯之二字衍)"이라고 하였다. 둘째, 한강백과 공영달은 '연研'을 순수하다는 뜻의 '정精'으로 읽었다. 공영달은 "'연'은 순수하다는 뜻의 정이다. … '제후지려'는 제후가 역의 도

906

를 가지고 여러 사물을 사려하여 더욱 순수하게 하는 것을 말한다(研, 精也. …諸侯之慮, 謂諸侯以此易之道, 思慮諸物, 轉益精粹)"고 하였다. 셋째, 고형은 "이 문장은 당연히 '能研諸慮, 侯之, 定天下之吉, …'로 하여야 한다. '후지侯之' 두 글자는 잘못하여 여慮자 앞에 들어간 것이지, 무단히 잘못 들어간 것이 아니다. '후侯'는 후候자의 가차이다. '후侯'와 '후候'는 옛날에 통용되었다. 『설문』에 '후候는 살펴보는 것(候, 伺望)'이라고 하였다. 파생되어 점을 예측한다는 뜻이다. 『열자列子』 「주목왕편周穆王篇」에 '꿈에 여섯 점이 있다(夢有六候)'고 한 것을, 장담張湛의 주에 '후는 점(候, 占也)'이라고 하였다. 그런즉 '후지候之'는 곧 '점지占之'이다. '能研諸慮'는 생각 속에서 천하의 종종 현상을 연구할 수 있다는 말이다"라고 하였다. 넷째, 『백서』에는 '연研'이 '수數'로 되어 있다. 헤아린다는 뜻이다. '能數諸侯之慮'는 제후의 의심을 헤아릴 수 있다는 뜻이다. '여慮'는 의심하다는 뜻의 의疑이다. 주역점은 위태롭고 험난함을 알려주므로 제후의 의혹을 결정할 수 있다는 말이다. '제후'는 춘추전국시대의 제후이다. 『좌전』에 점친 사례가 13조, 『주역』 구절을 인용한 것이 6조, 『국어』에 점친 사례가 3조 기록되어 있는데, 그 중 10조가 점술가들이 제후의 일을 점친 것을 기록한 것이다. 필자는 『백서』를 따라 해석하였다.

[定天下之吉凶, 成天下之亹亹者.] 상·11장에 같은 구절이 기록되어 있다. 필자는 '미미亹亹'를 미묘함이라고 뜻을 새겼다. 순상은 "'미미'는 음양의 미묘함(娓娓者, 陰陽之微也)"이라고 하였다. 주역점은 쉽고 간단하니 위태로움과 험난함을 알려주므로, 제후의 마음을 기쁘게 할 수 있고, 제후의 의혹을 결정할 수 있으니, 천하의 길흉을 정하고 천하의 미묘함을 이룬다는 말이다.

[是故變化云爲] '시고是故'는 앞의 주역점을 이어서 말한 것이다. '운위云爲'에 대해, 공영달은 "혹 입이 말하는 것이며, 혹 몸이 행하는 것이다(或口之所云, 或身之所爲也)"라고 하였다. 즉 "변화하고 말하고 행하는 것"이라고 해석한 것이다. 고형이 이를 따랐다. 『광아』 「석고」에 "'운'은 유이다(云, 有也)"고 하였다. '운云'에는 유有의 뜻이 있다. '변화운위'는 곧 '변화유위變

化有爲'이며, 변화에는 행하는 바가 있다는 뜻이다. 『백서』에는 '운云'이 '구具'로 되어 있다. 진고응은 '구具'는 본래 원員이며, 유有의 뜻이라 하고, "음양 변화의 도는 작위하는 바가 있다"고 해석하였다. '운云'은 명사가 아니라 술어로 읽어야 뒤의 술어 '유有'와 '지知'와 '지知'와 서로 맞게 된다. 이 구절 역시 앞 구절을 이어 주역점에 대해 말한 것이다. '변화變化'는 곧 상·9장의 '此所以成變化而行鬼神也'의 '변화'이며, 시초를 셈하여 괘를 얻는 과정의 변화를 가리킨다. 시초를 셈하여 9변하여 작은 괘를 얻고, 18변하여 한 괘를 얻으니, 시초를 셈하는 변화에는 행하는 바가 있다는 말이다. '변화운위'는 곧 시초를 셈하여 효를 얻고 괘를 얻는 것을 가리킨 말이다. 시초를 셈하는 변화에는 행하는 바가 있으므로 그 다음 구절의 내용으로 문장이 이어지는 것이다.

[吉事有祥] 우번은 "'상'은 기상이다. 길한 것이 먼저 나타나는 것이다(祥, 幾祥也. 吉之先見者也)"고 하였다. '상祥'은 곧 길한 징조를 드러내는 것이다. 길한 일에는 상서로움이 있다는 말이다.

[象事知器] '상象'은 괘상이다. '상사象事'는 괘상을 관찰하는 일이다. '지知'는 만들 줄 안다는 것이다. '기器'는 도구이다. 괘상을 관찰하는 일에서 도구를 제작하는 방법을 안다는 말이다. 한강백은 "상을 관찰하여 도구를 만드는 방법을 안다(觀其象事, 則知制器之方)"고 하였다. 혹은 '상象'을 본뜨다는 술어로, '사事'를 목적어로 보고, 사물을 본떠 도구를 제작하는 방법을 안다고 해석하여도 통한다.

[占事知來] '점占'은 점서占筮, 시초점이다. '점사占事'는 점치는 일이다. '지知'는 예지이다. '내來'는 미래이다. 주역점을 치는 일에서 미래의 길흉을 예측할 수 있다는 말이다. 한강백은 "점을 음미하여 바야흐로 미래의 조짐을 본다(玩其占事, 則觀方來之驗也)"고 하였다. 혹은 '점占'을 술어로, '사事'를 목적어로 보고, 일을 점쳐 미래의 길흉을 예측할 수 있다고 해석하여도 통한다.

[天地設位, 聖人成能.] 49개의 시초를 두 손에 나누어 쥐고, 왼손에 쥔 것은

상牀 위쪽에 가로로 놓고 하늘(천)을 상징하고, 오른손에 쥔 것은 상 아래쪽
에 가로로 놓고 땅(지)을 상징하니, 이로써 하늘과 땅이 자리를 잡았다는 말
이다. '천지설위'는 곧 주역점을 치기 시작한다는 말이다. '성인'은 주역점
을 만든 사람이다. 최경은 '복희'와 '문왕'이라고 하였다. '능能'은 공功과
같다. '성능成能'은 공을 이룬다는 뜻이다. 즉 성인이 주역점을 만든 공을 이
루었다는 말이다. 주희는 "천지가 자리를 정하니, 성인이 역을 만들어 그 공
을 이루었다(天地設位, 而聖人作易以成其功)"고 하였다. 정확한 해석이다.

　[人謀鬼謀, 百姓與能.] '인'은 곧 점치는 사람, 점술가를 가리킨다. 당시 점
술가는 당대 최고의 지식인이었고, 「계사」는 이들을 '군자'라고 하였다. 상
·2장에 "그러므로 군자는 움직이지 않을 때는 괘효의 상을 관찰하고 그 점
글을 음미하며, 움직일 때는 괘효의 변화를 보고 점을 음미한다(是故君子居
則觀其象而玩其辭, 動則觀其變而玩其占)"고 하였고, 상·10장에 "그러므로 군
자가 장차 어떤 일을 하고자 하고 행하고자 할 때, 역에 물으면 (역은 괘효
사를 가지고) 길흉을 말해준다. 주역점이 명을 받아 (괘효사가) 길흉을 알
려주는 것이 마치 메아리 소리가 응하는 것과 같으니, 먼 것이나 가까운 것,
그윽한 것이나 심오한 것을 가리지 아니하고, 마침내 미래의 일을 알려 준
다(是以君子將有爲也, 將有行也, 問焉而以言. 其受命也如響, 无有遠近幽深, 遂
知來物)"고 하였다. 이 '인'이 곧 「계사」를 지은 사람이 아닌가 한다. '인모
人謀'는 사람이 도모한다는 것, 즉 사람이 점을 친다는 말이다. '귀모鬼謀'는
귀신이 도모한다는 것, 즉 사람이 점치는 것을 귀신이 더불어 돕는다는 것,
즉 점의 신출귀몰함을 형용한 말이다. 다시 말해, 사람이 점을 치니, 시초점
은 귀신처럼 알아맞힌다는 말이다. 한상백은 "'귀모'는 복서에 위탁하여 길
흉을 밝히는 것에 비유한 것(鬼謀, 況寄卜筮以考吉凶也)"이라고 하였는데,
정확하게 본 것이다. 왕부지는 "대연의 수 50에서 49개를 사용하는데, 둘로
나누고, 하나를 걸고, 나머지를 합하고, 덜어내는 것을 거쳐, 7·8·9·6의 변
화를 살펴 원리를 구하는 것이 '사람이 도모하는 것'이다. 시초를 두 손에
나누어 쥐는데, 시초를 많이 혹은 적게 쥐는 것은 무심한데서 이루어지며,

양을 얻고 음을 얻는 것을 예측할 수 없는 신묘함은 '귀신이 도모하는 것'이다(大衍五十而用四十有九, 分二, 掛一, 歸奇, 過揲, 審七八九六之變, 以求肖乎理, 人謀也. 分而爲二, 多寡成於无心, 不測之神, 鬼謀也)"라고 하였다. '백성'은 오늘날의 일반인이며, 전국시대에는 이미 주역점이 보편화되어 백성들도 모두 주역점을 쳤다. '여與'는 함께, 더불어라는 뜻의 개皆, 혹은 참여하다는 뜻의 참參으로 해석하여도 통한다. 고형은 돕다는 뜻의 조助로 읽었다. '능能'은 백성들 또한 점을 운용할 수 있다는 말이다. 49개의 시초를 상 위아래에 놓아 하늘과 땅이 자리를 정하니, 이로써 성인이 주역점을 만들어 그 공을 이루었고, 사람이 점을 치고, 귀신이 더불어 도우니, 백성들도 함께 주역점을 운용할 수 있다는 말이다.

「계사」 상·하편의 내용을 모두 뭉쳐서 한마디로 표현하면 바로 '天地設位, 聖人成能. 人謀鬼謀, 百姓與能'일 것이다. 이 구절이 바로 「계사」의 핵심이다.

八卦以象告, 爻象以情言, 剛柔雜居, 而吉凶可見矣. 變動以利言, 吉凶以情遷. 是故愛惡相攻而吉凶生, 遠近相取而悔吝生, 情僞相感而利害生.

(시초를 셈하여 얻은) 팔괘는 상으로 알려주고, 점글은 정황으로 말해준다. 한 괘에 강유가 뒤섞여 있으니, 길흉이 나타난다. 효의 변동은 이로움으로 말해주고, 길흉은 정황으로써 옮긴다. 그러므로 사랑과 미움이 서로 공격하여 길함과 흉함이 생겨나고, 먼 것과 가까운 것이 서로 취하여 뉘우침과 어려움이 생겨나며, 참과 거짓이 서로 감응하여 이로움과 해로움이 생겨난다.

[八卦以象告] '상象'은 팔괘의 상, 즉 하늘·못·불·우레·바람·물·산·땅이다. 팔괘에 상을 붙여 점을 해석한 것은 춘추시대부터 비롯되었다.

'고告'는 사람에게 알린다는 뜻이다. 한강백은 '이상고인以象告人'이라고 하였다. 시초를 셈하여 한 괘를 얻으면, 한 괘의 위아래 괘는 각각 팔괘 중의 한 괘이며, 팔괘는 상으로 사람에게 길흉을 알려준다는 말이다.

[爻象以情言] '효爻'는 효사를, '단彖'은 괘사를 가리킨다. 최경은 "'효'는 효 아래의 글을, '단'은 괘 아래의 글을 말한다(爻, 謂爻下辭. 彖, 謂卦下辭)"고 하였고, 주희는 "'상'은 괘획을 말하고, '효단'은 괘효사를 말한다(象, 謂卦畫. 爻彖, 謂卦爻辭)"고 하였다. 괘효사는 곧 점글이다. '정情'은 정황, 상황이며, 상황이 변화하는 것을 가리킨다. '언言'은 앞의 고告와 같으며, 사람에게 말해준다는 뜻이다. 점을 쳐 얻은 괘효사는 정황으로 사람에게 길흉을 말해준다는 뜻이다. 『백서』에는 '敎順以論語'로 되어 있다. "교화하고 순종하는 것은 『논어』로써 한다", 혹은 "교화하고 순종하는 것은 말(대화)로써 한다"는 뜻이다. '논어'는 공자의 『논어』를 가리키는 것이지 알 수 없다. 『논어』라는 서명은 『백서』 당시, 한초 무렵에 이미 사용되었을 것이다.

[剛柔雜居, 而吉凶可見矣.] '강'은 양효이고, '유'는 음효이다. '잡거雜居'는 뒤섞여 있다는 뜻이다. 시초를 셈하여 얻은 한 괘에는 양효와 음효가 뒤섞여 있으니, 길흉이 나타난다는 말이다. 『백서』에는 '剛柔雜處, 吉凶可識'으로 되어 있는데, 같은 뜻이다. 진고응은 이 구절을 잘못 들어간 것으로 여기고, 이 구절이 잘못 들어가 앞뒤 문맥의 흐름을 끊어 놓았다고 하였다. 이 구절이 없으면 앞뒤 문맥이 자연스럽게 연결된다.

[變動以利言] '변동變動'은 효의 변동이다. 하·10장에 "도에 변동이 있으므로 효라 한다(道有變動, 故曰爻)"고 하였다. '이利'는 이해利害를 겸하여 말한 것이다. 상·12장에 "변하고 통하게 하여 이로움을 다하였다(變而通之以盡利)"고 하였는데, '이'는 곧 이로움을 좇고 해로움을 피하는 것이다. 효의 변동은 사람에게 이로움과 해로움, 즉 길을 좇고 흉을 피하는 것을 가르쳐준다는 말이다. 『백서』에는 '변동'이 '동작動作'으로 되어 있다.

[吉凶以情遷] '정情'은 정황, 사정, 상황의 뜻이다. '천遷'은 옮기다는 뜻의 사徙, 변하다는 뜻의 변變, 바뀌다는 뜻의 역易이다. 길흉은 정황에 따라 바

뀐다는 말이다. 점을 쳐 길을 얻었다 하여 항상 길한 것이 아니며, 흉을 얻었다 하여 항상 흉한 것이 아니라, 길흉은 상황에 따라 얼마든지 바뀔 수 있다는 말이다. 한강백은 "길흉은 정한 것이 없으니, 다만 사람의 행동에 의해 정황이 이치를 따르면 길로 가고, 정황이 도를 거스르면 흉에 빠진다(吉凶无定, 唯人所動, 情順乘理以之吉. 情逆違道以陷凶)"고 하였다.

[是故愛惡相攻而吉凶生] 이하 세 구절은 점의 형식을 가지고 인간사를 해석한 것이다. 따라서 괘효와 인간사 두 방면으로 해석할 수 있다. 괘효로 말하면, 상병화는 "사랑과 미움이 서로 공격한다는 것은 강과 유가 서로 마찰한다는 것이다. 양이 음을 만나고 음이 양을 만나면 서로 구하고 서로 사랑하는 것이다. … 양이 양을 만나고 음이 음을 만나면 서로 적이 되어 서로 미워하는 것이다. … 사랑하면 길하고, 미워하면 흉하다(愛惡相攻卽剛柔相摩也. 陽遇陰, 陰遇陽, 則相求相愛. … 陽遇陽, 陰遇陰, 則相敵相惡. …愛則吉, 惡則凶)"고 하였다. 인간사로 말하면, 사랑과 미움이 서로 공격하니, 길흉은 이로부터 생겨난다는 말이다. 한강백과 공영달이 이렇게 해석하였다.

[遠近相取而悔吝生] 괘효로 말하면, '원遠'은 한 괘의 상하 효가 서로 응하는 것(應)이고, '근近'은 효가 서로 가까이 있어 친근한 것(比)이다. 최경은 "'원'은 응하는 것과 응하지 않는 것을 말하고, '근'은 가까이 있어 친근하고 가까이 있지 않아 친근하지 않는 것을 말한다. 혹 멀리 응하는 것을 취하고 가까이 친근한 것을 버리며, 혹 가까이 친근한 것을 취하고 멀리 응하는 것을 버리니, 이로부터 멀고 가까운 것이 서로 취하여 괘효사에 뉘우침과 어려움이 생겨나는 것이다(遠, 謂應與不應. 近, 謂比與不比. 或取遠應而舍近比, 或取近比而舍遠應, 由此遠近相取, 所以生悔吝於繫辭矣)"라고 하였다. 인간사로 말하면, 고형은 "사람과 사람이 친하고 소원하고 멀고 가까운 관계로 서로 쟁취하여, 뉘우침과 어려움은 이로부터 생겨난다"고 하였다.

[情僞相感而利害生] '정情'은 참이고, '위僞'는 거짓이다. '감感'은 감응하다는 뜻이다. 『백서』에는 '흠欽'으로 되어 있다. 괘효로 말하면, 우번은 "'정'은 양이고 '위'는 음이다. 정이 위에 감응하면 이로움을 낳고, 위가 정

에 감응하면 해로움을 낳는다(情陽, 僞陰也. 情感僞生利, 僞感情生害)"고 하
였다. 상병화가 이를 따랐다. 인간사로 해석하면, 공영달은 "'정'은 실정을
말하고, '위'는 허위를 말하니, 허위와 실정이 서로 감응하는 것이다. 만약
정실이 서로 감응하면 이로움이 생겨나고, 허위가 서로 감응하면 해로움이
생겨난다(情謂實情, 僞謂虛僞, 虛實相感. 若以情實相感則利生, 若以虛僞相感則
害生也)"고 하였다. 고형은 "'정情'은 감정이다. '위僞'는 위僞로 읽으며 행
위이다. 사람과 사람이 감정과 행위로 서로 감촉하여, 이해는 이것으로부터
생겨난다"고 하였다. 참과 거짓이 서로 감응하여 이로움과 해로움이 생겨난
다는 말이다.

---

凡易之情, 近而不相得則凶, 或害之, 悔且吝. 將叛者, 其辭慙. 中心
疑者, 其辭枝. 吉人之辭寡. 躁人之辭多. 誣善之人, 其辭游. 失其守
者, 其辭屈.

무릇 역의 실정은 가까우면서 서로 얻지 못하면 흉하게 되고, 어떤 사람이
해치면 뉘우치고 또 어렵게 된다. 반란을 일으키려는 사람은 (점이 알려주
는) 점글이 어지럽다. 마음속으로 의심하는 사람은 그 점글이 엇갈린다. 길
한 사람은 점글이 간략하고, 경솔한 사람은 점글이 번잡하다. 선한 사람을
비방하는 사람은 그 점글이 허공에 뜬다. 절개를 잃은 사람은 그 점글이 비
굴하다.

---

[凡易之情] '역'은 주역점이다. '정情'은 실정, 참모습이라는 뜻이다. '역지
정'은 역의 실정, 역의 참모습이라는 뜻이다. 아래에 역의 참모습에 대해 말
하였다. 『백서』에는 '凡易之請'으로 되어 있다. '청請'은 정情의 가차이다. 발
음과 글자 모양이 비슷하여 가차하였다.

[近而不相得則凶] 가까우면서 서로 얻지 못하면 흉하게 된다는 말이다. 공
영달은 "'근'은 두 효가 서로 가까이 있으나 서로 얻지 못하면서 각각 밖으

로 응함이 없으면 흉에 이르게 되는 것을 말한다. 만약 각각 응함이 있으면
비록 가까이 있으면서 서로 얻지 못한다 하더라도 반드시 모두 흉한 것은
아니다(近謂兩爻相近, 而不相得, 以各无外應, 則致凶咎. 若各有應, 雖近不相得,
不必皆凶也)"라고 하였다. 주희는 "'불상득'은 서로 미워하는 것을 말한다.
흉하고 해치고 뉘우치고 어려운 것은 모두 여기에서 나온다(不相得, 謂相惡
也. 凶害悔吝皆由此生)"라고 하였다. 고형은 "사람과 사람이 서로 가까우나
사이가 좋지 않으면 서로 증오하고 서로 살해하게 되니, 이것이 흉이다"라
고 하였다.

[或害之, 悔且吝.] '혹或'은 어떤 사람이다. '해지害之'는 어떤 사람이 해친
다는 말이다. 어떤 사람이 해치면 뉘우치고 또 어렵게 된다는 말이다. '近而
不相得則凶, 或害之, 悔且吝.' 이 구절을 '역지정'이라고 하기에는 뭔가 이상
하다는 느낌이 든다. 진고응은 이 구절은 앞 문장인 '遠近相取而悔吝生'을 주
해한 글이 아닌가 여기고, 이 구절이 잘못 들어가 문맥의 흐름을 끊어 놓았
다 하고, '역지정' 다음에 바로 '將叛者, 其辭慙'으로 이어져야 한다고 하였
다. 진고응의 주장이 맞다. 뒤에 이어지는 여섯 구절이 곧 '역의 실정'이 어
떠하다는 것을 설명한 글이다.

[將叛者, 其辭慙.] '반叛'은 배반하다는 뜻의 배背이다. '사辭'에 대해 세 가
지 해석이 있다. 하나는 '그 사람의 말'로 해석하는 것이다. 『집해』, 공영달,
고형 등 대부분 이렇게 해석하였다. 또 하나는 괘효사를 가리키는 것으로
해석하는 것이다. 주희는 "괘효의 글이 또한 이와 같다(卦爻之辭, 亦猶是
也)"고 하였다. 마지막 하나는, 진고응은 점치는 사람이 점에 묻는 말과 점
을 쳐 얻은 괘효사, 두 가지를 가리킨다고 하였다. 필자는 점을 쳐 『주역』이
알려주는 말, 즉 점을 쳐 얻은 괘효사를 가리키는 것으로 해석하였다. 이렇
게 해석해야 '역지정'과 문장이 순조롭게 이어진다. 「계사」에 '사' 자는 27
곳 기록되어 있는데, 모두 괘효사를 가리킨다. '참慙'은 부끄러워하다는 뜻
의 괴愧이다. "장차 반란을 일으키려는 사람은 그 말이 부끄럽다"는 해석이
전통적인 해석이다. 고형은 '참慙'은 당연히 점漸으로 읽어야 하며, '점'은

속이다는 뜻의 사詐라 하고, "반란을 일으키려는 사람은 그 말이 거짓이다"
라고 해석하였다. 『백서』에는 '將反者其辭亂'으로 되어 있다. '참慚'은 '난
亂'으로 읽는 것이 맞다. 장차 반란을 일으키려는 사람이 점을 치면 점이 알
려주는 그 점글은 어지럽다는 말이다. 장차 반란을 일으키려는 사람은 마음
이 어지러울 것이니 당연히 점이 알려주는 점글 또한 어지럽다는 것이다.
필자는 『백서』를 따라 해석하였다.

[中心疑者, 其辭枝.] '중심中心'은 곧 심중心中이다. '지枝'는 나뭇가지이다.
공영달은 "'지'는 나뭇가지를 말한다. 마음속에 의심이 있으면, 그 마음이 정
하지 못하고 그 말이 흩어지는 것이 나뭇가지가 벌어지는 것과 같다(枝者,
枝謂樹枝也. 中心於事疑惑, 則其心不定, 其辭分散, 若間枝也)"고 하였다. 고형
은 '지枝'는 기岐로 읽어야 하며, 엇갈린다는 뜻이라고 하였다. 마음속으로
의심하는 사람이 점을 치면 점이 알려주는 그 점글은 엇갈린다는 말이다.
마음속으로 의심하는 사람은 마음이 엇갈릴 것이니 당연히 점이 알려주는
점글 또한 엇갈린다는 것이다.

[吉人之辭寡. 躁人之辭多.] '과寡'는 적다는 뜻의 소少이다. '조躁'는 조급하
다, 경솔하다는 뜻이다. 길한 사람이 점을 치면 점이 알려주는 점글은 간략
하고, 경솔한 사람이 점을 치면 점이 알려주는 그 점글이 번잡하다는 말이
다. 길한 사람은 마음이 편안할 것이니 당연히 점이 알려주는 점글 또한 간
략하고, 경솔한 사람은 마음이 분주할 것이니 당연히 점이 알려주는 점글
또한 번잡하다는 것이다. 고형은 "『설문』에 '길은 선善'이라 하였다"고 하였
는데, 선한 사람이 점을 치면 점이 알려주는 점글은 간략하다고 해석하여도
통한다. 길한 사람은 이미 길한데 길흉을 점쳐야 할 이유가 없다.

[誣善之人, 其辭游.] '무誣'는 무고하다, 비방하다는 뜻이다. '유游'는 뜨다
는 뜻의 부浮이다. 공영달은 "'유'는 뜨는 것(游謂浮游)"이라고 하였다. 선한
사람을 비방하는 사람이 점을 치면 점이 알려주는 그 점글은 허공에 뜬다는
말이다. 선한 사람을 비방하는 사람은 마음이 바르지 못하고 허공에 떠있을
것이니 당연히 점이 알려주는 점글 또한 허공에 뜬다는 것이다. 『백서』에는

'무誣'가 무无로 되어 있다. 선하지 않는 사람이 점을 치면 점글은 허공에 뜬다는 말이다.

[失其守者, 其辭屈.] '수守'는 절개를 지키는 것이다. '굴屈'은 비굴하다는 뜻이다. 절개를 잃은 사람이 점을 치면 점이 알려주는 그 점글은 비굴하다는 말이다. 절개를 잃은 사람은 마음이 비굴할 것이니 당연히 점이 알려주는 점글 또한 비굴하다는 것이다.

본 구절 전체의 주어는 '역지정', 즉 '주역점의 실정'이다. 주역점의 실정은 장차 반란을 일으키려는 사람, 마음속으로 의심하는 사람, 길한 사람, 경솔한 사람, 선한 사람을 비방하는 사람, 절개를 잃은 사람 등등이 점을 치면 점은 그 사람의 내면 의식을 귀신처럼 알아맞혀 그에 상응하는 점글로 알려준다는 것이며, 이것이 곧 주역점의 참모습(情)이라는 말이다.


여기까지가 제12장이다. 본장의 주제는 주역점이며, 시종일관 주역점을 찬양하였다.

50개의 시초 중, 49개의 시초를 두 손에 나누어 쥐고, 왼손에 쥔 것은 상 위쪽에 가로로 놓고 하늘(건)을 상징한다. 건은 천하의 지극히 강건한 것이고, 덕행은 항상 쉬우나, 위태로움을 알려준다. 오른손에 쥔 것은 상 아래쪽에 가로로 놓고 땅(곤)을 상징한다. 곤은 천하의 지극히 유순한 것이고, 덕행은 항상 간단하나, 험난함을 알려준다. 주역점이 쉽고 간단한 것은 제후의 마음을 기쁘게 할 수 있고, 주역점이 위태롭고 험난함을 알려주어 제후의 의혹을 결정할 수 있으니, 천하의 길흉을 정하고 천하의 미묘함을 이룬다. 시초를 셈하여 9변하여 작은 괘를 얻고 18변하여 한 괘를 얻으니, 시초를 셈하는 변화에는 행하는 바가 있으며, 길한 일에는 상서로움이 있고, 괘상을 관찰하는 일에서 도구를 만드는 방법을 알고, 점치는 일에서 미래를 예측한다. 49개의 시초를 상 위아래에 놓아 하늘과 땅이 자리를 정하니, 이로써 성인이 주역점을 만들어 그 공을 이루었고, 사람이 점을 치고, 귀신이 더불어 도우니, 백성들도 함께 주역점을 운용할 수 있다.

시초를 셈하여 한 괘를 얻으면, 한 괘의 위아래 괘는 각각 팔괘 중의 한 괘이며, 팔괘는 상으로 사람에게 길흉을 알려주고, 점을 쳐서 얻은 괘효사는 정황으로 사람에게 길흉을 말해준다. 시초를 셈하여 얻은 한 괘에는 양효와 음효가 뒤섞여 있으니, 길흉이 나타난다. 효의 변동은 사람에게 이로움과 해로움, 즉 길을 좇고 흉을 피하는 것을 가르쳐주고, 점을 쳐 길을 얻었다 하여 항상 길한 것이 아니며, 흉을 얻었다 하여 항상 흉한 것이 아니라, 길흉은 상황에 따라 얼마든지 바뀔 수 있다. 그러므로 사랑과 미움이 서로 공격하여 길함과 흉함이 생겨나고, 먼 것과 가까운 것이 서로 취하여 뉘우침과 어려움이 생겨나며, 참과 거짓이 서로 감응하여 이로움과 해로움이 생겨난다.

무릇 주역점의 실정은 (가까우면서 서로 얻지 못하면 흉하게 되고, 어떤 사람이 해치면 뉘우치고 또 어렵게 된다) 장차 반란을 일으키려는 사람이 점을 치면 점이 알려주는 그 점글은 어지럽다. 마음속으로 의심하는 사람이 점을 치면 점이 알려주는 그 점글은 엇갈린다. 길한 사람이 점을 치면 점이 알려주는 점글은 간략하고, 경솔한 사람이 점을 치면 점이 알려주는 그 점글이 번잡하다. 선한 사람을 비방하는 사람이 점을 치면 점이 알려주는 그 점글은 허공에 뜬다. 절개를 잃은 사람이 점을 치면 점이 알려주는 그 점글은 비굴하다.

# 설괘 說卦

# 제1장

昔者聖人之作易也, 幽贊於神明而生蓍, 參天兩地而倚數, 觀變於陰陽而立卦, 發揮於剛柔而生爻, 和順於道德而理於義, 窮理盡性以至於命.

옛날에 성인이 역을 지을 때, 은밀히 신명의 도움을 받아 시초점을 만들었고, 하늘의 수를 3으로 하고 땅의 수를 2로 하여 수를 세우고, 음양이 변화하는 것을 보고 괘를 세우고, 강유 두 획을 발휘하여 효를 만들고, 사람이 걸어가야 할 길을 좇아 (주역점의) 알맞음을 다듬고, (주역점의) 원리를 궁구하고 본성을 극진히 하여 운명(의 원리에 통달하는데)에 이르렀다.

[昔者聖人之作易也] '성인聖人'은 주역점을 만든 사람을 가리킨다. 정현은 복희와 문왕이라 하였고, 우번과 공영달은 복희라고 하였다. '역易'은 주역점이다. 『백서』에는 제1장부터 제3장까지 「역지의」에 기록되어 있고, 그 이하는 기록이 없다.

[幽贊於神明而生蓍] '유幽'는 은밀하다는 뜻의 은隱이다(순상). '찬贊'은 돕는다는 뜻의 좌佐이다(공영달). 『석문』에 "찬讚으로 하였다(本或作讚)"고 하

고, 또 "찬은 밝다는 뜻의 명(贊, 明也)"이라고 하였다. '찬贊'과 '찬讚'은 모두 돕는다는 뜻의 좌佐, 밝다는 뜻의 명明이다. '신명神明'에 대해 두 가지 해석이 있다. 하나는 '신묘하고 밝다'는 뜻이다. 「계사」에 '신명'은 세 곳 기록되어 있는데(상·11장, 하·2, 6장), 모두 이 뜻으로 사용하였다. 공영달은 이 구절을 이 뜻으로 해석하여, "신이라는 것은 음양을 헤아릴 수 없고 묘하여 방향이 없으니, 생성하고 변화하는 것이 그렇게 되는 것을 알지 못하면서 그렇게 되는 것이다(神之爲道, 陰陽不測, 妙而无方, 生成變化, 不知所以然而然者也)"라고 하였다. 또 하나는 신령한 능력을 가진 존재로 해석하는 것이다. 오늘날의 말로 신령님이다. 오징이 이 뜻으로 해석하여, "성인이 시초를 셈하는 법을 처음 만들어 신명을 대신하여 사람에게 길흉을 알리니, 그래서 신명의 그윽함을 돕고 신명의 영험함이 드러나는 것이다(此言聖人肇創著法, 代爲神明告人以吉凶, 所以贊助其幽, 而使其靈之顯也)"라고 하였다. 두 가지 해석은 모두 통한다.

고형은 '신명神明'은 신기神祇라 하고, 『설문』에 '신은 천신이고, 기는 지기이다(神, 天神. 祇, 地祇)'라고 하였다. 옛말에 천신을 신神이라 칭하였고, 지신을 기祇라 하고 또 명明이라고 칭하였다. 『장자莊子』「천도天道」에 '하늘은 높고 땅은 낮으니, 신명의 자리이다(天尊地卑, 神明之位也)'고 하였고, 「천하天下」에 '신은 어디서 내려오는가? 명은 어디에서 나오는가?(神何由降? 明何由出?)'라고 한 것이 그 증거이다. 신명은 신기를 말한 것과 같다"고 하였다. '신명'은 곧 천신과 지신이다. '유찬어신명'은 성인이 신명의 은밀한 도움을 받았다는 말이다. '시蓍'는 주역점을 칠 때 사용하는 풀이름이다. 「계사」 상·11장에 "시초의 덕은 둥글고 신묘하다(蓍之德圓而神)"고 하였고, 또 "하늘이 신령한 물건을 내었으니, 성인이 이를 본떴다(天生神物, 聖人則之)"고 하였다. '신령한 물건(神物)'은 곧 거북과 시초를 가리킨다. 본문에서 '시蓍'는 시초점을 가리킨다. '생시生蓍'는 성인이 역을 지을 때 신명의 은밀한 도움을 받아서 시초점을 만들어 내었다는 뜻이다. 간보는 "시초를 사용하는 방법을 만들었다(生用蓍之法者也)," 공영달은 "시초를 사용하여 괘를 얻는 법을 만들었다(生用蓍求卦之法)"고 하였다. 『백서』「역지의」에는 '생시生蓍'가 '생점生占'으로 되어 있다. '점占'은 곧 시초점이니 뜻은 같다. 아래는 모두 주역점에 대해 말한 것이다.

[參天兩地而倚數] '삼參'은 삼三이다. '삼천參天'은 곧 천수를 3이라는 홀수로 하였다는 말이다. '양兩'은 이二이다. '양지兩地'는 곧 지수를 2라는 짝수로 하였다는 말이다. '천지'는 곧 천수와 지수를 가리킨다. 천수는 3으로 홀수를 나타내고, 지수는 2로 짝수를 나타낸 것이다. '기倚'는 『석문』에 왕숙과 『집해』에 우번이 "서다는 뜻의 입立"이라고 하였다. '수數'는 9·7·6·8의 수, 즉 음양 기우의 수를 가리킨다. 홀수를 천수로 하고, 짝수를 지수로 하여 9·7·6·8의 수, 즉 음양 기우의 수를 세웠다는 말이다. 『백서』「역지의」에는 '기倚'가 '의義'로 되어 있다. 진고응은 '의義'는 논정하다는 뜻의 '의議'로 읽고, "기우의 수를 논정하였다"고 해석하였다.

이 구절에 대해 해석이 분분하다. 한강백은 "삼參은 홀수이고, 양兩은 짝수이다. 7·9는 양수이고, 6·8은 음수이다(參, 奇也. 兩, 耦也. 七九陽數. 六八陰數)"라고 하였다. 마융과 왕숙은 '삼천參天'은 1·3·5를 가리키는데, 합하여 9가 되며, '양지兩地'는 2·4를 가리키는 데, 합하면 6이 된다. '삼천양지'는 곧 9·6의 수라고 하였다. 정현은 '천삼'과 '지양'을 합하면 5가 되는데, 대연의 수 50은 곧 이 5를 넓혀서 만들어진 수라고 하였다.(이상 공영달의 『정의』에서 인용하였음) 공영달은 "7·9는 홀수고 천수이다. 6·8은 짝수이고 지수이다. 그러므로 하늘에서 홀수를 취하고, 땅에서 짝수를 취하여, 7·8·9·6의 수를 세웠다. 왜 '삼양參兩'을 홀짝수로 간주하였는가? 대개 옛닐에는 홀짝을 또한 삼양으로 말하였고, 또 '양'은 짝수의 시작으로, '삼'은 홀수의 시작으로 하였기 때문이다. '일一'을 홀수로 간주하지 않은 것에 대해, 장씨는 '삼三속에 양兩이 포함되어 있고, 일一로써 양兩을 포함하는 뜻이 있으니, 하늘이 땅의 덕을 안고 있고, 양은 음의 도를 안고 있음을 밝힌 것이다'라고 하였다. 그러므로 하늘은 많은 수를 들었고, 땅은 적은 수를 들었다(七九爲奇, 天數也. 六八爲耦, 地數也. 故取奇於天, 取耦於地, 而立七八九六

之數也. 何以參兩爲目奇耦者? 蓋古之奇耦亦以三兩言之, 且以兩是耦數之始, 三是奇數之初故也. 不以一目奇者, 張氏云, 以三中含兩, 有一以包兩之義, 明天有包地之德, 陽有包陰之道. 故天擧其多, 地擧其少也)"라고 하였다. 주희는 "하늘은 둥글고 땅은 반듯하다. 둥근 것은 하나이나 둘레가 3이다. 3은 각각 하나의 홀수이므로 삼천하여 3이 된다. 반듯한 것은 하나이나 둘레가 4이다. 4는 두 짝수를 합한 것이므로 양지하여 둘이 된다. 수는 모두 이것에 의하여 비롯된다(天圓地方, 圓者一而圍三. 三各一奇, 故參天而爲三. 方者一而圍四, 四合二耦, 故兩地而爲二. 數皆倚此而起)"라고 하였다. 고형은 "이 구절은『역경』은 홀수를 하늘의 수로 하고, 짝수를 땅의 수로 하여 괘효의 수를 세웠다는 말이다. 괘의 기본은 음양 두 효이다. 양효는 하늘이고 그 획은 하나이다. 음효는 땅이고 그 획은 둘이다.「계사」상에 '하늘의 수는 1이요, 땅의 수는 2이요, 하늘의 수는 3이요, 땅의 수는 4이요, 하늘의 수는 5이요, 땅의 수는 6이요, 하늘의 수는 7이요, 땅의 수는 8이요, 하늘의 수는 9이요, 땅의 수는 10이다(天一, 地二, 天三, 地四, 天五, 地六, 天七, 地八, 天九, 地十)'라고 하였다. 점을 칠 때, 시초를 9번 덜어내고 7번 덜어낸 것은 양효이고, 6번 덜어내고 8번 덜어낸 것은 음효이다. 이것이 하늘의 수를 3으로 하고 땅의 수를 2로 하여 괘효의 수를 세우는 주요 내용이다"라고 하였다.

유월俞樾은 이 구절을 가지고 다음과 같이 주장하였다. "양의 수는 3이고 홀수이며, 음의 수는 2이고 짝수이다.『주서周書』「무순편武順篇」에 '남자는 태어나 3을 이루고, 여자는 태어나 2를 이룬다(男生而成三, 女生而成二)'고 하였는데, 그 뜻이다.「설괘」에 '하늘의 수를 3으로 하고 땅의 수를 2로 하여 수를 세웠다(,參天兩地而倚數)'고 하였는데,『정의』에 정현은 '3은 하늘, 2는 땅에 해당한다(三之以天, 兩之以地)'고 하였다. 가만히 생각해 보면, 9와 6의 수는 여기에서 비롯된 것이다. 건괘는 세 양이니, 양의 수는 3이고, 3×3은 9이다. 그러므로 9는 건의 수이다. 곤괘는 세 음이니, 음의 수는 2이고, 3×2는 6이다. 그러므로 6은 곤의 수이다. 이것을 미루면, 진·감·간은 모두 한 양에 두 음이니 그 수는 7이고, 손·리·태는 모두 한 음에 두 양이니 그

924

수는 8이다. 역이 9와 6을 사용하고 7과 8은 사용하지 않는 것은 노老를 사용하고 소少를 사용하지 않는 것인데, 높은 곳으로 통괄되는 것이다."(『群經平議』) 유월은 「설괘」의 '삼천양지'의 설을 가지고 『주역』의 괘효의 수 7·9·8·6을 유추한 것이다. 이것은 그의 독창적인 주장이다.

[觀變於陰陽而立卦] 이 구절에 대해 몇 가지 해석이 있다. 첫째, 공영달은 "역을 지을 때, 성인이 본래 변화의 도를 관찰하고, 천지 음양을 상징하여 건곤 등의 괘를 세웠다는 말이다(言其作易, 聖人本觀察變化之道, 象於天地陰陽, 而立乾坤等卦)"라고 하였다. 천지 음양의 변화를 관찰하여 괘를 세웠다는 것이다. 둘째, 오징은 "'변'은 시초를 셈하는 변화를 말한다. '음양'은 노음 소음 두 음과 노양 소양 두 양을 말한다. '입괘'는 괘획을 이루는 것을 말한다(變謂揲蓍之變, 陰陽謂老少二陰, 老少二陽也, 立卦謂立成卦畫也)"라고 하였다. 시초를 셈하여 음양노소의 변화를 보고 한 괘를 만들었다는 것이다. 셋째, 래지덕은 "'관변'은 육십사괘는 모두 팔괘가 변화한 것이니, 양이 음으로 변하고, 음이 양으로 변하는 것이다. 건괘의 처음 효가 변하면 구괘가 되고, 둘째 효가 변하면 둔괘가 되고, 곤괘의 처음 효가 변하면 복괘가 되고, 둘째 효가 변하면 임괘가 되는 것과 같다(觀變者, 六十四卦皆八卦之變, 陽變陰, 陰變陽也. 如乾初爻變則爲姤, 二爻變則爲遯. 坤初爻變則爲復, 二爻變則爲臨是也)"고 하였다. 팔괘의 음양 변화를 보고 64괘를 만들었다는 것이다. 이러한 해석은 모두 통하나, 본 구절은 주역점에 대해 말하고 있으므로 오징의 해석이 비교적 합당하다. '변變'은 「계사」에서 두 가지 뜻으로 사용되었다. 하나는 「계사」 상·9장의 '십유팔변이성괘十有八變而成卦'의 변變이며, 시초를 셈하는 변화이다. 또 하나는 노양 9는 음으로 노음 6은 양으로 변하는 효의 변화이다. 이 구절에서 '변'은 두 가지를 다 가리킨다. '음양'은 시초를 셈하여 일음일양하는 것과 노양 9, 소음 8, 소양 7, 노음 6을 가리킨다. 이것에 의해 한 괘가 성립되는 것이다. 즉 시초를 셈하여 음양을 얻고 음양이 변화하는 것을 보고 괘를 세웠다는 말이다. 이 구절은 뒷장의 '立天之道曰陰與陽'에 해당된다.

[發揮於剛柔而生爻] '휘揮'는 『석문』에 정현이 "떨치다는 뜻의 양揚"이라고 하였다. '발휘'는 발양과 같다. '강剛'과 '유柔'는 사물의 강함과 부드러움이라는 두 가지 성질을 가리킨다. 주역점을 만든 성인이 사물의 강함과 부드러움이라는 두 가지 성질을 발휘하여 강유 두 획을 그려 변화하는 효를 만들었다는 말이다. 고형은 "『역』을 지은 사람은 사물의 강유 두 성을 발휘하여, 강유 두 종의 효를 만들어 이를 상징하였다"라고 하였다. 이 구절은 뒷장의 '立地之道曰柔與剛'에 해당된다.

[和順於道德而理於義] '화순和順'은 곧 유순柔順이며, 뒷장의 '순성명지리順性命之理'의 '순順'과 같다. 순응하다(循理), 좇다, 따르다는 뜻의 종從이다. 주희는 "조용히 어긋나고 거스르는 것이 없는 것(從容无所乖逆)"이라고 하였다. '도덕道德'은 공영달이 '성인의 도덕(聖人之道德)'으로 해석한 이래, 뒷사람들은 모두 도덕 개념으로 여기게 되었다. 이 구절은 뒷장의 '立人之道曰仁與義'에 해당되는데, '도덕道德'은 사람의 도(人之道), 즉 사람이 걸어가야 할 길, 곧 인과 의를 가리킨다. '도덕'은 「계사」 상·7장의 '成性存存, 道義之門'의 '도의道義'와 같다. '이理'는 옥을 다듬는다는 뜻이다. '의義'는 알맞다는 뜻의 의宜이다. 성인이 주역점을 만들 때, 사람이 걸어가야 할 길을 좇아 주역점의 알맞음을 다듬었다는 말이다. 이 구절을 도가의 관점으로 해석하면, '도道'와 '덕德'은 당연히 노자의 개념이다. 『노자』에 "만물은 도를 높이고 덕을 귀히 여기지 않음이 없다(萬物莫不尊道而貴德)"고 하였는데(51장), '도道'는 곧 자연법칙이고, '덕德'은 곧 도의 드러남, 자연법칙의 구체적 현현이다. 성인이 주역점을 만들 때, 자연법칙과 그 구체적 체현에 순응하여 주역점의 알맞음을 다듬었다는 말이다. 고형은 "천지 만물은 각각 그 도道를 가지고 있고, 각각 그 덕德을 가지고 있으며, 각각 그 마땅함(義)을 가지고 있다. '의義'는 마땅하다는 뜻의 의宜이다. 『역』을 지은 사람이 도와 덕에 화순하고 마땅함을 관리하였다"라고 해석하였다.

[窮理盡性以至於命] '궁窮'은 궁구하다는 뜻이다. '이理'는 주역점의 원리를 가리켜 말한 것이다. '성性'은 본성이며, 시초를 셈하여 효를 얻고 괘를

이루어 미래를 알고자 하는 사람의 본성이다. 뒷장에 '순성명지리順性命之理'라고 하였는데, '명命'은 '명지리命之理', '명리命理', 즉 운명의 원리를 가리켜 말한 것이다. '지어명至於命'은 운명의 원리를 통달하는 데 이르렀다는 말이다. 성인이 주역점을 만들 때, 주역점의 이치를 궁구하고 시초를 셈하여 효를 얻고 괘를 이루어 미래를 알고자 하는 사람의 본성을 극진히 하여, 운명의 원리에 통달하는 데 이르렀다는 말이다. '명命'에 대해, 한강백은 '수명'(命者, 生之極), 공영달 역시 '수명'(所賦之命, 莫不窮其長短, 定其吉凶), 주희는 '천도(천명)', 래지덕은 '운명', 진몽뢰는 '천명', 굴만리 역시 '천명', 고형은 '수명(목숨)', 주백곤은 '생명의 종극', 진고응은 '자연과 인간의 최종 운명'으로 해석하였다. 『역전해설』을 참고하라.

여기까지가 제1장이다. 본장의 주제는 주역점이며, 성인이 '작역作易'하는데, '생시生蓍'하고, '기수倚數'하고, '입괘立卦'하고, '생효生爻'하고, '이어의理於義'하여, 최종에는 '지어명至於命'하였다는 것을 말하였다. 즉 '지어명至於命'이 성인 '작역作易'의 궁극적 목표이다.

성인이 주역점을 만들 때, 신명의 은밀한 도움을 받아서 시초점을 만들었고, 홀수를 천수로 하고 짝수를 지수로 하여 9·7·6·8의 수, 즉 음양 기우의 수를 세웠고, 시초를 셈하여 음양을 얻고 음양노소의 변화를 보고 괘를 세웠고, 사물의 강함과 부드러움이라는 두 가지 성질을 발휘하여 강유 두 획을 그려 변화하는 효를 만들었고, 사람이 걸어가야 할 길에 순응하여 주역점의 알맞음을 다듬었고, 주역점의 이치를 궁구하고 시초를 셈하여 효를 얻고 괘를 이루어 미래의 일을 알고자 하는 사람의 본성을 극진히 하여, 운명의 원리에 통달하는 데에 이르렀다.

# 제2장

昔者聖人之作易也, 將以順性命之理, 是以立天之道曰陰與陽, 立地之道曰柔與剛, 立人之道曰仁與義. 兼三才而兩之, 故易六畫而成卦. 分陰分陽, 迭用柔剛, 故易六位而成章.

옛날 성인이 역을 지을 때, (점을 쳐 미래를 알고자 하는) 사람의 본성과 운명의 원리에 순응하였으니, 그러므로 하늘의 도를 세워 음과 양이라 하고, 땅의 도를 세워 유와 강이라 하며, 사람의 도를 세워 인과 의라고 하였다. 이 삼재를 갖추어 둘로 하였으니, 그러므로 역은 여섯 효로써 괘를 이룬다. 음으로 나뉘고 양으로 나뉘어, 강과 유를 번갈아 사용하니, 그러므로 역은 여섯 자리로써 문장(혹은 괘)을 이룬다.

---

[昔者聖人之作易也, 將以順性命之理] '역易'은 주역점을 가리킨다. '이以'는 이지以之의 '지之'가 생략된 것이며, '지之'는 역을 가리킨다. '역을 가지고'라는 말이다. '성性'은 시초를 셈하여 효를 얻고 괘를 이루어 미래를 알고자 하는 사람의 본성을, '명命'은 운명을 가리킨다. 성인이 주역점을 만들 때, 점을 쳐 미래를 알고자 하는 사람의 본성과 운명의 원리에 순응하였다는 말

이다. 공영달은 "이 역괘로써 천지가 만물의 성품과 생명의 원리를 생성하는데 순종하였다(本意將此易卦, 以順從天地生成萬物性命之理也)"라고 해석하였다. '순성명지리順性命之理'의 내용은 아래에서 설명하고 있다.

[是以立天之道曰陰與陽] 하늘의 도를 세워 음과 양이라고 하였다는 말이다. 즉 음과 양은 하늘의 도라는 말이다. 굴만리는 "다섯째와 꼭대기 효를 말한 것"이라 하고, "다섯째는 양이고 꼭대기는 음"이라고 하였다.

[立地之道曰柔與剛] 땅의 도를 세워 유와 강이라고 하였다는 말이다. 즉 부드러움과 강함이 땅의 도라는 말이다. 굴만리는 "처음과 둘째 효를 말한 것"이라 하고, "처음은 강이고 둘째는 유"라고 하였다.

[立人之道曰仁與義] 사람의 도를 세워 인과 의라고 하였다는 말이다. 즉 인과 의가 사람의 도라는 말이다. 공영달은 "사랑하고 베푸는 인과 끊고 자르는 의(愛惠之仁與斷刮之義)"라고 하였다. 고형은 "'인仁'은 사람을 사랑하는 것이니 유를 주로 한다. '의義'는 일을 제어하는 것이니 강을 주로 한다"고 하였다. 굴만리는 "셋째와 넷째 효를 말한 것"이라 하고, "인은 유, 의는 강이며, 셋째는 강이고 넷째는 유"라고 하였다.

[兼三才而兩之] '겸兼'은 겸하다는 뜻이다. '삼재三才'는 천 · 지 · 인을 가리킨다. 팔괘의 세 획은 각각 천 · 지 · 인을 상징한다. '양지兩之'는 둘로 겹친다는 뜻이다. 세 획의 팔괘를 겹쳐 여섯 획의 64괘를 만든다는 말이다. 64괘 각 괘의 여섯 효는 모두 천 · 지 · 인 삼재를 상징하고 있으니, 위의 두 효는 하늘(天)을, 이레의 두 효는 땅(地)을, 가운데 두 효는 사람(人)을 상징한다. 『백서』「역지의」에는 '三才'가 '三財'로 되어 있다. '재才'와 '재財'는 통용되었다.

[故易六畫而成卦] '역易'은 주역점이다. '육획六畫'은 여섯 효(六爻)이다. '성괘成卦'는 한 괘를 이룬다는 뜻이다. 삼재를 갖추어 둘로 겹치니 주역점은 여섯 효로써 한 괘를 이룬다는 말이다.

[分陰分陽] '분음분양'은 한 괘 여섯 효가 음으로 나뉘고 양으로 나뉜다는 말이다. 한 괘의 처음(初)과 셋째(三)와 다섯째(五)는 양의 자리이고, 둘째

(二)와 넷째(四)와 꼭대기(上)는 음의 자리이다. 처음 효에서 꼭대기까지 여섯 효는 음양이 각각 반이므로 ‘분分’이라고 한 것이다.

[迭用柔剛] ‘질용迭用’은 번갈아 사용한다는 뜻이다. 진몽뢰는 ‘유柔’는 육六이고, ‘강剛’은 구九라고 하였다. 한 괘 여섯 효는 혹은 구, 혹은 육을 번갈아 사용하고 있다는 말이다.

[故易六位而成章] ‘역’은 주역점이다. ‘육위六位’는 여섯 효의 자리이다. ‘장章’에 대해, 우번은 ‘문리文理’라 하고 ‘천문天文’과 ‘천리天理’로 해석하였는데, 진고응은 ‘문리’를 천·지·인의 도리, 규율이라고 해석하였다. 공영달은 ‘장章’을 ‘문장’으로 해석하였는데, 뒷사람들은 모두 이를 따랐다. 오징은 “여섯 효의 자리에는 혹은 유가, 혹은 강이 있어, 서로 뒤섞여 문장을 이룬다(六位之中, 或用柔畫居之, 或用剛畫居之, 錯雜而成文章也)”고 하였다. 주역점은 여섯 자리로써 문장을 이룬다는 말이다. 혹은 ‘장章’을 ‘괘卦’로 읽어도 통한다. ‘易六位而成章’은 앞의 ‘易六畫而成卦’와 같으며, 주역점은 여섯 효로써 괘를 이룬다는 말이다. 『석문』에는 ‘육위六位’를 “육획으로도 하였다(本又作六畫)”고 하였다.


여기까지가 제2장이다. 본장의 주제는 주역점이며, 성인이 천·지·인 삼재의 도를 취하여 주역점을 만들었음을 말하였다.

옛날 성인이 주역점을 지을 때, 시초를 셈하여 효를 얻고 괘를 이루어 미래의 일을 알고자 하는 사람의 본성과 운명의 원리에 순응하였으니, 그러므로 하늘의 도를 세워 음과 양이라 하고, 땅의 도를 세워 유와 강이라 하며, 사람의 도는 인과 의라고 하였다. 세 획의 팔괘를 겹쳐 여섯 획의 64괘를 만드니, 64괘 각 괘의 여섯 효는 모두 천·지·인 삼재를 상징하고 있으며, 위의 두 효는 하늘(天)을, 아래의 두 효는 땅(地)을, 가운데 두 효는 사람(人)을 상징한다. 그러므로 주역점은 여섯 효로써 한 괘를 이룬다. 한 괘 여섯 효가 음으로 나뉘고 양으로 나뉘어, 혹은 구 혹은 육을 번갈아 사용하니, 주역점은 여섯 자리로써 문장(혹은 괘)을 이룬다.

# 제3장

<br>

天地定位, 山澤通氣, 雷風相薄, 水火不相射. 八卦相錯. 數往者順,
知來者逆, 是故易逆數也.

하늘과 땅이 자리를 정하고, 산과 못이 기를 통하며, 우레와 바람이 서로
싸우고, 물과 불이 서로 극한다. 팔괘는 서로 뒤섞인다. 지나간 것을 셈하
는 것은 순응하는 것(順)이고, 올 것을 아는 것은 거스르는 것(逆)이니, 그
러므로 역은 거슬러 셈하는 것이다.

---

[天地定位] '천지天地'는 건괘(☰)와 곤괘(☷)이다. '정위定位'는 자리를
정한다는 뜻이다. 하늘은 위에 땅은 아래에 자리를 정한다는 말이다.

[山澤通氣] '산택山澤'은 간괘(☶)와 태괘(☱)이다. '기氣'는 기운이다.
산의 기운과 못의 기운이 서로 통한다는 말이다.

[雷風相薄] '뇌풍雷風'은 진괘(☳)와 손괘(☴)이다. '박薄'에 대해 세 가
지 해석이 있다. 하나는 『석문』에 마융과 정현이 "박은 들어가다는 뜻의 입
(薄, 入也)"이라고 하였다. 우레와 바람이 각자 일어나지만 서로가 잠입하여
응한다는 말이다. 우번은 "우레와 바람이 같은 소리로 서로 응하므로 상박

이라 한다는 말이다(謂震巽, 同聲相應, 故相薄)"라고 하였는데, '상응相應'으로 '상박相薄'을 해석한 것이다. 또 하나는 제5장에 "건에서 싸운다. …음양이 서로 싸우는 것을 말한다(戰於乾. …言陰陽相薄也)"고 하였는데, '상박相薄'으로 전戰자를 해석하였다. 박薄은 치다는 뜻의 박搏자의 가차이며, 두 글자는 옛날에 통용되었다(고형). 『광아廣雅』「석고釋詁」에 "'박'은 치다는 뜻의 격(搏, 擊也)"이라고 하였다. 우레와 바람이 서로 싸운다는 말이다. 마지막 하나는 요배중姚配中이 "'박'은 근접하다는 뜻의 박(薄, 迫也)"이라고 하였다. 우레와 바람이 서로 접근하여 호응한다는 말이다. 제5장의 예를 보면, 두 번째의 해석이 타당하다.

[水火不相射] '수화水火'는 감괘(☵)와 리괘(☲)이다. '불상사不相射'에 대해 두 가지 해석이 있다. 하나는 『석문』에 우번, 육적, 동우, 요신, 왕숙은 "'사射'는 싫어하다는 뜻의 염厭"이라고 하였다. 『집해』에 우번은 "'사'는 싫어하다는 뜻의 염이다. 물과 불은 서로 통한다(射, 厭也. 水火相通)"라고 하였다. 물과 불은 서로 싫어하지 않는다는 말이다. 또 하나는 『백서』에는 '불不'자가 없다. 고형은 "'불不'자는 잘못 들어간 글자이다. '사射'는 곧 활을 쏘다 할 때의 쏘다(射)는 뜻이다. 쏘는 것은 상대를 살상하는 것이니, '상사相射'는 상극相剋을 말한 것과 같다"고 하였다. 고형이 정확하게 읽었다. 물과 불이 서로 극한다는 말이다. 필자는 고형의 해석을 따랐다.

[八卦相錯] '팔괘'는 앞의 하늘·땅·산·못·우레·바람·물·불의 여덟 종의 물상을 가리킨다. '착錯'은 뒤얽히는 것(交錯)이다. 괘효로 말하면, 팔괘가 서로 뒤섞여 64괘를 낳는다. 자연계로 말하면, 이 여덟 종의 물상이 서로 뒤얽혀 천지 만물을 생성한다. 래지덕은 '상착'을 착괘로 해석하였다. "건1과 곤8이 착괘이고, 태2와 간7이 착괘이며, 리3과 감6이 착괘이고, 진4와 손5가 착괘이다. 팔괘가 서로 착괘가 되지 않으면 음양이 서로 대립하지 않으니 역이 아니다. 송유는 '착종' 두 글자를 몰랐으므로 팔괘가 서로 교합하여 64괘를 이룬다고 여긴 것이다(一與八錯, 二與七錯, 三與六錯, 四與五錯. 八卦不相錯, 則陰陽不相待對, 非易矣. 宋儒不知錯綜二字, 故以爲相交而成六十四

卦)"라고 하였다. 그가 말하는 '송유宋儒'는 소옹과 주희를 가리키며, 이들은 "팔괘가 서로 교합하여 64괘를 이룬다(八卦相交而成六十四卦)"고 하였다.

[數往者順] '수數'는 시초를 셈하는 것, 즉 점을 치는 것이다. '왕자往者'는 지나간 일이다. '순順'은 순응하다는 뜻이며, 이미 있은 일이므로 '순順'이라고 한 것이다. 지나간 것을 점치는 것은 순응하는 것이라는 말이다.

[知來者逆] '지知'는 점을 쳐 아는 것이다. '내자來者'는 앞으로 올 일이다. '역逆'은 거스르다는 뜻이며, 앞으로 일어날 일, 아직 있지 않은 일이므로 '역逆'이라고 한 것이다. 올 것을 점쳐 아는 것은 거스르는 것이라는 말이다.

[是故易逆數也] '역易'은 주역점을 가리킨다. '역수逆數'는 거슬러 셈한다는 뜻이다. 즉 역逆을 셈하는 것, 아직 있지 않은 일을 점친다는 뜻이다. 주역점은 앞으로 일어날 일을 점치는 것이라는 말이다.

이 세 구절에 대한 해석이 분분하다. 『역전해설』에 중요한 사람들의 해설을 자세히 기록해 두었는데, 이들 주장은 제각기 타당하나, 필자는 이들을 전혀 취하지 않고 문장 그대로 해석하였다.


여기까지가 제3장이다. 본장에서는 팔괘의 상을 가지고 서로가 호응하고 대립하는 것을 말하였고, 이어서 호응하고 대립하는 팔괘가 서로 뒤섞이고, 주역점은 올 것을 셈하는 것임을 말하였다. 송대에 이르러 소옹은 본장을 그림으로 그려 '선천팔괘방위도'(혹은 '복희팔괘방위도')라고 하였다.

# 제4장



雷以動之, 風以散之, 雨以潤之, 日以烜之. 艮以止之, 兌以說之, 乾
以君之, 坤以藏之.

우레로써 움직이게 하고, 바람으로써 흩게 하고, 비로써 윤택하게 하고, 해
로써 말리게 한다. 간으로써 머물게 하고, 태로써 기쁘게 하고, 건으로써
다스리게 하고, 곤으로써 저장하게 한다.

---

[雷以動之] '뇌雷'는 진震이다. '동動'은 고동하다, 고무하다는 뜻이다. '지
之'는 만물을 가리킨다. 우레로써 만물을 고무한다는 말이다.

[風以散之] '풍風'은 손巽이다. '산散'은 흩는다는 뜻이다. 바람이 만물을
흩어 자라게 한다는 말이다.

[雨以潤之] '우雨'는 감坎이다. '윤潤'은 적신다는 뜻이다. 비가 만물을 윤
택하게 하여 자라나게 한다는 말이다.

[日以烜之] '일日'은 리離이다. '훤烜'은 『석문』에 '훤暄'으로 하였다. 경방
은 "'훤暄'은 마르다는 뜻의 건乾"이라고 하였다. 햇빛에 말리는 것이다. 해
로써 만물을 말린다는 말이다. 이 네 구절은 괘상을 사용하였지 괘명을 사

용하지 않았다.

[艮以止之] '간艮'은 산이다. '지止'는 멈춘다는 뜻이다. 산으로써 만물을
머물게 한다는 말이다.

[兌以說之] '태兌'는 못이다. '열說'은 기쁘다는 뜻의 열悅이다. 못으로써
만물을 기쁘게 한다는 말이다.

[乾以君之] '건乾'은 하늘이다. '군君'은 술어이며, 임금 노릇하다, 다스리
다는 뜻이다. 고형은 '군림하다'는 뜻으로 해석하였다. 하늘로써 만물을 다
스리게 한다는 말이다. 래지덕은 "건은 곧 만물을 만든 주인이어서 사물에
있어 거느리지 않는 것이 없다(乾則爲造物之主, 而于物无所不統)"고 하였는
데, '군君'을 만물의 주재자로 해석하였다.

[坤以藏之] '곤坤'은 땅이다. '장藏'은 저장하다는 뜻이다. 땅으로써 만물
을 수용하여 저장하게 한다는 말이다. 이 네 구절은 괘명을 사용하였지 괘
상을 사용하지 않았다.


　　여기까지가 제4장이다. 공영달은 "앞의 네 구절은 상을 들은 것이고, 뒤
의 네 구절은 괘를 들은 것이다(上四擧象, 下四擧卦)"고 하였고, 주희는 "'뇌
이동지' 아래의 네 구절은 상의 뜻을 취한 것이 많으므로 상으로 말하였고,
'간이지지' 아래의 네 구절은 괘의 뜻을 취한 것이 많으므로 괘로 말하였다
('雷以動之'以下四句, 取象義多, 故以象言. '艮以止之'以下四句, 取卦義多, 故以
卦言)"고 하였다. 앞의 네 구절은 괘상을 취하여 말한 것이고, 뒤의 네 구절
은 괘의를 취하여 말한 것이다. 이상 여덟 구절은 팔괘가 상징하는 여덟 사
물의 효용을 설명하였다.

# 제5장

<hr>

帝出乎震, 齊乎巽, 相見乎離, 致役乎坤, 說言乎兌, 戰乎乾, 勞乎坎,
成言乎艮.

만물은 진에서 나오고, 손에서 가지런하고, 리에서 서로 드러나고, 곤에서
기름을 받고, 태에서 기뻐하고, 건에서 싸우고, 감에서 피로하고, 간에서
이룬다.

<hr>

[帝出乎震] '제帝'에 대해 몇 가지 해석이 있다. 첫째, 조물주로 본 것이다.
왕필은 "'제'는 만물을 낳는 주인이고, 자라나게 하는 근원이다(帝者, 生物
之主, 興益之宗)"라고 하였다. '제帝'를 천지 만물을 주재하는 조물주로 파악
한 것이다. 공영달은 이를 '천제天帝'라고 하였다. 유백민, 진고응도 조물주
로 해석하였다. 둘째, 기氣로 본 것이다. 최경은 "'제'는 하늘의 으뜸 기이
다. 춘분에 이르면 곧 진왕이니, 만물이 생겨난다(帝者, 天之王氣也, 至春分
則震王, 而萬物生出)"고 하였다. '제帝'를 만물을 주재하는 원기로 파악한 것
이며, 팔괘의 '왕'으로 설명하였다. 셋째, 하늘로 본 것이다. 유염은 "'제'는
곧 하늘이다. 이것이 만물을 주재하므로 제라고 한다(帝卽天也, 以其主宰萬

物, 故謂之帝)"고 하였고, 주희는 "제는 하늘이 주재하는 것이다(帝者, 天之主宰)"라고 하였다. 하늘이 만물을 주재한다는 말이다. 넷째, 고형은 "'제출帝出' 아래에 만물萬物 두 글자를 생략하였다. '제帝'는 천제天帝이다. '제출호진'은 천제가 진에서 만물을 내었다는 말이지, 천제가 진에서 나온다는 말이 아니다. 뒤 구절에 '만물은 진에서 나온다(萬物出乎震)'고 한 것이 그 증거이다"라고 하였다. 이러한 해석은 모두 통한다. 필자는 '제帝'를 뒤 구절의 '만물출호진萬物出乎震'을 따라 '만물'로 해석하였다. '제帝'는 의인화하여 표현한 것일 뿐, 별다른 의미를 지닌 것이 아니다. '제출호진帝出乎震'은 곧 '만물출호진萬物出乎震'이며, 만물은 진에서 나온다는 말이다. '진震'은 방위로는 동방이고, 계절로는 정춘正春이며, 절기로는 춘분春分이다. 만물은 여기에서부터 생겨난다.

[齊乎巽] '제齊'는 가지런하다는 뜻이다. '손巽'은 동남이고, 순발春末 하초夏初이며, 입하立夏이다. 입하는 만물이 자라나는 절기이다. 만물은 손에서 가지런하게 자란다는 말이다. 최경은 "입하는 곧 손왕이니, 만물이 가지런하다(立夏則巽王, 而萬物絜齊)"고 하였다.

[相見乎離] '현견'은 현現으로 읽으며, 나타나다, 드러나다는 뜻이다. '리離'는 남방이고, 정하正夏이며, 하지夏至이다. 하지는 만물이 그 형체를 드러내는 절기이다. 만물은 리에서 서로 드러난다는 말이다. 최경은 "하지는 곧 리왕이니, 만물은 모두 서로 드러난다(夏至則離王, 而萬物皆相見也)"고 하였디.

[致役乎坤] '치致'는 취하다, 얻다는 뜻이다. '역役'은 다음 문장에서 기르다는 뜻의 양養으로 해석하였다. '치역致役'은 곧 치양致養이며, 기름을 받는다는 뜻이다. 고형은 『광아廣雅』 「석고釋詁」에 "역役은 돕다는 뜻의 조助"라 인용하고, "곤에서 도움을 얻는다"고 해석하였다. '곤坤'은 서남이고, 하말夏末 추초秋初이며, 입추立秋이다. 입추는 만물이 익어가는 절기이다. 만물은 곤에서 기름을 받는다는 말이다. 최경은 "입추는 곧 곤왕이니, 만물은 기름을 받는다.(立秋則坤王, 而萬物致養也)"고 하였다.

[說言乎兌] ‘열說’은 기쁘다는 뜻의 열悅이다. ‘언言’은 어조사이며(굴만리), 언焉으로 읽어야 한다(고형). ‘태兌’는 서방이고, 정추正秋이며, 추분秋分이다. 추분은 만물이 성숙하여 기뻐하는 절기이다. 만물은 태에서 기뻐한다는 말이다. 최경은 “추분은 태왕이니, 만물은 기뻐한다(秋分則兌王, 而萬物所說)”고 하였다.

[戰乎乾] ‘전戰’은 싸운다는 뜻이다. 다음 문장에서 “음양이 서로 싸우는 것을 말한다(言陰陽相薄也)”고 하였다. ‘건乾’은 서북이고, 추말秋末 동초冬初이며, 입동立冬이다. 입동은 더위가 가고 추위가 오며, 만물 또한 강성하여 쇠퇴하니, 음양이 싸우는 절기이다. 만물은 건에서 싸운다는 말이다. 최경은 “입동은 곧 건왕이니, 음양이 서로 싸운다(立冬則乾王, 而陰陽相薄)”고 하였다.

[勞乎坎] ‘노勞’는 피로하다는 뜻이다. ‘감坎’은 북방이고, 정동正冬이며, 동지冬至이다. 동지는 만물이 피로하여 휴식하며 봄을 기다리는 절기이다. 만물은 감에서 피로하다는 말이다. 최경은 “동지는 곧 감왕이니, 만물이 감추는 곳이다(冬至則坎王, 而萬物之所歸也)”라고 하였다.

[成言乎艮] ‘성成’은 이루다는 뜻이다. ‘언言’은 어조사이며, 언焉으로 읽어야 한다. ‘간艮’은 동북이고, 동말冬末 춘초春初이며, 입춘立春이다. 입춘은 한 해가 끝나고 새로운 해가 시작하는 때이니, 만물은 여기에서 완성하며 또 새롭게 시작하는 절기이다. 만물은 간에서 이룬다는 말이다. 최경은 “입춘은 곧 간왕이니, 만물이 마침을 이루고 시작을 이루는 곳이다. 팔괘로써 두루 천하를 주재하니, 그러므로 ‘제’라 한다(立春則艮王, 而萬物之所成終成始也. 以其周王天下, 故謂之帝)”고 하였다.

「설괘」는 팔괘를 여덟 방위와 계절에 배합하였는데, 최경은 이를 다시 절기와 배합하였다. 이 여덟 구절은 대강을 말한 것이고, 다음 문장에서는 다시 이 구절을 해석하였다. 다음 문장은 고형이 이미 자세히 해설하였으므로 그의 해설을 요약하여 인용하였다.

萬物出乎震, 震, 東方也. 齊乎巽, 巽, 東南也. 齊也者, 言萬物之潔齊
也. 離也者, 明也, 萬物皆相見, 南方之卦也. 聖人南面而聽天下, 嚮
明而治, 蓋取諸此也. 坤也者, 地也, 萬物皆致養焉, 故曰致役乎坤.
兌, 正秋也, 萬物之所說也, 故曰說言乎兌. 戰乎乾, 乾, 西北之卦也,
言陰陽相薄也. 坎者, 水也, 正北方之卦也, 勞卦也, 萬物之所歸也,
故曰勞乎坎. 艮, 東北之卦也, 萬物之所成終, 而所成始也, 故曰成言
乎艮.

만물은 진에서 나오니, 진은 동방이다. 손에서 가지런하니, 손은 동남이다.
가지런하다는 것은 만물이 가지런하다는 것을 말한다. 리는 밝음이니, 만
물이 모두 서로 드러내는, 남방의 괘이다. 성인은 남쪽을 향하여 천하의 일
을 듣고, 밝음을 향하여 다스리니, 대개 여기에서 취한 것이다. 곤은 땅이
니, 만물이 모두 여기에서 양육하게 되므로 '곤에서 기름을 받는다'고 말
한 것이다. 태는 한가을이니, 만물이 기뻐하는 것이므로 '태에서 기뻐한
다'고 말한 것이다. 건에서 싸우니, 건은 서북의 괘이므로 음양이 서로 싸
우는 것을 말한다. 감은 물이니, 정북방의 괘이고, 피로한 괘이며, 만물이
감추는 곳이므로 '감에서 피로하다'고 말한 것이다. 간은 동북의 괘이니,
만물이 마침을 이루고 또 시작을 이루는 곳이므로 '간에서 이룬다'고 말한
것이다.

---

[萬物出乎震, 震, 東方也.] 앞 문장 '제출호진帝出乎震'을 해석한 것이다.
'출出'은 나오다는 뜻의 생生이다(우번). 「설괘」는 팔괘를 사계설에 배합하
였다. 고대의 역법은 일 년 사계절은 모두 360일이고, 이것을 팔로 나누면
45일을 얻는다. 「설괘」는 일 년을 여덟 계절로 나누고 각 괘를 한 계절에 배
합하여 45일을 점쳤다. 진은 정춘正春 45일의 계절이다. 이 계절에는 만물
이 모두 나온다. 또 팔괘를 여덟 방위에 배합하니, 진은 동방이다. 만물은
진에서 나오니, 진은 동방이라는 말이다.

[齊乎巽, 巽, 東南也. 齊也者, 言萬物之潔齊也.] 앞 문장 '제호손齊乎巽'을 해석한 것이다. 「설괘」는 '제齊'자를 해석하여 '가지런한 것'이라고 하였다. '결제潔齊'는 정제整齊의 뜻이다. '제호손齊乎巽'은 만물이 손에서 가지런하다는 말이다. 손은 춘말春末 하초夏初 45일의 계절이다. 이 계절에는 만물이 위로 자라 가지런하다. 또 손은 동남이다. 만물은 손에서 가지런하니, 손은 동남이라는 말이다.

[離也者, 明也, 萬物皆相見, 南方之卦也. 聖人南面而聽天下, 嚮明而治, 蓋取諸此也.] 앞 문장 '상현호리相見乎離'를 해석한 것이다. 제11장에 "리는 해(離爲日)"라고 하였는데, 햇빛이 천하를 밝게 비추므로 '리는 밝음'이라고 한 것이다. 리는 정하正夏 45일의 계절이다. 이 계절에는 초목은 모두 무성히 자라고 새와 짐승은 모두 나와 움직이며 곤충은 모두 나와 만물은 서로 그 형체를 드러낸다. 또 리는 남방의 괘이다. 우번은 '향嚮'을 향向으로 읽었다. 주희는 "향嚮은 향向으로 읽는다(嚮, 讀作向)"고 하였다. 제왕이 남면하여 밝음을 향하여 조정에서 정사를 돌본다고 여겼으니, 또한 리는 밝음이고 남방인 것을 따라 상을 취한 것이다. 만물은 리에서 모두 서로 드러내는 남방의 괘라는 말이다.

[坤也者, 地也, 萬物皆致養焉, 故曰致役乎坤.] 앞 문장 '치역호곤致役乎坤'을 해석한 것이다. '치致'는 취하다, 얻다는 뜻이다. '역役'은 기르다는 뜻의 양養으로 읽는다. 고형은 '역役'은 돕다는 뜻의 조助라 하고, "땅에서 도움을 받는다"고 해석하였다. 곤은 땅이며, 만물은 모두 땅에서 기름을 받는다. 곤은 하말夏末 추초秋初 45일의 계절이다. 이 계절에는 만물은 모두 땅에서 충분한 양분을 얻어 성장한다. 또 곤은 서남이다. 「설괘」는 이것을 말하지 않았다. 곤은 땅이니, 만물은 모두 땅에서 양육을 받는다는 말이다.

[兌, 正秋也, 萬物之所說也, 故曰說言乎兌.] 앞 문장 '열언호태說言乎兌'를 해석한 것이다. '열說'은 기뻐하다는 뜻의 열悅로 읽는다. '언言'은 언焉으로 읽는다. 태는 정추正秋 45일의 계절이다. 그러므로 '태는 한가을이다'고 말한 것이다. 이 계절에 만물은 모두 성장하여 기뻐한다. 또 태는 서방이다.

「설괘」는 이것을 말하지 않았다. 태는 한가을이니, 만물이 기뻐하는 것이라는 말이다.

[戰乎乾, 乾, 西北之卦也, 言陰陽相薄也.] 앞 문장 '전호건戰乎乾'을 해석한 것이다. '박薄'은 치다는 뜻의 박搏자의 가차이다. 건은 추말秋末 동초冬初 45일의 계절이다. 이 계절에는 음기와 양기가 서로 싸운다. 음양이 서로 싸우면 만물은 음양이 싸움하는 속에 있게 된다. 그러므로 '건에서 싸운다'고 말한 것이다. 또 건은 서북의 괘이다. 건은 서북의 괘이므로 음양이 서로 싸우니, 만물도 싸움하는 속에 있게 된다는 말이다.

〔坎者, 水也, 正北方之卦也, 勞卦也, 萬物之所歸也, 故曰勞乎坎.〕 앞 문장 '노호감勞乎坎'을 해석한 것이다. '노勞'는 피로疲勞이다. '귀歸'는 감추다는 뜻의 장藏이다(우번). 감은 물이며, 정북방의 괘이다. 또 감은 정동正冬 45일의 계절이다. 이 계절은 만물이 건에서 싸움한 후에 있으므로 모두 이미 피로하다. 따라서 감은 피로한(勞) 괘이다. 만물은 피로하므로 모두 돌아가 감추어 휴식을 취한다는 말이다.

[艮, 東北之卦也, 萬物之所成終, 而所成始也, 故曰成言乎艮.] 앞 문장의 '성언호간成言乎艮'을 해석한 것이다. '이而'는 차且와 같다. 간은 동북의 괘이다. 또 간은 동말冬末 춘초春初 45일의 계절이다. 동말冬末은 만물이 마침을 이루는 때이며, 춘초春初는 만물이 시작을 이루는 때이다. 간은 동북의 괘이니, 만물이 마침을 이루고 또 시작을 이루는 곳이라는 말이다.

여기까지가 제5장이다. 「설괘」는 팔괘를 여덟 방위와 계절에 배합하는 설을 제출하였고, 송대에 이르러 소옹은 본장을 그림으로 그려 '후천팔괘방위도'(혹은 '문왕팔괘방위도')라고 하였다.

# 제6장

神也者, 妙萬物而爲言者也. 動萬物者莫疾乎雷. 橈萬物者莫疾乎風. 燥萬物者莫熯乎火. 說萬物者莫說乎澤. 潤萬物者莫潤乎水. 終萬物始萬物者莫盛乎艮. 故水火相逮, 雷風不相悖, 山澤通氣, 然後能變化, 旣成萬物也.

신이라는 것은 만물을 신묘한 것으로 여겨서 말한 것이다. 만물을 움직이게 하는 것은 우레보다 빠른 것이 없다. 만물을 흔드는 것은 바람보다 빠른 것이 없다. 만물을 마르게 하는 것은 불보다 마르게 하는 것이 없다. 만물을 기쁘게 하는 것은 못보다 기쁘게 하는 것이 없다. 만물을 윤택하게 하는 것은 물보다 윤택하게 하는 것이 없다. 만물을 마치고 만물을 시작하게 하는 것은 산보다 성대한 것(혹은 이루는 것)이 없다. 그러므로 물과 불은 서로 접촉하고(혹은 함께 있고), 우레와 바람은 서로 어긋나지 않으며, 산과 못이 기를 통하니, 이후에 변화할 수 있어, 만물을 다하여 이룬다.

[神也者, 妙萬物而爲言者也.] '신神'은 천지자연의 신묘함을 가리킨다. '묘妙'는 미묘하다는 뜻의 미微이다. '묘만물妙萬物'은 만물을 신묘한 것으로

여기는 것이다. '신神'은 만물을 신묘한 것으로 여겨서 이것을 표현한 것이라는 말이다. 다음은 팔괘의 상을 가지고 천지자연의 신묘한 작용을 구체적으로 서술한 것이다.

[動萬物者莫疾乎雷] '질疾'은 빠르다는 뜻의 급急이다. '뢰雷'는 진괘이다. 만물을 움직이게 하는 것은 우레보다 빠른 것이 없다는 말이다.

[橈萬物者莫疾乎風] '요橈'는 『석문』에 요撓로 하였다. '요撓'는 바람에 흔들리는 것이다. '풍風'은 손괘이다. 만물을 흔드는 것은 바람보다 빠른 것이 없다는 말이다.

[燥萬物者莫熯乎火] '한熯'은 『석문』에 '한暵'으로 하였으며(徐本作暵), '열한熱暵'이라고 하였는데, 곧 마르다는 뜻의 건乾이다. '화火'는 리괘이다. 만물을 마르게 하는 것은 불보다 마르게 하는 것이 없다는 말이다.

[說萬物者莫說乎澤] '열說'은 기쁘다는 뜻의 열悅이다. '택澤'은 태괘이다. 만물을 기쁘게 하는 것은 못보다 기쁘게 하는 것이 없다는 말이다.

[潤萬物者莫潤乎水] '윤潤'은 윤택하게 하다는 뜻이다. '수水'는 감괘이다. 만물을 윤택하게 하는 것은 물보다 윤택하게 하는 것이 없다는 말이다.

[終萬物始萬物者莫盛乎艮] 최경, 공영달 등 모든 주석가들은 '성盛'을 성대하다는 뜻으로 새기고, "만물을 마치고 만물을 시작하게 하는 것은 산보다 성대한 것이 없다"고 해석하였다. 『석문』에 정현은 '성成'으로 하였는데(鄭作成), 왕인지는 제5장의 '성언호간成言乎艮'을 들어, '성盛'은 이루다는 뜻의 성成으로 읽어야 한다고 하였다. "만물을 마치고 만물을 시작하게 하는 것은 산보다 이루는 것이 없다"는 말이다. 두 가지 해석은 모두 통한다. '간艮'은 당연히 '산山'으로 해야 한다.

[故水火相逮] '체逮'는 이르다, 미치다는 뜻의 급及이다(공영달, 래지덕). 물과 불이 서로 접촉한다는 말이다. 고형은 현행 통행본에는 '불不'자가 빠졌다 하고, 『석문』에는 '수화불상체水火不相逮'로 하였으니, 육덕명이 의거한 왕필본과 자하, 맹희, 경방, 비직, 마융 등 제가의 본에는 모두 '불不'자가 있었음을 알 수 있다"고 하였다. "물과 불이 같이 있지 아니한다." 즉 물

과 불이 서로 병존한다(따로따로 있다)고 해석하였다. 그러나 『석문』에는 '水火不相逮'로 하였지만, "정현, 송충, 육적, 왕숙, 왕이는 '불不'자가 없다(鄭宋陸王肅王廙无不字)"고 하였다. '불'은 없는 것으로 읽어도 되고, 있는 것으로 읽어도 된다. 없는 것으로 읽으면 "물과 불이 서로 접촉한다"는 것이고, 있는 것으로 읽으면 "물과 불이 서로 접촉하지 않는다"는 말이다. 두 가지 해석은 모두 통한다. 앞에서 불은 가장 만물을 마르게 하고, 물은 가장 만물을 윤택하게 한다고 하였으므로 '불'자가 있는 것으로 보는 것이 타당할 것이다.

[雷風不相悖] '패悖'는 어그러지다, 어긋나다는 뜻의 위違이다. 우레와 바람이 서로 어긋나지 않는다는 말이다. 고형은 '패悖'를 발勃로 읽고, 『설문』에 "'발'은 배척하다는 뜻의 배(勃, 排也)"라 하고 "우레와 바람이 동시에 함께 일어나, 서로 배척하지 않는다"고 해석하였다. 앞에서 우레는 가장 빨리 만물을 움직이게 하고, 바람은 가장 빨리 만물을 흔든다고 하였으므로 두 가지 해석이 모두 타당하다.

[山澤通氣] 산의 기운과 못의 기운이 서로 통한다는 말이다.

[然後能變化, 旣成萬物也.] '기旣'는 다하다는 뜻의 진盡이다(래지덕). '기성만물旣成萬物'은 '진성만물盡成萬物'과 같다. 물과 불이 서로 접촉하고(혹은 서로 접촉하지 않고), 우레와 바람이 서로 어긋나지 않으며, 산과 못이 기를 통하니, 그 이후에 만물은 변화할 수 있어, 만물을 다하여 이룬다는 말이다.


여기까지가 제6장이다. 본장은 팔괘의 상을 가지고 천지자연의 신묘한 작용을 기술하였다. 즉 우레는 가장 빨리 만물을 움직이게 하고, 바람은 가장 빨리 만물을 흔들며, 불은 가장 만물을 마르게 하고, 못은 가장 만물을 기쁘게 하고, 물은 가장 만물을 윤택하게 하며, 산은 가장 만물을 마치고 만물을 시작하게 한다. 그러므로 물과 불이 접촉하고, 우레와 바람이 어긋나지 않으며, 산과 못이 기를 통하니, 이후에 만물은 변화할 수 있어, 만물을 다하여 이룬다는 것이다.

# 제7장

乾, 健也. 坤, 順也. 震, 動也. 巽, 入也. 坎, 陷也. 離, 麗也. 艮, 止也.
兌, 說也.

건은 강건함이다. 곤은 유순함이다. 진은 움직임이다. 손은 들어감이다.
감은 빠짐(혹은 구덩이)이다. 리는 붙음이다. 간은 멈춤이다. 태는 기뻐함
이다.

[乾, 健也.] 본장부터 제9장까지는 괘의와 괘상 두 가지를 가지고 해석할
수 있다. 공영달은 "건은 하늘을 상징하며, 천체는 운행하여 멈추지 않으므
로 강건함이다(乾象天, 天體運轉不息, 故爲健也)"라고 하였다. 우번은 "순수
한 강이 스스로 뛰어났다. 온행이 멈추지 않으므로 강건함이다(精剛自勝, 動
行不休, 故健也)"라고 하였다. 건은 세 효가 모두 양이다.

[坤, 順也.] 공영달은 "곤은 땅을 상징하며, 땅은 유순히 하늘을 받들므로
유순함이다(坤象地, 地順承於天, 故爲順也)"라고 하였다. 우번은 "순수한 유
가 하늘을 받들어 때에 맞게 행하므로 유순함이다(純柔承天時行, 故順)"라고
하였다. 곤은 세 효가 모두 음이다.

[震, 動也.] 공영달은 "진은 우레를 상징하며, 우레는 만물을 움직이게 하므로 움직임이다(震象雷, 雷奮動萬物, 故爲動也)"라고 하였다. 우번은 "양이 나와 움직인다(陽出動行)"고 하였다. 진은 아래에 한 양효, 위에 두 음효가 있으니, 아래의 한 양효가 움직여 위로 올라가는 상이다.

[巽, 入也.] 공영달은 "손은 바람을 상징하며, 바람은 불어 들어가지 않는 곳이 없으므로 들어감이다(巽象風, 風行无所不入, 故爲入也)"라고 하였다. 우번은 "건의 처음 효에 음이 들어있다(乾初入陰)"고 하였다. 손은 아래에 한 음효, 위에 두 양효가 있으니, 아래의 한 음효가 두 양효의 아래에 들어가 있는 상이다.

[坎, 陷也.] '함陷'은 빠지다, 혹은 구덩이라는 뜻이다. 공영달은 "감은 물을 상징하며, 물은 움푹 파인 곳에 있으므로 구덩이이다(坎象水, 水處險陷, 故爲陷也)"라고 하였다. 우번은 "양이 음 속에 빠져있다(陽陷陰中)"고 하였다. 감은 아래위가 음효이고, 가운데에 한 양효가 있으니, 한 양효가 두 음효 사이에 빠져 있는 상이다.

[離, 麗也.] '여麗'는 붙다는 뜻의 부附이다. 공영달은 "리는 불을 상징하며, 불은 반드시 탈 수 있는 것에 붙으므로 붙음이다(離象火, 火必著於物, 故爲麗也)"라고 하였다. 우번은 "해가 건의 양효에 붙어 있다(日麗乾剛)"고 하였다. 리는 해이다. 또 리는 아래위가 양효이고, 가운데에 음효가 있으니, 해가 아래위 두 양효에 붙어 있는 상이다.

[艮, 止也.] 공영달은 "간은 산을 상징하며, 산은 고요히 멈추어 있으므로 멈춤이다(艮象山, 山體靜止, 故爲止也)"라고 하였다. 우번은 "양이 위에 자리하고 있으므로 멈춤이다(陽位在上, 故止)"라고 하였다. 간은 위에 한 양효, 아래에 두 음효가 있으니, 양효가 꼭대기에서 머물러 있는 상이다.

[兌, 說也.] '열說'은 기쁘다는 뜻의 열悅이다. 공영달은 "태는 못을 상징하며, 못은 만물을 윤택하게 하므로 기뻐함이다(兌象澤, 澤潤萬物, 故爲說也)"라고 하였다. 우번은 "진은 크게 웃는 것이다. 양효가 자라나 진이 태가 되니, 진은 말이 입에서 나오는 것이므로 기뻐함이다(震爲大笑, 陽息震成兌, 震

言出口, 故說)"라고 하였다. 태는 위에 한 음효, 아래에 두 양효가 있으니, 한 음효가 두 양효 위에서 기뻐하는 상이다.

여기까지가 제7장이며, 팔괘의 괘덕卦德을 기술하였다. 괘덕은 괘정卦情 혹은 괘성卦性이라고도 하며, 괘의 기본 성질과 덕행과 기능 등을 가리켜 표현한 말이다. 주희는 「단」의 해석에서 일관되게 '괘덕'이라는 용어를 사용하였고, 본장에는 "팔괘의 성정을 말한 것(此言八卦之性情也)"이라고 하였다. 공영달은 괘의로 해석하였고, 우번은 괘상으로 해석하였는데, 뒤 사람들은 하나 같이 두 사람의 해석을 바탕으로 하였다.

# 제8장

乾爲馬. 坤爲牛. 震爲龍. 巽爲雞. 坎爲豕. 離爲雉. 艮爲狗. 兌爲羊.
건은 말이다. 곤은 소이다. 진은 용이다. 손은 닭이다. 감은 돼지이다. 리는
꿩이다. 간은 개다. 태는 양이다.

[乾爲馬] 건은 하늘이다. 하늘은 강건하다. 말은 강건하므로 건은 말이다.
공영달은 "건은 하늘을 상징하며, 하늘의 운행은 강건하므로 말이다(乾象
天, 天行健, 故爲馬也)"라고 하였다. 괘상으로 말하면, 건은 세 효가 순양이
므로 강건하니, 말의 상이다.

[坤爲牛] 곤은 땅이다. 땅은 유순하다. 소는 유순하므로 곤은 소이다. 공영
달은 "곤은 땅을 상징하며, 무거운 것을 싣고 유순하므로 소이다(坤象地, 任
重而順, 故爲牛也)"라고 하였다. 괘상으로 말하면, 곤은 세 효가 순음이므로
유순하니, 소의 상이다.

[震爲龍] 진은 우레이다. 우레는 구름 속에서 움직이고, 용은 구름 속에서
날 수 있으니, 진은 용이다. 공영달은 "진은 용이니, 진이 움직이는 것은 용
이 움직이는 것을 상징하므로 용이다(震爲龍, 震動象龍動物, 故爲龍也)"라고

948

하였다. 괘상으로 말하면, 진은 한 양효가 두 음효 아래에 있으니, 물속에 잠겨 있는 용이 위로 올라가는 상이다.

[巽爲雞] '계雞'는 계鷄와 같다. 손은 바람이다. 바람이 불어 만물이 움직이고, 닭은 새벽에 울어 만물이 움직이니, 손은 닭이다. 공영달은 "손은 닭이니, 손은 호령하고, 닭은 때를 알리므로 닭이다(巽爲雞, 巽主號令, 雞能知時, 故爲雞也)"라고 하였다. 괘상으로 말하면, 손은 한 음효가 두 양효 아래에 있으니, 날아 올라가지 못하는 닭의 상이다.

[坎爲豕] '시豕'는 돼지이다. 감은 물이다. 물이 고여 있는 곳은 돼지가 좋아하므로 감은 돼지이다. 공영달은 "감은 돼지이니, 감은 도랑이고, 돼지는 더럽고 습한 곳에 있으므로 돼지이다(坎爲豕, 坎主水瀆, 豕處汚濕, 故爲豕也)"라고 하였다. 괘상으로 말하면, 감은 한 양효가 두 음효 가운데에 있으니, 우리에 갇혀있는 돼지의 상이다.

[離爲雉] 리는 불이다. 꿩의 무늬는 불처럼 선명하므로 리는 꿩이다. 공영달은 "리는 꿩이니, 리는 문채가 밝은 것이고, 꿩은 무늬가 있으므로 꿩이다(離爲雉, 離爲文明, 雉有文章, 故爲雉也)"라고 하였다. 괘상으로 말하면, 리는 한 음효가 두 양효 사이에 있으니, 날아가는 꿩의 상이다.

[艮爲狗] 간은 산이다. 산은 멈춰 있으니, 개가 멈추어 집을 지키는 것이므로 간은 개이다. 공영달은 "간은 개이니, 간은 멈춤이고, 개는 다른 사람이 들어오는 것을 잘 지킬 수 있으므로 개이다(艮爲狗, 艮爲停止, 狗能善守禁止外人, 故爲狗也)"라고 하였다. 괘상으로 말하면, 간은 한 양효가 두 음효 위에 있으니, 외부의 사람이 못 들어오게 하는 개의 상이다.

[兌爲羊] 태는 못이다. 못은 만물이 기뻐하는 것이니, 양은 유순하여 사람이 기뻐하는 것이므로 태는 양이다. 공영달은 "태는 양이니, 태는 기뻐함이다. 왕이가 말하기를 양은 기르기 쉬운 가축이라고 하였으니, 그러므로 양이다(兌爲羊, 兌說也, 王廙云羊者順之畜, 故爲羊也)"라고 하였다. 괘상으로 말하면, 한 음효가 두 양효 위에 있으니, 뿔이 양쪽으로 갈라진 양의 상이다.

여기까지가 제8장이며, 팔괘가 상징하는 동물을 기술하였다. 공영달은
"멀리 사물에서 취한 것을 간략하게 밝혔다(略明遠取諸物)"고 하였다.

# 제9장

乾爲首. 坤爲腹. 震爲足. 巽爲股. 坎爲耳. 離爲目. 艮爲手. 兌爲口.
건은 머리이다. 곤은 배이다. 진은 발이다. 손은 다리이다. 감은 귀이다. 리
는 눈이다. 간은 손이다. 태는 입이다.

[乾爲首] 건은 하늘이다. 하늘은 가장 높은 곳에 있다. 머리는 사람의 가장
높은 곳에 있으므로 건은 머리이다. 공영달은 "건은 높고 위에 있으니, 머리
이다(乾尊而在上, 故爲首也)"라고 하였다. 괘상으로 말하면, 건은 순양의 괘
이니, 머리의 상이다.

[坤爲腹] 곤은 땅이다. 땅은 만물을 싣는다. 배는 음식물을 저장하므로 곤
은 배이다. 공영달은 "곤은 감싸 담을 수 있으므로 배이다(坤能包藏含容, 故
爲腹也)"라고 하였다. 괘상으로 말하면, 곤은 순음의 괘이니, 배의 상이다.

[震爲足] 진은 우레이다. 우레는 움직인다. 발은 항상 움직이므로 진은 발
이다. 공영달은 "진은 발이니, 발은 움직일 수 있으므로 발이다(震爲足, 足能
動用, 故爲足也)"라고 하였다. 괘상으로 말하면, 진은 위에 두 음효, 아래에
한 양효가 있으니, 몸 아래에서 움직이는 발의 상이다.

[巽爲股] 손은 바람이다. 바람은 만물에 불어 들어가지 않는 곳이 없다. 다리는 움직여 가지 않는 곳이 없으므로 손은 다리이다. 공영달은 "손은 다리이니, 다리는 발을 따르므로 순종하는 것을 말한다. 그러므로 다리이다(巽爲股, 股隨於足則巽順之謂, 故爲股也)"라고 하였다. 괘상으로 말하면, 손은 위에 두 양효, 아래에 한 음효가 있으니, 사람의 몸 아래에 두 다리가 벌어져 있는 상이다.

[坎爲耳] 감은 물이다. 물은 움푹 파인 구덩이에 있다. 귀는 구덩이와 같으므로 감은 귀이다. 공영달은 "감은 귀이고, 북방의 괘이며, 듣는 것을 주로 하므로 귀이다(坎爲耳, 坎北方之卦, 主聽, 故爲耳也)"라고 하였다. 괘상으로 말하면, 감은 한 양효가 두 음효 사이에 있으니, 안이 뚫여 있는 귀의 상이다.

[離爲目] 리는 불이다. 불은 밝다. 눈은 밝게 사물을 볼 수 있으므로 리는 눈이다. 공영달은 "리는 눈이고, 남방의 괘이며, 보는 것을 주로 하므로 눈이다(離爲目, 南方之卦, 主視, 故爲目也)"라고 하였다. 괘상으로 말하면, 리는 한 음효가 두 양효 사이에 있으니, 눈꺼풀 사이에 밝은 눈동자가 있는 상이다.

[艮爲手] 간은 산이다. 산은 멈춰 있다. 손은 물건을 만들어 완성하므로 간은 손이다. 공영달은 "간은 손이고, 멈춤이니, 손 또한 사물을 쥐고 멈출 수 있으므로 손이다(艮爲手, 艮旣爲止, 手亦能止持其物, 故爲手也)"라고 하였다. 괘상으로 말하면, 간은 한 양효가 두 음효 위에 있으니, 몸의 상부에서 움직이는 손의 상이다.

[兌爲口] 태는 못이다. 못은 만물이 기뻐하는 것이다. 입은 음식을 먹고 말을 하여 기뻐하므로 태는 입이다. 공영달은 "태는 입이고, 서방의 괘이며, 말을 주로 하므로 입이다(兌爲口, 兌西方之卦, 主言語, 故爲口也)"라고 하였다. 괘상으로 말하면, 태는 한 음효가 두 양효 위에 있으니, 몸의 상부에 있는 입의 상이다.

여기까지가 제9장이며, 팔괘가 상징하는 신체의 기관을 기술하였다. 공영달은 "가까이 몸에서 취한 것을 간략하게 밝혔다(略明近取諸身也)"고 하였다.

# 제10장

乾, 天也, 故稱乎父. 坤, 地也, 故稱乎母. 震一索而得男, 故謂之長
男. 巽一索而得女, 故謂之長女. 坎再索而得男, 故謂之中男. 離再索
而得女, 故謂之中女. 艮三索而得男, 故謂之少男. 兌三索而得女, 故
謂之少女.

건은 하늘이므로 아버지라 일컫고, 곤은 땅이므로 어머니라고 일컫는다.
진은 (건이 곤에게) 한 번 구하여 아들을 얻은 것이니, 그러므로 맏아들이
라고 한다. 손은 (곤이 건에게) 한 번 구하여 딸을 얻은 것이니, 그러므로
맏딸이라고 한다. 감은 (건이 곤에게) 두 번 구하여 아들을 얻은 것이니, 그
러므로 둘째아들이라고 한다. 리는 (곤이 건에게) 두 번 구하여 딸을 얻은
것이니, 그러므로 둘째딸이라고 한다. 간은 (건이 곤에게) 세 번 구하여 아
들을 얻은 것이니, 그러므로 막내아들이라고 한다. 태는 (곤이 건에게) 세
번 구하여 딸을 얻은 것이니, 그러므로 막내딸이라고 한다.

---

[乾, 天也, 故稱乎父.] '칭稱'은 일컫는다는 뜻이다. 고형은 비유하다는 뜻
의 '비比'로 읽었는데, 뜻은 마찬가지이다. 건괘는 자연계로 말하면 하늘이

고, 인간계에 적용하면 아버지에 해당한다.

[坤, 地也, 故稱乎母.] 곤괘는 자연계로 말하면 땅이고, 인간계에 적용하면 어머니에 해당한다. 「설괘」는 하늘을 아버지에, 땅을 어머니에 비유하였다.

[震一索而得男, 故謂之長男.] ‘색索’은 『석문』에 마융이 “셈하다는 뜻의 수數”, 왕숙은 “구하다는 뜻의 구求”라고 하였다. 공영달은 “‘색’은 구하다는 뜻의 구이다. 건곤을 부모로 하여 그 자식을 구하는 것이다(索, 求也. 以乾坤爲父母, 而求其子也)”라고 하였다. ‘남녀’의 일이므로 구하다는 뜻으로 새기는 것이 더 합당하다. 진괘(☳)는 건괘가 곤괘에게 한 번 구하여, 건괘의 처음 양효와 곤괘의 둘째와 꼭대기 음효를 합하여 얻은 것이니, 진괘는 곧 맏아들이다. 공영달은 “아버지의 기를 얻은 것은 아들이 된다(得父氣者爲男)”고 하였다.

[巽一索而得女, 故謂之長女.] 손괘(☴)는 곤괘가 건괘에게 한 번 구하여, 곤괘의 처음 음효와 건괘의 둘째와 꼭대기 양효를 합하여 얻은 것이니, 손괘는 곧 맏딸이다. 공영달은 “어머니의 기를 얻은 것은 딸이 된다(得母氣者爲女)”고 하였다.

[坎再索而得男, 故謂之中男.] ‘재색再索’은 두 번 구한다는 뜻이다. 감괘(☵)는 건괘가 곤괘에게 두 번 구하여, 건괘의 둘째 양효와 곤괘의 처음과 꼭대기 음효를 합하여 얻은 것이니, 감은 곧 둘째 아들이다.

[離再索而得女, 故謂之中女.] 리괘(☲)는 곤괘가 건괘에게 두 번 구하여, 곤괘의 둘째 음효와 건괘의 처음과 꼭대기 양효를 합하여 얻은 것이니, 리는 곧 둘째 딸이다.

[艮三索而得男, 故謂之少男.] ‘삼색三索’은 세 번 구한다는 뜻이다. 긴괘(☶)는 건괘가 곤괘에게 세 번 구하여, 건괘의 꼭대기 양효와 곤괘의 처음과 둘째 음효를 합하여 얻은 것이니, 간은 곧 막내아들이다.

[兌三索而得女, 故謂之少女.] 태괘(☱)는 곤괘가 건괘에게 세 번 구하여, 곤괘의 꼭대기 음효와 건괘의 처음과 둘째 양효를 합하여 얻은 것이니, 태는 막내딸이다.

진(☳)·감(☵)·간(☶)은 모두 양괘이며, 아들이다. 손(☴)·리(☲)·태(☱)는 모두 음괘이며, 딸이다. 세 양괘는 건이 곤에 구하여 얻은 것이니 모두 한 개의 양효를 가지고 있고, 세 음괘는 곤이 건에 구하여 얻은 것이니 모두 한 개의 음효를 가지고 있다. 진(☳)은 처음 효가 양효이니, 건이 곤에게 한 번 구하여 얻은 맏아들이고, 손(☴)은 처음 효가 음효이니, 곤이 건에게 한 번 구하여 얻은 맏딸이다. 감(☵)은 둘째 효가 양효이니, 건이 곤에게 두 번 구하여 얻은 둘째아들이고, 리(☲)는 둘째 효가 음효이니, 곤이 건에게 두 번 구하여 얻은 둘째딸이다. 간(☶)은 셋째 효가 양효이니, 건이 곤에게 세 번 구하여 얻은 막내아들이고, 태(☱)는 셋째 효가 음효이니, 곤이 건에게 세 번 구하여 얻은 막내딸이다. 주희는 "'남녀'는 괘 중 하나의 음효와 하나의 양효를 가리켜 말한 것이다(男女指卦中一陰一陽之爻而言)"라고 하였다.

여기까지가 제10장이며, '건곤생육자괘乾坤生六子卦'를 말하였는데, 건곤 부모가 진·손·감·리·간·태의 여섯 자녀를 낳는 것을 기술하였다. 송 대에 이르러 소옹은 본장을 그림으로 그려 '후천팔괘차서'(혹은 '문왕팔괘 차서')라고 하였다.

# 제11장

乾爲天, 爲圜, 爲君, 爲父, 爲玉, 爲金, 爲寒, 爲冰, 爲大赤, 爲良馬,
爲老馬, 爲瘠馬, 爲駁馬, 爲木果.

건은 하늘이고, 둥글고, 임금이고, 아버지이고, 옥이고, 금이고, 추운 것이고, 얼음이고, 크게 붉은 것이고, 좋은 말이고, 늙은 말이고, 여윈 말이고, 얼룩말이고, 목과이다.

---

[乾爲天] 건은 자연계로 말하면 하늘이다.

[爲圜] '환圜'은 『석문』에 "둥글다는 뜻의 원圓"이라고 하였다. 옛날 사람들은 하늘은 둥글고 땅은 반듯하다(天圓地方)고 여겼다.

[爲君] 건은 나라에 있어 임금이다.

[爲父] 건은 인간계로 말하면 아버지이다.

[爲玉] 건은 강剛하니, 옥에 해당한다.

[爲金] 건은 강하니, 금에 해당한다. 최경은 "천체는 청명하고 강하므로 옥이고 금이다(天體淸明而剛, 故爲玉爲金)"라고 하였다. 공영달은 "강의 청명함을 취한 것(取其剛之淸明也)"이라고 하였다.

[爲寒] 건은 사계절에서 추말秋末 동초冬初에 해당하니, 천기는 추우므로 건은 추운 것이다.

[爲冰] 또 천기가 추워 물이 얼므로 건은 얼음이다. '추위(寒)'과 '얼음(冰)'은 음에 해당하는 것인데, 이것을 건에 해당시킨 것은 이해하기 어렵다. 공영달은 "서북의 춥고 얼음이 어는 곳을 취한 것(取其西北寒冰之地也)"이라고 하였다. 고형은 "이 네 글자는 당연히 아래 문장 '곤위지坤爲地, 위모爲母'의 아래에 있어야 한다. 잘못하여 여기에 들어갔을 것이다. 추운 것은 음기이고, 얼음은 음에 속하는 것이므로 곤은 추운 것이고, 얼음이다"라고 하였다.

[爲大赤] 하늘은 밝고, 붉은 것은 밝은 것이다. 우번은 "태양은 붉은 것(太陽爲赤)"이라고 하였다. 태양은 하늘에 있으므로 건은 크게 붉은 것이다. 공영달은 "성한 양의 색을 취한 것(取其盛陽之色也)"이라고 하였다.

[爲良馬] 제8장에서 "건은 말(乾爲馬)"이라고 하였다. 건은 강건하다. 말은 강건하므로 건은 말이다. '양마良馬'는 좋은 말이다. 우번은 "건은 훌륭하므로 좋은 것이다(乾善, 故良也)"라 하였고, 공영달은 "튼튼하게 잘 가는 것을 취한 것(取其行健之善也)"이라고 하였으며, 고형은 "재능으로 말한 것"이라고 하였다.

[爲老馬] '노마老馬'는 늙은 말이다. 구가역은 "기가 쇠한 것을 말한 것(言氣衰也)"이라 하였고, 공영달은 "튼튼하게 가는 것이 오래 된 것을 취한 것(取其行健之久也)"이라고 하였으며, 고형은 "나이로 말한 것"이라고 하였다.

[爲瘠馬] '척瘠'은 여위다는 뜻이다. '척마瘠馬'는 여윈 말이다. 최경은 "뼈는 양이고 고기는 음이다. 건은 순 양효인데 뼈가 많으므로 여윈 말이다(骨爲陽, 肉爲陰. 乾, 純陽爻, 骨多, 故爲瘠馬也)"라 하였고, 공영달은 "튼튼하게 가는 것이 심한 것을 취한 것(取其行健之甚)"이라고 하였으며, 고형은 "육체로 말한 것"이라고 하였다.

[爲駁馬] '박駁'은 얼룩덜룩하다는 뜻이다. '박마駁馬'는 얼룩말이다. 송충은 "하늘에는 오행의 색이 있으므로 얼룩말이다(天有五行之色, 故爲駁馬也)"

고 하였고, 고형은 "털의 색으로 말한 것"이라고 하였다.

[爲木果] 건은 목과이다. 송충은 "여러 별들이 하늘에 나타나는 것이 과실이 나무에 나타나는 것과 같으므로 목과이다(群星著天, 似果實著木, 故爲木果)"라고 하였으며, 공영달도 같은 말을 하였다. 고형은 "건은 둥글다. 목과 역시 원형이므로 건은 목과이다"고 하였다.

여기까지 건괘가 상징하는 14가지를 기록하였다.

坤爲地, 爲母, 爲布, 爲釜, 爲吝嗇, 爲均, 爲子母牛, 爲大輿, 爲文, 爲衆, 爲柄, 其於地也爲黑.

곤은 땅이고, 어머니이고, 베이고, 솥이고, 인색한 것이고, 균등하고, 송아지와 어미 소(혹은 암소)이고, 큰 수레이고, 무늬이고, 무리이고, 자루이고, 흙에 있어서는 검은 것이다.

[坤爲地] 곤은 자연계에 있어 땅이다.

[爲母] 곤은 인간계로 말하면 어머니에 해당한다.

[爲布] 땅은 평평하듯 베도 평평하니, 곤은 베이다. 공영달은 "땅이 넓게 싣는 것을 취한 것(取其地廣載也)"이라고 하였다.

[爲釜] '부釜'는 솥이다. 땅은 솥이다. 공영달은 "만물을 화생하여 성숙시키는 것을 취한 것(取其化生成熟也)"이라고 하였다. 고형은 "땅은 사물을 낳아 성숙시켜 사람에게 먹을 것을 제공한다. 솥은 사물을 삶아 익혀 사람에게 먹을 것을 제공하므로 땅은 솥이다"라고 하였다.

[爲吝嗇] 땅은 인색한 것이다. 공영달은 "땅이 생물을 낳아 옮기지 않는 것을 취한 것(取其地生物不轉移也)"이라고 하였다.

[爲均] '균均'은 균등히 하는 것이다. 땅은 만물에 균등하다. 최경은 "땅이 만물을 낳는데 선악을 가리지 않는 것을 취하였으므로 균등한 것이다(取地生萬物, 不擇善惡, 故爲均也)"라고 하였고, 공영달은 "땅의 도는 평평하고 균

등한 것이다(其地道平均也)"라고 하였으며, 고형은 "땅은 만물에 있어 싣지
않는 것이 없으며, 기르지 않는 것이 없으므로 땅은 균등하다"고 하였다.

　[爲子母牛] 고형은 "'자子'는 자牸로 읽어야 한다. 『광아』「석수釋獸」에 '자
牸는 암컷 자雌'라고 하였다. '자모우牸母牛'는 빈우牝牛의 속칭이다. 혹은
'자모우子母牛'는 자우와 모우를 말한 것이라 여기고, 자우는 송아지이고 모
우는 암소라 한다"고 하였다. 구가역은 "흙은 낳아 기를 수 있고, 소 또한 품
고 기르므로 송아지와 어미 소이다(土能生育, 牛亦含養, 故爲子母牛也)"라고
하였다. 공영달은 "많이 번식하고 길러 유순한 것을 취한 것(取其多蕃育而順
之也)"이라고 하였다. 제8장에서 "곤은 소(坤爲牛)"라고 하였다.

　[爲大輿] '여輿'는 수레이다. 공영달은 "만물을 실을 수 있음을 취한 것(取
其能載萬物也)"이라 하였고, 고형은 "땅은 만물을 싣고, 큰 수레는 사람과 물
건을 실을 수 있으니, 곤은 큰 수레이다"라고 하였다.

　[爲文] 곤은 무늬이다. 구가역은 "만물은 서로 섞이므로 무늬이다(萬物相
雜, 故爲文也)"라고 하였고, 공영달은 "만물의 색이 섞이는 것을 취한 것(取
其萬物之色雜也)"이라고 하였으며, 고형은 "땅에는 초목과 무늬가 있으므로
곤은 무늬이다"라고 하였다.

　[爲衆] '중衆'은 많은 사람, 곧 백성을 가리킨다. 건은 임금이고, 곤은 백성
이다. 공영달은 "땅이 만물을 싣는 것은 하나가 아님을 취한 것(取其地載物
非一也)"이라고 하였다.

　[爲柄] 곤은 자루이다. 최경은 "만물이 의지하는 근본(萬物依之爲本)"이라
하였고, 공영달은 "사물을 낳는 근본을 취한 것(取其生物之本也)"이라고 하
였다.

　[其於地也爲黑] '지地'은 흙이다. 하늘은 밝음을 상징하고(大赤), 땅은 어
두움을 상징한다(爲黑). 검은 색은 어두우므로 곤은 흙에 있어서 검다. 공영
달은 "지극한 음의 색을 취한 것(取其極陰之色也)"이라고 하였다.

　여기까지 곤괘가 상징하는 12가지를 기록하였다.

震爲雷, 爲龍, 爲玄黃, 爲旉, 爲大塗, 爲長子, 爲決躁, 爲蒼筤竹, 爲
萑葦. 其於馬也, 爲善鳴, 爲馵足, 爲作足, 爲的顙. 其於稼也, 爲反
生. 其究爲健, 爲蕃鮮.

진은 우레이고, 용이고, 검고 누런색이고, 꽃이고, 큰 길이고, 맏아들이고,
빠른 것이고, 푸른 대나무이고, 갈대이고, 말에 있어 크게 울고, 발이 희고,
다리가 길고, 이마 위에 흰 곳이 있고, 농작물에 있어 거꾸로 자라는 것이
고, 궁극에는 강건하고, 무성하고 신선한 것이다.

---

[震爲雷] 진은 자연계로 말하면 우레이다.

[爲龍] 제8장에서 "진은 용(震爲龍)"이라고 하였다. 우레는 구름 속에서
울고, 용은 구름 속에서 날아다닌다. 그러므로 진은 용이다.

[爲玄黃] '현황玄黃'은 검고 누런색이다. 우번은 "하늘과 땅이 뒤섞인 것
(天地之雜物)"이라고 하였다. 공영달은 "서로 섞여 푸른색을 이룬 것을 취한
것(取其相雜而成蒼色也)"이라고 하였다. 고형은 "'현황玄黃'은 검고 누런색
의 혼합한 색이다. 검고 누런색을 혼합하면 푸른색에 가깝다. 팔괘를 여덟
방위와 사계절, 오행, 다섯 색과 서로 배합하여, 진은 동방이고, 정춘正春이
고, 나무(木)이고, 푸른색이다. 그러므로 진은 현황玄黃이다"라고 하였다.

[爲旉] '부旉'에 대해 두 가지 해석이 있다. 『석문』에 간보는 "꽃의 통명(花
之通名)"이라고 하였다. 진은 꽃이라는 말이다. 공영달은 "봄에 기가 이르러
초목이 모두 피어서 생하는 것을 취한 것(取其春時氣至, 草木皆吐旉布而生
也)"이라고 하였다. 또 『석문』에 "'부'는 본래 또 전專으로 하였다(旉本又作
專)"고 하였는데, 『집해』에는 전專으로 되어 있다. 고형은 "『설문』에 '전專
은 방전이다…(專, 紡專…)'고 하였는데, '방전紡專'은 방적추이며, 손으로
방적사를 돌리는 것이다. '진震'은 움직임(動)이다. '전專' 또한 움직이는 것
이므로 진은 전專이다"라고 하였다. 두 가지 설은 모두 통한다.

[爲大塗] '도塗'는 길이다. '대도大塗'는 대로大路이다. 진은 큰 길이다. 공

영달은 "만물이 생하는 것을 취한 것(取其萬物之所生也)"이라고 하였다. 고형은 "진은 움직임이다. 대로는 사람과 수레가 움직이는 길이다. 그러므로 진은 큰 길이다"라고 하였다.

[爲長子] 진은 인간계로 말하면 맏아들에 해당한다.

[爲決躁] 고형은 "'결결決'은 결赽자의 가차이다. 『광아』 「석고」에 '결赽과 조躁는 빠르다는 뜻의 질疾'이라고 하였다. 진은 우레이고, 우레의 움직임은 빠르며, '결조赽躁'는 움직임이 빠른 것이므로 진은 빠른 것(赽躁)이다"라고 하였다.

[爲蒼筤竹] 구가역九家易은 "창랑은 푸른 것(蒼筤, 靑也)"이라고 하였다. 진은 푸른 대나무이다. 공영달은 "대나무가 처음 날 때 색이 푸른데, 봄에 자라는 아름다움을 취한 것(竹初生之時, 色蒼筤. 取其春生之美也)"이라고 하였다.

[爲萑葦] 고형은 "『석문』에 '추萑는 적薍'이라고 하였다. 적薍은 곧 갈대 적荻이다. 추萑와 위葦는 동류이다. 추萑는 줄기가 가느나 가운데가 실하고, 위葦는 줄기가 거치나 가운데가 비었다. '추위'는 대나무 종류이며, 그 색은 푸르므로 진은 갈대(萑葦)이다"라고 하였다.

[其於馬也, 爲善鳴.] 우번은 "진은 우레이므로 크게 우는 것이다(爲雷, 故善鳴也)"라 하였고, 공영달은 "우레 소리가 멀리 들리는 것을 취한 것(取其象雷聲之遠聞也)"이라고 하였으며, 고형은 "'선명善鳴'은 울음소리가 큰 것이다"라고 하였다. 진은 말에 있어 크게 우는 것이다.

[爲馵足] '주馵'는 발이 흰 말이라는 뜻이다. 공영달은 "말의 뒷발이 흰 것을 주馵라고 하며, 움직여 나타나는 것을 취한 것이다(馬後足白爲馵, 取其動而見也)"라고 하였다.

[爲作足] 고형은 "'작作'은 적踖자의 가차가 아닌가 한다. 두 글자는 옛날에 통용되었다. 『설문』에 '적踖은 긴 정강이(踖, 長脛行也)'라고 하였다. '적踖'은 긴 정강이라는 뜻이고, '적족踖足'은 말의 다리가 길다는 말이다"라고 하였다. 공영달은 "움직여 튼튼히 가는 것을 취한 것(取其動而行健也)"이라

고 하였다.

[爲的顙] ‘적的’은 『석문』에 “『설문』은 적으로 하였다(說文作駒)”고 하였다. ‘적駒’은 말의 이마에 흰 점이 박힌 것(馬白額)이다. 우번은 “‘적’은 희다는 뜻의 백이고, ‘상’은 이마라는 뜻의 액이다. …『시경』에 ‘말의 이마가 희다’고 한 것이 이것이다(的, 白. 顙, 額也. …詩經云 ‘有馬白顚’ 是也)”라고 하였다. ‘적상的顙’은 이마 위에 흰 곳이 있는 것이다.

[其於稼也, 爲反生.] ‘가稼’는 농작물이다. ‘반생反生’은 거꾸로 자라는 것이며, 열매는 땅 아래에 있고 줄기와 잎은 땅 위에 있는 것이다. 진(☳)은 두 음효가 위에 있고, 한 양효는 아래에 있으니, 거꾸로 자라는 농작물과 같다. 송충은 “음이 위에 있고, 양이 아래에 있으므로 거꾸로 자라나는 것이다(陰在上, 陽在下, 故爲反生)”라고 하였다. 『석문』에 “마와 콩에 속하는 것은 거꾸로 자라 싹을 이고 나온다(麻豆之屬反生, 戴孚甲而出也)”고 하였다.

[其究爲健] 공영달은 “‘구’는 끝이라는 뜻의 극(究, 極也)”이라고 하였다. 진은 우레이고, 우레의 움직임은 지극히 강건하니, 궁극에는 강건하다는 말이다.

[爲蕃鮮] ‘번蕃’은 풀이 무성하다는 뜻이다. ‘선鮮’은 신선하다는 뜻이다. 진은 초목이 무성하고 신선하다는 말이다. 공영달은 “‘선’은 밝다는 뜻의 명이다. 봄에 초목이 무성히 자라나 선명한 것을 취한 것(鮮, 明也. 取其春時, 草木蕃育而鮮明)”이라고 하였다.

여기까지 진괘가 상징하는 16가지를 기록하였다.

---

巽爲木, 爲風, 爲長女, 爲繩直, 爲工, 爲白, 爲長, 爲高, 爲進退, 爲不果, 爲臭. 其於人也, 爲寡髮, 爲廣顙, 爲多白眼. 爲近利市三倍, 其究爲躁卦.

손은 나무이고, 바람이고, 맏딸이고, 곧은 먹줄이고, 장인이고, 희고, 길고, 높고, 진퇴하는 것이고, 결단력이 없는 것이고, 냄새이고, 사람에 있어 머리카락이 적은 것이고, 이마가 넓은 것이고, 눈에 흰자위가 많은 것이고, 시장에서 세 배에 가까운 이익을 얻는 것이고, 궁극에는 움직여 멈추지 않는 괘이다.

---

[巽爲木] 손은 자연계로 말하면 나무이다. 송충은 "양은 움직이고 음은 고요하다. 두 양이 위에서 움직이고, 한 음이 아래에서 고요하니 나무와 같다(陽動陰靜, 二陽動於上, 一陰安靜於下, 有似於木也)"고 하였다.

[爲風] 손은 바람이다. 공영달은 "양이 위에서 나무를 흔드는 것을 취한 것(取其陽在上搖木也)"이라고 하였다.

[爲長女] 손은 인간계로 말하면 맏딸이다. 순상은 "유가 아래에 있다(柔在初)"고 하였다.

[爲繩直] '승繩'은 먹줄이다. 손은 곧은 먹줄이다. 공영달은 "만물에 호령하는 것이 먹줄이 곧은 나무와 같음을 취한 것(取其號令齊物, 如繩之直木也)"이라고 하였다. 고형은 "장인은 나무를 다듬어 그릇을 만들거나 혹은 나무를 깎아 집을 짓는데, 먹줄을 기준으로 하여 곧음을 취한다. 그러므로 손은 곧은 먹줄이다"라고 하였다.

[爲工] 손은 장인이다. 공영달은 "곧은 먹줄의 유를 취한 것(取繩直之類)"이라고 하였다. 고형은 "손은 나무이다. 공인은 나무를 다듬어 그릇을 만들거나 혹은 나무를 깎아 집을 짓는다. 그러므로 손은 장인이다"라고 하였다.

[爲白] 손은 흰색이다. 공영달은 "바람이 불어 먼지를 없애는 것을 취하였으므로 새하얗다(取其風吹去塵, 故潔白也)"라고 하였다. 고형은 "손은 나무이다. 나무는 그 껍질을 벗기면 그 색깔이 희다. 그러므로 손은 희다"고 하였다.

[爲長] 손은 긴 것이다. 최경은 "바람이 불어 멀리 가는 것을 취하였으므로 긴 것이다(取風行之遠, 故爲長)"라고 하였다.

[爲高] 손은 높은 것이다. 공영달은 "나무가 자라 높이 올라가는 것(又木生而上也)"이라고 하였다. 고형은 "손은 바람이고, 바람은 위로 하늘 끝까지

이른다. 그러므로 손은 높다"고 하였다.

[爲進退] 손은 진퇴하는 것이다. 순상은 "바람은 부는 것이 무상하므로 진퇴하는 것(風行无常, 故進退)"이라고 하였다.

[爲不果] '과果'는 결단하다는 뜻의 결決이다. 손은 결단력이 없는 것이다. 순상은 "바람은 혹 동으로 혹 서로 불어가므로 결단력이 없는 것(風行或東或西, 故不果)"이라고 하였다.

[爲臭] '취臭'는 냄새이다. 손은 냄새이다. 『석문』에 왕숙은 '향취香臭'로 하였다. 고형은 "손은 바람이고, 바람이 불면 사물의 냄새는 멀리까지 간다. 그러므로 손은 냄새이다"라고 하였다.

[其於人也, 爲寡髮.] '과발寡髮'은 머리털이 적은 것이다. 손은 사람에 있어 머리털이 적은 것이다. 공영달은 "'과'는 적은 것이다. 바람이 나무의 꽃잎을 떨어뜨리면 나무에 있는 것은 적어지니, 사람의 머리털이 적은 것이 이와 같은 유이다(寡, 少也. 風落樹之華葉, 則在樹者稀疎, 如人之少髮亦類於此)"라고 하였다. 『석문』에는 "'과'는 본래 또 선宣으로도 하였다. 검은 색과 흰색이 섞여 있는 것이 선발이다(本又作宣. 黑白雜爲宣髮)"라 하였고, 『집해』에서도 선宣으로 되어 있다. 즉 "손은 사람에 있어 검은색과 흰색이 섞여 있는 머리털이다"라는 말이다. 두 가지 해석 모두 통한다.

[爲廣顙] '광상廣顙'은 이마가 넓은 것이다. 공영달은 "머리털이 적다는 뜻(髮寡少之義)"이라고 하였다.

[爲多白眼] '다백안多白眼'은 눈에 흰자위가 많은 것이다. 공영달은 "조급한 사람의 눈은 그 색이 흰자위가 많은 것을 취한 것(取躁人之眼, 其色多白也)"이라고 하였다.

[爲近利市三倍] 손은 시장에서 세 배에 가까운 이익을 얻는 것이라는 말이다. 고형은 "손은 나무이다. 사람은 수목을 기르고, 수목이 성장하면 혹 그 열매를 팔거나, 그 배목을 팔거나 하여 시장에서 세 배에 가까운 이익을 얻을 수 있다"고 하였다.

[其究爲躁卦] 공영달은 "'구'는 끝이라는 뜻의 극(究, 極也)"이라 하고, "바

람이 지극히 조급하게 부는 것을 취한 것(取其風之近極於躁急也)"이라 하여
'조급한 괘'라고 해석하였다. 고형은 "'조조'는 움직여 멈추지 않는 것이다.
손은 바람이고 바람이라는 것은 움직여 멈추지 않는 것이다. 그러므로 손은
궁극에는 움직여 멈추지 않는 괘(躁卦)이다"라고 하였다. 두 가지 해석은 모
두 통한다.

여기까지 손괘가 상징하는 16가지를 기록하였다.

坎爲水, 爲溝瀆, 爲隱伏, 爲矯輮, 爲弓輪. 其於人也, 爲加憂, 爲心
病, 爲耳痛, 爲血卦, 爲赤. 其於馬也, 爲美脊, 爲亟心, 爲下首, 爲薄
蹄, 爲曳. 其於輿也, 爲多眚, 爲通, 爲月, 爲盜. 其於木也, 爲堅多心.
감은 물이고, 도랑이고, 숨어 엎드리는 것이고, 바로 잡는 것이고, 활과 수
레바퀴이고, 사람에 있어 근심을 더하는 것이고, 마음병이고, 귀가 아픈 것
이고, 혈괘이고, 붉고, 말에 있어 아름다운 등마루이고, 성질이 민첩하고,
머리를 숙이고, 발굽이 엷은 것이고, 끌어당기는 것이고, 수레에 있어 많이
부서지는 것이고, 통하는 것이고, 달이고, 도적이고, 나무에 있어 단단하나
부드러운 것이다.

[坎爲水] 감은 자연계로 말하면 물이다. 송충은 "감은 양이 가운데에 있어
안이 밝으니 물과 같다(坎陽在中, 內光明, 有似於水)"고 하였다.

[爲溝瀆] '독瀆'은 도랑이라는 뜻의 구溝이다. '구독溝瀆'은 도랑이다. 감은
도랑이다. 공영달은 "물이 흘러가는 데 통하지 않음이 없음을 취한 것(取其
水行, 無所不通也)"이라고 하였다.

[爲隱伏] 감은 숨어 엎드리는 것이다. 우번은 "양이 곤 속에 숨어 있으므로
은복이다(陽藏坤中, 故爲隱伏也)"라 하였고, 공영달은 "물이 땅 속에 숨어있
는 것을 취한 것(取其水藏地中也)"이라고 하였다.

[爲矯輮] 송충은 "굽은 것을 바로 잡는 것이 '교'이고, 곧은 것을 굽게 하는

것이 '유'이다. 물이 흘러가는 것이 곧을 수 있고 굽을 수 있으므로 바로 잡
는 것이라 하였다(曲者更直爲矯, 直者更曲爲輮. 水流有曲直, 故爲矯輮)"고 하
였다. 공영달도 이를 따랐다. 감은 바로 잡는 것이라는 말이다.

[爲弓輪] 감은 활과 수레바퀴이다. 우번은 "바로 잡을 수 있으므로 활과 수
레바퀴이다(可矯輮, 故爲弓輪)"라고 하였다. 활과 수레바퀴는 모두 바로 잡
아 만든 물건이다. 공영달은 "'궁'은 강하게 날아가는 것이 물을 강하게 쏜
것과 같음을 취한 것이고, '윤'은 굴러가는 것이 물이 흘러가는 것과 같다
(弓者, 激矢取如水激射也. 輪者, 運行如水行也)"고 하였다.

[其於人也, 爲加憂.] 감은 사람에 있어 근심을 더하는 것이다. 공영달은 "험
난함을 근심하는 것을 취한 것(取其憂險難也)"이라고 하였다. 감은 구덩이
이며, 험난한 것이니, 사람이 험난함에 처하면 근심이 증가한다.

[爲心病] 감은 마음병이다. 공영달은 "험난함을 근심하므로 마음병이다(憂
其險難, 故心病也)"라고 하였다. 근심이 증가하면 마음병이 생긴다.

[爲耳痛] 감은 귀가 아픈 것이다. 공영달은 "감은 피로한 괘이고, 또 북방
에서 듣는 것을 주로 하니, 듣는 것이 피로하면 곧 귀가 아프다(坎爲勞卦也,
又北方主聽, 聽勞則耳痛也)"고 하였다. 고형은 "감은 물이고 또 귀이다. 귀 속
에 물이 있으면 귀가 아프게 된다. 그러므로 감은 귀가 아픈 것이다"라고 하
였다.

[爲血卦] 감은 혈괘이다. 공영달은 "사람에게 피가 있는 것은 땅에 물이 있
는 것과 같음을 취한 것(取其人之有血, 猶地有水也)"이라고 하였다.

[爲赤] 피는 붉으니, 감은 붉다. 공영달은 "또한 피의 색을 취한 것(亦取血
之色)"이라고 하였다.

[其於馬也, 爲美脊.] '척脊'은 등마루이다. 감은 말에 있어 아름다운 등마루
이다. 송충은 "양이 가운데에 있으니, 말의 등마루의 상이다(陽在中央, 馬脊
之象也)"라고 하였고, 공영달도 이를 따랐다.

[爲亟心] 공영달은 "'극'은 빠르다는 뜻의 급(亟, 急也)"이라고 하였다. '극
심亟心'은 말의 성질이 민첩하다는 말이다. 최경은 "가운데의 양강이 움직이

는 것을 취하였으므로 성질이 민첩한 것이다(取其內陽剛動, 故爲亟心也)"라
고 하였다. 공영달도 이렇게 해석하였다.

[爲下首] 순상은 "물이 흘러가는데 머리는 아래로 향하여 흘러간다(水之
流, 首卑下也)"고 하였고, 공영달도 이를 따랐다. 고형은 "'하수下首'는 말이
항상 고개를 숙이는 것을 말한다. 정신이 분발하지 않는다는 것이다"라고
하였다. 감은 머리를 숙이는 것이다.

[爲薄蹄] '박薄'은 얇다, '제蹄'는 발굽이다. 공영달은 "물이 흘러가는 데
땅에 붙어 흘러가는 것을 취한 것(取其水流, 迫地而行也)"이라고 하였다. 고
형은 "'박제薄蹄'는 말발굽이 얇은 것을 말한다. 길을 갈 때 발이 쉽게 아프
다"고 하였다.

[爲曳] '예曳'는 끌어 당기다는 뜻의 인뢰이다. 감은 끌어당기는 것이다.
송충은 "물은 땅을 마찰하며 흘러가므로 끌어당긴다(水摩地而行, 故曳)"고
하였다. 고형은 "물은 사물을 만나면 그 힘은 사물을 이기니 휩쓸고 흘러간
다"고 하였다.

[其於輿也, 爲多眚.] 우번은 "'생'은 부서지다는 뜻의 패(眚, 敗也)"라고 하
였다. 수레에 있어 감은 많이 부서지는 것이다. 고형은 "감은 도랑이고 구덩
이이다. 수레가 도랑과 구덩이를 만나면 혹은 방해를 받아 갈 수 없거나 혹
은 빠져 나올 수 없으며, 심지어 전복되기도 하니, 모두 항상 있는 일이다.
그러므로 많이 부서지는 것이다"라고 하였다.

[爲通] 감은 물이고, 물은 사방으로 통한다. 수레도 사방으로 통한다. 그러
므로 감은 통한다. 우번은 "물은 도랑으로 흐르므로 통한다(水流瀆, 故通
也)"고 하였다.

[爲月] 감은 달이다. 공영달은 "달은 물의 정기임을 취한 것(取其月是水之
精也)"이라고 하였다. 고형은 "감은 물이고, 물은 차갑고 희고 빛이 있다. 달
또한 차갑고 희고 빛이 있다. 물이 땅 위를 흘러가고, 달은 하늘 위에서 운
행한다. 그러므로 감은 달이다"고 하였다.

[爲盜] 감은 도적이다. 우번은 "물은 몰래 흘러가므로 도적이다(水行潛竊,

故爲盜也)"라고 하였고, 공영달도 이를 따랐다.

[其於木也, 爲堅多心.] 우번은 "양강이 가운데에 있으므로 단단하나 부드러운 것이다(陽剛在中, 故堅多心)"라고 하였다. 공영달도 이를 따랐다. 고형은 "감(☵)은 한 양효가 안에 있고 두 음효가 밖에 있으니, 즉 안은 강하고 밖은 부드러운 것(內剛而外柔)이다. '목견다심木堅多心'은 그 줄기는 안이 강하나 밖은 부드럽다는 것이다"라고 하였다.

여기까지 감괘가 상징하는 20가지를 기록하였다.

離爲火, 爲日, 爲電, 爲中女, 爲甲冑, 爲戈兵. 其於人也, 爲大腹, 爲乾卦, 爲鼈, 爲蟹, 爲蠃, 爲蚌, 爲龜. 其於木也, 爲科上槁.

리는 불이고, 해이고, 번개이고, 둘째딸이고, 갑옷과 투구이고, 창과 병기이고, 사람에 있어 큰 배이고, 건조한 괘이고, 자라이고, 게이고, 소라이고, 조개이고, 거북이고, 나무에 있어 줄기 윗부분이 시든 것이다.

[離爲火] 리는 자연계로 말하면 불이다. 최경은 "괘에서 양이 밖에 있는 것을 취하여, 불이 밖에서 비추는 것을 상징하였다(取卦陽在外, 象火之外照也)"고 하였다.

[爲日] 리는 또 해이다. 공영달은 "해는 불의 정기임을 취한 것(取其日是火精也)"이라고 하였나.

[爲電] 리는 또 번개이다. 정현은 "불이 밝은 것을 취한 것이다. 오래 밝으면 해와 같고, 잠시 밝으면 번개와 같다(取火明也, 久明似日, 暫明似電也)"고 하였다.

[爲中女] 리는 인간계로 말하면 둘째딸이다. 순상은 "유가 가운데에 있다(柔在中也)"고 하였다.

[爲甲冑] '갑甲'은 갑옷이고, '주冑'는 투구이다. 공영달은 "강이 밖에 있음을 취한 것(取其剛在外也)"이라고 하였다.

[爲戈兵] ‘과戈’는 창, ‘병兵’은 병기이다. 공영달은 “강이 밖에 있어 강이 스스로 지키는 것을 취한 것(取其剛在於外, 以剛自捍也)”이라고 하였다. 리(☲)는 두 양효가 밖에 있고, 한 음효가 안에 있다. 밖의 두 양효는 갑주甲胄와 과병戈兵을 상징하고, 안의 한 음효는 사람의 몸을 상징한다. 갑옷과 투구, 창과 병기로 사람의 몸을 지키는 것은 바로 밖의 양이 안의 음을 지키는 것이다.

[其於人也, 爲大腹.] 리는 사람에 있어 큰 배이다. 우번은 “해는 항상 가득하니, 아이를 밴 여자와 같다(象日常滿, 如姙身婦)”고 하였다. 공영달은 “음기를 품은 것을 취한 것(取其懷陰氣也)”이라고 하였다. 리의 가운데 음효는 사람에게 배와 같다.

[爲乾卦] ‘건乾’은 건조하다는 것이다. 『석문』에 정현은 “‘건’은 당연히 건조하다는 뜻의 간幹으로 해야 한다(鄭云乾當爲幹)”고 하였다. 우번은 “불과 해는 사물을 말리므로 건조한 괘이다(火日熯燥物, 故爲乾卦)”라고 하였다. 공영달은 “해가 말리는 것을 취한 것(取其日所煊也)”이라고 하였다. 고형은 “리는 불이고, 해이다. 불과 해는 사물을 건조시킨다. 그러므로 리는 건조한 괘이다”라고 하였다.

[爲鱉] ‘별鱉’은 별鼈이며, 자라이다.

[爲蟹] ‘해蟹’는 게이다.

[爲蠃] ‘나蠃’는 나螺이며, 소라이다.

[爲蚌] ‘방蚌’은 조개이다.

[爲龜] ‘귀龜’는 거북이다.

우번은 “이 다섯 가지는 모두 밖은 강이고 안은 유인 것을 취하였다(此五者皆取外剛內柔也)”고 하였다. 리(☲)는 두 양효가 밖에 있고 한 음효가 안에 있다. 자라, 게, 소라, 조개, 거북은 모두 밖은 단단한 껍질이고 안에는 부드러운 몸이 있다.

[其於木也, 爲科上槁.] ‘과科’에 대해, 『집해』에 우번은 ‘절折’, 『광아』「석고」에는 ‘본本’, 「석언」에는 ‘조條’, 『정의』에는 ‘공空’이라고 하였다. 고형은

"'과科'는 과棵자의 가차이며, 나무줄기이다"라고 하였다. '고槀'는 마른 나무이다. 리는 나무줄기의 윗부분이 시든 것이다. 송충은 "음이 안에 있으니 가운데가 비었다. 나무는 가운데가 비면 나무줄기의 윗부분이 시든다(陰在內則空中, 木中空, 則上科槀也)"고 하였고, 공영달도 이를 따랐다.

여기까지 리괘가 상징하는 14가지를 기록하였다.

艮爲山, 爲徑路, 爲小石, 爲門闕, 爲果蓏, 爲閽寺, 爲指, 爲狗, 爲鼠, 爲黔喙之屬. 其於木也, 爲堅多節.

간은 산이고, 오솔길이고, 작은 돌이고, 문의 망루이고, 나무 열매와 풀 열매이고, 혼인과 시인이고, 손가락이고, 개이고, 쥐이고, 입이 검은 짐승에 속하고, 나무에 있어 단단하나 마디가 많은 것이다.

[艮爲山] 간은 자연계로 말하면 산이다. 송충은 "두 음이 아래에 있고, 한 양이 위에 있다. 음은 흙이고, 양은 나무이다. 흙은 아래에서 쌓이고, 나무는 그 위에서 자라나니, 산의 상이다(二陰在下, 一陽在上. 陰爲土, 陽爲木. 土積於下, 木生其上, 山之象也)"라 하였고, 공영달은 "음은 아래에 있고 멈춤이고, 양은 위에 있고 높은 것을 취하였으므로, 간은 산을 상징한다(取陰在下爲止, 陽在於上爲高. 故艮象山也)"고 하였다.

[爲徑路] '경로徑路'는 작은 길이다. 간은 오솔길이다. 공영달은 "산은 비록 높지만 사이길이 있음을 취한 것(取其山雖高, 有澗道也)"이라고 하였다.

[爲小石] 간은 작은 돌이다. 육적은 "간은 양괘 가운데 작은 것이므로 작은 돌이다(艮, 剛卦之小, 故爲小石者也)"라 하였고, 공영달도 이를 따랐다, 고형은 "간은 산이고, 산 위에는 작은 돌이 많다. 그러므로 간은 작은 돌이다"라고 하였다.

[爲門闕] 우번은 "건은 문이고, 간은 양이 문밖에 있으므로 문의 망루이다. 두 개의 작은 산은 망루의 상이다(乾爲門, 艮陽在門外, 故爲門闕. 兩小山, 闕

之象也)"라고 하였다. 고형은 "『설문』에 '궐은 문관(闕, 門觀也)'이라고 하였다. 문의 양 쪽에 망루를 쌓는데, 그 망루를 궐闕이라 하고 또 관觀이라고 한다. 간은 산이다. 문의 망루는 높고 숭고하니, 두 산이 대치하고 있는 것과 같다. 그러므로 간은 문의 망루이다"라고 하였다.

[爲果蓏] 『석문』에 응소應劭는 "나무열매를 '과果'라 하고, 풀 열매를 '라蓏'라 한다(木實曰果, 草實曰蓏)"고 하였다. 송충과 공영달도 똑같이 해석하였다. 공영달은 "산골짜기 속에서 나오는 것을 취한 것(取其出於山谷之中也)"이라고 하였다. 간은 나무 열매와 풀 열매이며, 산 속에서 나온다.

[爲閽寺] 『석문』에 "'시寺'는 음이 시(徐音侍)"라고 하였다. 송충은 "혼인閽人은 문을 지키고, 시인寺人은 거리를 지킨다. 간은 이 직종을 주관하니, 모두 금지하는 것을 관장하는 것이다閽人主門, 寺人主巷. 艮爲主此職, 皆掌禁止者也)"라고 하였다. 혼인과 시인은 사람이 함부로 문이나 거리로 들어오는 것을 금지한다. 간은 혼인이고 시인이다.

[爲指] 간은 손가락이다. 우번은 "간은 손이 마디가 많으므로 손가락이다(艮手多節, 故爲指)"라고 하였다. 손가락은 다섯 개이고, 간은 괘획이 다섯이다.

[爲狗] 간은 개다. 제8장에서 "간은 개(艮爲狗)"라고 하였다.

[爲鼠] 간은 쥐이다. 공영달은 "개와 쥐는 모두 인가에 머무르고 있는 것을 취한 것(取其皆止人家也)"이라고 하였다. 고형은 "들쥐, 집쥐는 본래 모두 산중에서 나온 것이다. 그러므로 간은 쥐이다"라고 하였다.

[爲黔喙之屬] 마융은 "'검훼'는 육식하는 짐승이며, 승냥이와 이리가 이에 속하는 것이라고 한다. '검'은 검다는 뜻의 흑이다(黔喙, 肉食之獸, 謂豺狼之屬. 黔, 黑也)"라고 하였다. 『설문』에 "'훼'는 입이라는 뜻의 구(喙, 口也)"라고 하였다. 승냥이와 이리가 속하는 것은 그 입이 검은 색이므로 '검훼지속黔喙之屬'이라고 칭하는 것이다. 공영달은 "산에 사는 짐승을 취한 것(取其山居之獸也)"이라고 하였다. 간은 입이 검은 짐승에 속하는 것이다.

[其於木也, 爲堅多節.] 간은 나무에 있어 단단하나 마디가 많은 것이다. 우

972

번은 "양이 밖에 있으므로 마디가 많은 것이다. 소나무와 잣나무가 이에 속
한다(陽剛在外, 故多節. 松柏之屬)"고 하였다.

여기까지 간괘가 상징하는 11가지를 기록하였다.

兌爲澤, 爲少女, 爲巫, 爲口舌, 爲毁折, 爲附決. 其於地也, 爲剛鹵,
爲妾, 爲羊.

태는 못이고, 막내딸이고, 여자 무당이고, 입과 혀이고, 훼손하고 부러뜨리
는 것이고, 붙어서 무너뜨리는 것이고, 땅에 있어 굳고 소금기가 있는 것이
고, 첩이고, 양이다.

[兌爲澤] 태는 자연계로 말하면 못이다. 송충은 "음이 위에 있어 아래를 젖
게 하므로 못이다(陰在上, 令下濕, 故爲澤也)"라고 하였다. 공영달은 "음괘가
작은 것이며, 땅의 유가 낮은 것을 취한 것(取其陰卦之小, 地類卑也)"이라고
하였다.

[爲少女] 태는 인간계로 말하면 막내딸이다. 우번은 "곤이 세 번 구한 것이
며, 자리는 끝이므로 막내이다(坤三索, 位在末, 故少也)"라고 하였다.

[爲巫] 공영달은 "입과 혀의 기관에서 취한 것(取其口舌之官也)"이라고 하
였다. 고형은 "옛날에는 여자 무당을 '무巫'라 칭하였고, 남자 무당을 '격
覡'이라고 칭하였다. …태는 여자이고 입이다. 여자 무당은 입에 의지하여
먹는 것을 취한다. 그러므로 태는 여자 무당이다"라고 하였다.

[爲口舌] 태는 입과 혀이다. 공영달은 "입과 혀는 말하는 도구인 것에서 취
한 것(取口舌爲言語之具也)"이라고 하였다.

[爲毁折] '훼毁'은 훼손하다, '절折'은 부러지다는 뜻이다. 태는 훼손하고
부러뜨리는 것이다. 우번은 "둘째 효를 부러뜨리면 진의 발이므로 훼손하고
부러뜨리는 것이다(二折震足, 故爲毁折)"라고 하였다. 고형은 "태는 못이다.
못의 물이 진동하여 그 가장자리를 휩쓸어 버리고 절단하니, 그러므로 태는

훼손하고 부러뜨리는 것이다"라고 하였다.

[爲附決] '부附'는 붙다, '결決'은 터지다는 뜻이다. 태는 붙어서 무너뜨리는 것이다. 고형은 "못은 기슭에 붙은 곳에서 제방을 터뜨리고 흘러가니, 그러므로 태는 또 붙어서 무너뜨리는 것이다"라고 하였다.

[其於地也, 爲剛鹵.] '노鹵'는 소금밭이다. 태는 땅에 있어 굳고 소금기가 있는 것이다. 공영달은 "못의 물이 멈추면 짜고 소금기가 있는 것을 취한 것(取水澤所停則鹹鹵也)"이라고 하였다.

[爲妾] 태는 첩이다. 우번은 "세 번째 막내딸은 자리가 천하므로 첩이다(三少女, 位賤, 故爲妾)"라고 하였다.

[爲羊] 제8장에서 "태는 양(兌爲羊)"이라고 하였다. 태는 양이다. 공영달은 "양의 성질이 유순한 것을 취한 것(取其羊性順也)"이라고 하였다.

여기까지 태괘가 상징하는 9가지를 기록하였다.


여기까지가 제11장이다. 본장에서는 팔괘가 상징하는 것을 각 괘별로 나누어 여러 사물을 기록하였다. 『정의』와 『집해』에서 혹은 괘의卦義로, 혹은 괘상卦象으로 해석하였는데, 뒷사람들은 대개 이들의 해석을 따랐다.

# 서괘 序卦

有天地, 然後萬物生焉. 盈天地之間者唯萬物, 故受之以屯. 屯者, 盈
也. 屯者, 物之始生也. 物生必蒙, 故受之以蒙. 蒙者, 蒙也, 物之穉
也. 物穉不可不養也, 故受之以需. 需者, 飲食之道也. 飲食必有訟,
故受之以訟. 訟必有衆起, 故受之以師. 師者, 衆也. 衆必有所比, 故
受之以比. 比者, 比也. 比必有所畜, 故受之以小畜. 物畜然後有禮,
故受之以履. (履者, 禮也)

천지가 있은 연후에 만물이 생겨난다. 천지 사이에 가득 차 있는 것은 오직
만물이니, 그러므로 준괘로 받는다. 준은 가득 차 있다는 것이다. 준은 사
물이 처음 생겨나는 것이다. 사물이 생겨나면 반드시 어리니, 그러므로 몽
괘로 받는다. 몽은 어리다는 것이니, 사물이 어린 것이다. 사물이 어리면
기르지 않을 수 없으니, 그러므로 수괘로 받는다. 수는 음식의 도이다. 음
식에는 반드시 송사가 있게 되니, 그러므로 송괘로 받는다. 송사에는 반드
시 무리들의 일어남이 있으니, 그러므로 사괘로 받는다. 사는 무리이다. 무
리에는 반드시 친근한(보필하는) 바가 있으니, 그러므로 비괘로 받는다.
비는 친근(보필)하다는 것이다. 친근(보필)하면 반드시 축적하는 바가 있

으니, 그러므로 소축괘로 받는다. 사물이 축적된 연후에 예가 있으니, 그러
므로 이괘로 받는다.(이는 예이다)

---

[有天地, 然後萬物生焉.] 자연계의 '천지天地'는 『주역』에서 건곤이다. '천
지'는 우주이 문이고, 건곤은 『주역』의 문이다. 자연계의 '만물萬物'은 『주
역』에서 62괘이다. 「계사」 상·9장에 "두 편의 책수는 11,520이니, 만물의
수에 해당한다(二篇之策, 萬有一千五百二十, 當萬物之數)"고 하였다. 「서괘」
는 『주역』은 건곤을 64괘의 머리에 두고 만물의 시작을 상징하는 것으로 여
겼다. 천지가 있은 연후에 만물이 생겨난다.

[盈天地之間者唯萬物, 故受之以屯. 屯者, 盈也.] '영盈'은 가득 차다는 뜻의
만滿이다. '수受'는 잇다는 뜻의 계繼이다. 준屯 「단」에 "강과 유가 처음 교
합하여 어려움이 생겨난다(剛柔始交而難生)"고 하였다. 건곤이 처음 교합하
여 '준'이 생겨났다는 말이다. 「단」과 「상」은 '준'을 어렵다는 뜻의 난難, 모
으다는 뜻의 취聚로 해석하였으나, 「서괘」는 "준屯은 가득차다는 뜻의 영盈"
이라고 하였다. 천지 사이에 가득 차 있는 것은 오직 만물이니, 그러므로 준
괘로 받는다. 준은 가득 차 있다는 것이다.

[屯者, 物之始生也. 物生必蒙, 故受之以蒙. 蒙者, 蒙也, 物之稺也.] 『집해』에는
'萬物之始生也'로 되어 있다. 「서괘」는 또 '준'을 사물이 처음 생겨나는 것으
로 해석하였다. '몽蒙'에 대해 두 가지 해석이 있다. 하나는 '몽'을 싹(萌)으
로 해석하는 것이니, "사물이 처음 생겨나면(物之始生), 사물은 반드시 싹이
튼다(物生必萌)"는 것이다. 정현은 "'몽'은 어리고 작은 모양이다. 제나라
사람들은 '맹'을 '몽'이라 하였다(蒙, 幼少之貌. 齊人謂萌爲蒙也)"고 하였다.
고형은 "「서괘」는 몽을 싹(萌)으로 해석하였다. '몽자蒙者, 몽야蒙也'는 곧
'몽자蒙者, 맹야萌也'이다. '몽蒙'과 '맹萌'은 옛날에 통용되었다"고 하였다.
또 하나는 '몽'을 어리다, 몽매하다는 뜻으로 해석하는 것이다. "사물이 처
음 생겨나면(物之始生), 사물은 반드시 어리다(物生必蒙)"는 것이다. '치稺'
는 『석문』에 '치稺'로 하고, "또 치稚로도 하였다(本或作稚)"고 하였다. '치

978

稺'와 '치稺'와 '치稚'는 같으며, 어리다는 뜻이다. 『설문』에 "'치稺'는 어린 벼(稺, 幼禾也)"라고 하였다. 사물이 어리고 작은 것을 가리키며, 초목 등은 싹이 틀 때 모두 어리니, 그러므로 몽은 사물이 어린 것이다. 최경은 "만물은 처음 생겨난 후, 점차 어리게 자라나므로 '사물은 생겨나면 반드시 어리다'고 말한 것이다(萬物始生之後, 漸以長稺, 故言物生必蒙)"라고 하였다. 두 가지 해석은 모두 통한다. 준은 사물이 처음 생겨나는 것이다. 사물이 생겨나면 반드시 어리니, 그러므로 몽괘로 받는다. 몽은 어리다는 것이니, 사물이 어린 것이다. 「단」과 「상」은 '몽'을 몽매하다는 뜻으로 해석하였다.

[物稺不可不養也, 故受之以需. 需者飲食之道也.] 「서괘」는 '수'를 기르다는 뜻의 양養으로 해석하였다. 『석문』 수괘에 "'수'는 음식의 도이며, 기르다는 양의 뜻으로 새긴다(需, 飲食之道也, 訓養)"고 하였다. 기르는 것은 반드시 음식으로 하니, 그러므로 '수'를 음식의 도라고 한 것이다. 「단」과 「상」은 기다리다는 뜻의 대待로 해석하였다. 사물이 어리면 기르지 않을 수 없으니, 그러므로 수괘로 받는다. 수는 음식의 도이다.

[飲食必有訟, 故受之以訟.] '송訟'은 송사라는 뜻이다. 먹는 것에는 생존경쟁이 따르기 마련이다. 한강백은 "태어남이 있으면 재물이 있고, 재물이 있으면 다툼이 일어난다(夫有生則有資, 有資則爭興也)"고 하였다. 음식에는 반드시 송사가 있으니, 그러므로 송괘로 받는다.

[訟必有衆起, 故受之以師. 師者, 衆也.] '사師'는 무리라는 뜻의 중衆이다. 「단」과 「상」도 같은 뜻으로 밀하였다. 송사에는 반드시 무리들이 일어남이 있으니, 그러므로 사괘로 받는다. 사는 무리이다.

[衆必有所比, 故受之以比. 比者, 比也.] 「단」은 "'비'는 보필하다는 뜻의 보(比, 輔也)", 「상」은 친근하다는 뜻의 친親으로 해석하였다. 「서괘」는 친근하다는 뜻의 친親, 보필하다는 뜻의 보輔, 두 가지로 해석할 수 있다. 한강백(親比), 래지덕(親附), 유백민(親密), 진고응(親比) 등은 친근하다는 뜻으로, 고형은 보필하다는 뜻으로 새겼다. 무리에는 반드시 친근한(보필하는) 바가 있으니, 그러므로 비괘로 받는다. 비는 친근(보필)하다는 것이다.

[比必有所畜, 故受之以小畜.] ‘축畜’은『석문』에 “본래 축蓄으로도 하였다 (本亦作蓄)”고 하였다. ‘축畜’은 축蓄으로 읽으며, 축적하는 것이다. ‘소축小畜’은 축적하는 것이 적다는 뜻이다. 친근(보필)하면 반드시 축적하는 바가 있으니, 그러므로 소축패로 받는다. 고형은 “보필하는 사람은 반드시 봉토나 곡록을 받으니, 재물을 축적한다는 말이다”라고 하였다.

[物畜然後有禮, 故受之以履. (履者, 禮也)]『집해』와 왕필『주역약례周易略例』「괘략卦略」에는 ‘이자履者, 예야禮也.’ 한 구절이 들어가 있다.『백서』에는 ‘이履’를 모두 예禮로 하였다. ‘예禮’는 사람이 실천(履)하는 것이다. 한강백은 “이는 예이다. 예는 때에 알맞게 사용하는 것이다(履者, 禮也. 禮所以適時用也)”라고 하였다. 사물이 축적된 연후에 예가 있으니, 그러므로 이괘로 받는다.(이는 예이다)

---

履而泰, 然後安, 故受之以泰, 泰者, 通也. 物不可以終通, 故受之以否. 物不可以終否, 故受之以同人. 與人同者, 物必歸焉, 故受之以大有. 有大者不可以盈, 故受之以謙. 有大而能謙必豫, 故受之以豫. 豫必有隨, 故受之以隨. 以喜隨人者必有事, 故受之以蠱. 蠱者, 事也. 有事而後可大, 故受之以臨. 臨者, 大也. 物大然後可觀, 故受之以觀.

예를 하여 형통한 연후에 편안하니, 그러므로 태괘로 받는다. 태는 형통하다는 것이다. 사물은 끝까지 형통할 수 없으니, 그러므로 비괘로 받는다. 사물은 끝까지 막힐 수 없으니, 그러므로 동인괘로 받는다. 사람과 함께 하면 사물은 반드시 돌아올 것이니, 그러므로 대유괘로 받는다. 가진 것이 큰 것은 가득 찰 수 없으니, 그러므로 겸괘로 받는다. 가진 것이 크면서 겸허할 수 있으면 반드시 즐거우니, 그러므로 예괘로 받는다. 즐거우면 반드시 따르는 사람이 있으니, 그러므로 수괘로 받는다. 기쁨으로 남을 따르는 사람은 반드시 일을 처리하니, 그러므로 고괘로 받는다. 고는 일이다. 일을 처리한 이후에 클 수 있으니, 그러므로 임괘로 받는다. 임은 크다는 것이

980

다. 사물은 큰 연후에 볼 수 있으니, 그러므로 관괘로 받는다.

---

[履而泰, 然後安, 故受之以泰. 泰者, 通也.] 『집해』에는 '履然後安'으로 하여 '而泰' 두 글자가 없다. '통通'은 형통하다는 뜻이다. '태泰'는 형통하다는 뜻의 통通이다. 요신은 "윗사람을 편안하게 하고 백성을 다스리는 데는 예보다 나은 것이 없다. 예가 있은 연후에 형통하고, 형통한 연후에 편안하다(安上治民, 莫過於禮. 有禮然後泰, 泰然後安也)"고 하였다. 예를 하여 형통한 연후에 편안하니, 그러므로 태괘로 받는다. 태는 형통하다는 것이다.

[物不可以終通, 故受之以否.] '비否'는 막혀서 통하지 않는 것이다. 최경은 "사물은 극에 이르면 곧 되돌아온다. 그러므로 끝까지 형통하지 않고 막히는 것이다(物極則反, 故不終泰通而否矣)"라고 하였다. 사물은 끝까지 형통할 수 없으니, 그러므로 비괘로 받는다.

[物不可以終否, 故受之以同人.] '동인同人'은 사람과 더불어 같이 행한다는 뜻이다. 「단」은 응하는 것, 「상」은 사람과 함께 하는 것으로 해석하였다. 한강백은 "막히면 곧 생각이 통하니, 사람마다 뜻을 같이 하므로 문을 나서 사람과 더불어 같이 행할 수 있고, 꾀하지 않아도 합할 수 있다(否則思通, 人人同志, 故可出門同人, 不謀而合)"고 하였다. 사물은 끝까지 막힐 수 없으니, 그러므로 동인괘로 받는다.

[與人同者, 物必歸焉, 故受之以大有.] '대유大有'는 가진 것이 크다는 뜻이다. 최경은 "사람을 따르고사 하면 사람은 반드시 자신에게 귀착힐 것이니, 크게 가지게 된다(以欲從人, 人必歸己, 所以成大有)"고 하였다. 사람과 함께 하면 사물은 반드시 돌아올 것이니, 그러므로 대유괘로 받는다.

[有大者不可以盈, 故受之以謙.] 『집해』에는 '有大者'가 '有大有'로 되어 있다. '겸謙'은 겸허하다는 뜻이다. 가진 것이 큰 것은 가득 찰 수 없으니, 그러므로 겸괘로 받는다. 즉 많이 가진 사람은 교만해서 안 되므로 겸허한 괘로 받는다는 말이다.

[有大而能謙必豫, 故受之以豫.] '예豫'는 즐겁다는 뜻의 낙樂이다. 가진 것이

크면서 겸허할 수 있으면 반드시 즐거우니, 그러므로 예괘로 받는다.

[豫必有隨, 故受之以隨.] '수隨'는 따르다는 뜻의 종從이다. 즐거우면 반드시 따르는 사람이 있으니, 그러므로 수괘로 받는다.

[以喜隨人者必有事, 故受之以蠱. 蠱者, 事也.] '유사有事'는 유위有爲와 같으며, 일을 하는 바가 있다는 뜻이다. '고蠱'는 일이라는 뜻의 사事이다. 기쁨으로 남을 따르는 사람은 반드시 일을 처리하니, 그러므로 고괘로 받는다. 고는 일이다.

[有事而後可大, 故受之以臨. 臨者, 大也.] '임臨'은 크다는 뜻의 대大이다. 「단」과 「상」은 백성에 임하는 것(臨民), 백성을 다스리는 것(治民)으로 해석하였다. '대大'는 하는 일이 성대하다는 뜻이다. 송충은 '사립공성事立功成'이라 하였고, 한강백은 '가대지업可大之業'이라고 하였다. 일을 처리한 이후에 클 수 있으니, 그러므로 임괘로 받는다. 임은 크다는 것이다.

[物大然後可觀, 故受之以觀.] '관觀'은 보다는 뜻이다. 우번은 "임괘를 반대로 하면 관괘가 되는데, 관괘는 두 양효가 위에 있으므로 볼 수 있는 것이다(臨反成觀, 二陽在上, 故可觀也)"라 하였고, 최경은 "덕업이 큰 사람은 사람에게 정사를 보일 수 있음을 말한 것이다(言德業大者, 可以觀政於人也)"라고 하였다. 우번은 괘상으로, 최경은 괘의로 해석하였다. 사물은 큰 연후에 볼 수 있으니, 그러므로 관괘로 받는다.

---

可觀而後有所合, 故受之以噬嗑. 嗑者, 合也. 物不可以苟合而已, 故受之以賁. 賁者, 飾也. 致飾然後亨則盡矣, 故受之以剝. 剝者, 剝也. 物不可以終盡剝, 窮上反下, 故受之以復. 復則不妄矣, 故受之以无妄. 有无妄, 然後可畜, 故受之以大畜. 物畜然後可養, 故受之以頤. 頤者, 養也. 不養則不可動, 故受之以大過. 物不可以終過, 故受之以坎. 坎者, 陷也. 陷必有所麗, 故受之以離. 離者, 麗也.

볼 수 있는 이후에 합하는 바가 있으니, 그러므로 서합괘로 받는다. 합은 합한다는 것이다. 사물은 아무렇게나 합할 수 없을 뿐이니, 그러므로 비괘로 받는다. 비는 꾸민다는 것이다. 꾸밈을 다한 연후에 아름다움은 다하니, 그러므로 박괘로 받는다. 박은 떨어진다는 것이다. 사물은 끝까지 떨어질 수 없고, 위가 궁하면 아래로 돌아가니, 그러므로 복괘로 받는다. 돌아오면 망령되지 않으니, 그러므로 무망괘로 받는다. 망령됨이 없는 것이 있은 연후에 축적할 수 있으니, 그러므로 대축괘로 받는다. 재물이 축적된 연후에 기를 수 있으니, 그러므로 이괘로 받는다. 이는 기른다는 것이다. 기르지 않으면 움직일 수 없으니, 그러므로 대과괘로 받는다. 사물은 끝까지 그릇될 수 없으니, 그러므로 감괘로 받는다. 감은 구덩이이다. 구덩이에는 반드시 붙는 곳이 있으니, 그러므로 리괘로 받는다. 리는 붙는다는 것이다.

---

[可觀而後有所合, 故受之以噬嗑. 嗑者, 合也.] '서합噬嗑'은 음식을 씹어 그 입이 합한다는 뜻이다. 「단」의 '뇌전합雷電合'과 「서괘」의 '유소합有所合'은 모두 '합嗑'을 합합으로 읽은 것이다. 우번은 "입속에 음식물이 있으므로 합한다고 말한 것이다(頤中有物食, 故曰合也)"라 하였고, 한강백은 "볼 수 있으면 다르니, 비로소 합하여 모인다(可觀則異, 方合會也)"고 하였다. 우번은 『주역』의 본뜻으로 해석하였고, 한강백은 「서괘」의 뜻으로 해석하였다. 「서괘」는 '합합'을 '유소합有所合', 즉 다른 사람과 회합하는 것으로 해석하였다. 볼 수 있는 이후에 합하는 바가 있으니, 그러므로 서합괘로 받는다. 합은 합한다는 것이다.

[物不可以苟合而已, 故受之以賁. 賁者, 飾也.] '구합苟合'는 그럭저럭 되는대로 하다는 뜻이다. '비賁'는 꾸미다는 뜻의 식飾이다. 사물은 아무렇게나 합할 수 없을 뿐이니, 그러므로 비괘로 받는다. 비는 꾸민다는 것이다.

[致飾然後亨則盡矣, 故受之以剝. 剝者, 剝也.] '치致'는 다하다는 뜻의 극극極과 같다(고형). '형亨'은 형통하다는 뜻의 통通과 아름답다는 뜻의 미美로 새길 수 있다. 고형은 아름답다는 뜻으로 읽었는데, 꾸미는 것은 아름답게 꾸미는 것이므로 아름답다는 뜻으로 읽는 것이 문장이 순조롭다. '박剝'은 떨어지다

는 뜻의 낙락落이다. 순상은 “꾸밈이 다하면 바탕으로 돌아가 무늬는 떨어지니, 그러므로 박이다(極飾反素, 文章敗, 故爲剝也)”라 하였고, 한강백은 “꾸밈을 다하면 참모습을 잃는다(極飾則實喪也)”고 하였다. 꾸밈을 다한 연후에 아름다움은 다하니, 그러므로 박으로 받는다. 박은 떨어진다는 것이다.

　[物不可以終盡剝, 窮上反下, 故受之以復.] 이 구절의 전통적인 독법은 ‘物不可以終盡, 剝窮上反下, 故受之以復.’이다. 『집해』 이하 모두 이렇게 읽었다. 고형은 ‘物不可以終盡剝, 窮上反下, 故受之以復.’으로 읽고, “‘진盡’자는 앞의 ‘형즉진형則盡’을 따라 잘못 들어간 글자이다. 「서괘」는 이러한 종류의 구절에는 다만 ‘종終’자를 사용하였지 ‘진盡’자는 사용하지 않았다”고 하였다. 고형이 정확하게 보았다. 필자는 고형의 독법을 따랐다. ‘반反’은 돌아가다는 뜻의 반返으로 읽는다. ‘궁상반하窮上反下’는 윗자리에서 궁하여 떨어지면 아랫자리로 돌아간다는 말이다. ‘복復’은 돌아오다는 뜻이다. 박괘의 꼭대기 양효가 윗자리에서 궁하여 다시 복괘의 처음 양효로 돌아간다. 사물은 끝까지 떨어질 수 없고, 위가 궁하면 아래로 돌아가니, 그러므로 복괘로 받는다.

　[復則不妄矣, 故受之以无妄.] ‘무망无妄’은 망령됨이 없다는 뜻이다. 최경은 “사물은 근본으로 돌아오면 참되므로 ‘돌아오면 망령됨이 없다’고 말한 것이다(物復其本, 則爲誠實, 故言復則无妄矣)”라고 하였다. 돌아오면 망령되지 않으니, 그러므로 무망괘로 받는다.

　[有无妄, 然後可畜, 故受之以大畜.] 『집해』에는 ‘연후然後’ 앞에 ‘물物’자가 있다. 고형은 ‘물’자가 있는 것이 맞다 하였으나, ‘물’자가 있으면 문장 구성이 바로 되지 않는다. ‘연후然後’ 뒤에 ‘물物’자가 들어가야 한다. 「서괘」에 ‘연후然後’는 모두 14곳 기록되어 있는데, ‘연후’ 뒤에 주어가 나오는 곳은 두 곳이다. 상경 앞에 ‘然後萬物生焉’, 하경 앞 부분에 ‘有上下然後禮義有所錯’이라고 하였다. ‘물’자가 없어도 뜻은 통한다. 「서괘」에 ‘然後’ 뒤에 ‘可’로 이어지는 것이 세 곳 있다. ‘물’은 재물을 가리킨다. ‘축畜’은 축蓄으로 읽으며, 축적하다는 뜻이다. 축물蓄物, 즉 재물을 축적한다는 뜻이다. ‘대축

大畜'은 축적한 것이 많다는 뜻이다. 망령됨이 없는 것이 있은 연후에 (재물을) 축적할 수 있으니, 그러므로 대축괘로 받는다.

[物畜然後可養, 故受之以頤. 頤者, 養也.] '물物'은 재물이다. '이頤'는 기르다는 뜻의 양養이다. 우번은 이頤 「단」을 인용하여 "천지는 만물을 기르고, 성인은 현인과 만민을 기른다(天地養萬物, 聖人養賢以及萬民)"고 하였다. 재물이 축적된 연후에 기를 수 있으니, 그러므로 이괘로 받는다. 이는 기른다는 것이다.

[不養則不可動, 故受之以大過.] '대과大過'는 크게 잘못되었다는 뜻이다. 고형은 "그 몸을 기르지 않으면 몸에 병이 생긴다. 그 집안을 기르지 않으면 집안은 무너진다. 그 신하를 기르지 않으면 신하는 반란을 일으킨다. 백성들을 기르지 않으면 백성들은 난을 일으킨다. 그래서 기르지 않으면 작위하는 바가 있을 수 없으니, 이것이 허물이 큰 것이다. 그러므로 이괘 다음에 대과괘로 이어진다"고 하였다. 기르지 않으면 움직일 수 없으니, 그러므로 대과괘로 받는다.

[物不可以終過, 故受之以坎. 坎者, 陷也.] '감坎'은 함정, 구덩이라는 뜻의 함陷이다. 한강백은 "그릇됨이 그치지 않으면 빠진다(過而不已, 則陷沒也)"고 하였다. 사물은 끝까지 그릇될 수 없으니, 그러므로 감괘로 받는다. 감은 구덩이이다.

[陷必有所麗, 故受之以離. 離者, 麗也.] 「단」은 "'리'는 붙다는 뜻의 여(離, 麗也)"라고 하였다. '여麗'는 붙는다는 뜻이다. 한강백은 "사물은 극에 이르면 변하니, 빠지는 것이 극에 이르면 도리어 붙는 바가 있다(物極則變, 極陷則反所麗也)"고 하였다. 구덩이에는 반드시 붙는 곳이 있으니, 그러므로 리괘로 받는다. 리는 붙는다는 것이다.

이상 상경 30괘의 순서를 해석하였다.

有天地然後有萬物, 有萬物然後有男女, 有男女然後有夫婦, 有夫婦
然後有父子, 有父子然後有君臣, 有君臣然後有上下, 有上下然後禮
義有所錯. 夫婦之道不可以不久也, 故受之以恒. 恒者, 久也. 物不可
以久居其所, 故受之以遯. 遯者, 退也. 物不可以終遯, 故受之以大
壯. 物不可以終壯, 故受之以晉. 晉者, 進也. 進必有所傷, 故受之以
明夷. 夷者, 傷也. 傷於外者必反其家, 故受之以家人. 家道窮必乖,
故受之以睽. 睽者, 乖也. 乖必有難, 故受之以蹇. 蹇者, 難也. 物不可
以終難, 故受之以解. 解者, 緩也. 緩必有所失, 故受之以損. 損而不
已必益, 故受之以益.

천지가 있은 연후에 만물이 있고, 만물이 있은 연후에 남녀가 있고, 남녀가
있은 연후에 부부가 있고, 부부가 있은 연후에 부자가 있고, 부자가 있은
연후에 군신이 있고, 군신이 있은 연후에 상하가 있고, 상하가 있은 연후에
예의가 베푸는 바가 있다. 부부의 도는 오래 가지 않을 수 없으니, 그러므
로 항괘로 받는다. 항은 항구하다는 것이다. 사물은 오래 그 자리에 머물
수 없으니, 그러므로 둔괘로 받는다. 둔은 물러난다는 것이다. 사물은 끝까
지 물러날 수 없으니, 그러므로 대장괘로 받는다. 사물은 끝까지 건장할 수
없으니, 그러므로 진괘로 받는다. 진은 나아가는 것이다. 나아가는 것은 반
드시 다치는 바가 있으니, 그러므로 명이괘로 받는다. 이는 다친다는 것이
다. 밖에서 다친 사람은 반드시 제 집으로 돌아오니, 그러므로 가인괘로 받
는다. 가도가 궁하면 반드시 어긋나니, 그러므로 규괘로 받는다. 규는 어긋
난다는 것이다. 어긋나는 것은 반드시 어려움이 있으니, 그러므로 건괘로
받는다. 건은 어렵다는 것이다. 사물은 끝까지 어려울 수 없으니, 그러므로
해괘로 받는다. 해는 풀다는 것이다. 풀은 것은 반드시 잃는 바가 있으니,
그러므로 손괘로 받는다. 잃는 것이 멈추지 않으면 반드시 더하니, 그러므
로 익괘로 받는다.

[有天地然後有萬物, 有萬物然後有男女, 有男女然後有夫婦, 有夫婦然後有父子, 有父子然後有君臣, 有君臣然後有上下, 有上下然後禮義有所錯.] 우번은 "'착'은 놓다는 뜻의 치(錯, 置也)"라 하였고, 간보는 "베풀다는 뜻의 시(錯, 施也)"라고 하였다. '착錯'은 베풀다는 뜻의 조措자의 가차이다. 자연계의 '천지'는 『주역』에서 건곤이다. 자연계의 '만물'은 『주역』에서 건곤을 제외한 나머지 62괘이다. 「서괘」는 상경에서 '천지'를 머리에 두고 만물의 시작을 상징하였고, 하경에서 천지→만물→남녀→부부로 이으면서, 만물에서 남녀를, 남녀에서 부부를 이끌어 내어 '부부'를 시작으로 여겼다. '부부夫婦'는 함괘를 가리켜 말한 것이며, 부부를 기점으로, 다시 부자→군신→상하→예의로 이으면서 부부는 부자, 군신, 상하, 예의의 근본이 되는 것을 말하였다. 함괘는 윗괘가 태兌이고 아랫괘는 간艮이다. 태는 막내딸(少女)이고 간은 막내아들(少男)이다. 그런즉 함괘의 괘상은 막내아들이 막내딸 아래에 있는 것이다. 「단」에 "유는 위에 강은 아래에 있어, 두 기가 감응하여 함께 있다. …남자가 여자의 아래에 있다(柔上而剛下, 二氣感應以相與. …男下女)"고 하였고, 『순자』「대략大略」에 "『역』의 함괘에 부부의 도가 나타나 있다. 부부의 도는 바르지 않을 수 없으니, 군신과 부자의 근본이다. 함은 느끼는 것이다. 높은 것이 낮은 것 아래에 있고, 남자가 여자의 아래에 있으며, 유가 위에 강이 아래에 있다. 빙사(선비를 초빙하는 예)의 뜻과 친영(신랑이 신부를 맞이하는 예)의 도이니, 시작을 중히 하는 것이다(易之咸, 見夫婦. 夫婦之道, 不可不正也, 君臣父子之本也. 咸, 感也. 以高下下, 以男下女, 柔上而剛下. 聘士之義, 親迎之道, 重始也)"라고 하였다. 함의 괘상은 남녀가 결합하여 부부가 되는 것이다. 「서괘」는 '유부부有夫婦'를 가지고 함괘를 해석하였다. 한강백은 "앞의 학자는 건괘에서 리괘까지 상경으로 하였으니, 천도를 밝힌 것이고, 함괘에서 미제괘까지 하경으로 하였으니, 인도를 말한 것이다(先儒以乾至離爲上經, 天道也. 咸至未濟爲下經, 人道也)"라고 하였다. 상경은 '천지'로 시작하고, 하경은 '부부'로 시작하니 이렇게 말한 것이다. 천지가 있은 연후에 만물이 있고, 만물이 있은 연후에 남녀가 있고, 남녀가 있

은 연후에 부부가 있고, 부부가 있은 연후에 부자가 있고, 부자가 있은 연후에 군신이 있고, 군신이 있은 연후에 상하가 있고, 상하가 있은 연후에 예의가 베푸는 바가 있다.

[夫婦之道不可以不久也, 故受之以恒. 恒者, 久也.] '항恒'은 항구하다는 뜻의 구久이다. 한강백은 "부부의 도는 항구한 것을 귀하게 여긴다(夫婦之道, 以恒爲貴)"고 하였다. 부부의 도는 오래 가지 않을 수 없으니, 그러므로 항괘로 받는다. 항은 항구하다는 것이다.

[物不可以久居其所, 故受之以遯. 遯者, 退也.]『집해』에는 '物不可以終久於其所'로 하였다. '둔遯'는 물러나다는 뜻의 퇴退이다. 사물은 오래 그 자리에 머물 수 없으니, 그러므로 둔괘로 받는다. 둔은 물러난다는 것이다.

[物不可以終遯, 故受之以大壯.] '대장大壯'은 크게 건장하다는 뜻이다. 고형은 "'둔'은 그 세력이 쇠퇴하는 것이다. 쇠퇴하는 것은 반드시 왕성할 때가 있으니, 그러므로 대장괘로 이어진다"고 하였다. 사물은 끝까지 물러날 수 없으니, 그러므로 대장괘로 받는다.

[物不可以終壯, 故受之以晉. 晉者, 進也.] '진晉'은 나아가다는 뜻의 진進이다. 사물은 끝까지 건장할 수 없으니, 그러므로 진괘로 받는다. 진은 나아가는 것이다.

[進必有所傷, 故受之以明夷. 夷者, 傷也.] '이夷'는 다치다는 뜻의 상傷이다. '명이明夷'는 밝음이 손상을 입었다는 말이다. 「단」의 '밝음이 어두워졌다(晦其明)', 「상」의 '해가 땅 속으로 들어갔다(明入地中)'는 것과 같은 뜻이다. 구가역은 "해(리)가 곤 아래에 있으니, 밝음이 상하였다. 나아가는 것이 극에 이르면 당연히 내려와 다시 땅 속으로 들어가는 것을 말한다(日在坤下, 其明傷也. 言晉極當降復入于地)"고 하였다. 나아가는 것은 반드시 다치는 바가 있으니, 그러므로 명이괘로 받는다. 이는 다친다는 것이다.

[傷於外者必反其家, 故受之以家人.] '반反'은 돌아오다는 뜻의 반返으로 읽는다. 우번은 "나아갈 때는 밖에 있으나 집안사람은 안에 있으므로 집안사람에게 돌아가는 것이다(晉時在外, 家人在內, 故反家人)"라고 하였다. 밖에서

다친 사람은 반드시 자신의 집으로 돌아오니, 그러므로 가인괘로 받는다.

[家道窮必乖, 故受之以暌. 暌者, 乖也.] '규暌'는 어긋나다는 뜻의 괴乖이다. 가도가 궁하면 반드시 어긋나니, 그러므로 규괘로 받는다. 규는 어긋난다는 것이다.

[乖必有難, 故受之以蹇. 蹇者, 難也.] '건蹇'은 어렵다는 뜻의 난難이다. 최경은 "두 여자가 동거하니, 그 뜻이 어긋나 어려움이 생겨난다(二女同居, 其志乖而難生)"고 하였다. 규괘는 윗괘가 리이고 아랫괘는 태이다. 리는 둘째딸이고, 태는 막내딸이다. 두 여자가 동거하니 서로 뜻이 어긋나 어려움이 생겨난다는 말이다. 어긋나는 것은 반드시 어려움이 있으니, 그러므로 건괘로 받는다. 건은 어렵다는 것이다.

[物不可以終難, 故受之以解. 解者, 緩也.] '해解'는 풀다는 뜻의 완緩이다. 사물은 끝까지 어려울 수 없으니, 그러므로 해괘로 받는다. 해는 풀다는 것이다.

[緩必有所失, 故受之以損.] '손損'은 잃다는 뜻의 실失이다. 풀은 것은 반드시 잃는 바가 있으니, 그러므로 손괘로 받는다.

[損而不已必益, 故受之以益.] '익益'은 더하다는 뜻이다. 최경은 "잃는 것이 끝나면 잃지 않고 더한다(損終則弗損, 益之)"고 하였다. 잃는 것이 멈추지 않으면 반드시 더하니, 그러므로 익괘로 받는다.

---

益而不已必決, 故受之以夬. 夬者, 決也. 決必有所遇, 故受之以姤. 姤者, 遇也. 物相遇而後聚, 故受之以萃. 萃者, 聚也. 聚而上者謂之升, 故受之以升. 升而不已必困, 故受之以困. 困乎上者必反下, 故受之以井. 井道不可不革, 故受之以革. 革物者莫若鼎, 故受之以鼎. 主器者莫若長子, 故受之以震. 震者, 動也. 物不可以終動, 止之, 故受之以艮. 艮者, 止也. 物不可以終止, 故受之以漸. 漸者, 進也. 進必有所歸, 故受之以歸妹.

더하는 것이 멈추지 않으면 반드시 터지니, 그러므로 쾌괘로 받는다. 쾌는 터진다는 것이다. 터지는 것은 반드시 만나는 바가 있으니, 그러므로 구괘로 받는다. 구는 만난다는 것이다. 사물은 서로 만난 이후에 모이게 되니, 그러므로 췌괘로 받는다. 췌는 모인다는 것이다. 모여서 위로 올라가는 것을 승이라고 하니, 그러므로 승괘로 받는다. 올라가는 것이 멈추지 않으면 반드시 곤란하게 되니, 그러므로 곤괘로 받는다. 위에서 곤란한 것은 반드시 아래로 돌아오니, 그러므로 정괘로 받는다. 우물의 도는 바꾸지 않을 수 없으니, 그러므로 혁괘로 받는다. 사물을 바꾸는 것은 솥만한 것이 없으니, 그러므로 정괘로 받는다. 나라의 주인은 맏아들만한 것이 없으니, 그러므로 진괘로 받는다. 진은 움직인다는 것이다. 사물은 끝까지 움직일 수 없으니, 그러므로 간괘로 받는다. 간은 멈춘다는 것이다. 사물은 끝까지 멈출 수 없으니, 그러므로 점괘로 받는다. 점은 나아간다는 것이다. 나아가는 것은 반드시 돌아가는 바가 있으니, 그러므로 귀매괘로 받는다.

---

[益而不已必決, 故受之以夬. 夬者, 決也.] '쾌夬'는 터지다는 뜻의 결決이다. '결決'은 둑이 터지다는 뜻의 궤潰이다. 쾌괘의 괘상은 아래의 다섯 양이 꼭대기의 한 음을 결단하고 있으니, 한 음은 다섯 양에 의해 장차 무너지는 상이다. 「단」은 결단하다는 뜻으로(夬, 決也), 「상」은 터지다는 뜻으로 해석하였다. 한강백은 "더하는 것이 멈추지 않으면 가득 차게 되므로 반드시 터진다(益而不已則盈, 故必決也)"고 하였다. 더하는 것이 멈추지 않으면 반드시 터지니, 그러므로 쾌괘로 받는다. 쾌는 터진다는 것이다.

[決必有所遇, 故受之以姤. 姤者, 遇也.] '구姤'는 만나다는 뜻의 우遇이다. 터지는 것은 반드시 만나는 바가 있으니, 그러므로 구괘로 받는다. 구는 만난다는 것이다.

[物相遇而後聚, 故受之以萃. 萃者, 聚也.] '췌萃'는 모이다는 뜻의 취聚이다. 사물은 서로 만난 이후에 모이게 되니, 그러므로 췌괘로 받는다. 췌는 모인다는 것이다.

[聚而上者謂之升, 故受之以升.] '승升'은 위로 올라가다는 뜻의 상上이다. 모

여서 위로 올라가는 것을 승이라 하니, 그러므로 승괘로 받는다.

[升而不已必困, 故受之以困.] '곤困'은 곤란하다는 뜻이다. 올라가는 것이 멈추지 않으면 반드시 곤란하게 되니, 그러므로 곤괘로 받는다.

[困乎上者必反下, 故受之以井.] '정井'은 우물이다. 위에서 곤란한 것은 반드시 아래로 돌아오니, 그러므로 정괘로 받는다. 고형은 "우물은 낮은 자리에 처한 것이니, 사람이 낮은 자리에 처한 것에 비유한 것이다"고 하였다.

[井道不可不革, 故受之以革.] '혁革'은 바꾸다는 뜻이다. 한강백은 "우물이 오래되면 더러워지니, 마땅히 그 원인을 바꿔야 한다(井久則濁穢, 宜革易其故)"고 하였다. 우물의 도는 바꾸지 않을 수 없으니, 그러므로 혁괘로 받는다.

[革物者莫若鼎, 故受之以鼎.] '정鼎'은 솥이다. 「잡괘」에 "정은 새것을 취하는 것(鼎, 取新也)"이라고 하였다. 한강백은 "혁은 옛것을 없애는 것이고, 정은 새것을 취하는 것이다. 이미 옛것을 없앴다면 마땅히 도구를 만들고 법을 세워 새것을 다스려야 한다. 정은 살아있는 것을 삶아 익혀 새것을 이루는 도구이다(革, 去故. 鼎, 取新. 旣以去故, 則宜制器立法以治新也. 鼎所以 和齊生物, 成新之器也)"라고 하였다. 사물을 바꾸는 것은 솥 만한 것이 없으니, 그러므로 정괘로 받는다.

[主器者莫若長子, 故受之以震.] '주主'는 주관하다는 뜻의 장掌이다. '기器'는 솥(鼎)을 가리킨다. '주기자主器者'는 솥을 주관하는 사람, 즉 나라의 주인이다. 최경은 "정은 음식을 삶아 익혀 상제에게 제사를 올리는 것이다. 이 노구를 주관하는 사람은 맏아들만한 것이 없으니 제주로 여기는 것이다(鼎所烹飪, 享於上帝. 主此器者, 莫若家嫡, 以爲其祭主也)"라고 하였다. 고형은 "정은 귀한 도구이다. 옛날에 왕과 제후와 대부의 나라와 고을을 또한 기器라고 칭하였다. 『노자』에 '천하는 신령한 도구이니, 억지로 다스릴 수 없다(天下神器, 不可爲也)'고 하였는데, '천하'는 실제로 나라이며, 이것이 그 증거이다. 고대 종법의 세습 제도는 왕과 제후와 대부의 나라와 고을은 원칙적으로 맏아들이 계승하였다"라고 하였다. '진震'은 맏아들이다. 나라의 주인은 맏아들 만한 것이 없으니, 그러므로 진괘로 받는다.

[震者, 動也. 物不可以終動, 止之, 故受之以艮. 艮者, 止也.] '지지止之' 앞에 '동필動必' 두 글자가 있는 것으로 보아도 좋고(『교감기校勘記』), '지지止之'를 잘못 들어간 글자로 여기고 생략하여도 좋다. '간艮'은 멈추다는 뜻의 지止이다. 진은 움직인다는 것이다. 사물은 끝까지 움직일 수 없으니, (움직이는 것은 반드시 멈추니) 그러므로 간괘로 받는다. 간은 멈춘다는 것이다.

[物不可以終止, 故受之以漸. 漸者, 進也.] '점漸'은 나아가다는 뜻의 진進이다. 사물은 끝까지 멈출 수 없으니, 그러므로 점괘로 받는다. 점은 나아간다는 것이다.

[進必有所歸, 故受之以歸妹.] '귀매歸妹'는 여자가 시집가는 것이다. 나아가는 것은 반드시 돌아가는 바가 있으니, 그러므로 귀매괘로 받는다.

---

得其所歸者必大, 故受之以豐. 豐者, 大也. 窮大者必失其居, 故受之以旅. 旅而无所容, 故受之以巽. 巽者, 入也. 入而後說之, 故受之以兌. 兌者, 說也. 說而後散之, 故受之以渙. 渙者, 離也. 物不可以終離, 故受之以節. 節而信之, 故受之以中孚. 有其信者必行之, 故受之以小過. 有過物者必濟, 故受之以旣濟. 物不可窮也, 故受之以未濟. 終焉.

돌아가는 바를 얻은 자는 반드시 크니, 그러므로 풍괘로 받는다. 풍은 크다는 것이다. 큰 것을 다한 것은 반드시 그 있는 곳을 잃으니, 그러므로 여괘로 받는다. 나그네는 몸을 둘 곳이 없으니, 그러므로 손괘로 받는다. 손은 들어간다는 것이다. 들어간 이후에 기뻐하니, 그러므로 태괘로 받는다. 태는 기뻐한다는 것이다. 기뻐한 이후에 흩어지니, 그러므로 환괘로 받는다. 환은 떨어진다는 것이다. 사물은 끝까지 떨어질 수 없으니, 그러므로 절괘로 받는다. 절도(혹은 제도)가 있으면 믿으니, 그러므로 중부괘로 받는다. 믿음이 있는 사람은 반드시 행하니, 그러므로 소과괘로 받는다. 그릇된 일이 있는 사람은 반드시 이루니, 그러므로 기제괘로 받는다. 사물은 다 할 수 없으니, 그러므로 미제괘로 받아서 끝난다.

---

[得其所歸者必大, 故受之以豊. 豊者, 大也.] '풍豊'은 크다는 뜻의 대大이다. 돌아가는 바를 얻은 자는 반드시 크니, 그러므로 풍괘로 받는다. 풍은 크다는 것이다. 래지덕은 "가느다란 냇물은 강과 바다로 돌아가니, 강과 바다는 크다. 만민은 제왕에게로 귀속하니, 제왕은 크다. 지극한 선은 성현으로 돌아가니, 성현은 크다(細流歸於江海, 則江海大. 萬民歸於帝王, 則帝王大. 至善歸於聖賢, 則聖賢大)"고 설명하였다.

[窮大者必失其居, 故受之以旅.] '궁窮'은 다하다는 뜻의 극極이다. '여旅'는 나그네이다. 큰 것을 다한 것은 반드시 그 있는 곳을 잃으니, 그러므로 여괘로 받는다. 고형은 "큰 것을 다하면 교만하고 사치스럽고 음탕하고 난폭하여 반드시 패배하여 무너져 그 있는 곳을 잃게 되고 밖으로 도피하여 나그네가 되니, 풍괘 뒤에 여괘로 이어진다"고 설명하였다.

[旅而无所容, 故受之以巽. 巽者, 入也.] '이而'는 주격조사로 사용되었다. '손巽'은 들어가다는 뜻의 입入이다. 한강백은 "나그네는 몸을 둘 곳이 없으니, 손은 곧 들어가는 바를 얻는 것이다(旅而无所容, 以巽則得所入也)"라고 하였다. 고형은 "나그네는 몸을 의탁할 곳이 없어 반드시 한 곳에 들어가게 된다"고 하였다. 나그네는 몸을 둘 곳이 없으니, 그러므로 손괘로 받는다. 손은 들어간다는 것이다.

[人而後說之, 故受之以兌. 兌者, 說也.] '열說'은 기뻐하다는 뜻의 열悅이다. '태兌'는 기뻐하다는 뜻의 열說이다. 고형은 "나그네가 한 곳에 들어가 묵을 곳을 얻으면 기뻐하니, 손괘 뒤에 태괘로 이어진다"고 하였다. 들어간 이후에 기뻐하니, 그러므로 태괘로 받는다. 태는 기뻐한다는 것이다.

[說而後散之, 故受之以渙. 渙者, 離也.] '환渙'은 떨어지다는 뜻의 리離이다. 고형은 "나그네가 그 거처를 기뻐하나 또한 오래 머무를 수 없어 반드시 떨어져 떠나니, 태괘 뒤에 환괘로 이어진다"고 하였다. 기뻐한 이후에 흩어지니, 그러므로 환괘로 받는다. 환은 떨어진다는 것이다.

[物不可以終離, 故受之以節.] ‘절節’에 대해, 한강백과 정이는 절제, 절도의 뜻으로 읽었고, 유염과 고형은 제도의 뜻으로 읽었다. 두 가지 다 통한다. 「단」은 절도, 「상」은 절제로 읽었다. 고형은 “한 집안의 사람이 마음이 떨어지고 덕이 떨어지면 그 집은 반드시 깨어진다. 한 나라의 사람이 마음이 떨어지고 덕이 떨어지면 그 나라는 반드시 망한다. 제도가 있어 이를 유지하면 서로 떨어지지 않으니, 환괘 뒤에 절괘로 이어진다”고 하였다. 사물은 끝까지 떨어질 수 없으니, 그러므로 절괘로 받는다.

[節而信之, 故受之以中孚.] ‘중中’은 충忠으로 읽으며, 참되다는 뜻의 성誠이다. ‘부孚’는 믿음이라는 뜻의 신信이다. ‘중부中孚’는 곧 믿음이다. 한강백은 “‘부’는 믿는다는 것이다. 이미 절도가 있으면 마땅히 믿어서 지켜야 한다(孚, 信也. 旣已有節, 則宜信以守之)”고 하였다. 절도(혹은 제도)가 있으면 믿으니, 그러므로 중부괘로 받는다.

[有其信者必行之, 故受之以小過.] ‘소과小過’는 작은 과실이라는 뜻이다. 한강백은 “믿음을 지키는 사람이 바름을 잃어 믿음을 받지 아니한다면, 믿음이 과실이 되는 것이다(守其信者, 則失貞而不諒之道, 而以信爲過)”라고 하였다. 고형은 “사람은 믿음이 있으면 반드시 자신의 말을 행하나, 말과 행동은 때의 마땅함에 부합하지 않아 작은 과실을 조성할 수 있으니, 중부괘 뒤에 소과괘로 이어진다”고 하였다. 믿음이 있는 사람은 반드시 행하니, 그러므로 소과괘로 받는다.

[有過物者必濟, 故受之以旣濟.] ‘물物’은 사事와 같다. ‘제濟’는 이루다는 뜻의 성成이다. ‘기제旣濟’는 이미 이루어졌다는 뜻이다. 한강백은 “행동은 공손함이 지나치고, 예의는 검소함이 지나치니, 세상을 바로잡고 풍속을 고무할 수 있어 이루는 바가 있다(行過乎恭, 禮過乎儉, 可以矯世勵俗, 有所濟也)”고 하였다. 고형은 “사람이 행하는 일에 작은 과실이 있으면 가르침과 훈계를 받아 과실을 고쳐 스스로 새롭게 되어, 지난날의 과오를 뒷날의 경계로 삼으면 일은 반드시 이루는 것이 있으니, 그러므로 소과괘 뒤에 기제괘로 이어진다”고 하였다. 그릇된 일이 있는 사람은 반드시 이루니, 그러므로 기

제괘로 받는다.

[物不可窮也, 故受之以未濟. 終焉.] '미제未濟'는 이루어지지 않았다는 뜻이다. 사물은 다 할 수 없으니, 그러므로 미제괘로 받아서 끝난다. 자연계와 인간계의 생멸 변화는 영원히 끝나지 않는다는 말이다.

여기까지가 하경이며, 34괘의 순서를 해석하였다.

# 잡괘 雜卦

乾剛坤柔. 比樂師憂. 臨觀之義, 或與或求. 屯, 見而不失其居. 蒙, 雜
而著. 震, 起也. 艮, 止也.

건은 강건하고, 곤은 유순하다. 비는 즐거운 것이고, 사는 근심하는 것이
다. 임과 관의 뜻은 혹 베푸는 것이고 혹 구하는 것이다. 준은 나타나 그 있
을 곳을 잃지 않는 것이다. 몽은 뒤섞여 드러나는 것이다. 진은 움직이는
것이고, 간은 멈추는 것이다.

[乾剛坤柔] '건乾'은 여섯 효가 양으로 구성되어 있으니, 강이다. '곤坤'은
여섯 효가 음으로 구성되어 있으니, 유이다. 혹은 건은 하늘이고 하늘은 강
건하다. 곤은 땅이며 땅은 유순하다.

[比樂師憂] 비「단」에 "'비'는 보필하다는 뜻의 보(比, 輔也)"라고 하였다.
'비락比樂'은 신하가 임금을 보필하니 즐겁다는 말이다. 또「상」은 친근하다
는 뜻으로 새겼으니, '비락'은 서로 친근하니 즐겁다는 말이다. 한강백은
"친근하면 즐겁다(親比則樂)"고 하였다. '사師'는 군대이다. '사우師憂'는 군
대가 출병하여 전쟁터로 나가 싸우니 근심한다는 말이다. 한강백은 "군대를

움직이면 근심한다(動衆則憂)”고 하였다.

[臨觀之義, 或與或求.] ‘임臨’은 백성에 임하는 것이다. ‘관觀’은 백성을 살펴는 것이다. ‘여與’는 베풀다는 뜻의 시施, ‘구求’는 구하다는 뜻의 색索이다. 임은 백성에게 임하여 정사를 베푸는 것이고, 관은 백성을 살펴서 정사를 구하는 것이라는 말이다. 순상은 “‘임’은 교화하고 생각하는 것이 끝이 없으므로 베푸는 것이고, ‘관’은 백성을 살피며 교화를 베풀므로 구하는 것이다(臨者, 敎思无窮, 故爲與. 觀者, 觀民設敎, 故爲求也)”라고 하였다. ‘유柔’와 ‘우憂’와 ‘구求’는 운이다.

[屯, 見而不失其居.] ‘현見’은 나타나다는 뜻의 현現이다. 「서괘」에 “준은 사물이 처음 생겨나는 것(屯, 物之始生也)”이라고 하였다. 준은 사물이 처음 생겨나 땅 위에 나타나서, 각각 그 있을 곳에 있다는 말이다. 주희는 “준은 진이 감을 만난 것이다. 진은 움직이므로 감의 험난함을 보고 나아가지 않는 것이다(屯, 震遇坎. 震動故見坎險不行也)”라고 하였다. 준괘의 상하 두 괘상으로 해석한 것이다.

[蒙, 雜而著.] ‘잡雜’은 뒤섞이는 것이고, ‘저著’는 드러나는 것이다. 「서괘」에 “몽은 어리다는 것이니, 사물이 어린 것이다(蒙者, 蒙也, 物之穉也)”라고 하였다. 몽은 사물이 어릴 때, 뒤섞여 드러난다는 말이다. 혹은 「서괘」를 따라 ‘잡雜’을 치穉로 읽어, “몽은 어리나 드러나는 것이다”고 해석하여도 뜻은 통한다. 주희는 “몽은 감이 간을 만난 것이다. 감은 어둡고 간은 밝다(蒙, 坎遇艮. 坎幽昧, 艮光明也)”고 하였다. 몽괘의 상하 두 괘상으로 해석하였다. ‘거居’와 ‘저著’는 운이다.

[震, 起也. 艮, 止也.] ‘기起’는 움직이다는 뜻의 동動이다. 「설괘」제7장에 “진은 움직임이다. 간은 멈춤이다(震, 動也. 艮, 止也)”라고 하였다. ‘동’이라 하지 않고 ‘기’라고 한 것은 ‘지’와 운을 맞추기 위해서다. 진은 우레이며, 우레의 성향은 움직이는 것이다. 간은 산이며, 산의 성향은 멈추는 것이다. 즉 진은 동動이고 간은 정靜이다. 우번은 “진은 아래의 양효가 움직이므로 움직이는 것이고, 간은 위의 양효가 멈추므로 멈추는 것이다(震陽動行, 故

起. 艮陽終止, 故止)"라고 하였다. 진괘와 간괘의 괘상으로 해석한 것이다. '기起', '지止'와 아래의 '시始', '시時', '재災', '래來', '태怠'는 모두 운이다. 「잡괘」는 운을 사용하였다. 『역전해설』을 참고하라.

損益, 盛衰之始也. 大畜, 時也. 无妄, 災也. 萃, 聚而升不來也. 謙輕而豫怠也. 噬嗑, 食也. 賁, 无色也.
손과 익은 융성과 쇠퇴의 시작이다. 대축은 때를 기다리는 것이다. 무망은 재앙을 방비하는 것이다. 췌는 모이는 것이고, 승은 위로 올라가 돌아오지 않는 것이다. 겸은 (자신을) 가볍게 여기는 것이고, 예는 태만해지는 것이다. 서합은 먹는 것이고, 비는 색이 없는 것이다.

[損益, 盛衰之始也.] '손損'은 덜어내다. '익益'은 더하다는 뜻이다. '성盛'은 융성하다. '쇠衰'는 쇠퇴하다는 뜻이다. 「서괘」에 "잃는 것이 멈추지 않으면 반드시 더한다(損而不已必益)"고 하였다. '손損'이 극에 이르면 곧 융성하기 시작한다. 「서괘」에 또 "더하는 것이 멈추지 않으면 반드시 터진다(益而不已必決)"고 하였다. '익益'이 극에 이르면 곧 쇠퇴하기 시작한다. 손은 융성함의 시작이고, 익은 쇠퇴함의 시작이다.

[大畜, 時也. 无妄, 災也.] '축畜'은 축蓄이며, 축적하다는 뜻이다. '시時'는 대시待時, 즉 때를 기다린다는 뜻이다. 한강백은 "때에 따라 축적하니, 클 수가 있다(因時而畜, 故能大也)"고 하였다. '무망无妄'은 망령되지 않다는 뜻이다. '재災'는 재앙이다. '대축'은 군자가 덕을 축적하여 때를 기다려 움직여야 한다는 말이다. '무망'은 망령되지 않게 움직여 재앙을 방비한다는 말이다. 즉 망령되게 함부로 움직이면 재앙을 불러들인다는 말이다. 군자가 덕을 쌓아 때를 기다려 움직이는 것이지, 망령되게 함부로 움직이면 재앙을 초래한다는 말이다. 무망 「단」에 "도리에 맞지 않게 행하면 어디로 가겠는가? 천명이 도와주지 않는데 행할 수 있겠는가?(无妄之往何之矣? 天命不祐,

行矣哉?)"라고 하였다. 고형은 '시時'를 '치庤'로 읽고, '치庤'는 저축하다는 뜻이며, 대축괘大畜卦는 곧 축적하는 것이라고 하였다. 또 "'무망'은 좋은 결과를 얻는 것이고 재앙이 아니므로 '재災'자 앞에 당연히 불不자가 있어야 하며, 옮겨 쓸 때 잘못하여 아래 구절에 들어가 있게 되었다. '무망无妄, 부재야不災也'는 사람이 행하는 일에 망령됨이 없으면 재앙이 아니라는 말이다"라고 하였다.

[萃, 聚而升不來也.] 「서괘」에 "사물은 서로 만난 이후에 모이게 되니, 그러므로 췌괘로 받는다. 췌는 모인다는 것이다(物相遇而後聚, 故受之以萃. 萃者, 聚也)"라고 하였고, 또 "모여서 위로 올라가는 것을 승이라 하니, 그러므로 승괘로 받는다(聚而上者謂之升. 故受之以升)"고 하였다. 한강백은 "'래'는 돌아온다는 것이다. 지금 위로 올라가므로 돌아오지 않는 것이다(來, 還也. 方在上升, 故不還也)"라고 하였다. '승불래升不來'는 승은 위로 올라가는 것이므로 돌아오지 않는다는 뜻이다. '내來'는 위에서 아래로 내려오는 것이고, 아래에서 위로 올라가는 것은 '왕往'이라고 한다. 췌는 모이는 것이고, 승은 위로 올라가 돌아오지 않는 것이라는 말이다. 고형은 "'승불래升不來'는 뜻이 통하지 않는다. '불不'자는 당연히 앞의 '재災'자 앞에 있어야 한다. '승升'은 위로 나아가는 것이다. '래來'는 당연히 '래倈'로 읽어야 한다. 두 글자는 옛날에 통용되었다. 『광아』「석고」에 '래는 펼치다는 뜻의 신(倈, 伸也)'이라고 하였다. 승괘의 승升은 위로 나아간다는 것(上進)이고, 위로 나아간다는 것은 곧 위로 향해 펼치는 것(上伸)이다"고 하였다.

[謙輕而豫怠也.] 한강백은 "겸허한 사람은 스스로 무겁게 여기지 않는다(謙者不自重大)"고 하였다. '경輕'은 곧 스스로 무겁게 여기지 않는 것이다. 자신을 가볍게 여기면 여길수록 더욱 무거워진다. '예豫'는 즐겁다는 뜻이다. '태怠'는 나태하다는 뜻의 해懈이다. 즐거우면 태만하여 안일해진다. 겸허하면 자신을 가볍게 여기게 되고, 즐거우면 결국 태만해진다는 말이다. 고형은 "'경輕'은 경勁자의 가차이다. '경勁'은 강하다는 뜻의 강강强이고, '강强'은 근면하다는 뜻의 근勤이다"고 하였다. 사람이 겸허하면 근면하고, 즐

거우면 나태해진다는 말이다.

[噬嗑, 食也. 賁, 无色也.] 서합 「단」에 "입 속에 음식물이 있는 것이 서합이다(頤中有物曰噬嗑)"라고 하였다. 서합은 먹는 것(食)이다. '비賁'는 꾸민다는 뜻의 식飾이다. 「서괘」에 "비는 꾸민다는 것이다. 꾸밈을 다한 연후에 아름다움은 다하니, 그러므로 박괘로 받는다(賁者, 飾也. 致飾然後亨則盡矣, 故受之以剝)"고 하였다. 꾸밈을 다하면 떨어져(剝) 바탕으로 돌아가니, 바탕은 곧 색이 없는 것이다.

---

兌見而巽伏也. 隨, 无故也. 蠱則飭也. 剝, 爛也. 復, 反也. 晉, 晝也. 明夷, 誅也. 井通而困相遇也.

태는 드러내는 것이고, 손은 엎드리는 것이다. 수는 일이 없는 것이고, 고는 일을 하는 것이다. 박은 극에 이른 것이고, 복은 돌아오는 것이다. 진은 낮이고, 명이는 밤이다. 정은 통하는 것이고, 곤은 서로 막아 통하지 않는 것이다.

---

[兌見而巽伏也.] 「설괘」 제7장에 "태는 기뻐함(兌, 說也)"이라고 하였다. '태兌'는 기쁘다는 뜻의 열悅이다. '현견'은 나타나다는 뜻의 현現이다. 기쁨은 밖에 드러난다. '손巽'은 겸손이다. '복伏'은 엎드리다는 뜻이다. 겸손하면 자신을 낮추어 엎드리게 된다. 한강백은 "태는 기쁨을 느러내는 섯을 귀히 여기고, 손은 물러나 낮추는 것을 귀히 여긴다(兌貴顯說, 巽貴卑退)"고 하였다. 주희는 "태는 음이 밖에 나타나 있고, 손은 음이 안에 엎드려 있다(兌陰外見, 巽陰內伏)"고 하여, 괘상으로 해석하였다.

[隨, 无故也. 蠱則飭也.] '고故'는 일이라는 뜻의 사事이다. 수隨 「상」에 "못 속에 우레가 있는 것이 수괘의 상이다. 군자는 이 괘상을 본받아 날이 저물면 내실에 들어가 편안히 쉰다(澤中有雷, 隨. 君子以嚮晦入宴息)"고 하였다. 수는 일이 없는 것이다. '칙飭'은 『석문』에 "일을 (정비)하다는 뜻의 정치整

治”라고 하였다. 한강백은 “‘칙’은 일을 하는 것(飭, 整治也)”이라 하고, “고는 그 일을 하는 것(蠱所以整治其事也)”이라고 하였다. 「서괘」에 “‘고’는 일이라는 뜻의 사(蠱, 事也)”라 하였고, 「상」에 “산 아래에 바람이 있는 것이 고괘의 상이다. 군자는 이 괘상을 본받아 백성을 구제하고 덕을 기른다(山下有風, 蠱. 君子以振民育德)”고 하였다. 고는 일이 있어 그 일을 하는 것이다. 『집해』에는 ‘칙’을 꾸미다는 뜻의 식飾으로 하였다.

[剝, 爛也. 復, 反也.] ‘박剝’은 떨어지다는 뜻의 낙落이다. ‘난爛’은 익다(熟), 썩다(腐敗)의 뜻이다. 한강백은 “사물은 익으면 떨어진다(物熟則剝落也)”고 하였는데, ‘난爛’을 익다는 뜻의 숙熟으로 새겼다. 즉 극에 이른다는 뜻이다. 박의 괘상은 아래는 다섯 음이고, 꼭대기는 한 양이 극에 이르러 있다. 고형은 ‘난’을 부패하다는 뜻으로 새기고, 부패한 것은 반드시 떨어진다고 하였다. ‘복復’은 돌아오는 것이고, ‘반反’은 돌아오다는 뜻의 반返이다. 복의 괘상은 다섯 음 아래에 한 양이 돌아와 있다. 박은 극에 이른 것이고, 복은 돌아오는 것이라는 말이다. 사물은 극에 이르면 반드시 돌아온다는 말이다.

[晉, 晝也. 明夷, 誅也.] 진 「단」에 “진은 나아간다는 것이니, 해가 땅 위에 떠오르는 것이다(晉, 進也. 明出地上)”라고 하였다. 진괘는 윗괘가 리이고 아랫괘는 곤이다. 리는 해이고 곤은 땅이다. 그런즉 그 괘상은 해가 땅 위에 떠오르는 것이다. 그러므로 진은 낮이라고 하였다. 명이 「단」에 “해가 땅속으로 들어가는 것이 명이(明入地中, 明夷)”라고 하였다. ‘주誅’에 대해, 『석문』에 순상은 “없어지다는 뜻의 멸滅”, 육적, 한강백은 “다치다는 뜻의 상傷”이라고 하였다. ‘멸滅’과 ‘상傷’은 같은 뜻이다. 명이괘는 윗괘가 곤이고 아랫괘는 리이다. 곤은 땅이고 리는 해이다. 그런즉 그 괘상은 해가 땅속으로 들어가는 것이다. 해가 땅 속으로 들어가면 밤이다. 그러므로 명이는 밤이라고 하였다. 밤을 ‘주誅’라고 한 것은 ‘주晝’와 운을 맞추기 위해서다. 고형은 ‘주誅’를 벌罰로 새기고, 해가 땅속에 들어가는 것을 인간사에 비유하여, 현인이 벌을 받아 감옥에 갇힌 것이라고 하였다.

[井通而困相遇也.] ‘우遇’는 막다는 뜻의 저抵이다. 정은 만물을 길러 다함이

없으니, 통하는 것이다. 곤은 궁한 것이니, 서로 막아 통하지 않는 것이다.

<hr>

咸, 速也. 恒, 久也. 渙, 離也. 節, 止也. 解, 緩也. 蹇, 難也. 睽, 外也.
家人, 内也. 否泰, 反其類也.

함은 빠른 것이고, 항은 항구한 것이다. 환은 떨어지는 것이고, 절은 제지
하는 것이다. 해는 푸는 것이고, 건은 어렵다는 것이다. 규는 밖에서 떨어
지는 것이고, 가인은 안에서 화목한 것이다. 비와 태는 그 사류가 반대되는
것이다.

---

[咸, 速也. 恒, 久也.] 함 「단」에 "함은 감응하는 것이다. 천지가 감응하니 만
물이 변화하여 자라난다(咸, 感也. 天地感而萬物化生)"고 하였다. 천지 만물
은 서로 감응하는 것이 빠르다. 우번은 "서로 감응하는 것은 가지 않아도 이
르므로 빠른 것이다(相感者不行而至, 故速也)"라 하였고, 한강백은 "사물이
서로 응하는 것은 감응하는 것보다 빠른 것이 없다(物之相應, 莫速乎咸)"고
하였다. 항 「단」과 「서괘」에 "항은 항구하다는 것(恒, 久也)"이라고 하였다.
함은 빠른 것이고, 항은 항구한 것이라는 말이다.

[渙, 離也. 節, 止也.] 「서괘」에 "'환'은 떨어진다는 뜻의 리(渙, 離也)"라고
하였다. 절 「단」에 "천지는 절도가 있어 사계절이 이루어진다. 절도로써 법
도를 제정하니, 재물을 축내지 아니하고, 백성을 해치시 아니한다(天地節而
四時成. 節以制度, 不傷財, 不害民)"고 하였고, 「상」에 "군자는 이 괘상을 본받
아 제도를 만들고 덕행을 논의한다(君子以制數度, 議德行)"고 하였다. 우번은
"'환'은 흩어지는 것이므로 떨어지는 것이다. '절'은 제도를 만드는 것이므로
제지하는 것이다(渙散, 故離. 節制度數, 故止)"라고 하였다. 절節에는 제지하
다의 뜻이 있다. 환은 떨어지는 것이고, 절은 제지하는 것이라는 말이다.

[解, 緩也. 蹇, 難也.] 「서괘」에 "'해'는 풀다는 뜻의 완(解, 緩也)"이라고 하
였다. 「단」에 "험난하여 움직이는 것이니, 움직여 험난함에서 벗어나는 것

이 해이다(險以動, 動而免乎險, 解)"라고 하였다. 해괘는 윗괘가 진이고 아랫괘는 감이다. 진은 움직임이고 감은 험난함이다. 그런즉 그 괘상은 험난함 밖에서 움직이는 것이니, 이미 험난함이 풀린 것이다. 건蹇「단」과 「서괘」에 "'건'은 어렵다는 뜻의 난(蹇, 難也)"이라고 하였다. 「단」에 "건은 어렵다는 것이니, 험난함이 앞에 있다(蹇, 難也. 險在前也)"고 하였다. 건괘는 윗괘가 감이고 아랫괘는 간이다. 감은 험난함이고 간은 멈춤이다. 그런즉 그 괘상은 험난함을 만나 멈추는 것이니, 어려운 상황에 처한 것이다. 우번은 "우레는 험난한 곳에서 나오므로 풀린 것이다. 건은 험난함이 앞에 있으므로 어렵다는 것이다(雷動出物, 故緩. 蹇險在前, 故難)"라고 하였다.

[暌, 外也. 家人, 內也.]「서괘」에 "'규'는 어긋난다는 뜻의 괴(暌, 乖也)"라고 하였다. '괴乖'는 떨어지다는 뜻의 리離이다.「단」에 "불이 움직여 올라가고, 못이 움직여 내려간다(火動而上, 澤動而下)"고 하였다. 규괘는 윗괘가 리이고 아랫괘는 태이다. 리는 불이고 태는 못이다. 그런즉 그 괘상은 불이 위에 있고 못이 아래에 있는 것이다. 불과 못은 서로 교합하지 않으니, 서로가 떨어져 있다. '외外'는 곧 소원하다는 뜻이다. '가인家人'은 집안사람이다. 「단」에 "여자가 안에서 바른 자리에 있고, 남자는 밖에서 바른 자리에 있다. 남녀가 바른 것은 천지의 대의다(女正位乎內, 男正位乎外. 男女正, 天地之大義也)"라고 하였다. 가인괘는 윗괘가 손이고 아랫괘는 리이다. '여'는 둘째 음효를, '남'은 다섯째 양효를 가리키며, 음양은 각각 안과 밖에서 자신의 자리에 거하고 있으니, 집안사람은 집안에서 서로 화목하다. '내內'는 곧 화목하다는 뜻이다.

[否泰, 反其類也.] '비否'는 막히는 것이고, '태泰'는 통하는 것이니, 사류가 반대된다. 괘상도 괘사도 상반된다. 우번은 "비괘를 반대로 하면 태괘가 되고, 태괘를 반대로 하면 비괘가 되니, 그러므로 사류가 반대된다(否反成泰, 泰反成否, 故反其類)"고 하여, 괘상으로 해석하였다.

大壯則止, 遯則退也. 大有, 衆也. 同人, 親也. 革, 去故也. 鼎, 取新
也. 小過, 過也. 中孚, 信也. 豊, 多故也. 親寡旅也.

대장은 멈추는 것이고, 둔은 물러나는 것이다. 대유는 많다는 것이고, 동인
은 친하다는 것이다. 혁은 옛것을 없애는 것이고, 정은 새것을 취하는 것이
다. 소과는 과실이고, 중부는 믿음이다. 풍은 친한 사람이 많은 것이고, 여
는 친한 사람이 적은 것이다.

---

[大壯則止, 遯則退也.] '대장大壯'은 크게 건장하다는 뜻이다. 대장괘는 아
래는 네 개의 양이, 위는 두 개의 음이 있다. 양이 자라나 넷째 효에 이르니,
양이 건장하다. 사물은 크게 건장하면 멈추는 것을 안다. 둔괘는 아래는 두
개의 음이, 위는 네 개의 양이 있다. 음이 점차 자라나 둘째 효에 이르고, 네
개의 양은 물러나는 상이다. 「서괘」에도 "둔은 물러난다는 뜻의 퇴(遯者, 退
也)"라고 하였다. 대장은 멈추는 것이고, 둔은 물러나는 것이라는 말이다.
한강백은 "대인이 바르면 소인은 멈추고, 소인이 형통하면 군자는 물러난다
(大正則小人止, 小人亨則君子退也)"고 하였다.

[大有, 衆也. 同人, 親也.] '대유大有'는 소유하는 것이 많은 것이다. 우번은
"다섯 양이 나란히 응하고 있으므로 많다는 것이다(五陽並應, 故衆也)"라고
하였다. 대유괘는 다섯째 효가 음이고 나머지는 모두 양이다. 다섯 양이 한
음과 응하고, 한 음이 다섯 양을 통솔하고 있으므로 '중衆'이라고 하였다는
말이다. '동인同人'은 사람과 함께 하는 것이다. 사람과 함께 하면 서로 친하
게 된다. 대유는 많다는 것이고, 동인은 친하다는 것이라는 말이다.

[革, 去故也. 鼎, 取新也.] 우번은 "혁은 바꾸는 것이므로 없애는 것이고, 정
은 삶는 것이므로 새것을 취하는 것이다(革更, 故去. 鼎亨飪, 故取新也)"라고
하였다. 혁은 옛것을 없애는 것이고, 정은 새것을 취하는 것이라는 말이다.

[小過, 過也. 中孚, 信也.] '과過'는 과실이라는 뜻이다. '중中'은 충忠으로 읽
는다. '부孚'는 믿음 신信이다. 소과는 과실이고, 중부는 믿음이라는 말이다.

[豊, 多故也. 親寡旅也.] 풍「단」과「서괘」에 "'풍'은 크다는 뜻의 대(豐, 大也)"라고 하였다. '고故'는 오래 사귄 친구라는 뜻이다. 한강백은 "근심스런 일이 많은 것(多憂故)"이라고 해석하였다. 우번은 "풍은 크므로 많은 것(豐大, 故多)"이라고 하였다. 풍은 세력도 크고 덕업도 크니, 친한 사람이 많은 것이다. 우번은 또 "나그네는 몸을 둘 곳이 없으므로 친한 사람이 적다(旅无容, 故親寡)"고 하였다. 고형은 '친과려야親寡旅也'는 당연히 '여과친야旅寡親也'로 읽어야 한다고 하였다. 「잡괘」는 64괘를 해석하면서 모두 먼저 괘명을 들고 그 다음에 해설하였는데, 이 구절만 먼저 해설하고 난 후에 괘명을 들었으니 잘못된 것은 명백하다. 하해何楷는 '친과려親寡旅는 당연히 여과친旅寡親으로 해야 하며, 운 역시 협운이 된다(親寡旅當作旅寡親, 於韻亦協)'고 하였다. '친親'과 앞의 '친親', '신新', '신信'은 협운이다. '과친寡親'과 '다고多故'는 서로 짝이 되어 문장을 이룬다. '여旅'는 나그네가 되는 것이다. 사람이 밖에서 나그네가 되면 친한 사람이 적다. 그러므로 '여는 친한 사람이 적은 것'이라고 하였다." 진고응은 '친과려親寡旅'를 원문 그대로 읽고 '여旅'는 '고故'와 다음 구절의 '하下', '과寡', '처處'와 어부魚部의 협운이라고 하였다.

---

離上而坎下也. 小畜, 寡也. 履, 不處也. 需, 不進也. 訟, 不親也. 大過, 顚也. 姤, 遇也, 柔遇剛也. 漸, 女歸待男行也. 頤, 養正也.

리는 위로 올라가는 것이고 감은 아래로 내려가는 것이다. 소축은 적은 것이고, 이는 멈추지 않는 것이다. 수는 나아가지 않는 것이고, 송은 친하지 않는 것이다. 대과는 전복되는 것이다. 구는 만난다는 것이니, 유가 강을 만나는 것이다. 점은 여자가 시집을 가는데 남자를 기다려 가는 것이다. 이는 바른 것을 기르는 것이다.

---

[離上而坎下也.] '리離'는 불이며, 불은 위로 올라간다. '감坎'은 물이며, 물

은 아래로 내려간다. 한강백은 "불은 위로 타오르고, 물은 아래를 적신다(火炎上, 水潤下)"고 하였다.

[小畜, 寡也. 履, 不處也.] '축畜'은 축蓄으로 읽으며, 축적하다는 뜻이다. '소축小畜'은 축적한 것이 적은 것이므로 '과寡'라고 하였다. '과寡'는 적다는 뜻의 소少이다. '이履'는 밟는다는 뜻이니, 발이 가는 것이다. '처處'는 멈추다는 뜻의 지止이다. '불처不處'는 멈추지 않는 것이다. 주희는 "'불처'는 나아간다는 뜻(不處, 行進之義)"이라고 하였다. 소축은 적은 것이고, 이는 멈추지 않는 것이라는 말이다.

[需, 不進也. 訟, 不親也.] 수「단」에 "'수'는 기다리다는 뜻의 수(需, 須也)"라고 하였다. '수須'는 기다리다는 뜻의 대待이다. 수는 기다리는 것이니, 나아가지 않는 것이다. 우번은 "험난함이 앞에 있으므로 나아가지 않는다(險在前也, 故不進)"고 하였다. 수괘는 윗괘가 감이고 아랫괘는 건이다. 감은 험난함이고 건은 강건함이다. 그런즉 수괘의 괘상은 험난함이 강건함 앞에 놓여 있어, 나아가지 못하는 상이다. 송은 송사이며, 송사는 서로 다투는 것이니, 친하지 않는 것이다. 우번은 "하늘과 물이 어긋나게 행하므로 친하지 않는 것이다(天水違行, 故不親也)"라고 하였다. 송괘는 윗괘가 건이고 아랫괘가 감이다. 건은 하늘이고 감은 물이다. 하늘은 위에 있고 물은 아래로 흐르니, 서로가 어긋나게 행하는 상이다.

[大過, 顚也.] '전顚'은 전복되다는 뜻이다. 「상」에 "못이 나무를 침몰시키는 것이 대과괘의 상(澤滅木, 人過)"이라고 하였다. 대과괘는 윗괘가 태이고 아랫괘는 손이다. 태는 못이고 손은 나무이다. 그런즉 대과의 괘상은 배가 뒤집혀 못 아래로 가라앉는 것이다. 그러므로 '대과는 전복되는 것'이라고 하였다.

[姤, 遇也, 柔遇剛也.] 구「단」에 "'구'는 만난다는 것이니, 유가 강을 만나는 것이다(姤, 遇也, 柔遇剛也)"고 하였고, 「서괘」에서도 "'구'는 만난다는 뜻의 우(姤, 遇也)"라고 하였다. 구괘는 처음 효가 음이고 위의 다섯 효는 모두 양이다. 한 개의 유가 다섯 개의 강을 만나니, '유가 강을 만난다'고 하였다.

[漸, 女歸待男行也.] '점漸'은 점차 나아간다는 뜻이다. '귀歸'는 여자가 시집가는 것(出嫁)이다. '행行'은 여자가 남자의 집으로 시집가는 것이다. 점 괘 괘사에 "여자가 시집가면 길하다(女歸吉)"고 하였고, 「단」에도 "점은 나아간다는 것이니, 여자가 시집가면 길하다(漸之進也, 女歸吉也)"고 하였다. 점은 여자가 시집가는데 남자의 친영을 기다려 가는 것이다.

[頤, 養正也.] 이괘 괘사에 "바르게 하면 길하다(貞吉)"고 하였는데, 「단」에서 "이가 바르게 하면 길하다는 것은 기르는 것이 바르면 길하다는 것이다(頤貞吉, 養正則吉也)"라고 하였다. 「서괘」에서도 "'이'는 기른다는 뜻의 양(頤者, 養也)"이라고 하였다. 이는 바른 것을 기르는 것이다.

---

旣濟, 定也. 歸妹, 女之終也. 未濟, 男之窮也. 夬, 決也, 剛決柔也. 君子道長, 小人道憂也.

기제는 이룬다는 것이다. 귀매는 여자가 종신하는 것이다. 미제는 남자가 궁한 것이다. 쾌는 결단하는 것이니, 강이 유를 결단하는 것이다. 군자의 도는 자라나고 소인의 도는 사라진다.

---

[旣濟, 定也.] '제濟'는 이루다는 뜻의 성성成이다. '기제旣濟'는 이미 이루었다는 말이다. '정定'은 곧 성성成의 뜻이다. 우번은 "여섯 효를 이루니, 자신의 자리를 얻어 이루어졌다(濟成六爻, 得位定也)"고 하였다. 기제괘는 여섯 효 모두 음양이 자신의 자리에 있어 이루어졌음을 나타낸다는 말이다.

[歸妹, 女之終也.] '귀歸'는 여자가 시집가는 것이며, '매妹'는 소녀를 칭한 것이다. '귀매歸妹'는 여자가 시집가는 것이며, '여지종女之終'은 여자가 종신한다는 뜻이다. 귀매는 여자가 시집가 종신할 곳을 얻은 것이라는 말이다. 우번은 "귀매는 사람의 끝과 시작이니, 여자는 시집에서 종신하며, 한 남자를 따라 종신하므로 여자가 종신하는 것이다(歸妹, 人之終始, 女終於嫁, 從一而終, 故女之終也)"고 하였다.

[未濟, 男之窮也.] '미제未濟'는 이루어지지 않았다는 뜻이다. '남지궁男之窮'은 남자가 궁하다는 뜻이다. 한강백은 "강유가 자신의 자리에 있지 않으니, 그 도는 이루어지지 않았으므로 궁이라 하였다(剛柔失位, 其道未濟, 故曰窮也)"고 하였다. 고형은 "남자의 뜻이 이루어지지 않았고, 행하는 것이 통하지 않았으며, 업이 서지 않았고, 공이 이루어지지 않았으므로 궁한 것이다"라고 하였다. 진고응은 "미제괘 꼭대기 양효에 '술을 마셔 머리를 적신다(飮酒濡首)'고 하여 절제할 줄 모르니 이것이 남자가 궁한 것이다"라고 하였고, 또 귀매괘와 미제괘는 꼭대기 효가 각각 음과 양이므로 '여종女終'이라 하였고, '남궁男窮'이라 한 것이라고 하였다. 남자의 뜻이 아직 이루어지지 않았으니 궁하다는 말이다.

[夬, 決也, 剛決柔也. 君子道長, 小人道憂也.] 쾌「단」에 "'쾌'는 결단한다는 것이니, 강이 유를 결단하는 것이다(夬, 決也, 剛決柔也)"라 하였고, 「서괘」에는 "'쾌'는 터진다는 뜻의 결(夬, 決也)"이라고 하였다. 쾌괘는 아래 다섯 효가 양이고 꼭대기 효는 음이다. 양의 세력이 성하고 음의 세력이 미약하니, 강이 유를 결단한다. 강은 군자이고 유는 소인이다. 그런즉 군자의 도는 자라나고, 소인의 도는 사라지는 상이다. 고형은 "『집해』에는 '우憂'를 소消로 하였다. '우憂'는 소消가 잘못 쓰인 것이다. 태泰「단」에 '군자의 도는 자라나고 소인의 도는 사라진다(君子道長, 小人道消也)'고 하였는데, 이 구절을 가지고 증명할 수 있다"고 하였다. 그는 "군자의 도는 번성하고, 소인의 도는 쇠퇴한다"고 해석하였다. 그런데 『집해』의 이번의 해석을 보면, '소消'자를 사용하지 않고 '우憂'자를 사용하여 해석하고 있다. 진고응은 『집해』는 태「단」을 따라 '우憂'를 '소消'로 고쳤다고 주장하였다. 필사는 태「단」을 따라 '우憂'를 소消로 읽고, 사라진다는 뜻으로 해석하였다.

주희는 "대과괘 이하부터 괘는 서로 짝이 되지 않으니, 혹 착간이 있는 것이 아닌가 의심이 간다. 지금 운은 맞으니 또 틀림이 없는 것 같은데, 무슨 뜻인지 자세히 알 수 없다(自大過以下, 卦不反對, 或疑其錯簡. 今以韻協之, 又似非誤, 未詳何義)"고 하였다. 고형은 송의 채연蔡淵이 개정한 것을 다음과 같이 기록하였다.


    大過, 顚也. 頤, 養正也. 旣濟, 定也. 未濟, 男之窮也. 歸妹, 女之終也. 漸, 女歸待男行也. 姤, 遇也, 柔遇剛也. 夬, 決也, 剛決柔也, 君子道長, 小人道憂也.

    대과는 전복되는 것이다. 이는 바른 것을 기르는 것이다. 기제는 이룬다는 것이다. 미제는 남자가 궁한 것이다. 귀매는 여자가 종신하는 것이다. 점은 여자가 시집을 가는데 남자를 기다려 가는 것이다. 구는 만난다는 것이니, 유가 강을 만나는 것이다. 쾌는 결단하는 것이니, 강이 유를 결단하는 것이다. 군자의 도는 자라나고 소인의 도는 사라진다.


이렇게 정리하면 괘가 서로 짝이 되며 또 그 운도 맞게 된다.

# [주해서]

**『주역주周易注』** 위魏 왕필王弼, 진晉 한강백韓康伯 주注. 臺北, 華正書局.

왕필(226~249)은 삼국시대 위魏나라 사람이다. 자가 보사輔嗣이며, 24세라는 아까운 나이에 병사하였다. 저서에 『주역주周易注』, 『주역약례周易略例』, 『대연론大衍論』, 『노자주老子注』, 『노자지략老子指略』, 『논어석의論語釋疑』가 있다. 그는 24세라는 짧은 생을 실었음에도 그의 지서는 오늘에 이르기까지 중국 사상사에 커다란 영향을 끼쳤다. 그는 대 천재였다.

그는 『주역주』에서 64괘 괘효사와 「단」 「상」 「문언」에만 주를 날았고, 「계사」이하는 동진東晉의 한강백(332~380)이 왕필 사상을 계승하여 주를 달았다. 그가 「계사」이하 주를 하지 않은 이유에 대해 후인들의 여러 가지 주장이 있다. 주백곤은 "아마 『주역』에 대한 전반적인 이해는 『주역주』, 특히 『주역약례』에서 말하였으므로 「계사」 이하에 대해 다시 주석을 하지 않았을 것이다"라고 하였다(『역학철학사』 제1권, 280쪽). 왕필 역학의 특징은 두 가지로 요약된다. 하나는 금문경학을 버리고 비직費直 정현鄭玄 등의 고문역을 계승하여, 한대 유행했던 상수역을 배척, 의리로 역을 해석한 것이고, 또 하나는 노자와 장자 등 도가를 가지고 역을 해석한 것이다. 왕필의 역학은 곧 한대 이후 고문경학의 발전과 위진 현학의 흥기의 산물이다. 그의『주역주』는 바로 위진 현학파 역학을 대표하는 작품이다.

『주역약례』는『주역주』의 총론이자『주역』의 일반 원칙을 밝힌 책이다. 당의 형도邢璹는『약례주』서문에서 "왕보사의『약례』는 크게는 한 책의 요지를 총괄한 것이고, 작게는 육효의 득실을 밝혔다(王輔嗣略例, 大則總一部之指歸, 小則明六爻之得失)"고 하였다.『주역주』를 읽고자 하는 사람은 먼저 그의『약례』부터 이해해야 할 것이다. 이 책은「명단明象」,「명효통변明爻通變」,「명괘적변통효明卦適變通爻」,「명상明象」,「변위辯位」,「약례하略例下」,「괘략卦略」 등 모두 7편의 짧고 간단한 문장으로 구성되어 있다. 그 중「명단」과「명효통변」이 가장 기본이다.『대연론』은 이미 소실되어 전해지지 않는다. 한강백은「계사」상·9장의 '대연지수'조의 주에서 왕필의『대연론』중의 해석을 간단하게 인용하였다.

왕필은 비록 24세라는 짧은 생을 살았지만 역학에 지대한 업적을 남겼으며, 그의 영향력은 앞으로도 영원히 소멸되지 않을 것이다.


**『주역정의周易正義』** 당唐 공영달孔穎達 찬撰. 臺北, 中華書局.

공영달(574~648)은 당나라의 경학가이다. 역학 저서에『주역정의』가 있다. 공영달은 당 태종의 명으로『오경정의五經正義』를 찬하였는데『주역정의』는 그 가운데 하나이다. 남북조시기에 왕필의 역학은 남조에서, 정현의 역학은 북조에서 유행하였다. 당나라 초기의『주역』은 남학을 종宗으로 하였으므로 공영달은 왕필을 취하고 정현은 취하지 않았다.『주역정의서』에 "오직 위나라 왕보사의 주가 홀로 고금의 으뜸이었다. 그래서 강좌의 모든 유학자들은 더불어 그 학문을 전하였고, 하북의 학자들은 이를 말하는 사람이 드물었으며, 강남의 의소를 지은 십여 가는 모두 글이 헛된 오묘함을 숭상하고, 뜻은 공허하고 황당한 것이 많았다(唯魏世王輔嗣之注, 獨冠古今, 所以江左諸儒, 並傳其學. 河北學者, 罕能及之. 其江南義疏十有餘家, 皆辭尙虛玄, 義多浮誕)"고 하였다. 남조에 왕필의 『주역주』에 의소義疏를 지은 사람이 십여 가가 되는데, 이들의 글과 뜻은 모두 허황하고 황당할 뿐만 아니라 또 "석가에 관련지어 공자 문하에서 가르치는 것이 아니니, 그 근본을 등지고 또 그 주에 어긋났으므로(斯乃義涉於釋氏, 非爲敎於孔門也. 旣背其本, 又違於注)" "지금 명을 받들어 십여 가의 『의소』를 삭제 정정하고 고찰하였으니, 반드시 공자를 종宗으로 하여 의리를 명확히 밝힐 수 있었고, 먼저 왕필을 근본으로 하여 각 가의 수식은 버리고 참된 것을 취하였다(今旣奉勒刪定, 考察其事. 必以仲尼爲宗, 義理可詮, 先以輔嗣爲木. 去其華而取其實)." 그래서 『주역정의』가 완성되었다는 것이다. '반드시 공자를 종宗으로 하였다'는 것은 『역전』과 『역위易緯』「건착도乾鑿度」중의 '자왈' '공자왈'이라고 한 것을 공자의 작으로 여기고, 이를 바탕으로 하였다는 말이다. '각 가의 수식은 버리고 참된 것을 취하였다'는 것은 『주역정의』에서 각 가의 주장을 취사선택하였다는 말이다. 이 책은 왕필과 한강백의 주를 근본으로 하였으나, 『자하전子夏傳』, 경방京房의 장구章句, 정현鄭玄, 왕숙王肅, 남조의 장기張譏, 북조의 노경유盧景裕 등의 학설도 많이 수록하고 있다. 따라서 이 책은 비록 왕필의 도가역을 근본으로 하였지만, 상수역과 의리역을 모두 흡수하여 왕필에서 한 걸음 더 진보한 것이었다.

주백곤은 "이 책의 출현은 역학사에서 보면, 상수와 의리 양대 시류가 조화하는 경향을 갖추었으니, 이것은 남북조 시기의 두 학파의 역학이 서로 흡수하는 학풍의 진일보한 발전이었다. 공영달의 소는 각 가의 주장을 인용하고 나열하였을 뿐만 아니라, 이것을 흡수하여 자신의 역학관을 제시한 것이었으니, 당송 시기 역학의 발전에 심각한 영향을 일으켜, 한역에서 송역으로 옮겨가는 교량이 되었다. 철학 발전의 역사로 말하면, 이 책은 『주역』

의 의리를 밝히는 것을 거쳐서 한 계열의 세계관의 체계를 형성하였고, 또 위진 현학에서 송명 이학으로 옮겨가는 사상 기초를 제공하였다"고 하였다 (『역학철학사』 제1권, 393쪽).


**『주역집해周易集解』** 당唐 이정조李鼎祚 집輯. 臺北, 世界書局.

이정조(?~?)는 당나라 경학가이며, 한대 상수역을 제창한 대표적인 사람이다. 그가 편집한 『주역집해』는 양한 이후의 역학을 총집한 아주 훌륭한 책이다. 이 책에는 순상荀爽, 우번虞翻, 간보干寶 등 상수역학파의 주석과 왕필, 하안何晏, 한강백 등 현학파들의 주석도 함께 수록하였다. 이에 대해 주백곤은 "이 책의 편집은 공영달의 소에 대한 불만에서 나왔다." 그러나 "이정조는 현학파의 역학에 대해 일괄적으로 배척한 것이 아니고, 그 의리 방면의 해석은 또한 긍정하는 바가 있었다"고 하였다(『역학철학사』 제1권, 394쪽). 『사고전서총목제요四庫全書總目提要』에 이 책을 평하여 "왕필의 학문이 성하자 한역은 마침내 없어졌다. 천백 년 후의 학자들이 괘를 그린 본래의 취지를 얻어 볼 수 있는 것은 오직 이 책에 의지할 뿐이니, 이 책은 참으로 귀중한 옛 문헌이라고 할 수 있다(王學旣盛, 漢易遂亡, 千百年後, 學者得考見畫卦之本指者, 惟賴此書之存耳. 是眞可寶之古笈也)"고 하였다. 이 책에는 35가의 설을 수록하고 있는데, 그 중 순상, 우번, 간보의 설이 가장 많다. 지금 『사고전서총목제요』에 기록되어 있는 순으로 35명을 간략하게 소개하겠다. 소개한 내용은 모두 『역학대사전』에서 요점을 인용하였는데, 『역학대사전』은 중요한 내용 대부분을 주백곤의 『역학철학사』에서 취하였다.의


1. 자하子夏:『자하전』원서는 이미 오래 전에 없어졌으며, 세상에 전해 오는 책은 몇 종이 있으나 모두 후인들의 위작이다. 첫째, 전한 유흠劉歆의 『칠략七略』에 기록되어 있는 왕검王儉『칠지七志』에는 전한의 한영韓嬰의 작

이라고 하였다. 둘째, 『수서隋書』 「경적지經籍志」에 기록되어 있는 것은 다만 2권인데, 위진魏晉 때 사람의 위작이다. 수당 시기에는 이 책을 역을 해설한 최고의 책으로 여겨 학자들은 서로 인용하였다. 셋째, 『송사宋史』 「예문지藝文志」에 모두 10권이 기록되어 있는데, 송의 조열지晁說之의 『전역당기傳易堂記』에 당말 장호張弧가 찬한 것이라고 하였다. 이 책은 왕필 『주역주』를 저본으로 하여 의리를 밝혔는데, 유가의 왕도王道와 『주역』을 억지로 갖다 붙였다. 넷째, 오늘날 전해 오는 책이며, 11권이다. 누구의 위작인지 여전히 알 수 없다.

2. 맹희孟喜(?~?): 전한 금문경학가, 금문역학 '맹씨학'의 창시자이며, 자는 장경長卿이다. 맹희는 음양설을 가지고 『주역』을 해설하였는데, 음양으로 기후의 변화를 추측하여, 인간사의 길흉을 판단하였다. 그는 한역 중의 괘기설卦氣說의 창도자이다. 그의 『역장구易章句』는 이미 없어졌지만 그의 역설의 일부분의 내용은 당나라 승僧 일행一行의 『괘의卦議』에 보존되어 있다. 그의 역학의 특색은 『주역』의 괘상을 가지고 일 년 절기의 변화를 해설한 것이다. 즉 64괘를 4시, 12월, 24절기, 72후候에 배합한 것이며, 이것이 곧 '괘기卦氣'이다. 그는 괘기설 중 12소식괘消息卦를 제창하였는데, 12괘를 12개월에 안배한 것이다. 즉 복괘에 한 양효가 돌아왔으므로 이를 11월에 해당시키고, 이것을 기점으로 각 달에 따라 양기가 점차 위로 자라나고 사라지는 것을 말하였다. 즉 복復(䷗) 11월, 임臨(䷒) 12월, 태泰(䷊) 정월, 대장大壯(䷡) 2월, 쾌夬(䷪) 3월, 건乾(䷀) 4월, 구姤(䷫) 5월, 둔遯(䷠) 6월, 비否(䷋) 7월, 관觀(䷓) 8월, 박剝(䷖) 9월, 곤坤(䷁) 10월 등이다. 그의 괘기설은 이후 한대 상수역은 물론 오늘에 이르기까지 깊은 영향을 끼쳤다.

3. 초공焦贛(?~?): 전한의 경학자이며, 자는 연수延壽이다. 일설에는 이름이 연수이고, 자가 공감贛이라고 한다. 맹희를 따라 역을 공부하였으며, 스스로 맹희의 전을 얻은 후 경방에게 전수해주었다고 말하였다. 그는 재변설災變說을 가지고 역을 말하는데 능하였다. 역상을 중시하여 상수 중의 점후

占候 일파는 사실 그로부터 비롯되었다. 『역림易林』16권을 찬하였는데, 근인 여가석余嘉錫은 이를 고증하여, 이 책은 초공의 작이 아니라 후한 역학자 최전崔篆의 작이라고 하였다.

4. 경방京房(B.C. 77~37): 전한 금문역학 '경씨역'의 창시자이며, 율학가律學家이다. 본성은 이李씨이며, 자는 군명君明이다. 음률을 좋아하여 율을 미루어 스스로 경씨京氏로 정하였다. 맹희의 문인인 초연수에게 역을 배워, 변통설通變說로 역을 해설하였고, 재이를 말하기 좋아하였다. 그는 『주역』을 길흉을 점치는 책으로 보고, 점치는 체례를 많이 창작하여 점후지설占候之術로 이름이 났다. 그 역학의 중요한 성취는 ①팔궁괘설八宮卦說. 세응설世應說과 비복설飛伏說을 포함. ②납갑설納甲說. 팔궁괘를 10천간에 배합하고, 각 효는 12지지에 분별하여 배합한 것. ③오행설. 오행설을 가지고 괘효상과 괘효사의 길흉을 해석한 것. 오행설을 가지고 『주역』을 해석한 것은 경방에서 비롯되었다. ④괘기설卦氣說 ⑤음양이기설陰陽二氣說. 음양이기의 변역을 가지고 괘효상의 변역을 해석한 것. 이것으로 역은 곧 음양 두 기가 오르내리며 변역하여 그침이 없는 것을 설명하였다. 이 외에도 호체互體, 효진爻辰, 유혼游魂, 귀혼歸魂 등등이 있다. 경씨 역학은 점법을 말했을 뿐만 아니라 점법에 대한 해석을 거쳐 한 계열의 이론 체계를 형성하였고, 이것으로 자연과 사회를 해석하여 한대 철학의 한 부분을 이루었다. 저서로는 지금도 보존되어 있는 『경씨역전京氏易傳』3권이 있으며, 다른 것은 모두 이미 없어졌다.

5. 마융馬融(79~166): 후한의 경학가이며, 자는 계장季長이다. 재능이 뛰어나고 박학하여 세상에서는 '통유通儒'라고 칭하였다. 문하에 천여 명의 제자를 거느렸고, 정현과 노식균盧植均도 그 문하에서 나왔다. 『주역』을 두루 알았으며, 일찍 비씨역을 익혔다. 비씨역은 원래 장구章句가 없었는데, 마융의 주에서부터 처음으로 장구를 나누어 「계사」 상편을 13장으로 나누었다. 맹희와 경방의 괘기설을 흡수하여 『주역』의 경전문을 해석하였다. 그의 『주역』에 대한 저작은 이미 없어졌다.

6. 순상荀爽(128~190): 후한의 경학가이며, 자는 자명慈明이다. 순자의 12세손이다. 역학에 정통하였으며, 고문 비씨역을 공부하였다. 정현, 우번 등과 더불어 역학 삼가로 불렸다. 맹희와 경방 역학의 영향을 받아 팔궁八宮, 비복飛伏으로 역을 해석하였고, 괘기설을 주로 하였지만 이것을 이용하여 음양재변설은 말하지 않았다. 그가 독창적으로 역을 해설한 것은 건승곤강설乾升坤降說이다. 즉 건곤 두 괘를 기본괘로 하여 이 두 괘의 효위가 서로 바뀌는 것, 즉 건괘 둘째 양효(九二)가 곤괘 다섯째 음효(六五)의 효위에 있고, 곤괘 다섯째 음효가 건괘 둘째 양효의 효위에 있는 것이 곧 '건승곤강'이며, 감리 두 괘를 형성하여 상경의 끝이 되었고, 감리 두 괘가 서로 배합하여 기제와 미제가 되어 하경의 끝이 되었다는 것이다. 그래서 건곤 두 괘의 효위의 승강을 팔괘와 64괘의 기초로 한 것이다. 그는 이것을 가지고 『주역』의 경전을 해석하였고 이 체례를 더욱 넓혀 기타의 괘를 해석하였다. 또 한 괘중의 기타 각 효는 양승음강이 있을 뿐만 아니라, 한 괘중의 효위의 승강이 변화하여 다른 한 괘를 이룬다고 여겼다. 순상은 승강설을 가지고 괘효사와 「단」과 「상」 전문을 해석하였고 또 이것을 가지고 『주역』의 기본 원리를 해석하여 한대 상수학의 내용 가운데 한 부분을 이루었다. 저작에는 『주역주』 11권이 있는데, 이미 없어졌다.

7. 정원鄭元(127~200):『집해』에는 '정원'으로 기록되어 있는데, 곧 정현이다. 정현은 후한 말 경학대사이자 역학대가이다. 자는 강성康成이다. 금고문경학에 박통하였고 전문역산에도 정통하였다. 그는 고문경실을 위주로 금문경설을 함께 채택, 이 두 가지를 융회관통하여 한대 경학의 집대성자가 되었다. 세상에는 이를 '정학鄭學'으로 칭하였다. 그는 경씨역을 먼저 배웠고, 후에 비씨역을 배웠는데, 후자의 영향이 비교적 컸다. 그의 역학의 특징은 ①효진설爻辰說을 가지고 『주역』의 경전을 해설한 것 ②오행설을 가지고 『주역』점법을 해석한 것, 즉 오행설을 가지고 『주역』 중의 상과 수를 해석한 것이다. 저서에는 『역론易論』, 『역찬易贊』 등이 있다. 이 외에 많은 경전에 주를 달았으나 저작들은 많이 없어졌다.

8. 유표劉表(142~208): 후한 말의 관리이며, 자는 경승景升이다.『주역』에 정통하였는데, 그의 역은 비씨역에 가깝다. 역주易注는 정현과 가깝고 간혹 경방의 것을 취하기도 하였다. 저서에는『역장구易章句』5권이 있다.

9. 하안何晏(?~249): 삼국시대 현학가이며, 위진 현학의 창시자 가운데 한 사람이다. 자는 평숙平叔이다. 역학에 정통하였으며, 왕필, 관로管輅 등과 더불어 역을 논하였다. 그가 역을 해석한 것은 비씨역의 전통에 가까워 의리를 위주로 하였다. 노자와 장자의 말을 좋아하여 명리名理를 잘 말하였고 청담을 숭상하였으며, 하후현夏侯玄, 왕필 등과 함께 현학을 창도하였다. 노자를 취하여 유학으로 들어갔는데, 유가의 성인인 공자를 현학의 창시인으로 개조하였다. 유가 경전의 해석에 대해서도 도가의 관념을 스며들게 하였다. 이러한 경향은 양한 역학을 노장 현학으로 역을 해석하는 방향으로 옮겨가게 하는데 영향이 매우 컸다. 역학 저서로는『주역주해』가 있었는데, 이미 없어졌다.

10. 송충宋衷(?~?): 후한의 저명한 학자이며, 자는 중자仲子이다.『주역』에 정통하여, 호체설互體說을 취하였다. 건승곤강, 괘기동정을 말하였는데 대체로 순상의 역에서 나왔다. 역학 저서로는『역주』9권이 있다.

11. 우번虞翻(146~233): 삼국시대 오나라의 경학가이며, 자는 중상仲翔이다. 역학에 정통하여 전한 금문 맹씨역을 가전家傳하였다. 우번의 역학은 한역 중 상수로 역을 해석한 대표라고 말할 수 있다. 순상의 강유승강설을 발휘하여 괘기설을 괘변설로 이끌고, 괘변설을 가지고『주역』의 경전을 해석하였다. 괘변설의 중요한 내용은 ①건곤부모괘를 육자괘六子卦로 변화시킨 것 ②12소식괘를 잡괘로 변화시킨 것이다. 그의 괘변설은 어느 한 괘에서 다른 한 괘를 이끌어 내어 두 괘를 하나로 합하여『주역』의 경전을 해석한 것이고, 또 어느 괘중의 두 효를 서로 바꾸어 다른 괘를 이루고 이것을 가지고 인간사의 길흉을 추측하였다. 괘변설 외에 방통설旁通說이 있는데, '방통'은 건과 곤, 감과 리처럼 여섯 효가 서로 반대되는 괘이며, 이것을 가지고『주역』의 경전문을 해석하였다. 취상설取象說 또한 우번 역학의 중요

한 내용이며, 호체互體를 말하여 물상으로 역을 해석하였다. 또 반상설半象說을 말하였는데, 괘상의 반을 취하여 『주역』의 경전문을 해석하는 것이었다. 괘변설, 방통설, 호체설, 취상설, 반상설 등의 우번 역학은 한역에서 『주역』해석을 극히 복잡한 길로 이끌었다. 후세에는 정현, 순상, 우번을 역학 삼가라고 칭하였다. 저서에 『역주易注』 9권이 있는데, 이미 없어졌다.

12. 육적陸績(187~219): 삼국시대 오나라의 학자, 천문학자이며, 자는 공기公紀이다. 『주역』에 정통하여 『경씨역전』의 주를 달면서 맹희, 순상, 우번, 정현, 자하 등의 역학가 가운데 좋은 점을 택하여 따랐으며, 역학을 성력산수지학星歷算數之學에 응용하였다. 역학 저작에는 『주역주』가 있다.

13. 간보干寶(286~336?): 동진의 사학가, 경학가, 상수역학가이며, 자는 영승令升이다. 『주역』에 정통하였는데, 그의 역학은 비록 의리학파의 약간의 관점을 흡수하였지만 역을 해석한 전체 경향은 경방 이래의 한역의 전통을 계승한 것이었다. 팔궁설, 납갑설, 괘기설, 호체설, 오행설, 팔괘 휴왕설休王說을 취하였고, 노장 현학 관점으로 역을 해석하는 것을 반대하였다. 현학파의 역학은 공허하고 황당한 말이라고 여겨 왕필의 태극설을 비판하였다. 그의 역학은 이론적으로 새로운 것은 없으나 현학파 역학에 커다란 위협이 되었다. 역학 저작으로 『주역주』 10권, 『주역효의周易爻義』 1권, 『주역종도周易宗涂』 4권, 『주역문난周易問難』 2권, 『주역원품론』 2권이 있는데 이미 없어졌다.

14. 왕숙王肅(195~256): 삼국시대 위나라 경학내사, 고문경학파의 집대성자, 의리파 왕필 역학의 선도자이며, 자는 자옹子雍이다. 그의 역학은 비씨역의 전통을 계승하여 의리를 중시하고 상수를 생략하였으며, 문자는 힘써 간단함을 추구하였다. 『역전』의 관점을 가지고 『주역』의 경전을 해석하였으며, 한역 중의 상수학을 버렸고, 금문경학파와 『역위』의 역을 해석한 학풍을 배척하여, 호체, 괘기, 괘변, 납갑 등을 말하지 않았다. 이러한 기풍은 당시에 영향이 아주 컸다. 역을 해석하면서 취의설取義說을 주로 하였지만 취상설取象說도 배척하지 않았다. 저작으로 『주역주』가 있는데, 송나라 때

없어졌다.

15. 왕필王弼(226~249): 삼국시대 위나라 현학가, 노장 현학으로 역을 해석한 창시인, 위진역학 의리학파의 대표이며, 자는 보사輔嗣이다. 그의 학문의 영향은 위진 당대는 물론 후세에 이르기까지 심원하였다. 그의 역학에 대해서는 이미 앞에서 간단히 소개하였으므로 여기서는 생략하겠다.

16. 요신姚信(?~?): 삼국시대 저명한 학자이며, 자는 원식元植이다. 천문역수의 학문에 정통하였다. 맹희의 역학을 익혔고, 『주역』의 주는 우번과 서로 부합하는 것이 많다. 즉 건곤치용, 괘변방통, 구육상하 등은 곧 우번의 주와 서로 응한다. 저작으로 『역주』 10권이 있으나 이미 없어졌다.

17. 왕이王廙(274?~322): 서진의 음운학가, 서화가이며, 자는 세장世將이다. 『주역』을 깊게 연구하여, 저서에 『역주』가 있었는데 이미 없어졌다.

18. 장번張璠(?~?): 동진의 역학가이다. 역학을 두루 알아 종회鐘會, 향수向秀 등 22가의 설을 모으고, 향수를 근본으로 하여 『주역집해』를 찬하였다. 그의 역학은 왕필과 같은 근원에서 나왔으니, 상수를 배척하고 오로지 의리를 위주로 하였다. 『주역집해』 원서는 이미 없어졌다.

19. 향수向秀(227?~272): 위진 교체기의 현학가, 문학가, 죽림칠현 중의 한 사람이며, 자는 자기子期이다. 『주역』에 정통하였으며, 고문경학파의 학풍을 취하여 의리를 중시하고 문자는 힘써 간단함을 추구하였으며, 『역전』의 관점을 가지고 『주역』의 경전을 주해하였다. 노장학설을 숭상하여 『장자』의 주를 지었다. 역학 저작으로 『주역주』가 있는데, 이미 없어졌다.

20. 왕개충王凱沖(?~?)

21. 후과侯果(?~?): 당나라 초기의 역학가이며, 자는 과행行果이다. 『주역』을 깊이 연구하였는데, 그 역학의 연원은 정현이며, 순상과 우번의 괘변을 참고하였다. 저서에 『주역주』가 있다.

22. 촉재蜀才(?~?): 서진의 도사이다. 이름은 범장생范長生. 촉재, 연구延久, 구중九重, 문文(友) 등의 이름이 있으며, 자는 원元이다. 『주역』을 연구하면서 비씨역을 익혔다. 승강의 설은 순상에 의거하였고, 우번의 괘변은

취하지 않았으며, 훈고는 정현에 의거하였다. 저작에 『촉재역주』가 있는데 지금은 없어졌다.

23. 적원翟元(?~?)

24. 한강백韓康伯(332~380): 동진의 현학가이자, 역학가이다. 이름은 백 伯, 자가 강백康伯이다. 『주역』을 깊게 연구하여 왕필이 주를 하지 않은 「계 사」 이하 각 「전」에 주를 하였다. 그는 왕랑王郎 왕숙王肅 부자의 역과 왕필 의 역으로부터 깊은 영향을 받았다. 왕필 역학을 발전시켜 한대 상수역학을 배척하고 역학의 체례를 추상화하여 상수 배후의 것을 추구, 무형의 이理를 『주역』의 근본으로 여겨, 역의 원리는 형이상학적인 것일 뿐만 아니라 초경 험적인 것이라고 여겼다. 의리의 각도에서 『주역』의 원리를 설명하여 역리 를 현학화시켜 『주역』을 '삼현三玄'(노자, 장자, 주역)의 하나로 성립시켰다. 저작에는 『주역계사주』가 있는데, 청의 완원阮元(1764~1849)이 교간校刊 한 『십삼경주소十三經注疏』에는 왕필 · 한강백의 『주역주』와 공양달의 『주역 정의周易正義』가 수록되어 있다. 이 외의 저작에 『변겸론辯謙論』 등이 있다.

25. 유헌劉巘(434~489): 『사고전서총목제요』에는 이름이 '헌巘'으로 기 록되어 있으나, 『집해』본문에는 '환瓛'으로 되어 있다. '환'이 맞을 것이다. 남조 제齊나라 경학가이며, 자는 자우子瑀이다. 『주역』에 정통하였으며, 정 현을 배척하고 한강백을 따랐다. 저작에는 『주역사덕례周易四德例』 1권, 『주 역건곤의周易乾坤義』 1권, 『계사의소繫辭義疏』 2권 등이 있는데 이미 없어 졌다.

26. 하타何妥(?~?)

27. 최경崔憬(?~?): 당나라의 역학가. 생졸연대는 알 수 없으나 공영달 이후에 생존하였다. 『주역』에 정통하여 의리를 중시하였으나 왕필의 『주역 주』는 고수하지 않았고, 순상, 우번, 마융, 정현의 학에서 엿본 바가 있었다. 그의 역학관은 취상설을 위주로 하여 괘상을 『주역』의 근본으로 여겼는데 그러나 취의설 또한 배척하지 않았다. 왕필이 괘상을 경멸하여 취상설의 역 학을 찬성하지 않은 것과 같지 않았고, 또 한역의 상수학을 따르지도 않았다.

그는 취상을 강조하고 괘상을 중시하여, 괘상을 거쳐 역리를 연구할 것을 주장하였다. 『주역』원리의 해석에서 공영달의 『주역정의』중의 현학으로 역을 해석한 형식을 버리고, 3개의 철학과 관련 있는 문제를 변론하였다. ①대연지수 50에서 사용하지 않는 하나를 허무실체로 여기지 아니하고, 49개의 수가 나누어지지 않은 것을 태극으로 여긴 것. ②도기道器 관계에서, 기(괘효상)는 체體이고, 도(괘효 변역의 공능과 성질)는 용用으로 여긴 것. ③「서괘」의 해석에서 대립對立 전화轉化의 사상을 밝힌 것 등이다. 요컨대, 최경의 역학은 한역에서 송역으로 옮겨가는 선구라고 말할 수 있다. 저작에는 『역탐현易探玄』이 있는데 이미 없어졌다.

28. 심린사沈驎士(?~?)

29. 노씨盧氏(?~?): 노씨가 누구인가에 대해 『사고전서총목제요』에는 "노씨『주역주』는 『수지隋志』에 이미 그 이름이 없어졌다"고 하였는데, 청의 마국한馬國翰(1794~1857)의 『목경첩目耕帖』 고증에 따르면 노경유盧景裕이다. 노경유는 북조 북위의 경학가이며, 자는 중유仲孺(혹은 중유仲儒)이다. 『주역』에 정통하여 주를 한 것이 세상에 크게 유행하였다. 그의 역학은 정현, 순상 두 사람에게서 나왔는데, 승승承乘의 해석은 정현에 의거하였고, 또 순상의 승강升降설을 취하였다. 역학 저서에는 『주역주』가 있다.

30. 최근崔覲(?~?)

31. 복만용伏曼容(?~?)

32. 공영달孔穎達(547~648): 당나라의 경학가이며, 자는 충달沖達(혹은 중달仲達, 충원沖遠)이다. 경학에 밝았는데 『주역』·『좌전』·『상서』·『모시毛詩』·『예기』 등 유가 경전에 두루 밝았다. 당 태종의 명으로 안사고顔師古 등과 더불어 『오경정의』를 편찬하였다. 이 저작은 그 이후 경학 주소注疏의 '정본定本'이 되어 과거시험에 경학의 표준이 되었다. 역학 저서에는 『주역정의』, 『주역정의서』가 있는데, 『정의』는 왕필과 한강백의 주를 채택하여 두 사람 주의 구절을 따라 해석하였으므로 '공소孔疏'라고 불린다. 앞의 내용을 참고하라.

33. 요규姚規(?~?)

34. 주앙지朱仰之(?~?)

35. 채경군蔡景君(?~?)


『주역집해』에는 이상 35가 외에도 『구가역九家易』과 『역위易緯』「건착도乾鑿度」에서도 인용하였다. 『구가역』은 '구사역九師易', '순구가역荀九家易'이라고도 하는데, 순상 등 9가의 역학을 가리킨다. 유향劉向은 『별록別錄』에서 "회남왕 유안이 역에 능한 아홉 사람을 초빙하였다(淮南王聘善易者九人)"고 하였는데, 아홉 사람이 누구인지 이름이 기록되어 있지 않다. 고유高誘는 서에서 "소비蘇飛, 이상李尙, 좌오左吳, 전유田由, 뇌피雷被, 모피毛被, 오피伍被, 진창晉昌 등 여덟 사람을 가리키고, 나머지는 증명할 수 없다"고 하였다. 육덕명陸德明은 『경전석문』「서록序錄」에서 "『순상구가집주』 10권은 누가 편집한 것인지 알 수 없다. 순상이라고 칭한 것은 그를 중심 인물로 여겼기 때문이다. 그 서에는 순상, 경방, 마융, 정현, 송충, 우번, 육적, 요신, 적자현(자현은 누구인지 자세하지 않다)이 있는데, 『역의易義』라 하고, 주 안에는 또 장씨張氏, 주씨朱氏, 그리고 누군지 모르는 사람이 있다"고 하였다. 육덕명과 고유의 기록은 완전히 다른데, 일반적으로 육덕명이 말한 아홉 사람은 시대의 앞뒤가 서로 크게 어긋나므로 같이 회남왕의 빈객이 되어 구사九師의 자리에 설 수 없으며, 고유의 기록이 비교적 시대가 서로 가까우나, 애석히게도 고증할 수 없다(『역학대사전』에서 인용하였음).


이상 필자는 『주역집해』에 수록되어 있는 35가에 대해 간단히 소개하였다. 왕필의 『주역주』와 공영달의 『주역정의』와 이정조의 『주역집해』는 역학의 '기초'에 속하는 작품이다. 모든 일에는 기초가 튼튼해야 한다. 『주역』을 전공하는 사람은 반드시 이 세 권의 책을 읽어야 한다. 이 세 권의 책을 읽지 않고 "『주역』을 전공했다"고 말하는 것은 『주역』에 대해 전혀 모르고 있다는 것을 스스로 증명하는 것이다. 이 세 권의 책을 읽지 않고 『주역』에 대해 책을 쓴다는 것은 참으로 '무식해서 용감한' 짓이다. 이 세 권의 책 이후에 나온 책이면서 이 책들의 영향을 받지 않은 책은 한 권도 없다.

『**주역구의周易口義**』 송宋 호원胡瑗 찬撰. 『사고전서四庫全書』, 臺灣商務印書館影印本.

호원(993~1059)은 북송초기의 학자, 교육가이다. 자는 익지翼之. 섬서陝西 안정보安定堡에 살았으므로 '안정 선생'이라고 칭한다. 『사고전서총목제요』「역류」에 "호원과 정이에 의해 비로소 유학의 원리가 밝혀졌다(一變而爲胡瑗程頤, 始闡儒理)"고 하였는데, 호원은 왕필에서 공영달로 이어지는 도가 역을 배척하고, 공맹을 종宗으로 하여 의리로 역을 해석한 송대 유가역의 창시자이다. 『사고전서총목제요』의 그에 대한 기록 내용을 분석하면 다음과 같다. 첫째, 『주역구의周易口義』 12권은 제자 예천은倪天隱이 스승 호원의 설을 기술한 것이다. 둘째, 그의 역은 의리를 종宗으로 한다. 셋째, 정이는 역을 공부하는 사람은 당연히 먼저 왕필·호원·왕안석의 세 가家를 보아야 한다고 하였다. 넷째, 정이의 『역전』에 호원의 설을 인용한 네 곳, 즉 관괘觀卦 단사, 대축大畜 꼭대기 양효(上九), 쾌夬 셋째 양효(九三,) 점漸 꼭대기 양효(上九)의 인용한 구절을 소개하였다. 다섯째, 『이천연보伊川年譜』에 호원이 이천(정이)에게 학직을 주었고, 이천은 호원에게 배웠다고 하였다. 세상에는 이천이 염계濂溪(주돈이)에게 배웠다는 것은 알아도 이천의 역이 호원의 역에 바탕을 두었다는 것은 모른다. 여섯째, 『주자어류』에서 이 책은 송나라 때에 의리로 역을 말한 종宗이라고 하였다. 일곱째, 호원의 문인 예천은이 호원이 강講한 것을 기록한 것이므로 '구의口義'라고 하였다. 이상 『사고전서총목제요』의 기록은 호원의 『주역구의』의 성격에 대해 모두 말한 것이다.

호원은 『주역구의』「발제發題」에서 '역'의 의미를 말하면서 공자의 정명

론을 들어 "성인이 역을 지은 것은 만세의 대법을 위한 것이니, 역에 어찌 두세 가지 뜻이 있을 수 있는가(況聖人作易, 爲萬歲之大法, 豈復有二三之義乎?)"라 하고 『역위』「건착도」의 '간이簡易', '불역不易'을 배척하고 오직 변역설만 취하였다. "변역의 도는 하늘과 사람의 원리이다. 천도로 말하면 음양이 변역하여 만물이 이루어지고, 추위와 더위가 변역하여 사시가 이루어지고, 해와 달이 변역하여 밤낮이 이루어진다. 인간사로 말하면 얻고 잃음이 변역하여 길흉이 이루어지고, 참과 거짓이 변역하여 이로움과 해로움이 이루어지고, 군자와 소인이 변역하여 다스림과 어지러움이 이루어진다(蓋變易之道, 天人之理也. 以天道言之, 則陰陽變易而成萬物, 寒暑變易而成四時, 日月變易而成晝夜. 以人事言之, 則得失變易而成吉凶, 情僞變易而成利害, 君子小人變易而成治亂)" 그의 변역이 도는 자연의 영역(천도)과 인간의 영역(인사)을 관통하는 것이었다. 송대 의리역의 가장 큰 특징은 곧 천도를 가지고 인간사를 밝힌 것(推天道以明人事)이다.

주백곤은 『역학철학사』에서 호원의 역에 대해 몇 구절만 소개했을 뿐 자세히 말하지 않았다. 대만의 임익승林益勝은 『호원의 의리역학(胡瑗的義理易學)』을 저술하였는데, 수작이다. 그는 호원 역학의 4대 특색에 대해 다음과 같이 말하였다. 첫째, 직접 왕필을 계승하고 십익의 참 전傳을 이어서 십익의 설과 부합하지 않는 것은 취하지 않았으니, 후한의 술수와 송의 유목劉牧, 소옹邵雍의 도서역은 배척하였다. 둘째, 반드시 천리天理를 가지고 인사人事를 말하였다. 이러한 천인합일의 역을 말한 방식은 송대 의리파 제가들이 역을 해석한 기본 원칙이 되었다. 셋째, 반드시 유가의 이론으로 역을 해석하였다. 호원이 말한 인사人事는 순수유가사성의 인사가 되있고, 인용한 역사적 사실은 또한 유가의 시비관념을 기준으로 하였다. 넷째, 괘시卦時, 효덕爻德, 효위爻位, 세 가지를 배합하여 역을 해석하면서, 완전히 십익과 왕필의 방법을 계승하였다. 동시에 천인합일과 역사에서 인용하여, 이 세 가지를 구체화 실용화하였다. 이상의 임익승의 설명은 호원 역학의 핵심을 열거한 말이다. 그의 설명 중, "직접 왕필을 계승하고 십익의 참 전을 이었다", "십익과 왕필의 방법을 계승하였다"는 말은 현학을 계승하였다는 것이 아니라 상수를 배척하고 의리를 취하였다는 말이다. 호원의 순수 유학의 역학은 그 제자 정이에게 지대한 영향을 끼쳐 훗날 정이는 송대 이학파 역학의 문을 열게 되는 것이다.


**『횡거역설橫渠易說』** 송宋 장재張載 찬撰.『장재집張載集』. 臺北, 里仁書局.

장재(1020~1077)는 북송시대의 철학가이자 저명한 역학가이며, 북송오자北宋五子(주돈이, 소옹, 장재, 정호, 정이) 가운데 한 사람이다. 자는 자후子厚. 아버지를 따라 풍상風翔 미현郿縣 횡거진橫渠鎭(현 섬서성 미현 횡거진)에 살았으므로 사람들은 '횡거 선생'이라고 불렀으며, 그의『역설』을『횡거역설』이라고 한다. 관중關中에서 강학하였으므로 또 그 학파를 '관학'이라고 부른다. 청년 시절에는 병법을 말하기 좋아하였고, 여러 책을 널리 읽고 유가와 도가와 불학을 연구하였는데, 그의 학문은『역』을 종宗으로,『중용』을 체體로, 공맹을 법法으로 하였다. 주희는『이락연원록伊洛淵源錄』과『근사록近思錄』에서 장재를 도학가의 큰 스승 가운데 한 사람으로 받들었다. 그는『주역』의 영향을 가장 크게 받았다. 그의 역학은 의리학파에 속하며, 음양이기陰陽二氣 변역법칙을 역학의 최고 범주로 하여, 송대 기학파의 대표가 되었다. 즉 그는 공영달의 음양이기로 역을 해석한 전통을 계승, 현학 형식을 버리고「계사」의 해석을 거쳐서 '기'를 핵심으로 하는 역학 체계를 세워 기학파의 기초를 다진 것이다. '태허즉기太虛卽氣'라는 명제를 제출하여, "천지지간에 가득한 것은 상을 본받는 것뿐이다(盈天地之間者, 法象而已)", "상은 모두 기이다(凡象, 皆氣也)"고 하였다. 그의 역학은 한당 이래 원기와 음양이기를 가지고 역을 해석한 비판적 총결이다.

그의 역학 저서인『역설』은 그의 전기의 작품이며, 그 뒤에『정몽正蒙』을 지었는데 이 책은 그의 철학의 대표작이다. 이 책의 내용은 그가 유가의 경

서, 특히『주역』과『사서四書』중의 글에 대해 종종 해석하고 심득한 것들이
며, 뒷날 그 제자 소병蘇昞이 정리하여 완성한 것이다. 이 책 가운데『주역』
원리를 해설한 것에는「태화太和」·「삼량參兩」·「신화神化」·「대역大易」·
「건칭乾稱」등이 있는데, 모두 직접『주역』경전을 해설한 것이며,「대역」은
『역설』의 요점을 간추려 초록한 것이라고 말할 수 있다. 장재의 기학적 역학
은 뒷날 청초의 왕부지로 계승된다.(주백곤『역학철학사』제2권, 291~294
쪽에서 인용하였음)


**『주역정씨전周易程氏傳』** 송宋 정이程頤 찬撰.『이정집二程集』. 臺北 里仁書局.

정이(1033~1107)는 북송시대의 저명한 철학가이자, 역학가이며, 이학의
개조이다. 자는 숙정叔正. 이천伊川에 살았으므로 사람들은 '이천 선생'이라
고 불렀다. 그의 형 정호程顥(1032~1085)와 더불어 오랫동안 낙양에서 강
학하였으므로 그의 학문을 '낙학洛學'이라고 부른다. 두 형제는 중국철학사
에서 형은 심학心學으로, 동생은 이학理學으로 갈라지는 분기점이 되었다.
역학에서, 정호는 심과 이의 관계에서 이 두 가지를 분별하지 않고 심을 역
학의 최고 범주로 여겼고, 정이는 심과 이를 분별, 이를 역학의 최고 범주로
여겨 북송 역학에서 이학파 역학의 기초를 다졌다. 그러나 이들은 공통적으
로 천리天理를 가지고 역을 해석하였으며, 상수학을 비판하고 왕필의 노장
현학을 배척하였다.

두 형세는 14~15세 때 당시 30세였던 주돈이周惇頤에게 일 년도 채 안
되는 기간 동안 가르침을 받았다. 주돈이의 학문은『역전』과『중용』의 형이
상학을 주요 성분으로 한다. 그의 철학은『태극도설』의 우주 발생론을 기점
으로 하며, 또『통서通書』중에『중용』의 성誠의 본체론을 가지고 도덕 본위
의 형이상학 체계를 완전하게 구축해놓고 있다.

정호는 어릴 때 주돈이의 영향을 받아 "출세를 위한 학문을 싫어하고 도

를 추구하려는 뜻을 갖게 되었다(遂厭科擧之業, 慨然有求道之志)"(『하남정씨문집河南程氏文集』권11「명도선생행장明道先生行狀」). 그러나 뒷날 그의 철학적 이론 체계는 주돈이와 같지 않았다. 그의 학문은 "자신이 몸소 깨달은 것이지 주돈이에서 나온 것이 아니었다(其後伊洛所得, 實不由濂溪)"(『송원학안宋元學案』권수卷首「송원유학안서록宋元儒學案序錄」). 정이는 주돈이의 영향을 받아, 18세 때 태학太學에서 호원으로부터 시제를 받아 작성한 '안회가 즐긴 학문을 논함(顔子所好何學論)'이라는 논문에서 전적으로 주돈이의 『태극도설』과 『통서』의 이론을 취하였다. 그는 어린 시절에 확실히 주돈이의 영향을 받았다. 정이는 18세 때 태학에서 호원을 만나 스승으로 섬겼다. 호원은 "공맹의 뿌리를 터득한 사람(得孔孟之宗)"이었으니(『송원학안』「안정학안安定學案」), 공맹 사상은 인仁과 의義를 중심으로 한 인간의 심성 본위의 철학이며, 호원은 이러한 인간의 심성 본위의 철학을 바탕으로 천도를 체득하는 진로를 통하여 유가의 의리역을 세웠고, 정이는 이 영향을 받아 의리역 바탕 위에서 드디어 이학파 역학의 개조가 된 것이다.

정이는 67세(1099)에 『역전』을 완성하고 서序를 달았다. 이 책은 그가 수십 년의 심혈을 기울인 유일한 철학 저서로 그의 일생의 학문을 모두 털어 넣은 것이다(『하남정씨유서』 부록 「이천선생연보」). 이 책은 송명 역학사는 물론 철학사에 있어 후대에 실로 지대한 영향을 미쳤다. 「역전서」는 정이 역학과 이학 사상의 정수 나타낸 것이며, 첫머리에 기록되어 있는 "역은 변역이다. 때에 따라 변역하여 도를 좇는 것이다(易, 變易也. 隨時變易以從道也)"는 한 구절은 그의 역학과 이학 체계 전체를 꿰뚫고 있는 말이다. '때에 따름(隨時)'이란, 『주역』에서 괘·효 음양의 때(時)와 자리(位)의 알맞은 변화를 말한다. 이것은 64괘 384효의 객관적 사물(卦爻象), 혹은 객관적 사실(卦爻辭)이 분명히 들어난 것(顯)이고, 외재형식(象)이며, 현상계(用)를 뜻하는 것이다. '도를 좇음(從道)'이란 『주역』에서 괘·효 음양의 변화 근거를 말한다. 이것은 64괘 384효의 객관적 사물(卦爻象), 혹은 객관적 사실(卦爻辭)의 배후에 은밀하게 감춰진 것(微)이고, 내재원리(理)이며, 본체계(體)를 가리킨다. 이 두 가지는 한 근원(一源)이며 나뉨이 없는 것(無間)이다. 이것은 그의 이학 체계에 있어서 형체를 갖춘(形而下) 기氣의 영역과 형체를 초월한(形而上) 이理의 영역에 귀속되는데, 곧 천도와 인사를 관통한 것이다. 이것은 다시 내재원리(理)와 외재형식(象), 본체(體)와 현상(用), 은밀하게 감춰진 것(微)과 분명하게 드러난 것(顯)으로 나누어지나, 곧 하나로 묶여져 결국 음양을 떠난 도는 있을 수 없고(離了陰陽更無道)(『하남정씨유서』 권제15), 내재원리와 외재형식, 본체와 현상은 하나인 것을 말하고 있다. 그래서 「역전서」에서 "지미자至微者, 리야理也. 지저자至著者, 상야象也(지극히 은밀하여 볼 수 없는 것은 괘효의 감춰진 내재원리요, 지극히 분명하여 볼 수 있는 것은 괘효의 들어난 외재형식이다)", "체용일언體用一源, 현미무간顯微無間(본체와 현상은 한 근원이며, 분명하게 들어난 것과 은밀하게 감춰진 것은 나뉨이 없다)"이라는 명 구절로 이어지는 것이다.

필자는 동양철학에 서양철학자의 이름을 운운하며, 그들의 말을 즐겨 인용하는 것으로 자신의 얕은 학문적 능력을 과시하려는 것을 좋아하지 않는다. 그러나 이것을 즐겨하는 사람을 위하여 한마디 말한다면, 「역전서」의 이 첫 말은 윤리학적으로 해석하면 곧 칸트의 "너의 의지와 행위가 항상 보편적 원리(규범)에 부합할 수 있도록 행위하라"는 것이다. 인간의 도덕적 행위는 목적을 위해 행하는 것이 아니라, 행위의 보편적 법칙에 의해 행하여야 한다는 것이다. 자연계와 인간계의 '보편 법칙에 부합하는 것'은 곧 스스로 그렇게 되는(所以然)이며, 당연히 그렇게 되어야 한 것(所當然)이다. 즉 이것이 정이의 가치 근원인 천리天理인 것이다. 천리는 우주와 인간에 있어 절대적이고 보편적인 원리를 말하는 것이니, 이것은 곧 천지만물의 총 근원인 동시에 천지만물에 내재하는 것이다. 그러므로 천지만물의 모든 변화와 현상은 곧 천리의 흐름이 객관적으로 들어난 것이다. 이것은 그 운행에 있어서는 명(天命)이고, 가치에 있어서는 이(正理)이며, 사람에 있어서는 성(性理)인 것이다, 우주와 인간의 모든 것은 이 개념 속에 포괄된다.

주희는 정이의 『역전』을 평하여 "이전에 역을 해석한 것은 대부분 상수만

을 말하였으나, 정이 이후에 사람들은 비로소 도리를 말하였다(已前解易, 多
只說象數, 自程門以後, 人方都作道理說了)"고 하였다(『주자어류』 권67, 유려
劉礪 기록). 주백곤은 "역학사에서 보면, 전해 내려오는 의리역파의 대표 저
작으로 앞에는 왕필의 『주역주』가 있고, 뒤에는 『정씨역전』이 있다고 말할
수 있다"고 하였다. 필자는 정이의 『역전』을 중국 의리역의 최고봉으로 꼽
는다.


### 『소씨역전蘇氏易傳』 송宋 소식蘇軾 찬撰. 臺北 廣文書局.

소식(1037~1101)은 북송시대의 문학가이자, 사상가이며, 서화가이다.
자는 자첨子瞻이며, 스스로 호를 동파거사東坡居士라고 하였다. 당송팔대가
가운데 한 사람이며, 아버지 소순蘇洵, 동생 소철蘇轍과 더불어 '삼소三蘇'
라고 불린다. 늦게 『역』을 읽고 효상을 완미하여, 강유, 원근, 희노, 역순逆
順의 뜻을 얻었으므로 주희는 소식의 역은 다만 사랑과 미움이 서로 공격하
고 참과 거짓이 서로 느끼는 뜻을 나타내었다고 말하였다. 『역』을 연구하면
서 유·불·도 삼교를 하나로 하여, '도'를 최고 범주로 하였는데, 도는 곧
초월적인 '유'와 '무'의 최고 범주이며, 도에서 만물에 이르는 것은 곧 무가
유에 이르는 과정으로 여겼다. 그의 저작인 『소씨역전』을 『동파역전』, 『비릉
역전毗陵易傳』이라고도 하는데, 육유陸游는 『발跋소씨역전』에서 송 휘종徽
宗 선화宣和 연간에 소씨학을 금하였으므로 그 책을 전하려는 사람은 감히
제목에 소식이라는 이름을 밝힐 수 없어서 '비릉'이라는 이름을 빌렸다고
하였다. 비릉은 상주常州의 옛 이름이며 소식이 죽은 곳이다. 소주蘇籀는
『난성유언欒城遺言』에 기록하기를 "소순이 『역전』을 짓다가 완성하지 못하
고 죽었는데, 두 아들에게 맡겨 그 뜻을 기술하였다. 소식이 먼저 완성하였
고, 소철은 해석한 것을 소식에게 보냈는데, 지금 몽괘는 소철의 해석인 것
같다. 이 책은 사실 소씨 부자 형제가 합력하여 쓴 것이다. 소식이 찬하였다

고 말한 것은 요컨대 그가 완성하였다는 것뿐이다(蘇洵作易傳, 未成而卒, 囑二子述其志. 軾書先成, 轍乃送所解于軾, 今蒙卦猶是轍解. 則此書實蘇氏父子兄弟合力爲之, 題曰軾撰, 要其成耳)"라고 하였다.(『역학대사전』에서 인용하였음)

『한상역전漢上易傳』 송宋 주진朱震 찬撰. 臺北 廣文書局.

주진(1072~1138)은 남송의 학자이자 역학가이며, 역학사가이다. 자는 자발子發, 사람들은 '한상漢上 선생'이라고 불렀다. 역학에 정통하여 양한 이래의 역학유파와 북송 이래 역학의 발전에 대해 연구하였다. 송의 고종高宗에게 『주역』을 강의하였으며, 저작에 『주역집전周易集傳』이 있다. 이 책은 또 『한상역집전』이라고도 하며, 『역도易圖』와 『역총설易叢說』이 붙어있다. 책머리의 「강주역표講周易表」에 스스로 말하기를 "정이의 『역전』을 종宗으로 하고, 소옹과 장재의 이론을 융합하여, 위로는 한·위·오·진·북위의 설을 채택하고, 아래로는 당에서 오늘에 이르기까지, 같고 다른 주장을 포괄하고 누락된 것을 보충하여, 왕필에 의해 분열된 전통을 회복하였다(以易傳爲宗, 和會雍載之論, 上采漢魏吳晋元魏, 下逮有唐及今, 包括異同, 補苴罅漏, 庶幾道離而復合)"고 하였다. 즉 그의 역학은 상수학의 전통을 회복하는데 있었다. 그의 저서는 확실히 상수를 종지로 하여 이를 체현하였다. 『주역집전』에서 경진을 해석힐 때, 힝상 정이와 소옹과 장재의 말을 인용히었는데, 정이의 말을 가장 많이 인용하였다. 『역도』는 각종의 도식을 가지고 「단」·「상」·「설괘」·「계사」의 구절을 해석하였고, 한역에서 북송의 각 역학가의 주장을 포괄하여 모두 40여 폭의 그림으로 상수학파의 역학관을 집중적으로 나타내었다. 『총설』은 각 가의 『주역』 경전의 해석에 대한 평론인데, 상수학파의 관점을 위주로 나타내었다. 그는 상수학을 중시하여 상수파의 관점을 가지고 정이와 장재의 말을 해석한 것은 송명 역학사에 있어 하나의 새로운 동향이었다. 역학사로 말하면 그는 한역과 북송의 상수학을 일차적으로 총결하여 상수파 역학에 한 계열의 이론 체계를 제공하였다. 그는 한 역의 괘기설, 납갑설, 비복설, 오행설, 호체설과 괘변설에 대해 초보적인 정리를 하였을 뿐만 아니라 북송 유목劉牧의 하락설, 이지재李之才의 괘변설, 주돈이의 태극도와 소옹의 선천도에 대해 모두 소개하고 평론하였다. 그의 상수학파 관점에 대한 정리와 소개는 일정한 사료 가치가 있으며, 청대 한학가들의 한역과 도서학파의 발전에 대한 연구에 큰 영향을 불러 일으켰다. (주백곤『역학철학사』제2권, 373∼375쪽에서 인용하였음)


**『주역본의周易本義』** 송宋 주희朱熹 찬撰. 臺北, 中華民國易經學會.

주희(1130∼1200)는 남송의 대학자이다. 자는 원회元晦, 중회仲晦, 호는 회암晦庵, 회옹晦翁이다. 만년에 건양建陽 고정考亭(현 복건성)에 살면서 자양서원紫陽書院에서 강학하였으므로 별호가 고정, 자양이다. 정이가 죽고 23년 뒤에 주희가 태어났다. 그는 양시楊時―라종언羅從彦―이동李侗으로 학맥을 이은 정씨 문하의 사전제자(程門四傳弟子)이다. 주희는 정이를 사숙私淑하여 그의 학문을 이어받아 송대 이학의 완성자가 된다.

주희의 역학 저서에 세 가지가 있다.『주역본의』,『역학계몽』,『태극도설해』와『통서해』가 그것이다. 왕무횡王懋竑이 편찬한『주자연보』에 의하면『주역본의』는 48세(1177) 때 완성하였고,『역학계몽』은 57세(1186) 때 완성하였다고 하였다. 그러나『주역본의』에는 종종 "계몽에 말해두었다(啓蒙備言之)", "계몽에 순서를 자세히 말해두었다(詳見序例啓蒙)", "계몽에 자세히 말해두었다(詳見啓蒙)" 등의 기록이 있는데, 이것은『본의』가『계몽』뒤에 완성되었다는 증거이다.『주문공문집별집』권제6「답양백기答楊伯起」에 "내 초고가 아직 완성되지 않았을 때 사람이 몰래 가져가 인쇄하여 팔았는데, 잘못된 부분을 더하였으니, 절대 읽어서는 안 된다(某之謬說, 本未成書, 往時爲人竊出印賣, 更加錯誤, 殊不可讀)"고 한 기록을 보면,『본의』는『계몽』후에 나왔으며, 대체로 주희가 만년에 완성한 것이다. 이 책은 상하경 2권, 십익 10권, 모두 12권이다. 책머리에 있는 9개의 그림과 「괘가卦歌」와 「서의筮義」는 모두 주희가 지은 것이 아니며, 후인이 갖다 넣은 것이다. 이 책은 『주역』 경전을 주석한 것이다. 주희는 '역은 본래 점치는 책(易本卜筮之書)'으로 여겼으므로 먼저 점을 치는 것을 근본으로 하여 이것으로 경문을 해석, 『주역』의 본뜻(本義)을 구하고자 하였다. 이것이 곧 책의 이름을 『주역본의』라고 한 이유이다. 따라서 그는 『주역』의 모든 괘효사를 점으로 해석(以易解易)하였다. 그는 괘효사를 해석하면서 문장의 뜻을 중시하였는데, 번잡한 말을 버리고 간결한 것을 취하였으며, 이해하지 못하는 부분은 해석하지 않고 그대로 남겨두었지 결코 억지로 갖다 붙여 해석하지 않았다. 『역학계몽』은 채원정蔡元定과 공동으로 저술한 것이며, 송대 도서역의 총결서이다. 그가 철학 방면으로 『주역』을 해설한 것으로 『태극도설해』와 『통서해』가 있다. 이 두 책은 44세(1173)에 완성하였다. 『태극도설』과 『통서』은 주돈이周惇頤의 작품이다. 주희는 이 책의 해설을 통해 자신의 역학철학 사상을 집중적으로 나타내었다. 주희는 『태극도설』을 특히 좋아하였는데, 그는 태극을 이, 음양을 기로 하여, 태극에 동정의 원리가 있어 음양을 생하는 것은 곧 천명이 유행하는 것(太極之有動靜, 是天命之流行也)이라고 하였다. 이 책은 그의 역학 철학의 결정체結晶體이다. 주희는 이 두 권의 책을 통하여 이학으로 역을 해석한(以理解易) 이론 체계를 세웠다.

필자는 앞에서 '이역해역以易解易(역으로 역을 해석함)'과 '이리해역以理解易(이로 역을 해석함)'을 말하였다. 이 두 가지는 주희 역학의 특색이다. '이역해역'은 그의 객관석 역관이며, 『주역』은 본래 점치는 책(易本卜筮之書)이라는 상수의 입장에서 말한 것이다. 예를 들면, 건괘 괘사 '원형리정'에 대해, 「문언」 이래 전통적으로 '원, 형, 리, 정'으로 읽고 건괘의 네 가지 덕으로 여겨, "건은 크고, 형통하고, 이롭고, 바르다"고 해석하였다. 그러나 그는 '원형, 리정'으로 읽어 "크게 형통하니, 바르게 하면 이롭다"고 점글로 해석하였다. '이리해역以理解易'은 그의 주관적 역관이며, 역학철학 이론의 의리의 관점에서 말한 것이다. 예를 들면, 「계사」 11장 '역유태극'조의 주에서 "역은 음양이 변화하는 것이다. 태극은 그 원리이다(易者, 陰陽之變. 太極者, 其理也)"라고 해석하였는데, 전형적인 이학적 해석이다. 이와 같이 주희의 역은 한편으로 상수로 역을 해석하면서 또 한편으로는 의리를 말하였으니 그의 역학은 곧 상수역와 의리역을 종합한 것이다. 주백곤은 "주희의 역학은 의리학파도 상수학파도 아닌, 상수학과 의리학을 종합하여 이 두 가지를 하나로 한 것"이라고 하였다(『역학철학사』 제2권, 469쪽). 필자의 박사학위 논문의 주제가 주희의 역학이다. 지금 이 자리에서 주희 역학의 두 가지 특색에 대해 자세하게 언급하지 못하는 것이 안타까울 뿐이다.

이러한 저서 외에 주희의 역학을 연구하는데 아주 중요한 두 가지 문헌이 또 있다. 『주자어류朱子語類』와 『주문공문집朱文公文集』이다. 『주자어류』는 주희가 평소에 제자들에게 강의하고 좌담한 내용을 모아 편집한 것이며, 남송의 여정덕黎靖德이 1270년에 출판하였다. 이 책은 주자학을 연구하는데 가장 중요한 문헌이다. 이 책에서 역학에 관계되는 부분은 권제卷第65에서 권제77까지, 모두 12권이다. 이 가운데 권제65에서 권제67까지는 그의 역학 강령을 기록한 것이다. 이 외에 참고해야 할 것은 권제1과 2의 「이기상하理氣上下」이다. 이것은 태극과 천지와 이기의 관계에 대해 순수하게 토론한 것이다. 또 권제94의 「주자지서周子之書」, 권제95·96·97의 「정자지서程子之書」, 권제98·99의 「장자지서張子之書」, 권제100의 「소자지서邵子之書」 등도 주희 역학을 연구하는데 매우 중요한 자료들이다. 『주문공문집』은 주희와 그 문인들이 여러 분야의 제 문제들에 대해 주고받은 편지를 수록한 것이다. 권제24에서 권제64까지는 친구와 제자의 편지에 답을 한 것인데, 그 중 주희의 역학에 대한 글이 많이 수록되어 있다. 또 권제66에 「시괘고오蓍卦考誤」1권이 기록되어 있고, 권제67에도 역에 대한 단문들이 많이 있다. 이것 역시 주희의 역학을 연구하는데 아주 중요한 자료이다.

『역찬언易纂言』 원元 오징吳澄 찬撰. 『四庫全書』臺灣商務印書館影印本.

오징(1249~1333)은 송말 원초의 저명한 역학철학가이며, 자는 유청幼清, 호는 초려草廬이다. 학자들은 '초려 선생'이라고 불렀다. 이학을 연구하고 역학에 정통하였으므로 '경학지사經學之師'로 불렸다. 그의 학문은 주희를 근본으로 하여 육학陸學을 종지로 겸하였으니, 주육朱陸의 절충을 주장한 것이 또 다른 특색이다. 당대부터 『주역』은 왕필의 설을 종지로 하여 상수학을 오랫동안 버려두고 말하지 않았는데, 그는 『역찬언易纂言』을 지어 상수학의 부흥을 주창하였다. 그의 경문 해석은 문장은 간략하나 이치는 분명하였으며, 옛 설을 융회 관통하여 조화를 완전히 갖추었다.(『역학대사전』에서 인용하였음)


『주역집설周易集說』 송宋 유염兪琰 찬撰. 『四庫全書』臺灣商務印書館影印本.

유염(1258?~1314)은 송말 원초의 역학가이자, 도교학자이다. 자는 옥오玉吾, 호는 스스로 금양자金陽子라고 하였다. 송이 망하자 은거하여 저술하였는데, 역학에 정통하였다. 처음에는 정이와 주희의 설을 주로 하였지만, 뒤에는 경문을 궁구하여 새로운 뜻을 창출, 스스로 일가의 말을 이루었다. 역학 저서에 『주역집설周易集說』, 『독역거요讀易擧要』, 『여외별전易外別傳』, 『주역참동계발휘周易參同契發揮』 등이 있다.(『역학대사전』에서 인용하였음)


『주역집주周易集註』 명明 래지덕來知德 찬撰. 臺北, 夏學社.

래지덕(1525~1604)은 명대의 저명한 역학가이다. 자는 의선矣鮮, 호는 구당瞿唐, 사천四川 양산梁山(현 양평梁平) 사람이다. 그는 역학에 정통하였는데 주희로부터 깊은 영향을 받았다. 『주역집주周易集註』는 『주역래주周易來注』라고도 하며, 그의 역저이다. 곽자장郭子章은 이 책 서문에서 "30년이 걸려 『역주』가 비로소 완성되었다(積三十年而易注始成)"고 하였다. 그는 책 머리의 「래지덕역경자의來知德易經字義」에서 ①상象 ②착錯 ③종綜 ④변變 ⑤중효中爻 다섯 가지를 차례로 설명하였는데, '착종'과 '중효설'은 그의 역학에서 중요한 위치를 차지한다. 그는 '중효'를 설명하는 글에서 "대저 '착'은 음양이 가로로 짝하는 것이다. '종'은 음양의 위아래가 서로 뒤바뀐 것이다. '변'은 양이 음으로, 음이 양으로 변하는 것이다. '중효'는 음양의 안과 밖이 서로 이어 속하는 것이다. 주공이 효사를 지은 것은 착·종·변·중효 이 네 가지에 불과할 뿐이다(大抵錯者, 陰陽橫相對也. 綜者, 陰陽上下相顚倒也. 變者, 陽變陰, 陰變陽也. 中爻者, 陰陽內外相連屬也. 周公作爻辭, 不過此錯綜變中爻四者而已)"라고 하였다. 이어 "리괘가 세 번째 자리에 있는 것과 같이 동인이 삼 세라 하고, 미제가 삼 년이라 하고, 기제가 삼 년이라 하고, 명이가 삼 일이라 한 것은 모두 리괘가 세 번째 괘인 것으로 말한 것이다(如離卦居三, 同人曰三歲, 未濟曰三年, 旣濟曰三年, 明夷曰三日, 皆以本卦三言也)" 하고, 또 "감의 삼 세, 곤의 삼 세, 해의 삼품과 같은 것은 모두 리괘의 착괘이다(若坎之三歲, 困之三歲, 解之三品, 皆離之錯也)"고 하고(래지덕은 해의 '삼품三品'이라고 하였는데, '삼호三狐'라고 하는 것이 맞다), 또 "점의 삼세, 손의 삼품은 모두 중효가 합하여 리괘이다(漸之三歲, 巽之三品, 皆以中爻合離也)"하고, 또 "풍의 삼 세는 꼭대기 음효가 변하여 리괘가 된 것이다. 즉 리괘이면서 여러 효가 착·종·변·중효 이 네 가지를 사용한 것임을 알 수 있다(豐之三歲, 以上六變而爲離也. 卽離而諸爻用四者可知矣)"고 하였다. 리괘는 건1·태2·리3, 세 번째 자리에 있으므로 64괘 가운데 위아래 괘에 리괘가 있는 것, 동인·미제·기제·명이괘는 그 효사에 모두 '삼'이라는 숫자가 있고, 리의 착괘가 되는 감·곤·해괘도 그 효사에 또한 '삼'을 말하였으며, 이에 따라 호체가 리가 되는 점·손괘도 효사에서 역시 '삼'을 말하였으며, 풍괘는 꼭대기 효가 양으로 변하여 리괘가 되므로 효사에서 '삼'을 말하였다는 것이다. 이러한 해석이 『주역』의 본뜻과 맞는지 어떤지는 놓아두고, '착'·'종'·'중효'·'변'을 사용한 그의 해석은 탁견인 것만은 분명하다. 이와 같이 그는 취상取象, 착종錯綜, 효변爻變, 중효설中爻說을 가지고 64괘의 괘효상과 괘효사를 설명하여 그의 『주역』해석의 중요한 특징을 이루었다. 또 그는 책머리의 「양산래지덕원도梁山來知德圓圖」에서 "대립하는 것은 수(對待者數)", "주재하는 것은 리(主宰者理)", "유행하는 것은 기(流行者氣)"라 하고, "이 그림은 성인이 역을 지은 근원이다. 이기상수와 음양노소, 왕래진퇴와 상변길흉 등이 모두 이 그림 속에 간직되어 있다(此聖人作易之原也. 理氣象數, 陰陽老少, 往來進退, 常變吉凶, 皆尙乎其中)"고 하였다. 즉 그는 이기와 상수를 하나로 통합하여, 의리와 상수를 하나로 결합하였던 것이다. 이러한 그의 노선은 모두 주희의 영향을 받은 것이다. 그가 "한 권의 역경은 네 명의 성인에게 있지 않고 나에게 있다(一部易經, 不在四聖, 而在我矣)"고 한 말은(「양산래지덕원도」) 그의 성격과 역학에 대한 스케일을 짐작하게 한다. 그의 역학은 후세에 깊은 영향을 끼쳤다. 필자는 래지덕의 『주역집주』를 중국 상수역의 최고봉으로 꼽는다.

『**주역천술周易淺述**』 청淸 진몽뢰陳夢雷 찬撰. 上海古籍出版社.

진몽뢰(?~?)는 명말 청초의 역학자이며, 자는 치진則震, 성재省齋이다. 그의 역설의 요지는 주희의 『주역본의』를 주로 하고 여러 사람의 설을 참고하였다. 여러 사람들이 언급하지 않은 것이나 혹은 언급한 것이 『주역본의』와 서로 다른 곳은 자신의 뜻을 밝혔다. 그는 『주역』은 이理·수數·상象·점占을 넘어서지 않는데, 무릇 수는 나타날 수 없고, 이는 다할 수 없으며, 곧 상에 의탁하고 있으니, 상을 알면 이와 수는 그 가운데 있고, 점 역시 상에 임하여 완미할 수 있다고 여겼다. 따라서 역을 해석하면서 상을 위주로 하였고, 인사와 많이 결합하였다. 이의 해석은 비록 주희를 많이 따랐으나

괘변의 설은 취하지 않았고, 상을 취한 것은 래지덕을 채택하였다.(『역학대사전』에서 인용하였음)


**『주역내전周易內傳』** 청淸 왕부지王夫之 찬撰. 『船山易學』臺北, 廣文書局.

왕부지(1619~1692)는 명말 청초의 걸출한 철학가이자 경학 대사이다. 자는 이농而農, 호는 강재薑齋, 일호도인一壺道人이다. 만년에 형양衡陽의 석선산石船山에 살았으므로 '선산 선생'으로 불린다. 그의 경학은 송학의 종결을 상징하고, 그의 철학은 또 송명 도학의 종결을 의미한다. 주희의 경학과 철학이 그 이전의 도학 사상의 총결이라고 한다면, 왕부지의 경학과 철학은 또 주희 이후의 도학 사상의 총결이다. 그는 또 저명한 역학가이기도 하다. 그의 철학 체계는 주희와 마찬가지로 역학의 발전과 밀접한 관계가 있다. 그의 역학 저서는 매우 풍부한데, 『주역고이周易考異』, 『주역패소周易稗疏』, 『주역외전周易外傳』, 『주역대상해周易大象解』, 『주역내전周易內傳』, 『주역내전발례周易內傳發例』 등이 전문적으로 역을 해석한 저술이다. 그는 청년 시기에 역학 연구의 뜻을 가졌고, 중년 시기에 『외전』과 『대상해』를, 만년에 『내전』과 『발례』를 지었다. 『고이』와 『패소』는 청년 시기의 저작이다. 그는 일생을 역학 연구에 종사하였다. 『외전』은 상수 변화의 법칙을 밝히고, 사물간의 감응과 변역을 다루었으며, 실제로 『주역』 경전 중의 개념·범주·명제와 그 이론 사유를 가지고 세계와 인간 생활을 해석하였다. 『내전』은 구절을 따라 경전을 해석하여 하늘과 사람의 원리를(天人之理)를 명시하였다. 그러므로 "조그마한 벗어남이 있는 것도 용납하지 않았다(不容有毫釐之踰越)"고 말하였다. 『내전』은 장재의 역학 철학의 발전이라고 말할 수 있고 또한 송명 역학 중 기학파 철학의 총결이라고 말할 수 있다. 그는 만년에 『장재張載 정몽주正蒙注』를 지었는데, 이 책은 왕부지 철학의 대표작이며 『정몽』에 주를 한 목적은 장재의 역학 철학을 밝히기 위해서이다. 『내』·

『외』 두 전은 그의 역학과 철학의 대표작이다. 두 전을 서로 비교하면 『외전』이 경학 체례의 제약을 받지 않았으므로 그 이론 사유가 더욱 풍부하다. 왕부지 역학의 기본 경향의 중요한 점은 송역 의리학파 중의 이학과 기학과 전통을 계승한 것이고, 송역 중의 상수학파 특히 낙서학과 소옹의 수학을 반대하고 더욱 나아가 한역의 상수지학을 반대한 것이다.(주백곤 『역학철학사』 제4권, 6~10쪽의 내용을 발췌하여 인용하였음)


**『어찬주역절중御纂周易折中』** 청淸 이광지李光地 등찬等撰. 『四庫易學叢刊』, 上海古籍出版社.

이광지(1642~1718)는 청대 이학가이자 역학가이다. 자는 진경晉卿, 호는 용촌榕村, 후암厚庵이다. 청은 중국을 통일한 후 자신의 통치 지위를 공고히 하기 위해 한족의 반청 의식을 금하고, 원과 명을 계승하여 정주程朱 이학理學을 크게 표방하였다. 4대 강희제康熙帝(재위기간 1661~1722)는 이광지 등에게 명하여 명의 『성리대전性理大全』을 모방하여 『성리정의性理精義』를 편찬하고, 또 『주역절중』을 편찬하여 자신이 서를 지어 정주 이학을 선양하였다. 『주역절중』은 곧 관방 역학을 대표한다. 책이름이 『절중』인 것은 각 가의 학설, 특히 상수와 의리 양파의 관점을 조화하였다는 것을 나타낸 것이다. 즉 정이의 『역전』과 주희의 『주역본의』를 위주로 하고, 여러 학설을 참고하되 한 사람의 학설에 편중하지 않았다. 이 책은 명나라 때 관방에서 반포한 『역경대전易經大全』과 같이, 자료성을 지닌 제가의 역설을 총집한 것이어서, 송명 이래의 각 가의 역설의 단편 사료를 보존하고 있다는 것 외에는 결코 학술상 독창적 견해는 없다. 이 책의 반포는 송역의 전통이 여전히 관방의 지지를 받아서, 과거 시험 교재의 하나가 된 것을 나타낸 것이다.(주백곤 『역학철학사』 제4권, 4쪽에서 인용하였음)

『**사고전서총목제요**四庫全書總目提要』第一冊, 경부經部 · 「역류易類」. 청淸 영용永瑢 · 기윤紀昀 · 등찬等撰.

『사고전서』는 청 6대 건륭제乾隆帝(재위기간 1735~1795)의 명으로 건륭 38년(1773)에 편찬하여 47년(1782)에 완성한 중국 최대 규모의 문헌 총서이다. 당唐이 황실의 장서를 네 개의 서고書庫로 나눈 것에 따라 경부經部, 사부史部, 자부子部, 집부集部 등 4부로 구분하여 고금의 광범위한 문헌을 총망라하였다. 『사고전서총목제요』는 『사고전서』의 총목록과 각 문헌의 제요를 소개한, 모두 200권에 달하는 방대한 도서목록집이다. 제1책 경부의 「역류」는 『사고전서』에 수록된 역학 문헌의 제요를 기록한 것이다. 「역류」첫머리에 서문에 해당하는 문장이 기록되어 있는데, 아주 중요한 내용을 말하고 있으므로 전문을 8단락으로 나누어 자세히 소개하겠다.

① 聖人覺世牖民, 大抵因事以寓敎. 詩寓於風謠, 禮寓於節文, 尙書春秋寓於史, 而易則寓於卜筮.

성인이 세상을 깨우치고 백성을 교화하는 데에 대개 인간사를 따라 가르침을 나타내었다. 『시』는 떠도는 노래에 담겨있고, 『예』는 절문(예절에 관한 문장)에 담겨있으며, 『상서』와 『춘추』는 역사에 담겨있고, 그리고 『역』은 복서에 담겨있다.

'인간사(事)'란 민간 사이에 떠도는 노래(風謠), 예절에 관한 문장(節文), 역사를 기록한 것(史), 점치는 것(卜筮)들이고, 이것들을 따라 가르침(敎)을 나타낸 것이 『시』·『예』·『상서』·『춘추』·『역』 등이라는 말이다. 성인이 이들을 가지고 세상을 깨우치고 백성을 교화하였다는 말이다.

② 故易之爲書, 推天道以明人事者也.

그러므로 『역』이란 책은 자연의 이법(天道)을 미루어 인간의 일(人事)을 밝힌 것이다.

「단」에서 천도를 미루어 인간사를 말한 몇 구절을 인용하겠다.

1. 泰. 天地交而萬物通也, 上下交而其志同也. 천지가 교합하여 만물이 형통하고, 상하가 교합하여 그 뜻이 같은 것이다.

2. 否. 天地不交而萬物不通也, 上下不交而天下无邦也. 천지가 교합하지 못하여 만물이 통하지 아니하고, 상하가 교합하지 못하여 천하에 나라가 없는 것이다.

3. 豫. 天地以順動, 故日月不過, 而四時不忒. 聖人以順動, 則刑罰淸而民服. 천지는 유순하게 움직이므로 해와 달은 잘못됨이 없고, 사계절은 어긋남이 없다. 성인이 유순하게 움직이면 형벌은 분명하고 백성이 복종한다.

4. 觀. 觀天之神道, 而四時不忒. 聖人以神道設敎, 而天下服矣. 하늘의 신묘한 도를 보니, 사계절은 어긋나지 않는다. 성인은 신묘한 도로 교화를 베푸니, 천하 사람이 복종한다.

「상」에서도 乾. 天行健, 君子以自强不息(하늘의 운행은 강건하니, 군자는 이 괘상을 본받아 스스로 강하여 멈추지 않는다)의 형식은 모두 천도를 근거로 하여 인간사를 말한 것이다. 진고응陳敲應은 이러한 천도를 미루어 인간사를 밝힌 것은 곧 도가가 창시한 것이고, 선진 이후 유가 등의 학파가 보편적으로 수용하여 중국 고대 철학의 일종의 특수한 사유방식을 이루었다고 주장하였다.(『易傳與道家思想』21쪽.)

③ 左傳所記諸占, 蓋猶太卜之遺法.

『좌전』에 기록되어 있는 여러 점친 사례들은 태복이 남긴 법과 같다.

『좌전』에는 주역점을 친 사례가 13조, 괘효사를 인용한 것이 6조가 있고, 『국어國語』에는 주역점을 친 사례가 3조 기록되어 있다. 이러한 것들이 곧 '태복이 남긴 법'과 같다는 말이다.

④ 漢儒言象數, 去古未遠也. 一變而爲京焦, 入於磯祥. 再變而爲陳邵, 務窮造化, 易遂不切於民用.

한의 유학자들은 상수를 말하였는데, 태복의 남긴 법과 크게 다르지 않다. 한 번 변하여 경방京房과 초공焦贛이 기상역禨祥易으로 들어갔고, 다시 변하여 진단陳搏과 소옹邵雍이 조화를 밝히는데 주력하였으니, 『역』은 마침내 백성이 사용함에 적절하지 않게 되었다.

'거고미원去古未遠'한 것은 곧 태복의 유법을 가리키며, 바로 점서역占筮易을 말한다. 이것이 한 번 변하여 경방과 초공 등의 기상역禨祥易으로 들어갔고, 다시 변하여 진단과 소옹의 도서역圖書易으로 들어가, 『역』은 마침내 백성이 사용함에 적절치 않게 되었다는 말이다.

⑤ 王弼盡黜象數, 說以老莊. 一變而胡瑗程子, 始闡明儒理. 再變而李光楊萬里, 又參證史事, 易遂日啓其論端, 此兩派六宗, 已互相攻駁.

왕필은 상수를 물리치고 노자와 장자로써 『역』을 말하였다. 한 번 변하여 호원과 정이가 비로소 유학의 원리를 밝혔고, 다시 변하여 이광과 양만리가 역사적 사실을 고찰하여 『역』을 증명하였으니, 『역』은 마침내 나날이 이론의 실마리를 열어, 이 두 학파와 여섯 분파가 서로 공박하게 되었다.

왕필이 출현하여 한대 상수역을 물리치고 노장老莊으로『역』을 해설하였으니, 곧 도가역道家易이다. 이것이 한 번 변하여 호원과 정이에 의해 유가역儒家易이 성립되었고, 다시 이광과 양만리에 의해 사사역史事易이 성립되었으니, 『역』은 마침내 양파兩派 육종六宗이 성립되었다는 말이다.

'양파兩派'란 상수역象數易과 의리역義理易을 말한다. 이것은 역학의 내용을 가지고 분류한 것이며, 시대로 구분하면 한역漢易과 송역宋易이다. '상수역'이란 천문天文, 역보歷譜, 오행五行, 시귀蓍龜, 잡점雜占, 형법形法(관상술과 풍수설까지 포함함) 등 잡다한 술수를 『역』과 배합하여 발전한 학파를 말하고, '의리역'이란 인간의 윤리 혹은 철학의 입장에서 『주역』 경문을 해석한 학파를 말한다.

'육종六宗'이란 '상수역'과 '의리역'의 분파를 말한다. '상수역'은 '점서역占筮易', '기상역禨祥易', '도서역圖書易' 세 파로 나눈다. '점서역'

이란 시초蓍草로 점을 쳐서 『주역』의 괘효사를 완미玩味하여 인간사에 대한 길흉을 결정한다. 이것이 곧 '태복이 남긴 법(太卜之遺法)'이다. '기상역'이란 음양오행을 천지간의 모든 사물에 적용시켜 이것의 상생 상극의 원리를 취하여 인간의 길흉화복을 추론한 파를 가리킨다. 한의 맹희孟喜에서 비롯되어 초공을 이어 경방에 의해 꽃이 피었다. '도서역' 이란 각종의 그림을 그려 『주역』의 원리를 해설한 파를 말한다. 송의 유목劉牧, 소옹 등이 대표적인 사람들이다. '의리역'은 '도가역道家易', '유가역儒家易', '사사역史事易' 세 파로 나눈다. '도가역'이란 노자와 장자 등 도가의 관점을 가지고 『주역』 경문을 해석한 학파로서 위魏의 왕필, 동진의 한강백, 당의 공영달 등이 여기에 속한다. '유가역'이란 공자와 맹자 등 유가의 관점을 가지고 『주역』 경문을 해석한 학파로서 송의 호원, 정이 등이 여기에 속한다. '사사역'이란 역사적 사실을 가지고 『주역』 경문을 증명한 학파로서 송의 이광, 양만리 등이 이 학파에 속한다. 이 두 학파와 여섯 분파가 성립되어 서로 공박하게 되었다는 말이다.

⑥ 又易道廣大, 無所不包, 旁及天文, 地理, 樂律, 兵法, 韻學, 算術, 以逮方外之 爐火, 皆可援易以爲說. 而好異者, 又援以入易, 故易說愈繁.

또 역도는 광대하여 포함하지 않은 것이 없으니, 넓게는 천문, 지리, 악률, 병법, 운학, 산술에서 도사들의 연단에 이르기까지, 모두 『역』을 끌어들여 그들의 설로 하였다. 그리고 기이한 것을 좋아하는 자들은 또 이러한 분야를 끌어다가 『역』으로 들이갔으니, 『역』의 내용은 더욱 복잡하게 되었다.

역도는 광대하여 포함하지 않는 것이 없으니, 사람들은 온갖 잡설을 다 갖다 붙여 그 내용은 더욱 복잡하게 되었다는 말이다.

⑦ 夫六十四卦大象, 皆有君子以字, 其爻象則多戒占者, 聖人之情見乎詞矣. 其 餘皆易之一端, 非其本也.

무릇 64괘 「대상」에는 모두 '군자는 이것을 본받아(君子以)'라는 글자가 있고, 그 효상은 점을 보는 사람이 경계해야 할 내용이 많으며, 성인

의 뜻은 점글에 나타나 있다. 그 나머지는 모두 『역』의 일단일 뿐이고
근본이 아니다.

　성인이 지은 괘효사와 「대상」·「소상」 등 『역전』이 『역』의 근본이고,
그 나머지는 『역』의 말단일 뿐이라는 말이다.

⑧ 今參校諸家, 以因象立教者爲宗, 以其他易外別傳者, 亦兼收以盡其變.

　지금 제가의 역설을 비교하여 교정하고, 괘효상을 따라 가르침을 세우
는 것을 근본으로 하였으며, 기타 『역』 외에 따로 전해오는 것 또한 전
부 수록하여 그 변화를 다하였다.

　'인상입교자因象立教者'를 근본(宗)으로 하였다는 것은 『주역』의 괘
효사를 해설한 책을 근본으로 하여 『사고전서』에 수록하였다는 말이다.
'역외별전자易外別傳者'라는 것은 곧 『역』의 말단에 속하는 것을 가리키
며, 이러한 것들도 모두 수록하였다는 말이다.


　이상 『사고전서총목제요』 「역류」의 서문에 해당하는 글을 간단히 해설하
였다. 그 요점은 '양파육종'에 있다. 필자는 『주역』을 전공하는 사람에게
『사고전서총목제요』 제1책 경부經部 「역류易類」와 「역류존목易類存目」, 제3
책 자부子部 「천문산법류天文算法類」와 「술수류術數類」를 갖추고 반드시 참
고하기를 권한다. 청나라 당대 최고의 학자들이 정리해 둔 각 문헌의 제요
를 참고하지 않고 『주역』을 전공한다는 것은 참 납득하기 어려운 말이다. 참
고로, 필자가 가지고 있는 책은 대만 상무인서관에서 인쇄한 문연각文淵閣
본 복사본이다. 유학 시절 대만대 연구생 도서관에서 복사하였다.


**『육십사괘경해六十四卦經解』** 청淸 주준성朱駿聲 저著. 北京, 中華書局.

　주준성(1788~1858)은 청대 경학가이자 문자 훈고학자이다. 자는 풍기豊
芑, 호는 윤천允倩, 만년의 호는 석은石隱이다. 당시 저명한 학자인 전대흔錢

大昕(1728~1804)의 문하에서 수학하였다. 『육십사괘경해』는 또 『주역회통周易滙通』이라고도 한다. 그는 한송 이래 각 가의 역설을 종합 고찰하고, 그 장단점을 상세히 논하여 주에다 실었는데, 그의 훈고는 반드시 그 근원을 밝혔고, 고적이 간직하고 있는 뜻과 역사 사실을 넓게 인용하여 인간사를 증명하였다. 그는 지괘의 변화와 호괘의 문의가 상통하는 것에 대해 특히 상세히 말하였다. 정현의 효진爻辰과 고금의 역을 점친 징험을 모두 실었다. 천문산술의 실사구시, 음양 술수의 은밀함, 지리방역의 고증, 괘사의 고운古韻의 증정增訂에 더욱 관통하였다.(『역학대사전』에서 인용하였음)


**『주역상씨학周易尙氏學』** 청淸 · 상병화尙秉和 저著. 北京, 中華書局.

상병화(1870~1950)는 근대의 역학대가이다. 자는 절지節之, 스스로 호를 석연도인石烟道人, 또 자제노인慈濟老人이라고 하였다. 중년 이후에 비로소 역학을 공부하였다. 그는 『초씨역고焦氏易詁』를 지었는데, 그 후 이 책을 기초로 하여 역대 역상과 역해에 대해 넓게 자료를 수집 채택하여 그 득실을 비판, 장점을 취하고 단점을 버렸다. 또 그 스승 오지보吳摯甫의 『역설』을 흡수하고 발휘, 상수학 전통을 계승하여 "역의 괘효사는 모두 상을 보고 이은 것(易辭皆觀象而繫)"으로 여겼다. 그러므로 그의 역의 중점은 상을 가지고 역을 해석힌 데에 있다. 『역전』이 취한 상위에도 『좌전』, 『국어』, 『일주서逸周書』 등, 특히 초연수焦延壽의 『역림易林』 중에서 많은 숨은 상들을 찾아내어 복상覆象, 반상半象의 설을 제출하여 이것으로 『주역』을 해석하였다. 정현의 효진설, 우번의 효변설 등은 일괄적으로 취하지 않았고, 왕필이 상수를 쓸어 없앤 것, 그리고 송유의 이른바 '의리지학'이라는 것들은 공허하고 황당무계하다(空泛謬悠)고 여겨 반대하였다. 소옹의 선천괘위설은 『주역』과 부합한다고 여겨 찬성하였다. 그는 상수에 대해 많은 발명을 하였는데, 앞사람들이 해결하지 못한 문제를 해결한 것이 적지 않다.(『역학대사

전』에서 인용하였음)


**『독역삼종讀易三種』** 굴만리屈萬里 저著. 臺北 聯經出版事業公司.

굴만리(1907~1979)는 현대 대학자이며, 자는 익붕翼鵬, 산동성 어대현魚臺縣 사람이다. 대만대학 중문과와 중국문학연구소 주임을 지냈다. 역학계 인사들의 요청에 의해 대만에서 '중화민국역경학회'를 조직, 이사장직을 맡아 『중화역경월간』을 창간하였다. 『주역』에 대해 깊은 연구를 하여 괘효사와 역괘에 대해 중점적으로 고증하였는데, 괘효사는 주나라 무왕 때 쓰였고, 괘는 귀복龜卜에 근원이 있다고 여겼다. 『독역삼종』은 「주역집석초고周易集釋初稿」, 「학역차기學易箚記」, 「주역비주周易批注」 3종으로 구성되어 있는 그의 대표작이다. 『주역집석초고』는 그의 유고이며 문인들이 정리하여 완성하였다. 그는 고대 문헌에 정통하였고 특히 고문자학에 능통하였다. 이 책의 첫째 특징은 인용한 자료가 풍부하다는 것이다. 이정조의 『주역집해』, 육덕명의 『경전석문』, 정이의 『역전』, 주희의 『주역본의』와 『역학계몽』, 『주역절중』 등의 많은 역학 재료 외에도 경經·사史·자子·집集과 훈고학의 자료에서 널리 인용하였다. 둘째 특징은 문자 재료를 이용하여 경전의 문자와 소통하였는데, 갑골문·금문·전국 문자와 희평熹平 석경石經과 돈황敦煌 사본 등을 포괄하였다. 이 책의 중점은 문자의 해석에 있고, 의리는 거의 언급하지 않았지만 상수는 종종 언급하였다. 『학역차기』는 갑골문과 금문 등 고문자 재료뿐만 아니라, 『상서』, 『시경』, 『좌전』, 『삼례』, 『사기』, 『한서』 등 역사 문헌과 청대 사람의 소학小學 저작, 근대의 우성오于省吾, 당란唐蘭, 왕헌당王獻唐, 문일다聞一多 등의 신설을 인용한 곳이 많다. 특히 문일다의 『주역의증류찬周易義證類纂』에서 많이 인용하였는데, 그는 역학 연구 방법에서 문일다에게 깊은 영향을 받았다. 『주역비주』는 그가 『주역』을 강의하고 연구하면서 평어와 주해를 한 것이다. 그는 만년에 『주역』을 강의하면서 민간 서점의 축소판『주역본의』를 교재로 하였는데, 책의 공간에 많은 평어를 써놓았다. 그가 죽은 후 문인들이 이를 정리하여 완성한 것이다. 이 책은 인증한 자료는 비교적 적고 주석은 비교적 간단하나, 그가 긴 세월 역학을 연구하여 심득한 것이다. 그러므로 말은 간결하나 뜻은 포괄적이며, 혹은 직접 구절을 해석하기도 하고 혹은 다른 사람의 말을 인용하기도 하였으며, 혹은 이문異文을 들기도 하였는데, 의리와 상수는 거의 말하지 않았다.

이 세 권의 책 외에 또『선진한위역례술평先秦漢魏易例述評』이 있다. 이 책은 두 권으로 구성되어 있는데, 상권은「단」·「상」·「문언」·「계사」·「설괘」의 역례를 상세히 정리하였고, 또『국어』,『좌전』, 선진제자·전한 무제 이전의 제자의 전적 중의 역례를 자세히 기술하였다. 하권은 상수로 역을 해석한 역례를 기술한 것이며, 십이소식괘十二消息卦, 괘기卦氣, 호체互體와 효변爻變 등 모두 20개의 상수 역례를 기술하였고, 마지막에는 왕필 역례를 기술해두었다. 이 책은『주역』을 공부하는 사람이 반드시 읽어야 할 수작이다. 필자는 대만 유학 시절 이 책을 읽고『주역』연구에 대해 나름대로 눈을 뜨게 되었으며, 그 엄밀함과 정밀함에 깊은 영향을 받았다.『역전해설』을 쓰면서 많이 참고하였는데, 필자와 견해가 달라 수용하지 않은 부분도 많이 있다.(『역학대사전』을 참고 하였음)


**『주역고경금주周易古經今注』** 고형高亨 저著. 北京, 中華書局.

고형(1900~1986)은 현내 고문자 학자이자 고대 문화사가이다. 자는 진생晉生. 길림성 쌍양현雙陽縣 사람이다. 청화淸華대학 연구원을 졸업하고, 무한대학, 산동대학 등 여러 대학의 교수를 역임하였다. 경학·자학·사학과 금석·갑골문자에 조예가 깊었으며,『시경』,『상서』,『주역』을 중점적으로 연구하였다. 그는『주역』의 괘명, 괘사, 효사 및 점법을 고증하면서 팔괘는 원시 사회 시기에 출현한 것이며, 64괘는 늦어도 은대에 출현한 것이라고 여겼다. 서주 초기에 그 이전 시대부터 내려온 점법 혹은 점책을 바탕으로 쓴 책이 『주역』이며, 동주에 이르러 이 『주역』을 해설하여 인간사의 길흉을 점치는 것으로 우주 만물의 변화를 상징한 것이 『역전』이라고 보았다. 역학 저서에는 『주역고경통설周易古經通說』, 『주역고경금주』(1940), 『주역잡론周易雜論』(1962), 『주역대전금주』(1970)가 있다. 『주역고경통설』은 1940년대에 귀양貴陽 문통서국文通書局에서 출판하였는데, 주옥같은 7편의 논문으로 구성되어 있다. 『주역고경금주』는 『주역』 경문(괘효사)을 해설한 책이며, 『주역잡론』은 5편의 『주역』의 철학 사상에 대한 논문을 엮은 책이다. 『주역대전금주』는 『역전』을 전문적으로 해설한 책이다. 1984년 북경 중화서국에서 『주역고경통설』과 『주역고경금주』를 합본하여 한 책으로 출판하였다.

『주역고경금주』는 그의 나이 40세, 무한武漢대학 교수로 있을 때 출판한 것으로 1940년대 중국 역학계에 큰 반응을 불러일으킨 책이다. 그는 서문에서 "이 책에는 두 가지 특색이 있다"고 하였다. 하나는 『역전』을 고수하지 않았다는 것이다. "괘효사는 『경』이고 십익은 『전』이다. 역대 학자들은 『역경』을 주해하면서 모두 『전』으로 『경』을 해석하였으나, 나는 『전』을 떠나 『경』을 해석하였다. 여기에 『주역』에 대한 나의 견해가 있다"고 하였다. 또 하나는 상수를 말하지 않았다는 것이다. "『역경』에서 점을 말하는 것은 상수와 떨어질 수 없다. 그러나 괘효사가 말하는 것은 곧 상수와 관계하지 않을 수 있다"고 하였다. 그는 『주역』 해석의 전통적 방식을 버리고 오로지 고문헌에서 확실한 증거를 찾아 문자를 하나하나 고증하였다. 서문 끝에 "『역경』의 어떤 구절은 정말 이해하기 어렵다. 나의 주해를 내 스스로에게 물어봐도 곳곳에 모두 만족하는 것은 아니다. 그러나 절대로 한 구절 한 글자를 가볍게 여기지 않았다. …이것은 다만 초보적인 정리일 뿐이며, 『주역』 경문의 본래의 뜻과 완전히 부합하는지는 말할 수 없다"고 겸손하고 바른 말을 하여 큰 학자다운 면모를 보였다.

『주역고경금주』는 필자가 1995년에 『고형의 주역』이라는 제목으로 번역, 출판하였다. 이 책은 아마 우리나라에서 『주역』에 대한 전통적인 정주程朱

의 해석 방식에서 벗어난 고증학적 해석을 소개한 최초의 책이 아닌가 한다. 책이 출판된 이후 독자들로부터 많은 성원을 받았다. 어떤 독자들은 이 책의 제목이 왜 『고형의 주역』이 되어야 하는가 하는 질문을 하였다. 책이 출판된 지 15년이나 지난 지금에도 가끔 독자들로부터 같은 질문을 받는다. 아마 필자가 세상을 떠난 후에도 독자들은 같은 질문을 할 것이다. 『주역고경금주』는 『역경』(괘효사)만을 전문적으로 해설한 책이고, 또 고형에게는 『역전』을 전문적으로 해설한 『주역대전금주』가 있으므로, 『주역고경금주』를 번역한 책의 제목이 결코 『고형의 주역』이 될 수 없기 때문이다. 여기에서 나는 분명히 밝혀두겠다. 나는 이 책의 제목이 『고형의 주역』인 것을 출판사가 나에게 보내준 출판된 책을 보고 알았다. 참으로 황당했다. 마치 내가 고형의 『주역』이 뭣인지도 모르면서 고형의 『주역』을 운운하며, 독자들에게 사기를 친 것 같은 생각이 들어 처음에는 한동안 매우 괴로워했다. 출판사에서 책의 제목을 정할 때 옮긴이에게 전화 한 통만 해주어서 제목에 '역경편' 한 단어만 추가하였더라면 더 없이 좋은 제목이 되었을 것이다. 『고형의 주역』은 이 세상에서 없어져야 할 책이다. 『주역대전금주』가 『주역고경금주』보다 30년 뒤에 나왔고, 또 『주역고경금주』의 내용이 요약 혹은 수정되어 『주역대전금주』에 모두 들어있으므로 『주역대전금주』가 정말 '고형의 『주역』'이다. 당시 『주역대전금주』는 번역을 다 해두고도 출판을 포기했다.


**『주역대전금주周易大傳今注』** 고형高亨 저著. 齊魯書社.

고형이 『역전』을 전문적으로 해설한 책이다. 1964년에 집필을 시작하여 1970년, 그의 나이 70세 때 완성하였다. 그는 『역경』의 본뜻과 『역전』이 『역경』을 해설한 것과는 거리가 멀다고 여기고, 당연히 "『경』으로 『경』을 해석하고, 『전』으로 『전』을 말해야 한다(以經說經, 以傳說傳)"고 여겼다. 이 책은 『역전』의 본뜻을 힘써 구하였다. 상수를 말해도 『역전』이 본래 가지고 있는 것만 말하였지, 『역전』에 원래 없는 상수설은 일체 언급하지 않았다. 매 괘사와 효사의 머리에 '경의經意'라 하여 경문의 원뜻에 의거하여 『경』을 주해하고, 이어 '전해傳解'라 하여 『전』을 『전』으로 주해하였다. 각 괘효사에 '경의'와 '전의'를 나란히 열거함으로써 『경』의 원뜻과 『전』의 해석의 같고 다른 점을 비교하여 파악할 수 있도록 하였다. 예를 들어, 건괘 괘사 '원형리정'의 경우, '경의'에서 "(점을 쳐 이 괘를 얻으면) 큰 제사를 거행할 수 있다. 이롭다는 점이다"고 해석하고, '전의'에서 "하늘은 선하고, 아름답고, 사물을 이롭게 하고, 바르다는 덕을 가지고 있다"고 해석하였다. '경의'는 『역경』을 해석한 것이나 『주역고경금주』와 다르게 해석한 부분이 많다. 고형은 『주역대전금주』에서 『주역고경금주』의 내용을 요약하거나 많이 수정하여 기술하였다. 『주역고경금주』는 그가 40세 때, 『주역대전금주』는 70세에 완성하였으니, 그 긴 세월 동안 그의 학문은 더욱 깊어졌을 것이며, 『주역대전금주』를 집필하면서 『주역고경금주』의 상당 부분이 수정이 필요했을 것이다. 고형 이후, 중국이나 대만에서 학자가 쓴 『주역』에 관련된 책이면서, 고형을 수용하든 비판하든, 그의 영향을 받지 않은 책은 한 권도 없다. 앞으로도 영원히 없을 것이다. 필자의 본책에 그의 중요한 주장은 모두 인용하였다.

필자는 대만 유학 시절, 고형의 두 권의 책을 통해 비로소 『주역』을 나름대로 이해하였다. 특히 『주역대전금주』는 귀국 후 번역하면서 책 한 권을 통째로 암기하다시피 하였다. 필자는 본 책에서 고형의 주장을 인용하였을 경우 반드시 출처를 밝혀두었지만, 전반적인 이해의 밑바탕에는 고형의 색채가 짙게 깔려있음을 조금도 부인할 수 없다. 그러나 지금 『전』을 『전』으로 해석한 점에 있어서는 감히 고형을 뛰어넘었다고 자부한다. 필자의 본 책은 필자의 눈을 가지고 전문傳文을 읽은 책이다. 주희가 혹은 고형이 혹은 누구누구가 「계사」의 어느 부분을 바로 이해하지 못했구나 하는 것이 필자의 눈에 다 들어왔다. 이것은 필자가 능력이 있어서가 아니라 고형의 이 훌륭한 저서가 밑바탕이 되었기 때문에 가능했던 것이다. 추사체는 어느 날 '갑자기' 추사체가 된 것이 아니다. 수많은 명필들을 섭렵하고 피눈물 나는 노력의 과정을 거친 후에 '마침내' 추사체가 된 것이다.


**『주역통의周易通義』** 이경지李鏡池 저著. 北京, 中華書局.

이경지(1902~1975)는 고형과 더불어 현대 중국 고증역학파의 대표적인 학자이다. 『주역통의』는 그의 만년의 저작이다. 그는 이 책 「전언前言」에서 『주역』에 대한 자신의 견해를 밝혀두었다. 첫째, '『주역』은 어떤 책인가'에서, 『주역』은 주나라 말기에 쓰인 것이고, 지은 사람은 주나라 말기의 한 사람의 점치는 관리라고 하였다. 또 『주역』은 중국철학사상 최초의 저작이며, 사회 사료, 철학 사상, 문학 가치 세 방면에서 보아서 2,700년 전부터 내려온 진귀한 문화유산으로 여겼다. 둘째, '『주역』은 무엇을 말한 것인가'에서, 『주역』은 당시 사회의 생산, 계급투쟁, 사상, 풍속을 다방면으로 반영한 것이며, 점책이라는 외투를 벗겨버리면 주나라 역사를 연구하는 제일 재료를 얻을 수 있다고 하였다. 셋째, '『주역』은 형식 구성에서 어떤 특징이 있는가'에서, 매 괘가 갖고 있는 괘획, 표제(괘명), 괘사, 효사, 네 부분을 설명하였고, 점글(筮辭)은 『주역』전체의 중요 부분이며, 이것을 정사사貞事辭, 정조사貞兆辭, 상점사象占辭 세 종으로 나누어 설명하였다. 넷째, '주역의 해설과 연구'에서, 고금학자들의 『주역』 연구의 상황을 논술하였고, 또 오늘날 『주역』을 공부하는 사람은 『경』과 『전』을 분별할 것, 『주역』의 조직 체례體例를 분명히 이해할 것, 『주역』이 반영한 시대를 이해할 것 등 세 가지 원칙을 반드시 파악할 것을 강조하였다. 경문 해석 부분에서는 64괘 괘효사를 해석하면서 매 괘마다 모두 훈訓으로 자의字義를 해석한 후에 한 괘의 뜻을 해석하였다. 한당 제유들의 진부한 해설은 버리고 괘효사가 반영한 시대 특징에 중점을 두고 기술하여, 역학 연구의 독창적인 일가를 이루었다.

필자는 이 책을 구절구절 번역하면서 아주 감명 깊게 읽었으며, 고형의 저서와 더불어 『주역』 해석 방식에서 깊은 영향을 받았다. 그러나 간혹 황당한 해석은 필자를 당황스럽게 하였다 예를 들어, 건괘 넷째 양효(九四)의 효사 '或躍在淵, 无咎'를 해석하면서, '혹或'은 귀족을 가리킨다 하고,『주역』의 '혹'자는 대부분 대인·군자를 가리키며, 이 구절은 귀족의 부패 무능과 내부 분열의 격렬한 현상을 말한 것이라고 하였다. 즉 '혹'은 부패한 부르주아를 가리키며, '약재연'은 그가 깊은 연못으로 뛰어들어 투신하였다고 해석하였다. 즉 한 부패한 부르주아가 연못에 투신하였는데, 그는 죄가 없으며 인민의 압박을 받아 죽은 것이라고 해석한 것이다. 참 재미있는 해석이다. 고형의 책에도 이와 유사한 해석이 종종 있다. 예를 들어, 서합噬嗑 꼭대기 양효(上九)의 "何校滅耳, 凶."을 노예주(부르주아)가 노예(프롤레타리아)를 형장으로 끌고 가 죽였으니 흉하다고 해석한 것 등이다. 고형은 "양효와 음효는 모순 대립하는 두 종류의 부호(陽爻與陰爻乃矛盾對立之兩種符號)"라 하고, 또 "남자와 여자는 모순 대립하는 두 종류의 사물(陽性與陰性乃矛盾對立之兩種事物)"이라고 하였다(『주역대전금주』 31쪽). 참 황당한 말이다. 주백곤도 『역학철학사』에서 걸핏하면 '모순' '투쟁' '대립' '통일'을 말하고 있다. 이들은 중국에 마르크스가 창궐하던 시대에 학자로 활동했던 당시 최고의 '빨갱이' 지식인들이었다. 『주역』의 해석에는 정답이 없지만 마르크스를 가지고 『주역』을 해석한다는 것은 필자에게는 지극히 유치한 일이다. 우리는 주나라 무왕이 은나라 주왕을 정벌한 역사적 사실을, 부패한 부르주아를 타도하고 인민을 해방시킨 위대한 프롤레타리아의 혁명이라고 해석할 수 있겠는가? 마르크스의 입장에서 말한다면, 『주역』의 중심 인물인 문왕·무왕·주공 등은 모두 부르주아 계급이며, 이들이 프롤레타리아의 타도의 대상이라면 『주역』이라는 책 자체를 부정해야 할 것이다. 서양 고대 그리스의 자연철학과 마찬가지로 『주역』에도 원시적인 변증법적 요소나(剛柔相推而生變化.─「계사」 상·2장) 유물론의 성분이 있다(精氣爲物, 游魂爲變.─「계사」 상·4장). 그러나 유심론의 색채가 오히려 지배적이기 때문에(形而上者謂之道, 形而下者謂之器.─「계사」 상·12장), 송대의 객관 유심론 철학인 이학에서 형이상학의 토대가 되어 마르크스가 중국을 정복하기 이전까지 긴 세월 동안 중국 사상계를 이끌 수 있었다. 음양은 대립하는 것이 아니라 조화하는 것이요(陰陽合德, 而剛柔有體.─「계사」하·6장), 남녀는 모순 대립하는 것이 아니라 사랑하는 것이다(男女構精, 萬物化生.─「계사」하·5장). 이경지가이 책에서 즐겨 사용한 '격렬한 계급투쟁'이니 '첨예한 귀족내부의 모순'이니 하는 비 주역적인 요소만 제외한다면 이 책은 고형과 더불어 수작이다.

이경지의 저서로 소개하고 싶은 『주역탐원周易探源』이라는 책이 또 있다. 이 책은 그가 1930년에서 1963년까지, 30여 년을 『주역』을 연구하며 쓴 주옥같은 9편의 논문과 부록으로 또 3편의 논문을 수록한 논문집이다. 그의 예리하고 논리적인 분석은 사람으로 하여금 경탄을 금치 못하게 한다. 이 중 '『주역』의 점글에 대한 연구(周易筮辭考)'와 '『좌전』과 『국어』 중의 주역 점에 대한 연구(左國中易筮之研究)' 두 편의 논문은 필자가 『주역점의 이해』에 번역해 두었다. 이 두 편의 논문을 통해 이경지의 『주역』에 대한 깊이를 느낄 수 있을 것이다. 이 책은 1978년 북경 중화서국에서 출판하였다. 우리나라에도 하루바삐 번역되어 나와야 할 책이다. 이 책이 번역되면 우리나라 『주역』의 수준이 50년 정도는 앞당겨지게 될 것이다.


**『주역사리통의周易事理通義』** 유백민劉百閔 저著. 臺北, 世界書局.

유백민은 고형이나 이경지 등과 같은 고증역학파가 아니다. 그런데도 그는 우리나라 김경탁 선생님처럼 『주역』을 「경」과 「전」으로 분리하였다. 그는 저서 『주역사리통의』를 상하 두 책으로 나누어 상책은 『역경』을, 하책은 『역전』을 해설하였고, '주역 사리학事理學'이라는 나름의 독창적인 학문 체계를 세웠다. 그는 「자서自序」에서 "『주역』이라는 학문은 곧 사리의 학문이다. 무릇 학문에는 이理(원리와 인과)가 있고, 통統(조리와 계통)이 있으며, 방方(실천과 방법)이 있다. '주역 사리학'이란 간단히 말해서, 첫째는 근본 원리요, 둘째는 체계 원리요, 셋째는 실천 원리이다. '근본 원리'란 역유태극易有太極을 말하고, '체계 원리'는 삼극三極의 도를 말하며, '실천 원리'는 인극人極을 말한다"고 하였다. 그는 괘효사는 단지 상象·언言·점占일 뿐이라 여기고, '상'은 일을 본뜬 것(象事), '언'은 일을 말한 것(言事), '점'은 일을 점친 것(占事)이라 하고, 이 책은 곧 이 세 가지를 가지고 상세히 설명한 것이라고 하였다. 저서로 또 『역사리학서론易事理學序論』이 있는데, 『주역』은 근본 원리, 존재 원리, 실천 원리를 가지고 있으므로 사리事理의 학문이라고 칭할 수 있다고 하였다.

『주역사리통의』는 수작이다. 고형이나 이경지의 저서와는 색깔이 전혀 다르다. 고형과 이경지는 전통적인 해석을 따르지 않고 문자의 고증에 주력하였지만, 유백민은 전통적인 해석을 바탕으로 수많은 문헌을 참고하여 「경」과 「전」을 주해하였다. 필자는 『주역』을 공부하는 사람에게 정독을 권한다. 일독하고 나면 『주역』을 보는 시야가 넓어질 것이다. 이것은 필자의 경험이다. 필자는 대만 유학 시절 이 책을 읽고 책 같은 책을 읽었다는 생각이 들었다. 『주역』은 「경」과 「전」을 해석하는 것만이 『주역』이 아니다. 이것은 『주역』 공부의 가장 초보적인 작업일 뿐이다. 유백민은 『주역』에 대해 자신 나름의 학문 체계를 세운 사람이다. 필자는 이제 기껏 『주역』을 나름대로 해석하였을 뿐, 유백민과 같이 학문 체계를 세우는 경지까지는 아직 이르지 못했음을 부끄럽게 생각한다. 이것은 필자의 어찌할 수 없는 능력의 한계임을 솔직히 고백하지 않을 수 없다.

**『주역의 역주와 연구周易注譯與硏究』** 진고응陳鼓應·조건위趙建偉 저著, 臺灣商務印書館

진고응은 1935년에 출생한 복건福建 장정長汀사람이다. 대만대학 철학과와 동 연구소를 졸업하고, 동 대학 교수와 북경대 객좌 교수를 역임하였다. 필자가 '진고응'이라는 이름을 처음 알게 된 것은 1982년 대만대학 철학 연구소 석사과정 일 학년 때, 엄령봉嚴靈峯 선생님의 '노장철학' 강의를 일 년 동안 들으면서, 대만상무인서관에서 출판한 그의 『노자금주금역』과 『장자금주금역』을 읽고서였다. 당시 나는 이 책들을 읽으면서 책을 참 '똑 부러지게' 썼구나 하는 생각이 들었고, 그 이름 세 글자는 머릿속에서 지워지지 않게 되었다. 근래에 그의 『주역의 역주와 연구』를 읽고 '역시 진고응'이라는 생각이 들었다. 무릇 저서란 자신의 색깔이 있어야 한다. 진고응은 이 책에서 자신의 색깔을 진하게 드러내었다.

『주역』에는 '부孚'자가 42곳 기록되어 있다. 필자는 솔직히 '부'자의 해석에 대해 자신이 없다. '부'자는 『역전』에서 믿음이라는 뜻의 신信으로 해석한 이래 2천여 년을 이렇게 해석해왔는데, 고형과 이경지 등의 고증역학파는 사로잡은 포로나 노획한 재물이라는 뜻의 '부俘'로 해석하였다. 필자는 『내 눈으로 읽은 주역: 역경편』에서 괘효사에 기록되어 있는 42곳의 '부'자에 대해, 포로라는 뜻으로 해석한 것이 35곳, 믿음이라는 뜻으로 해석한 것이 3곳, 벌罰이라는 뜻으로 해석한 것이 2곳, 당기다는 뜻의 부捊와 뜨다는 뜻의 부浮로 해석한 것이 각각 한 곳이다. 이 해석은 모두 고형과 이경지의 해석을 따른 것이다. 그런데 진고응은 '부'자에 대해 진고응 다운 독특한 해석을 내놓았다. 지금 독자들을 위해 잠시 소개하고자 한다. 다음은 그의 책 「전언前言」에 기록되어 있는 '험사와 유부(驗辭與有孚)' 전문을 그대로 번역한 것이다.


귀갑龜甲으로 점을 치면 징조가 나타나는 곳(兆位)은 귀갑의 윗부분·가운데·아랫부분이 있다(『사기』 「귀책열전」을 보라). 시초로 점을 치면 그 효위爻位는 천·인·지의 '삼극' 혹은 '삼재'가 있다. 거북점글(卜辭)에는 정사貞辭·점사占辭·험사驗辭가 있으며, 시초점글에도 당연히 이와 같다. 『주례』 「춘관·종백·점인」에 "거북점과 시초점은 점이 끝나면 곧 점친 일을 기록한 비단을 어느 곳에 매어두었다가, 거북이나 시초에 알린 글을 그 징조와 괘효에 따라 계열별로 분류하여 한 해가 끝날 때 그 점이 영험하였는가 영험하지 않았는가를 자세히 조사하였다(凡卜筮, 旣事則繫

幣以比其命, 歲終則計其占之中否)"고 하였는데, 점이 영험하였는가 영험하지 않았는가 하는 것이 곧 험사驗辭이며, 당연히『주역』의 괘효사 중에 보존되어 있다.

『역경』을 깊이 연구해 보면, 우리는 40여차 출현하는 '부孚' 혹은 '유부有孚'가 곧 험사驗辭임을 알게 된다. 그러나 이것과 거북점글(卜辭) 중의 순수 험사로 여기는 '윤允'자와 또 구별이 있다. 이것은 두 가지 뜻을 지니고 있는데, 하나는 점사占辭이며, 징조徵兆를 가리킨다. 또 하나는 험사驗辭이며, 징험徵驗을 가리킨다. 이 글자의 용법은 징조, 조짐이라는 뜻의 '징徵'자와 대략 같다.

'부孚'자는『백서주역』에 모두 '부復'자로 되어 있다. '부'와 '부'는 모두 효험(信驗)의 뜻이다. 해괘解卦에서 정이와 주희는 '부孚'를 영험하다, 효험이 있다는 뜻의 험험으로 새겼고,『논어』「학이」의 황간皇侃의 소에서 "부는 험과 같다(復猶驗也)"고 한 것과 같다.

『역경』은 전문적으로 징조徵兆, 응험應驗(징조가 들어맞음, 영험함이 있음의 뜻─옮긴이)의 일을 말한 것이다. 그러나 전체 경문에서 징徵·조兆·응應·험驗 등의 글자 모습은 볼 수 없다. 우리는 '부孚'자를 징조·징험으로 해석한다면 곧 이 의문은 해결된 것이다. 이것은 곧『역경』이 길흉화복을 전문적으로 말한 것이나 '화禍'자를 찾아볼 수 없으며, 따라서 우리는 '화'는 '해害'자로 대신 한 것으로 여기는 것과 같다. 이것은 또한『역경』이 점치는 책이나 경문에는 도리어 '점占'자가 보이지 않으며(다만 한 곳 보인다. 혁괘革卦 다섯째 양효에 '未占有孚'라고 하였는데, 이 '점'자 또한 매우 의심스럽다), 따라서 우리는 경문에 나타나는 60, 70차의 많은 '정貞'자를 '점'으로 해석하는 것과 같다.

'부孚'자의 옛날 해석은 모두 믿음이라는 뜻의 '신信'으로 새겼는데, '조兆'자에도 '신信'의 뜻이 있다.『회남자』「본경훈本經訓」 주에 보면 "조는 신이다(兆, 信也)"고 하였다. '부'는 본래 거북 껍질을 불에 태워 징조가 갈라진 것과 관련이 있음을 알 수 있다. '부孚'는 '부孵'의 음을 빌린 것이며, 『설문』의 '부'자의 해석은 '부孵'에서 전해진 것이라고 할 수 있다. 서개徐鍇의 『설문계전說文繫傳』에 "부는 알이 부화하는 것(孚, 卵孚也)"이라 하였고, 단옥재段玉裁의 『설문해자주說文解字注』에는 현응서玄應書가 보충한 '즉卽'자에 의거하여 "부는 알이 곧 부화하는 것이다. 또 신이라 한다(孚, 卵卽孚也, 一曰信也)"고 하였다. 알이 장차 부화한다는 것은 사물의 징조를 표명한 것이니, 이 의의에서 말하면, '부' 혹은 '유부'는 점을 쳐 얻은 괘의 징조, 사물의 징조와 기미(跡象) 등으로 해석할 수 있다. 알이 이미 부화한 것은 사물의 징험을 표명한 것이니, 이 의의에서 말하면, '부' 혹은 '유부'는 사물의 발전이 신험信驗, 응험應驗, 응보應報, 결과結果 등이 이미 있거나 혹은 반드시 있는 것이라고 해석할 수 있다.

알의 껍질이 갈라져 깨어지는 것과 귀갑의 징조가 갈라지는 것은 동일한 도리이므로 엣사람은 이것에 의거하여 길흉을 예측하였다. 옛날에는 거북점이 있었고, 또한 닭점이 있었다. 닭점은 또 닭뼈점, 달걀점 등 여러 종류의 방법이 있었으니, 옛사람에게는 또한 알의 부화를 가지고 길흉을 점치는 법이 있었다.

'부孚'자는 또한 '부勇'로 쓴 것도 있다. '부勇'는 식물이 피어나는 것을 말하니, 알이 부화하고, 귀갑이 갈라지는 것과 서로 같은 부류이다. 『주역정의』에 「설괘」의 '진위부震爲勇'를 해석하여 "'부'라는 것은 봄에 기가 이르러 초목이 모두 피어서 생하는 것을 취한 것(爲勇, 取其春時氣至, 草木皆吐勇布而生也)"이라 하였고, 해괘解卦 '하감상진下坎上震'의 「단」에서 말하기를 "천지가 풀리니 우레와 비가 일어나며, 우레와 비가 일어나니 백괴외 초목이 모두 땅에서 니외 잎을 피운디(天地解而雷雨作, 雷雨作而百果草木皆甲坼)"고 하였다. '진'은 동방이고 춘분이며 우레는 곧 소리를 내고 잠자는 벌레는 문을 열며, 만물은 열리는 때이다. 『문자文子』「상응上應」에 또한 말하기를 "우레가 움직이니 만물은 열린다(雷之動也萬物啓)"고 하였다(계啓는 곧 개탁開坼이다). 따라서 『귀장』중에는 '진震'을 '리釐'로 하였고, '리釐'는 犐의 성음으로 되어 있으니 당연히 犐로 사용할 수 있다. 『설문』에 "리는 갈라지는 것이다. 과일이 익어 맛이 있는 것을 또한 탁이라 한다(柝, 坼也. 果熟有味亦坼)고 하였다. 이러한 것들은 모두 『역』의 '부孚'·'부復'·'부甹'가 간직하고 있는 뜻이다.

'유부有孚' 역시 한 글자인 '부'와 서로 같다. 이들은 경문 중에 위치가 마음대로이다. 효사의 머리에 있는가 하면, 괘효사 가운데에 있기도 하고, 끝에 놓여 있기도 한다. 어떤 때는 목적어까지 가지고 있기도 하는데, 다만 해석할 때 지나치게 얽매여서는 안 된다.

이상, 진고응은 괘효사에서 '부孚'를 '징조(괘가 나타낸 징조)'와 '징험·응험(영험함이 있음)'이라는 두 가지 뜻으로 해석하였는데, 다음 괘효사의 해석에서 실제의 예를 들어 보겠다. 42곳의 '부'를 모두 예로 들어 해석할 수 없으므로 다섯 구절만 예로 들겠다.

1. 需. 有孚, 光亨, 貞吉, 利涉大川.
   점을 쳐 수괘를 얻으면, 나타난 괘의 징조는 크게 형통하고, 점에 물으면 길하고, 큰 내를 건너면 이롭다.

2. 訟. 有孚, 窒惕, 中吉. 終凶. 利見大人, 不利涉大川.
   점을 쳐 송괘를 얻으면, 괘의 징조가 나타낸 것은 점에 물은 사람이 근심하고 두려워하게 되며, 일의 발전이 처음과 중간은 순조로울 것이나, 후반과 끝에서는 좋지 않을 것이다. 대인을 만나면 유리하나, 큰 내를 건너면 불리하다.

3. 比. 初六. 有孚比之, 無咎. 有孚盈缶, 終來有它, 吉.
   점을 쳐 처음 음효를 얻으면, 괘의 징조가 나타낸 것은 다른 사람과 친근하면 재해가 없다. 괘의 징조가 또 나타낸 것은 동이가 뒤집혔으니, 끝내 우환이 있으나, 결국은 길하다.(그는 '영盈'을 기울다는 뜻의 경傾으로 읽고, 뒤집어엎다는 뜻의 경복傾覆으로 해석하였다)

4. 革. 己日乃孚, 元亨, 利貞, 悔亡.

점을 쳐 혁괘를 얻으면, 기일이 되어 상황이 좋은 것으로 바뀌어 반드시 영험함(應驗)이 있다. 크게 통순하고, 점에 물으면 이로우니, 좋지 않은 일은 이미 지나갔다.(그는 '己日乃孚'는 '己日革之乃孚'의 생략한 글이라고 하였다)

5. 革. 九五. 大人虎變, 未占有孚.

점을 쳐 다섯째 양효를 얻으면, 대인은 높은 지위로 올라 귀한 사람이 되니, 점에 물을 필요 없이 이미 영험함(應驗)이 있다.


이상의 예에서 보듯 그는 '부'자를 '괘가 나타낸 징조(卦兆)'와 '영험함이 있는 것(應驗)' 두 가지로 해석하였다. 이러한 해석은 전통적인 해석도 고증 역학파의 해석도 따르지 않고 독창적으로 해석한 것이니, 과연 큰 학자다운 면모를 보였다. 진고응의 해석이 맞든 어쨌든 자신만의 탁월한 견해인 것은 분명하며, 이는 『주역』괘효사의 해석에서 또 하나의 획기적인 발전이다. 진고응 이후 '부'자에 대한 또 다른 해석이 나오려면 또 얼마나 긴 세월을 기다려야 할런지 알 수 없다.

진고응은 1988년부터 1994년까지 7년 동안, 철학사의 각도에서 『역전』이 도가 사상의 영향을 받은 것에 대해 집중적으로 연구하여 15편의 논문을 발표하고, 이를 『역전과 도가 사상』이라는 단행본으로 대만상무인서관(1994)과 북경 삼련三聯서점(1996)에서 출판하였다  이어 1998년에 「선진도가역학발미先秦道家易學發微」라는 장문의 논문을 『도가문화연구』 제12집에 발표하고, 이러한 연구를 바탕으로 『주역의 역주와 연구』를 집필하여, 1999년 7월에 대만상무인서관에서 초판 1차 인쇄를, 다음 해인 2000년 3월에 초판 2차 인쇄를 하였다. 그의 말에 의하면 『주역의 역주와 연구』는 도가역학을 중건하기 위해 시도한 책이다(並試圖重建道家易學). 그는 『황제사경黃帝四經』, 『산해경山海經』 등 풍부한 고문헌과 특히 노장 등 도가 계통의 문헌을 참고하고, 깊은 학문 능력을 발휘하여 명쾌하게 경문과 전문을 해석하였는데, 특히 『백서』와 비교한 「계사」의 해석은 압권이다. 필자는 그의 책에 빠져들어 눈을 떼지 못하고 읽었으며, 많은 것을 깨닫게 되었다. 필자의 본 책에 인용해야 할 그의 중요한 주장은 반드시 인용하여 소개해 두었다. 참고로, 공동집필한 조건위 교수는 진고응의 설명에 의하면, 북경대 고전문헌연구소를 졸업한 고전문헌학자이며, 『주역』의 상수에 정통하였는데, 이 책의 역주譯注 작업을 담당하였으며, 탈고를 전적으로 맡았다고 하였다. 진고응의 이 책은 누군가가 반드시 번역해야 할 것이다.

『주역경전백화해周易經傳白話解』유대균劉大鈞 · 임충군林忠軍  역주譯注.
上海古籍出版社.

　유대균은 1943년 출생으로 현재 중국 주역학회 회장이며, 산동대학의 '주역과 고대철학 연구소' 주임이자 교수이다. 그는 『주역개론』, 『상수역학연구』 등 『주역』에 대해 여러 권의 책을 썼다. 그가 쓴 『금 · 백 · 죽서 주역의 종합적 고찰(今 · 帛 · 竹書周易綜考)』은 통행본과 백서와 죽서를 한 구절씩 서로 비교하며 꼼꼼하게 기술한 훌륭한 책이다. 특히 이 책 중의 「금 · 백 · 죽서 주역 64괘 다른 글 대조표(今 · 帛 · 竹書周易六十四卦異文對照表)」에서 정밀하게 정리한 것을 보면 중국 고증역학파의 맥을 이은 것 같은 느낌을 준다. 임충군은 1960년 출생으로 현재 산동대학의 '주역과 고대철학 연구소' 부주임이자 교수이다. 저서에 『주역정씨학천미周易鄭氏學闡微』, 『역위도독易緯導讀』 등이 있는데 필자는 아직 읽어보지 못했다. 두 사람이 공저인 『주역경전백화해』는 마치 대만상무인서관에서 출판한 『주역금주금역』처럼 자신의 색깔이 없다. 고형이나 이경지 혹은 유백민, 진고응의 책을 읽은 사람의 눈에는 별로 들어오는 것이 없을 것이다. 마치 맹자의 "넓은 바다를 본 사람에게는 평범한 강물은 눈에 차기 어렵고, 성인의 문하에서 배운 사람에게는 평범한 말들은 마음에 들기 어렵다(觀於海者, 難爲水. 遊於聖人之門

者, 難爲言)"는 구절을 떠올리게 한다(「盡心」 상). 기억에 남는 한 가지 독특한 해석이 있는데, 구괘姤卦 다섯째 양효(九五)의 효사 '以杞包瓜, 含章, 有隕自天'을, "참외를 담은 버들가지로 만든 광주리 같은 물체가 아름다운 빛을 머금고 하늘에서 내려온다"고 해석하고는, 미확인 비행 물체(UFO)의 출현을 기록한 것이라고 설명하였다. 아주 독특하고 재미있는 해석이다. 『주역』 경문 해석에는 정답이 없다. 열 사람이 해석하면 열 개의 해석이, 백 사람이 해설하면 백 개의 해설이 있을 수 있다. 우리는 이러한 해석을 모두 수용하고 참고하는 것이 『주역』을 공부하는 올바른 자세이다.

**『내 눈으로 읽은 주역: 역경편』** 김상섭 지음. 지호출판사.

필자의 이 책은 3,000여 년 전 주나라 초기에 쓰인 본래의 『주역』의 모습을 찾고자 한 책이다. 이 책에서 괘효사의 해석은 고형과 이경지 등 중국 고증역학파의 해석을 많이 따랐다. 그러나 『주역』이 출현하고 3천여 년을 내려온 지금까지 그 누구도 말하지 않은 바를 말한 것이 몇 가지 있다. 첫째, 『주역』은 주나라 초기의 점치는 관리들이 지었다는 것을 괘효사에 기록되어 있는 여섯 곳의 '아我'자를 들어 증명하였다. 둘째, 팔괘는 64괘에서 나왔다는 것을 말하였다. 즉 팔괘를 겹쳐 64괘를 만들었다는 전통적인 해설을 뒤집어, 주나라 초기이 점치는 관리들이 먼저 64괘를 그렸고, 춘추시대에 이르러 64괘에서 팔괘를 이끌어 내고, 팔괘에 상을 붙여 점을 해석하였다고 주장하였다. 셋째, 한 괘는 하나의 고사를 기록한 것이며, 한 괘마다 중심인물이 있고, 주제가 있으며, 소재가 있고, 사건의 진행이 있다고 주장하였다. 넷째, 그래서 64괘의 각 괘를 한 가지 사건을 중심으로 해석하였고, 여섯 효는 한 이야기의 여섯 가지 발전 단계로 보고 해석하였다. 다섯째, 64괘 중 11괘가 은나라의 고사를, 26괘가 주나라의 고사를 기록한 괘임을 밝혔다. 따라서 『주역』은 은말 주초의 재미있는 이야기들로 가득 차 있는, 64편의 단편 이야기책이라고 주장하였다. 여섯째, 결론으로『주역』은 주나라 주공과 성왕 당시에 쓰인 것이며,『주역』의 주인공은 문무 두 왕이고, 그 중심 내용은 은의 멸망과 주의 건국이라고 주장하였다.

이 책이 출판되고 국내외의 많은 독자들로부터 메일을 받았다. 대부분이 오랜 세월 동안『주역』을 공부해도 무슨 말인지 도대체 이해하지 못했는데, 필자의 책을 읽고 하루아침에 깨닫게 되었다는 감사의 메일이었다. 이들이 긴 세월 동안『주역』을 공부해도 바로 이해하지 못한 것은『주역』을 바로 이해하지 못한 사람이 쓴 책을 읽고,『주역』을 바로 알지 못하는 사람에게 배웠기 때문이다.『주역』은 지금으로부터 3천여 년 전에 쓰인 단순한 점책이다. 그 점글(괘효사)이라는 것은 이 책을 편집한 당시 사람들의 역사적 경험, 생활상의 경험들을 기술한 단순한 이야기에 불과한 것이다. 그 당시 사람들의 지능이 오늘만큼 수준 높은 것도 아닌데, 이 시대 사람이 이해하지 못하는 것은 그것이 3천여 년의 세월을 내려오며 신비한 그 무엇으로 포장되고 덧붙여지고 과장되어 잘못 전해져 왔기 때문이다. 우리는 이 포장되고 과장된 것을 벗겨버리면,『주역』은 실로 3천여 년 전의 순박한 인간들의 구김살 없는 삶의 기록임을 알게 될 것이다. 필자가『주역』을 좋아하게 된 것도『주역』이 이 세상에서 읽을 수 있는 책 가운데 어떤 꾸밈도 없는 가장 순수하고 순박한 책이기 때문이다. 이 순수한 책을 오늘의 세련된 두뇌를 가진 이 시대 사람들이 이해하기 어렵다는 것은 오히려 이해할 수 없는 말이다.『주역』에 관심 있는 한국 사람이 한글로 해석된『주역』을 읽거나, 한국말로 하는『주역』강의를 듣고 이해하지 못한다면, 그것은 책을 쓴 사람이 책을 잘못 썼거나 강의하는 사람의 잘못이라는 것이 필자의 평소의 생각이다. 만약 독자 중, 필자가 쓴 책을 읽고 이해하지 못하는 부분이 있다면, 필자는 기술상 미숙했음을 솔직히 인정하고 다시 이를 더욱 쉽게 풀어 쓸 것이다.

필자는 앞으로 기회가 주어진다면 이 책에 대해 수정, 보완 작업을 거쳐 더욱 좋은 책으로 만들어 세상에 내놓을 것이다. 그 기회가 다시 오는 행운이 있기를 바랄 뿐이다.

일본 학자들이 해석한 책들이 있다. 구덴 렌사부로公田連太郎의 『역경강화
易經講話』(明德出版社, 1958), 다카다 신지高田眞治의 『역경易經』(岩波書店,
1959), 스즈키 요시지로鈴木由次郎의 『역경易經』(集英社, 1974), 혼다 와타
루本田濟의 『역易』(朝日新聞社, 1978) 등은 일본의 『주역』 주해서의 대표적
인 저서들이다. 필자는 대만 유학 시절, 대만대 도서관에서, 혹은 일본 유학
생들을 통하여 이 책들을 모두 복사하여 필요한 부분은 틈틈이 참고하였다.
이 저서들은 그 시대의 역학 연구 자료로서 가치가 있을 것이다. 일본 학자
들이 쓴 책 가운데 필자의 책을 능가한다고 생각되는 책은 한 권도 없다.


**『역학대사전易學大辭典』** 장기성張其成 주편主編. 北京, 華夏出版社. 1992.

이 책은 필자가 대만 유학 시절에 구입한 것인데, 이후 필자의 역학 연구
의 나침반 역할을 하였다. 이 책에 수록한 어휘는 모두 5400여 조, 집필에
50명의 학자들이 참여하였다. 이 사전은 모두 여덟 부분으로 구성되어 있
다. 첫째 「총서總緖」 부분에서는 역지易旨, 역체易體, 괘효卦爻, 원류源流, 종
파宗派 등 역학의 기본 개념과 역학 발전사, 역학유파 등의 용어를 소개하였
다. 둘째 「경전經傳」 부분에서는 경문과 전문을 전통적으로 권위 있는 해석
을 위주로 하고, 기타 대표성이 있는 해석을 수록하여 상세히 설명하였다.
셋째 「의리義理」 부분에서는 태극太極, 유무有無, 음양陰陽, 도기道器, 이기
理氣, 체용體用, 성정性情 등등과 관련된 역학 철학의 중요한 명제와 술어를
해석하였다. 넷째 「상수象數」 부분에서는 역상易象, 역수易數, 괘변卦變, 괘
기卦氣, 효진爻辰, 선후천先後天, 태극도, 하도, 낙서, 음양오행 등등과 관련
된 개념과 술어를 상세히 해석하였다. 다섯째 「술수術數」 부분에서는 주역
점법, 태을太乙, 기문둔갑奇門遁甲, 육임六壬, 사주명학四柱命學, 면상수상面
相手相, 감여堪輿 등등과 관련된 개념과 술어를 자세히 해석하면서, 과학 태
도를 바탕으로 중국 문화와 민속적 영향을 실사구시적으로 분석하고, 그 중

의 미신과 비과학적 성분을 들추어내었다. 여섯째 「인물人物」 부분에서는 선진에서 현대에 이르기까지 역사적으로 역학에 대해 학술 업적을 남긴 인물과 해외의 역학 연구가를 수집 정리하였다. 일곱째 「저작著作」 부분에서는 선진에서 현대에 이르기까지 수백 종에 달하는 역학 저서를 소개하였다. 여덟째 「백과百科」 부분에서는 역학이 건조建造, 기용器用, 천문天文, 수학數學, 이화理化, 군사, 예문藝文, 의술, 불도佛道, 기공氣功 등등과 관련된 용어를 수집 해설하였다. 그리고 책 끝에는 부록으로 통행본『주역』전문, 읽기 어려운 글자의 주음, 필획색인, 병음색인을 수록하였다.

필자는 본 책을 쓰면서 「경전」 부분의 그 조그마한 글자의 방대한 분량을 글자 하나 빠뜨리지 않고 수차 정독하였다. 그리고 집필자들이 정리한 흐름을 감지한 후 '역시 중국 놈'이라는 생각이 들었다. 필자의 본 책에 참고할 것은 모두 참고하였다.

참고로, 이 사전의 「인물」 부분에 기록되어 있는 한국인은 조선의 이황 한 사람 밖에 없으며, 일본인은 모로하시 데츠지諸橋轍次, 다케우치 요시오武內義雄, 다카다 신지高田眞治, 스즈키 요시지로鈴木由次郎, 도다 도요사부로戶田豊三郎, 이마이 우사부로今井宇三郎, 아카즈카 타다시赤冢忠, 혼다 와타루本田濟 등 8명이 기록되어 있다.


**『주역백서금주금역周易帛書今注今譯』** 장립문張立文 저著. 臺灣, 學生書局.

중국 장사長沙에 마왕퇴馬王堆로 불리는 고분 3기가 있었다. 이 고분은 당·송 교체기인 오대십국 시대의 초왕楚王 마은馬殷(재위기간 907~930)의 무덤으로 잘못 알려져 '마왕퇴'라고 불렸다. 1972년 1호분을 발굴하고 이어 73년과 74년 초에 2·3호분을 발굴하였는데, 전한 초기 장사국의 후侯인 이창利蒼의 가족묘로 밝혀졌다. 1호분의 주인은 그의 아내 신추辛追, 2호분은 이창 본인, 3호분은 그의 젊은 아들 이희利豨의 무덤이었다. 이창은 한나라 2대

혜제惠帝(재위기간 B.C. 195~188) 사후, 고조 유방劉邦의 아내인 여후呂后 섭정 2년(B.C. 186)에, 그의 아들이자 2대 후인 이희는 5대 문제文帝(재위기 간 B.C. 180~157) 12년(B.C. 168)에, 이창의 아내인 신추는 문제 15년경 (B.C. 165)에 죽었을 것으로 추정하고 있다. 혜제는 한 고조 유방의 유일한 적자였고, 문제는 서자였다. 이들 무덤에서 대량의 부장품이 수습되었는데, 특히 3호분에서 비단에 쓰인 많은 분량의 고문헌이 발굴되었다. 그 중에는 『주역』이 있었다. 이것을 '비단에 쓰인『주역』'이라는 뜻으로『백서주역帛書 周易』이라고 부른다.

　『백서주역』은『역경』과『역전』으로 구성되어 있다.『역경』은 64개의 괘 그 림과 괘명, 450조의 괘효사로 구성되어 있고, 모두 4,934자이다.『역전』은 「이삼자문二三子問」,「계사繫辭」,「역지의易之義」,「요要」,「목화繆和」,「소력 昭力」 등 6편이다.「계사」는 모두 3,357자이며, 나머지 5편은 지금까지 세상 에 전해지지 않은 것이므로 '일서佚書'라고도 부르는데, 대략 13,997여 자 가 된다.

　백서『역경』과 현행 통행본은 다른 점이 많다. 첫째, 괘명이 35개가 다르 다. 둘째, 괘의 배열순서가 다르다. 백서는 윗괘가 건 · 간 · 감 · 진 · 곤 · 태 · 리 · 손의 순서로, 아랫괘가 건 · 곤 · 간 · 태 · 감 · 리 · 진 · 손의 순서 로 배열되어 있다. 셋째, 괘효사에서 통행본과 다른 글자가 957자가 된다.

　『백서주역』이 발굴되고 근 20여 년 동안 장정랑張政烺, 고형高亨, 엄령봉 嚴靈峯, 이하근李學勤, 장립문張立文, 황패영黃沛榮, 한중민韓仲民, 우호량于 豪亮 선생 등 중국 당대 최고의 석학들이 이를 연구하여 업적을 남겼다. 이 미 그 대의는 밝혀질 만큼 밝혀졌지만 연구는 아직도 진행 중이다.

　장립문은 1935년 출생으로 중국인민대학을 졸업하고 북경사범대학, 인민 대학 교수 등을 역임하였다. 그는 중국 철학에 경외할만한 연구 업적을 남겼 다. 그가 백서『역경』에 대해 연구한 결과가 바로『주역백서금주금역周易帛 書今注今譯』 상 · 하 두 권이다. 필자는 대만 유학 시절에 대만에서 출판된 책 을 구하여 보았다. 책머리에 「주역백서천설周易帛書淺說」이라는 글이 있는데, 1 백서주역에 관하여. 2 백서주역과 도편, 갑골상의 숫자괘의 관계. 3 팔괘와 64괘의 관계와 백서 64괘 순서. 4 백서주역과 통행본의 같고 다른 점. 5 역대 주역의 주석과 연구에 대하여. 등 다섯 부분으로 나누어, 『백서주역』과 『주역』에 대한 그의 중요한 견해를 밝혀놓았다. 독자들은 이 책을 참고하면 좋을 것이다. 필자는 대만에서 다만 백서 『역경』만을 보았다. 당시 백서 『역전』은 중국에서 아직 연구서가 나오지 않았다.

『백화백서주역白話帛書周易』 등구백鄧球柏 저著. 長沙, 岳麓書社.

필자는 대만에서 백서 『역경』은 구해 읽었지만 『역전』은 보지 못하였다. 귀국 후 긴 세월을 백서 『역전』 원문을 구하려고 그렇게 애를 태웠는데 끝내 구하지 못하였다. 근래 필자의 대학 후배인 권상우 선생이 필자의 말을 듣고 자신이 갖고 있는 등구백의 『백화백서주역』을 빌려 주었다. 이 책에는 긴 세월 그렇게 애를 태웠던 백서 『역전』 원문이 있었다. 이 책을 손에 넣었을 때 눈물을 쏟았다. 이때가 2009년 10월, 필자의 본 책이 거의 완성되었을 무렵이었다. 필자는 다시 통행본과 백서 「계사」 원문을 한 글자 한 글자 비교하면서 수차례 정독하였다.

백서 「계사」와 통행본 「계사」를 비교하면, 백서는 상·하편으로 나누지 않았고 또 장章도 나누지 않았다. 또 통행본의 상·9장 '대연지수'조와 하·10, 11장은 없으며, 또 하·5, 6, 7, 8, 9장의 구절들이 빠져 있는데, 이들 대부분은 「역지의」와 「요」에 흩어져 기록되어 있다. 또 「설괘」의 앞 3장까지는 「역지의」에 기록되어 있다. 백서와 통행본의 「계사」는 장절의 순서도 그다지 같지 않고, 문구도 서로 차이가 있다. 통행본과 다른 점은 필자의 본 책에 거의 기록해 두었다.

백서 「계사」를 통해 필자가 바로 이해하지 못했던 부분은 이해하게 되었고, 의심을 가졌던 부분은 의심이 풀리게 되었다. 한 가지 예를 들어, 「계사」

하·1장에 '何以聚人曰財'라는 구절은 전통적으로 "어떻게 사람을 모으는가 하는 것은 재물로 한다"고 해석하였다. 고형도 진고응도 모두 이렇게 해석하였다. 이런 해석은 『대학』의 "재물이 모이면 곧 백성들은 흩어지고, 재물이 흩어지면 곧 백성들은 모인다(財聚則民散, 財散則民聚)"는 내용을 따라 해석한 것이다. 『대학』은 '수기치인修己治人'하고 '내성외왕內聖外王'하는 정치 이상을 밝힌 책이다. 따라서 백성을 얻는 방법으로 재물을 백성들에게 흩어주는 것을 말한 것이다. 「계사」는 '인모귀모人謀鬼謀'하고 '백성여능百姓與能'하는 주역점을 찬양한 글이다. 당연히 『대학』과 같은 방식으로 해석할 수 없다. 「계사」의 '인人'은 『대학』의 '민民'과 같은 개념이 아니다. 「계사」의 '인'은 인재, 곧 점술가를 가리킨다. 『주역』에서 성인은 천지와 더불어 만물을 화육하는 사람인데 구태여 재물을 가지고 사람을 모아 자신의 자리를 보존하고자 하겠는가? 필자는 이 구절에 대해 항상 이러한 의문을 가지고 있었다. 그래서 이 구절을 해석하면서 처음에는 유백민의 해석을 참고하여, 태泰「상」의 "임금은 이 괘상을 본받아 천지의 도를 헤아려 이룬다(后以財成天地之道)"는 구절을 따라 '재財'를 '재裁'로 읽고(두 글자는 통용되었다), 절도라는 뜻의 절節로 읽어, "무엇으로 인재를 모으는가 하는 것은 절도로 한다"고 해석하였다. 이렇게 해석해도 통한다. 그런데 백서 「계사」에는 '재財'가 '재材'로 기록되어 있었다. 또 「설괘」2장에 '兼三才而兩之'라고 한 것을 백서에는 '三財'로 기록되어 있었다. 필자는 이것을 통해 '재財'와 '재材'와 '재才'는 통용되었다는 생각에 이르게 되었고, 이 구절을 "무엇으로 인재를 모으는가 하는 것은 재능을 보고 모은다"고 해석한 것이다. 이렇게 해석하자 앞뒤 구절의 문맥이 자연스럽게 연결되었다. 이와 같이 백서 「계사」를 통해 필자가 얻은 것은 한두 가지가 아니다.

참고로, 등구백의 백화 해석은 전혀 참고하지 않았다. 등구백의 해석이 잘못되어서가 아니라 필자와 근본적으로 「계사」를 보는 눈이 달랐기 때문이다. 등구백은 백서 「계사」중 통행본과 같은 부분은 대체로 전통적인 해석을 따랐지만 필자는 시종일관 필자의 눈으로 「계사」를 읽었다.

권상우 선생은 등구백의 이 책 외에도, 형문邢文의 『백서주역연구帛書周易研究』(인민출판사), 정사신丁四新의 『곽점초묘죽간사상연구郭店楚墓竹簡思想硏究』(동방출판사), 곽기郭沂의 『곽점죽간과 선진학술사상郭店竹簡與先秦學術思想』(상해교육출판사) 등 필자가 듣도 보도 못한, 참으로 귀한 책을 빌려주었다.

『이아爾雅』『십삼경주소十三經注疏』臺北 藝文印書館.

『설문해자주說文解字注』청淸 단옥재段玉裁 찬撰. 臺北, 漢京文化事業有限公司.

『경전석문經典釋文』당唐 육덕명陸德明 찬撰. 청淸 노문초盧文弨 校. 臺北, 漢京文化事業有限公司.


## [연구서]

『易學哲學史』朱伯崑著. 臺北 藍燈文化事業股份有限公司.

주백곤(1923~2007)은 철학사 전문가이자 역학가이다. 청화대학 철학과를 졸업하고, 북경대 철학과 교수, 중국주역연구회 고문을 역임하였다. 역학철학의 발전사에 대해 깊이 연구하여, 『역학철학사』라는 방대한, 불후의 대작을 남겼다.

이 책은 역대 역학 중의 이론 사유와 이것으로부터 형성된 철학 체계의 발전의 역사를 총결한 책이다. 「전언前言」에서 밝힌 주백곤의 말처럼 "그 내

용은 경학사적 역학사와 일반적 철학사와는 같지 않다."「전언」에서 그는
중국 역학의 발전을 다섯 시기로 나누며 다음과 같이 말하였다. "옛날의 역
학사는 대개 다섯 시기로 나눌 수 있다. 『역전』이 쓰인 전국 시기, 양한 경학
의 한역 시기, 진당 역학 시기, 송역 시기, 청대 한역 시기이다. 매 시기의 역
학은 모두 자신의 역사적 특징을 가지고 있을 뿐만 아니라, 경학 발전의 역
사와 서로 응하고 있다. 역학 철학의 역사 분기는 대체적으로 이와 같다. 전
국 시기에 형성된 『역전』은 역학 철학의 이론 기초를 다졌다. 양한 역학은
당시의 천문역법과 서로 결합하고 점성술과 천인감응론의 영향을 받아, 괘
기설을 중심으로 하는 철학 체계를 형성하였다. 진당 역학은 노장 현학과
서로 결합, 『주역』 원리를 현학화하여 『주역』을 '삼현' 가운데 하나로 만들
어 놓았다. 현학파의 역학은 이 시기의 역학철학 발전의 주류였다. 양송의
역학은 도학, 즉 신유가의 철학과 서로 결합하여, 그 발전은 청나라 초까지
줄곧 계속되었다. 청대에 한학이 흥기한 후 『주역』의 연구는 한학의 전통으
로 돌아갔다. 앞의 네 시기의 역학 철학은 이론 사유 방면에서 모두 자신의
특수한 공헌이 있었으며, 역학 철학 발전의 중요한 경향을 대표한다. 청대
한학가는 『주역』 경문과 전문의 문자 방면에 대한 주석과 고증, 특별히 한역
의 정리와 해설에 대해서 자신만의 공헌을 해내었다. 그러나 『주역』 원리의
탐구에 대해서는 한역의 기존 격식에서 벗어날 수 없었다." 이와 같이 주백
곤은 『역학철학사』에서 제1편에 「선진 시기」, 제2편에 「한당 시기」, 제3편
에 「양송 시기」, 제4편에 「원명청 시기」로 분류하여, 각 시대별로 역학 철학
의 내용과 그 발전을 상세히 기술하였다.

　필자는 대만 유학 시절, 북경대학출판사에서 1986년에 출판한 『역학철학
사』 상중 두 권을 구해 읽었다. 이때까지만 해도 중국에서 완간되지 않았다.
이 책은 종이 질이 좋지 않아 공간에 메모하기도 어려웠고, 작은 글씨에 간
체자를 사용하여 읽어 내려가기가 불편했다. 그런데 대만 남등藍燈출판사에
서 질 좋은 종이에 큰 글씨로 번체자를 사용하여 전4권을 완간하였다. 주백
곤의 『역학철학사』는 중국보다 대만에서 먼저 출판되어 나온 것이다. 나는

이 책을 손에 넣고 출판사가 너무 고마워 출판사 사장님에게 인사하러 찾아 갔다. 사장실에서 차 대접을 받으며 주백곤에 대해 여러 가지 이야기를 들었다. 사장님은 나에게 이 책을 한국어로 번역할 것을 권했는데 당시 나는 학위 논문 준비 중이어서 확답해 줄 수가 없었다.

이 책은 역학 철학사에 대해 지금껏 없었던 대작이다. 필자는 이 책을 처음 읽으면서, 마치 모종삼牟宗三의 『심체心體와 성체性體』를 처음 읽을 때처럼, 인간의 지적 능력이라는 것은 우주처럼 한계가 없다는 사실을 또 깨닫게 되었다. 이 시대 누가 감히 주백곤의 이 책을 읽지 않고 『주역』을 운운하는가? 이 시대 누가 감히 『주역』을 말하면서 주백곤의 손바닥에서 벗어날 수 있는가? 하룻강아지는 본래 범 무서운 줄 모르는 법이다. 이 책은 필자에게 "학자는 말이 필요 없다. 그 학문이 대신 말해준다"는 내 아버지의 말씀의 의미를 눈물겹게 느끼게 해준 또 한 권의 책이었다.

필자는 주백곤이 세상을 떠났다는 사실을 까맣게 모르고 있었다. 근래 권상우 선생이 이야기를 해주어 알게 되었다. 사람으로 태어나 이런 불후의 학문 업적을 남겼다면 한 인생 살다간 보람이 있었을 것이다. 대학 교수라고 다 학자가 아니다. 학자는 학문을 연구하는 사람이다. 당연히 '자신의 학문'이라고 말할 수 있는 연구 업적이 있어야 한다. 주백곤은 이 책을 쓰면서 한 인생을 세월 가는 것도 모르고 살았을 것이다. 나는 살아생전 이 위대한 학자의 모습을 먼발치에서나마 한 번 우러러 보지 못한 것이 끝내 아쉽다. 후인들은 주백곤의 이 책을 바탕으로 또 더욱 훌륭한 역학 철학사를 연구할 것이다. 굵은 대나무는 굵은 대밭에서 자란다. 웅십력熊十力이 있었기에 모종삼이 있었다. 주백곤이 있었기에 또 누군가가 있게 될 것이다. 이것이 이 시대 동양학을 전공하는 우리가, 과거 우리 선조들이 그랬던 것처럼, 여전히 중국을 우러러봐야 하는 이유 가운데 하나이다.


『周易研究史』廖名春 · 康學偉 · 梁韋弦著. 湖南出版社.

『二十世紀中國易學史』楊慶中著. 人民出版社.

『周易經傳硏究』 楊慶中著. 北京 商務印書館.

『周易探源』 李鏡池著. 北京 中華書局.

『周易遡源』 李學勤著. 成都 巴蜀書社.

『周易的自然哲學與道德函義』 牟宗三著 臺北 文津出版社.

『周易與儒道墨』 張立文著. 臺北 東大圖書公司.

『易傳與道家思想』 陳鼓應著. 北京 三聯書店.

『易傳之形成及其思想』 戴璉璋著. 臺北 文津出版社.

『易傳道德的形上學』 范良光著. 臺灣商務印書館.

『易經繫辭傳解義』 吳怡註譯. 臺北 三民書局.

『周易釋爻例』 淸·成蓉鏡著. 臺北 廣文書局.

『先秦漢魏易例述評』 屈萬里著. 臺灣學生書局.

『十家論易』 蔡尙思主編. 長沙岳麓書社.

『談易』 戴君仁著. 臺灣開明書店.

『易經硏究論集』 林尹等著. 臺北 黎明文化事業公司.

『周易硏究論文集』 黃壽祺·張善文編. 北京師範大學出版社.

『易經新證』 于省吾著. 臺北 藝文印書舘.

『易學新探』 程石泉著. 臺北 黎明文化事業公司.

『易學新探』 林政華著. 臺北 文津出版社.

『周易新探』 李大用著. 北京大學出版社.

『周易要義』 周大利著. 臺北 文史哲出版社

『周易闡微』 徐世大著. 臺灣開明書店.

『周易論略』 陳杠著. 臺灣商務印書館.

『周易解題及其讀法』 錢基博著. 臺灣商務印書館.

『周易槪論』 劉大鈞著. 齊魯書社.

『周易理解』 傅隷樸著. 臺灣商務印書館.

『周易原義的發明』 杜而未著. 臺灣學生書局.

『學易淺論』 曹民等著. 臺北 黎明文化事業公司.

『易學通論』王瓊珊著. 臺北 廣文書局.

『讀易小識』朱曉海著. 臺北 文史哲出版社.

『大易哲學論』高懷民著. 臺北 成文出版社.

『先秦易學史』高懷民著.

『先秦諸子易說通考』胡自逢著. 臺北 文史哲出版社.

『今·帛·竹書周易綜考』劉大鈞著. 上海古籍出版社.

『古史辨』第三冊. 臺北 藍燈文化事業公司.

『道』張立文主編. 北京 中國人民大學出版社.

『儒家形上學』羅光著. 臺北 輔仁出版社.

『中外形上學比較研究』李震著. 中華文化復興運動推行委員會主編.

『中國人性論』臺大哲學系主編. 東大圖書公司. 1990년.

『儒家心性之學論要』蔡仁厚著. 臺北 文津出版社.

『中國人性論史』先秦篇. 徐復觀著. 臺灣商務印書館.

『中國心性論』蒙培元著. 臺灣學生書局.

『中國哲學史』勞思光著. 臺北 三民書局.

『中國哲學范疇發展史』(天道篇) 張立文著. 北京 中國人民大學出版社.

이상 필자는 본 책을 쓰면서 참고한 문헌을 소개하였다. 〔주해서〕에서 소개한 책은 모두 필자가 참고한 책이다. 〔연구서〕에서 소개한 책은 필자가 대만에서 『주역』 공부를 하면서 구해 읽은 『역전』과 관련 있는 책들이며, 지금 모두 소장하고 있다. 이들은 본 책을 쓰면서 참고하지 않았지만, 『역전해설』을 쓰면서 간혹 참고하였다. 이 책들은 대부분 필자가 학위를 받은 1992년 이전에 대만에서 출판된 것이며, 그 이후에 출판된 책들은 갖고 있지 않다. 『주역』을 연구하는 독자들을 위해 잠시 소개해 두었다.

# 찾아보기

# 1

필자는 이 세 권의 책을 쓰는데 처음 계획한대로 3년의 세월이 걸렸다. 청도 달골에서 꽃과 달과 산에 취하고 새소리 물소리 바람소리와 더불어 살면서 책을 쓰기 시작하여, 달성 매화골로 거주지를 옮기면서부터 본격적으로 집필에 몰두하였다. 그동안 아들이 입대하고 제대하고, 또 복학하고, 그리고도 한참의 세월이 흘렀다. 책 쓰는 일에 쫓겨 군에 간 아들에게 면회도 한 번 가보지 못했다. 아마 이 나라에 나만큼 무정한 애비는 또 없을 것이다. 긴 세월을 만나보지 못해도 속 깊은 아들은 아버지의 심정을 잘 헤아릴 것이다. 지난 3년 동안 나 홀로 참 행복한 시간을 보냈다. 세월이 어디로 흘러가는지, 세상이 어떻게 돌아가는지 관심도 없었다. 때로는 문양의 넓은 들길을, 때로는 멀리 낙동강이 내려다보이는 동네 부근의 산길을, 때로는 금호강 강둑을, 때로는 팔공산의 호젓한 산길을 걸으며, 『역전』의 그 의미 깊은 문장을 구절구절 음미하고 또 음미했다.

계명대 중문학과 제해성 교수는 중국에서 출판된 『주역』에 관한 많은 책들을 구해주었다. 이 책의 참고문헌 소개에 기록되어 있는 중국에서 출판된 대부분의 책은 제 교수께서 구해준 책이다. 필자에게 제 교수는 중국의 『주역』연구에 대한 새로운 문헌을 얻어 볼 수 있는 유일한 창구였다. 『백서주역帛書周易』에 대해서는 대만에서 공부할 때 이미 알고 있었지만, 중국 옛 초나라 땅에서 죽간에 쓰인 『죽서주역竹書周易』이 있다는 사실도 최근에 구해준 책을 보고 알았다. 공부하는 사람의 입장에서 자신에게 필요한 책을 구해주는 것 이상으로 고마운 일이 또 있겠는가? 제 교수는 인생의 온갖 역경과 갖은 시련을 다 겪으면서도 소신 한 번 굽히지 아니하고 꿋꿋하게 '자신만의 길'을 걸어온 큰 선비이다. 그는 자신의 양심에 미루어 바른 길이 아니면 결코 걷지 않는 대쪽같이 올곧은 군자의 품성을 지녔다. 나의 이 구차한 인생에 사람들은 내 주위에서 모두 멀어져가도 제 교수만은 다정한 벗처럼 의좋은 형제처럼 30여 년의 세월을 지내오며 나를 대하는 것이 시종일관 변함이 없다. 중국에서 자신의 학문을 하기에도 바쁠 것인데, 수고스럽게 책을 구해 청도 달골까지 전해준 그 정성이야 무엇으로 감사한 심정을 표현할 수 있겠는가! 한동안 건강이 좋지 않아 힘든 시기를 보냈지만, 앞으로 반드시 자신의 커다란 스케일만큼이나 큰 학문을 이룰 것이다. 학자는 오로지 학문으로만 말해야 한다는 것이 제 교수의 평소의 소신이다.

계명대에서 교양 강좌 과목 수를 줄여, 철학과에서 한 학기 몇 시간 안 되는 강의를 얻어 '생존'에 대해 깊은 시름에 빠져있을 때, 한문교육과 김남형, 이종문 교수는 교양 한자·한문 강좌를 배정해 주어 겨우 '생존'에 대한 근심을 잊고 책 쓰는 일에 전념할 수 있었다. 본인들은 별로 대수롭지 않은 일이라고 겸손해 하겠지만, 필자에게는 그야말로 학문의 포기 여부가 걸린 심각한 문제였다. 하늘이 무너져도 솟아날 구멍은 있었던 것이다. 이들은 또 필자에게 계명대 한학촌과 창녕에 있는 성씨 고택에서 『주역』을 강의할 수 있는 기회도 마련해 주었다. 계명대 한학촌은 수강생이 없어 아예 개강조차 되지 않지만, 성씨 고택에서의 강의는 한 학기 10주, 월요일 저녁에 2시간, 『주역』원문만 인쇄되어 있는 책(대만본)을 교재로 하여, 2년의 계획을 세우고 수강하시는 분들과 가족 같은 분위기 속에서 『주역』의 한 구절 한 구절을 꼼꼼히 읽어 내려가고 있다. 「계사」의 '생생生生'은 우주만의 법칙이 아니다. 인간의 심성도 '생생'이 되어야 한다. 우주만이 '생생'하는 생명체가 아니라, 인간의 심성도 '생생'하는, '바르게' 살아 있는 것이어야 한다. 학자로서 '천지양심天地良心' 네 글자를 가슴에 담고 하늘을 우러르고 땅을 굽어 한 점 부끄럼 없이 오로지 학문에만 정진하는 이들은 필자에게 항상 거대한 산이었다. 수신修身의 경지도, 학문하는 자세도, 학문의 깊이도 감히 우러러 볼 수도 없는 거대한 산이었다. 대한민국은 이런 반듯한 큰 선비들이 있어 앞날이 밝다.

2

중국에 김경방金景芳(1902~2001)이라는 『주역』을 연구하는 학자가 있었다. 그는 『역전』은 기본적으로 공자가 지은 것이고, 『주역』은 공자의 철학이라고 주장하는 등 전통적인 '이전해경以傳解經'의 방식을 고수한 사람이다. 당연히 '이경해경以經解經', '이전해전以傳解傳'을 주장하는 고형 등의 고증학적 연구 방식이 마음에 들지가 않았을 것이다. 그에게는 많은 제자들이 있다. 료명춘廖名春, 강학위康學偉, 양위현梁韋弦 등의 제자들은 스승의 전통적인 『주역』 연구 방식을 고수하며, 『주역 연구사』를 공동 집필하였다. 이 책을 보면 이들 가운데 료명춘이 수제자라는 생각이 든다. 이 책에서 그가 쓴 글을 읽어보면, 어떤 부분은 억지스럽고 매우 황당하며, 고형에 대한 감정이 깊게 배어 있음을 느끼게 된다. 료명춘은 스승 김경방이 "『역전』은 앞사람의 말을 기록한 부분, 제자가 기록한 부분, 뒷사람이 고쳐 넣은 부분 외에는 모두 공자가 지은 것"이라는 주장을 고수하기 위해 마치 총대를 멘 것 같은 인상을 준다. 자신들의 주장과 다른 사람에게는 좌충우돌 사정없이 마구 총을 난사하는 저격수라는 느낌을 받는다. 그는 『주역 연구사』에서 스승의 주장을 지지하면서 『역전』이 공자와 관련이 있다는 것과 전국 초기에 나왔다는 것을 열심히 주장하였는데, 양경중楊慶中은 『주역 경전 연구』 「역전이 책으로 이루어진 시대」에서 '전국 전기설'을 정리하면서 고형의 주장을 인용하였지 그의 주장은 한 마디도 언급하지 않았다(필자의『역전해설』을 보라). 황당하고 억지 주장만 해두었으니 언급할 가치가 있었겠는가! 그는 또『주역 연구사』에서 고형에 대해 "(고형은) 다시는 정貞을 점占이나 점에 묻는다(卜問)로 해석하지 않았다." "(고형은)『주역』을 지리멸렬하게 만든 자신의 연구 방법을 근본적으로 바로잡지 못하였다"고 하였다. 고형은 그의 마지막 저서『주역대전금주』에서 64괘 경문을 해석하면서 일관되게 '정貞' 을 '점문占問'으로 해석하였다. 스승이 전통적 방식을 고수하여 '정貞'을 정 正으로 해석한 것을 지지하기 위해 자신의 저서에 한 학자의 주장을 이렇게 제멋대로 왜곡하여 기록해도 되는 것인가? 이것은 분명 학자가 할 짓이 아 니다. 또 '이전해경以傳解經'의 전통적 방식을 주장하는 그 스승을 고수하기 위해 고형의 '이경해경以經解經'의 고증학적 해석을 "『주역』을 지리멸렬하 게 만들었다"느니 "자신의 연구 방법을 근본적으로 바로 잡지 못하였다"느 니 이렇게 마구 헐뜯어도 되는 것인가? 이것은 분명 학자가 할 짓이 아니다. 이러한 것들은 결국 자신과 그 스승에게 좋지 않은 결과만 초래할 뿐이다. 고형이 그렇다면 곽말약, 문일다, 이경지, 굴만리 등 20세기의 대학자들 모 두가 『주역』을 지리멸렬하게 만든 장본인들이 되어야 한다. 학문에는 '주 장'이라는 것이 있기 마련이다. 다양한 '주장'이 있고 건전한 학문적 비판이 있어야 학문은 발전한다. 내 주장이 존중받고 싶으면 남의 주장도 존중해야 한다. 자신의 주장과 다르다 하여 한 학자의 주장을 이렇게 왜곡하고 헐뜯 는 것은 학자로서 올바른 자세가 못 된다. 고형은 자신의 저서에서 자신과 주장이 다른 사람을 가리켜 "(누구는)『주역』을 엉망으로 만들어 놓았다"는 그런 유치한 말은 한마디도 하지 않았다. 료명춘이 손바닥으로 하늘을 가리 며 발악하듯 사실을 왜곡하며 헐뜯어도 진리는 바르게 드러나기 마련이다. 이 시대 독자들은 눈 뜬 장님이 아니다. 오늘날 중국이나 대만의 학자들이 쓴『주역』에 관한 책을 보면 고형을 인용하지 않은 책은 없다. 그러나 김경 방이나 료명춘을 인용한 책은 찾아보기 어렵다.

고형은 우리가 일제의 식민 지배를 받던 1930년대, 나이 30대에 『주역고경금주』를 집필하였다. 필자는 이 책을 1995년에 번역 출판하였는데, 아마 우리나라에서 고증학파의 해석을 처음 소개한 책이 아닌가 한다. 고형의 책이 당시 중국에서 커다란 영향을 불러일으킨 것과 같이 필자가 번역한 책도 정주程朱 일색인 우리나라의 『주역』을 연구하는 학자들에게 깊은 영향을 주었을 것이다. 어떤 독자는 필자에게 보낸 메일에 '충격'이라는 용어로 이 책을 읽은 자신의 느낌을 표현하였다.

지금 우리나라에는 『주역』 해석에서 중국의 김경방처럼 전통적 방식을 고수하는 사람들이 대부분이지, 고형처럼 고증학적 방식을 주장하는 사람은 여전히 드물다. 정주학程朱學의 뿌리가 이렇게도 깊었다. 전통적 방식을 고수하는 사람들은 고증학적 방식의 해석이 전혀 마음에 들지 않을 것이다. 자신들의 해석을 구절구절 뒤집어 놓기 때문이다. 우리나라에도 료명춘의 말을 그대로 인용하며 고형을 왜곡하고 헐뜯는 학자답지 않는 조무래기 소인배 짓을 하는 못된 인간이 있을 것이다.

『주역』의 '형亨'자는 『자하전子夏傳』에서 형통하다는 뜻의 '통通'으로 해석한 이래, 전통적으로 수천 년 동안 이렇게 해석되어 왔다. 고증 역학에서 이경지는 형통하다는 뜻의 통通으로, 고형과 굴만리는 "갑골과 금문의 '형'은 모두 바치다, 올리다는 뜻의 헌獻"이라 하고, 일관되게 제사를 올리다는 뜻의 향享으로 읽었다. 필자는 『주역』 경문에서 '형'자가 갖는 네 가지 뜻을 설명하고, 일관되게 '형통하다'는 점의 판단사로 해석하였다. 우리는 여기에서 누가 옳고 누가 틀렸다고 성급한 판단을 내려서는 안 된다. 학자는 당연히 자신의 주장이 있어야 하며, 그 주장은 오랜 세월 깊이 연구한 내용의 결론이다. 우리는 누구누구가 이러이러한 주장을 하였다고 받아들이는 것이 바르지, 누구의 이런 주장은 틀렸다고 배척하는 것은 이 시대에 『주역』을 공부하는 올바른 자세가 아니다. 예를 들어 전통 역학에서는 '정貞'을 정正

으로, 고증 역학에서는 '정貞'을 점占으로 해석한다. '정正'으로 해석한 것
은 전국 후기 제나라 직하 유생들이 유가의 의리로 해석한 것이고, '점占'으
로 해석한 것은 20세기 고증 역학파가 출토된 갑골과 금문 등의 고문자에
의거하여 해석한 것이다. 따라서 경문의 '정貞'은 점占으로 읽고, 전문의
'정貞'은 정正으로 읽는 것이 바르다. 이것은 이 시대『주역』을 공부하는 사
람의 기초적인 상식이다. 이런 기초적인 상식조차 없이, 어느 쪽의 입장에
서 어느 쪽을 엉터리라고 배척하는 것은 이 시대에『주역』을 공부하는 바른
자세가 아니라는 말이다. 우리는『주역』을 공부하는 자세부터 바로 잡아야
할 필요가 있다. 올바른 자세를 갖추지 않고『주역』에 대해 책을 쓰게 되면,
자신의 주장만을 우기고 다른 주장은 수용할 줄 모르며, 다른 학자의 주장
을 마구잡이로 왜곡하고 헐뜯는 소인배 짓을 하게 되는 것이다. 그 피해는
고스란히 독자의 몫으로 돌아간다. 우리나라에서『주역』공부의 가장 초보
적인 일은 이러한 올바른 자세부터 갖는 것이다.


4


　『주역』경문에는 가차자假借字, 오자誤字, 탈자脫字가 종종 있다. 우리는
『주역』경문을 읽으면서 항상 이 사실을 염두에 두어야 한다. 몇 가지 예를
들어 보겠다.
　59번 환괘渙卦 다섯째 양효(九五)의 효사에 '渙汗其大號. 渙王居, 无咎.'(땀
을 흘리며 크게 울부짖는다. 물이 흘러 왕의 거처를 씻으니, 허물이 없다)라
고 하였는데,『백서』에는 '환한기渙汗其'가 '환기간渙其肝'으로 되어 있다.
효사에서 '환기한渙其汗'으로 해야 할 것을 '기其'와 '한汗'을 바꿔 '환한기
渙汗其'로 잘못 쓴 것이다. 또 옛날에는 '한汗'과 '간肝', '의衣'와 '의依', '상
上'과 '상尙', '명命'과 '명名'과 '명明'과 '명鳴' 등의 같은 발음 계열의 글자
는 서로 가차하였다. 옛날에는 죽간에 글자를 새기면서 앞뒤 글자를 바꾸어

새긴다거나, 잘못 새긴다거나, 빠뜨리고 새기는 일이 종종 있었다. 또 오늘날처럼 어휘가 풍부하지 않았기 때문에 같은 발음 계열의 글자는 종종 통용되었다. 고형은 "'환한기渙汗其'는 당연히 '환기한渙其汗'으로 해야 한다. 아마 옮겨 쓰면서 '기其'와 '한汗' 두 글자가 바뀌었을 것이다"고 하였는데, 정확하게 본 것이다.

또 55번 풍괘豐卦 처음 양효(初九) 효사에 '遇其配主, 雖旬无咎, 往有尙.'(여 주인을 만나고, 십 일 안에는 허물이 없으며, 가면 상이 있다)이라고 하였는데, 『백서』에는 '수雖'가 '유唯'로 되어 있다. 당시 죽간에 '유'를 '수'로 잘못 새긴 것인데, 이들은 같은 발음 계열이라 역시 통용되었다. 고형은 "'수雖'는 당연히 유唯로 읽는다. 이 글자는 옛날에 통용되었다"고 하였는데, 정확하게 본 것이다. 만약 필자의 주장이나 고형의 해설이 잘못 되었다고 지적한다면 왜 『백서』에 그렇게 쓰여 있는지 설명할 수 있어야 한다. 『백서』는 이 시대에 『주역』을 연구하는데 더 없이 귀중한 문헌이다. 『백서』 없이 이 구절을 해석하면 "비록 십 일이 되어도 허물이 없다"가 된다. 『백서』를 읽지 않고 『주역』을 연구한다는 것 참 위험한 일이다. 우리나라에서 전통적 해석을 고수하는 사람들은 『백서』를 좋아하지 않을 것이다. 『백서』가 그들의 해석을 뒤집는 결정적인 역할을 하기 때문이다. 그러나 반대로 『백서』는 고증역학파에게 『주역』을 바르게 해석할 수 있는 결정적인 자료를 제공해준다. 필자는 수년 안에 반드시 내 눈으로 읽은 『백서주역』 해설서를 세상에 내놓을 것이다. 위에서 말한 고형의 두 가지 해석은 『백서』가 발굴되기 30여 년 전에 한 해석인데, 『백서』가 발굴되고 그의 해석이 정확한 것으로 증명되었다. 그러나 이 사실을 알아주는 사람은 한 사람도 없고 왜곡하고 헐뜯는 사람만이 있었다. 바른 것은 항상 그릇된 것으로부터 박해를 받았고, 새로운 것은 항상 낡은 것으로부터 핍박을 받았다. 인류의 역사가 그렇다.

마지막으로, 62번 소과괘小過卦 처음 음효(初六) 효사에 '飛鳥以凶'(나는 새가 흉을 가져온다)이라고 하였는데, 『백서』에도 똑 같은 문장을 기록하고 있다. 고형은 "이以자 아래에 시矢자가 빠졌다"고 하고, 『국어』「노어魯語」

의 중니仲尼 고사를 예로 들어 증명하고, "새가 화살에 맞은 채로 날아가니 흉하다"고 해석하였다. 이경지는 '이以'를 여與로 읽고 '가져온다(帶來)'라 새기고, "나는 새가 지나가며 흉을 가져온다"고 해석하였다. 두 가지 해석은 다 통한다. 필자는 『내 눈으로 읽은 주역: 역경편』에서는 고형을 따라 '시矢'자가 빠져나간 것으로 보고, 은나라 주왕이 어떤 치명적인 상처를 입은 것에 비유한 것이라 해석하였고, 본 책 『역전편』에서는 「상」의 해석에 근거하여, '이以'를 주다는 뜻의 여與로 새기고 "나는 새가 흉을 가져온다"고 해석하였다. 『경』과 『전』의 해석은 다르다. 『경』은 주나라 초기 점치는 관리들이 자신들의 역사적 경험, 생활상의 경험 등을 반영하여 편집한 점글이고, 『전』은 전국 후기 제나라 직하 유생들이 유가를 바탕으로 도가와 음양가 사상 등을 흡수하여 주나라 초기의 『경』을 철학적으로 해석한 것이다. 우리는 『경』은 『경』으로 읽고(以經解經), 『전』은 『전』으로 읽어야 한다(以傳解傳). 이것이 이 시대에 『주역』을 공부하는 바른 방식이다. 고형이나 이경지의 이러한 해석이 맞든 어쨌든 우리는 『주역』 경문을 읽을 때 가차자, 오자, 탈자가 있다는 사실을 염두에 두어야 한다. 이것은 『주역』을 공부하는 사람이 갖춰야할 기초적인 상식이다. 이런 기초적인 상식조차도 없이 『주역』에 대해 책을 쓰게 되면 횡설수설하게 된다. 그 피해는 결국 독자의 몫이다.


5


　『주역』 경문 해석에는 정답이 없다. 열 사람이 해석하면 열 개의 해석이, 백 사람이 해설하면 백 개의 해설이 있을 수 있다. 우리는 객관적 위치에서 이러한 해석과 해설을 모두 인정해주어야 한다. "내 해석만 맞고 너의 해석은 틀렸다"는 식으로 해석하는 것은 아직 『주역』에 눈도 못 뜬 하룻강아지가 하는 짓이다.

　중국학자들이 『주역』을 해설한 책을 읽어보면, 자신의 해석과 다른 것은 종종 소개해 두고, 독자들이 참고하여 판단하도록 하였지, 일관되게 어느 특정인을 지칭하여 "누구의 해석은 틀렸다"는 식의 천박한 말을 한 것은 어느 책에서도 찾아 볼 수 없다. 이들의 책을 읽다보면 '군자'라는 생각이 든다. 일본학자들이 해설한 책을 읽어보면 자신의 것만 열심히 주장하고 부지런히 논증하였지, 일관되게 어느 사람을 지칭하여 "누구의 해석은 틀렸다"는 식의 유치한 말을 한 것은 어느 책에서도 찾아 볼 수 없다. 이들의 책을 읽다보면 '학자'라는 생각이 든다. 이들은 학자로서 성숙했다. 성숙한 사람에게서 성숙한 학문이 나온다. 이들은 자신을 올려 세우기 위해 남을 무자비하게 짓밟고, 약한 놈은 모질게도 잡아먹는 조무래기 소인배 짓은 하지 않는다.

우리 한국에도 중국과 일본학자에 뒤지지 않는 인품과 학문을 갖춘 훌륭한 선비들이 있을 것이다. 비록 중국과 일본학자들이 알아주지 않는다고 하더라도 5천 년 선비의 나라에 선비가 없겠는가? 이들 가운데 어느 특정인을 죽이기에 혈안이 되어 입에 거품 물고 표독한 말을 내뱉으며 내 해석만 맞고 네 해석은 개판이라는 식으로 말하는 막 되먹은 상놈은 한 사람도 없을 것이다. 우리의 『주역』 수준이 아무리 동양 삼국 중 가장 형편없이 뒤처진다 해도, 자신은 '황제'라는 용어가 진시황 때부터 사용한 것인지, 은나라 제을 때에도 사용한 것인지, 이 정도의 지극히 기초적인 상식조차도 갖추지 못했으면서, 어느 특정인을 가리켜 마구잡이로 헐뜯고 흠집을 내는, 이런 돌팔이가 기생할 만큼의 질 낮은 수준은 아닐 것이다.

고형의 『주역대전금주』는 그의 나이 70세에 완성한 것이며(1970), 완숙한 경지에서 기술한 것이다. 그는 이 책에서 30대에 쓴 『주역고경금주』의 내용을 요약하거나 많이 수정하여 기록하였다. 지난 날 자신의 그릇된 주장을 바로잡는 것은 학자가 당연히 해야 할 일이요, 이것을 가지고 "슬그머니 후퇴했다"는 식으로 악랄하게 헐뜯는 것은 아직 학문에 눈도 못 뜬 조무래기 소인배가 하는 짓이다. 고형을 왜곡하고 헐뜯어도 그의 최후의 저서인 이 책을 한 번 정도는 정독하고 난 다음이지, 이 책을 한 번도 읽지 않고 그를 마구잡이로 헐뜯고 매도하는 것은 인간으로써 상식 이하의 짓이다. 이 책을 읽을 능력도 없고 이해할 수준도 안 된다면 스스로 '저질'임을 깨닫고 조용히 입 다물고 노력하는 것이 인간으로서 바른 자세다. 대한민국의 학계는 자신의 학문적 능력을 관조할 수준조차도 안 되는 이런 저질들이 문제다. 이 무한한 우주 공간 속에 한 점 티끌조차도 안 되는 그 알량한 지식을 가지고 자신이 최고라는 착각에 빠져 안하무인 오만방자한 이 철딱서니 없는 인간들이 이 나라 학계를 진흙탕으로 만들고 있는 것이다.

6

진고응은 1990년 가을 학기에 북경대학에서 '직하도가稷下道家' 강좌를 개설하고 강의하였다. 그는 직하도가가 전국 중후기의 철학 발전의 주류였고, 법가는 물론 유가의 맹자, 순자에게까지 영향을 미쳤으며, 『관자管子』는 직하 학궁의 작품의 총집이고, 『역전』 또한 직하도가의 영향을 받았다고 주장하였다. 이어서 장사 마왕퇴 한묘에서 『백서』와 함께 출토된 『황제사경黃帝四經』을 집중 연구하여, 강좌를 개설하고 강의하였다. 그는 이 책은 전국 조중기무中期 작품이며, 『역전』과 밀접한 관계가 있다고 주장하였다. 즉 천도를 미루어 인사를 밝힌 사유 방식, 음양강유설, 상공尚功과 귀천유위貴賤有位의 사상 등은 「계사」와 일맥상승의 관계가 있다는 것이다. 또 「계사」에서 사용한 많은 용어들이 『황제사경』의 것과 매우 비슷하며, 「계사」에서 「단」, 「문언」으로 거슬러 올라가 보면 똑같이 『황제사경』 등의 황노黃老사상의 영향을 받았다고 주장하였다. 그는 아무도 모르고 있던 새로운 분야를 연구하여 아무도 말하지 않았던 새로운 것을 주장하였다. '학자'는 대학에서 무엇을 강의하는가? 남의 학설을 끌어 모아 지식을 전달하는 것이 아니라, 자신이 연구한 자신의 학문을 '강의'하는 것이다. 필자는 아직 독자들에게 그의 독창적인 주장을 자세히 소개할 만한 입장이 못 되므로 지금 더 이

상 말하지 못하는 것이 아쉬울 따름이다. 우리는 그가 북경대학에서 전인미답의 강좌를 개설하여 새로운 분야에 기울인 노력은 높이 평가해야 할 것이다. 『역전』은 전국 후기 제나라 직하 유생들의 작품이라고 주장하는 필자와 노선이 다르다 해도, 필자는 그에게 한없는 존경심을 지니고 있다. 그는 『주역』에 대해 '도가역의 중건'이라는 종래 보기 드문 경외할 연구 업적을 남겼고, 이 분야에서 최고의 권위자가 되었다. 필자는 독자들에게 그의 대작인 『주역의 역주와 연구(周易注譯與硏究)』를 반드시 일독하기를 권한다. 진고응 이후 이 책을 바탕으로 더욱 훌륭한 도가역에 대한 저서가 시대를 이어 출현할 것이다. 그리고 진고응은 송대 이후 의리역에서 유가역 일색이었던 역학을 21세기에 또 다시 유가역과 도가역, 양대 산맥으로 갈라놓는 분기점 역할을 할 것이다. 그는 중국 역학사에서 제2의 왕필이었다.


7


　　진고응의 『주역의 역주와 연구』 책은 계명대 영문과 권의무 교수님께서 황송하게 친히 확대 복사하여 필자에게 건네주었다. 필자는 교수님께서 이 책을 복사하여 읽어보라고 주기 전까지 이러한 책이 있다는 사실조차도 모르고 있었다. 교수님의 성의가 헛되지 않도록 그 방대한 분량을 한 글자도 빠뜨리지 않고 수차 정독하였다. 청도 달골에서 달이 산마루를 넘어 가는 것도 모르고 읽었다. 교수님은 일본에서 태어나셨지만, 어린 시절에 고향인 경북 봉화의 묵향 그윽한 선비의 집안에서 한학자로 명망 높았던 조부님으로부터 한학을 배우며 자랐다. 영문학을 전공하셨지만 한학에 대한 조예는 그 깊이를 측정할 수 없다. 특히 한시漢詩와 노장老莊과 『주역』에 대한 경지는 감히 한두 마디 말로 설명이 불가능하다. 아마 우리나라에서 『주역』에 대한 한국, 중국, 대만, 일본, 영미권 등 동서고금의 방대한 문헌을 소장하고 또 섭렵하신 분은 교수님 한 분 뿐일 것이다. 특히 고형의 고증 역학을 중시

1144

하여 고형의 전집(『高亨著作集林』, 전10권, 淸華大學出版社, 2004년, 北京)을 갖추고 독해하신 분이시다. 필자는 고형의 전집이 있다는 사실도 교수님을 통해 알게 되었다. 그의 굽은 어깨는 평생을 두고 학문에 기울인 그의 노력을 대변해주고 있다. 교수님을 대하면 '깊은 강은 고요하다(水深江靜)'는 경지를 온몸으로 느끼게 된다. 오래 전에 정년퇴임하시고 종심從心의 연세에도 하루 종일 책 보는 일을 일과로 하고 계신다. 교수님의 정신세계는 이미 대상(物)을 잊고, 언어(論)를 잊고, 생사를 잊고, 마침내 자신(我)마저도 잊고는, 아무것도 없는 텅 빈 경지에서 도와 더불어 하나가 되어 유유자적하게 초월의 세계를 소요하며 시공을 넘나드는 그런 경지일 것이다. 교수님의 『주역』에 대한 그 높은 경지는 지극히 보잘것없는 필자에게 부끄러움을 알게 하고 분발하게 만들어, 깨우쳐주는 바가 적지 않다. 이 자리를 빌려 다시 한 번 감사의 말씀을 드리며 교수님의 만수무강을 빈다.


# 8


필자에게 등구백의 『백화백서주역』을 빌려주어 감격의 눈물을 흘리게 했던 권상우 선생은 계명대에서 양명학으로 석사를, 중국사회과학원에서 주자학으로 박사학위를 받았다. 지금은 "유학의 현대화 작업의 일환으로 '경성'을 비롯한 유용철학의 관점에서 유학의 정신인 내성외왕을 재해석하여" 독자적인 영역을 개척하고 있으며, "기존의 동양철학과 서양철학 위주의 연구에서 벗어나 우리 민족의 주체성을 근간으로 하는 '한국철학사'를 쓰겠다"는 야심찬 포부를 지니고 있다. 권 선생은 긴 세월을 맹자의 말처럼 '독행기도獨行其道'하고 '수신이사지修身而俟之'하여, 마침내 '수심강정水深江靜'의 경지에 이를 것이다. '수신修身'하여 '수심水深'하지 않고는 '사지俟之'하고 '강정江靜'하는 경지까지 못 간다. 자신의 분야에 깊은 내공을 쌓아야 깊이 있는 학문을 이룰 수 있다는 말이다. 권 선생과 대화를 해보면 공자의 '후생가외後生可畏'라는 말을 실감하게 된다. 공자의 말처럼 그는 결코 '무문無聞'하여 '부족외不足畏' 하지는 않을 것이다. 필자는 권 선생에게 앞으로 가야 할 그 멀고 험한 길에 어떤 고난과 부딪힐지라도 결코 좌절하지 말고 일생일도一生一道, 필생일업畢生一業할 것을 간곡히 말해주고 싶다. 우리는 장차 큰 그릇으로 대성할 이 젊은 학자를 관심 있게 지켜보며 앞날을 기대해도 좋을 것이다. 이 자리를 빌려 다시 한 번 감사하며, 不到黃河心不死! 그 학문의 위대한 성취를 기대해본다.

또 경북대학교 석원호 선생은 필자에게 『십가론역十家論易』이라는 처음 보는 정말 귀한 책과 양경중의 『20세기 중국 역학사』를 빌려주었다. 요즘 틈나는 대로 『십가론역』의 곽말약 부분을 읽어 내려가고 있지만 분량이 제목만큼이나 방대하여 아마 이 책들이 다시 석 선생에게 돌아가려면 기약 없는 세월을 기다려야 할 것이다. 필자는 책을 내 몸 아끼듯 하니 책에 대한 염려는 하지 않아도 좋을 것이다. 석 선생은 경북대를 졸업하고 동 대학원에서 『중국 현대철학의 자유 개념—양계초梁啓超와 진독수陳獨秀』로 석사를, 중국사회과학원에서 『호적胡適과 풍우란馮友蘭의 자유관 비교』로 박사 학위를 받았다. 그는 우리나라에서 드물게 중국 현대철학을 전공한 학자이다. 권 선생과 함께 처음 가진 술자리에서 석 선생은 동서 철학을 달통하여 이야기에 막힘이 없었다. 나는 하루 저녁을 정신 나간 사람처럼 그의 강의에 빠져들어 시간 가는 것도 모르고 들었다. 대한민국은 이런 훌륭한 인재들을 시간강사로 방치해두는 것이 얼마나 커다란 국가적 손실인가를 깨달아야 한다. 무엇이 선진국인가? 학문하려는 사람을 학문 못 하도록 막아버리는 것이 선진국인가? 나라의 학문 수준은 저급한데 국내 연간 총생산 수치만 올라가면 선진국이 되는가? 시간강사를 학문하는 사람이 아닌 일용 잡급직 노동자의 신분으로 취급하고 마구 부려먹으며 착취하는 한 이 나라가 선진국이 되는 것은 요원할 것이다. 何時一樽酒, 重與細論文! 언젠가 다시 만나 막걸리를 마시며, 동서 철학과 문학과 사학에 대한 그의 박학다식한 강의를 들을 기회가 또 있기를 기대한다. 필자는 이 두 사람에 대해 애틋한 감사의 정을 가지고 있다.


# 9


계명대 신 총장 나리!

①
제가 1970년대 20대 초반의 대학생일 때,
나리께서는 30대 후반의 젊은 나이로
계명대에 기획실장으로 부임하셨더이다.
세월이 흐르는 물과 같다더니
어느덧 저는 50대 후반, 나리께서는 70대 초반이 되었나이다.

대를 이어 학교의 주인 행세할 학장님의 아들!
그 큰 키에 반듯한 이목구비하며,
그 번득이는 눈빛에 논리 정연한 말솜씨하며,
걷는 시간이 아까워,
대명동 캠퍼스 정문에서 본관까지 마치 축지법을 쓰는 것처럼
나는 듯 걸이가시는 니리의 모습을 보며
많은 학생들은 존경하였더이다.

②
당시 저는
영어, 독일어, 중국어, 일본어를 혼자 공부하고 있었더이다.
마침 나리께서 독일어 강좌를 개설하시어 한 학기 청강하였더이다.
지금 희미한 기억으로는 가정관 2층 강의실이었나이다.

예습해오지 않은 학생에게 수강 신청표를 던지시며
강의 듣지 말라며 호통을 치시던 그 모습이
지금도 저의 눈에 선하게 보이나이다.


저는 나리에게 독일어 기초를 잘 배웠나이다.
훗날 고등학교 교사를 하며
3학년 학생들에게 2년 동안 독일어를 가르쳤나이다.
또 대만에 유학하여 대만대학에서 제2외국어 강의를 들으면서
독일어를 잘 하여 교수님에게 칭찬도 듣고
많은 학생들에게 박수도 받고 했나이다.
저는 나리에게 독일어 발음과 기초 문법은 '확실하게' 배웠나이다.


지금 비록 세월이 많이 흘렀지만
독일어, 일본어, 중국어 정도는
고등학생은 물론 대학 교양과목 정도는
가르칠 수 있는 기본은 되어 있나이다.


③

고등학교 교사를 하던 저는
한평생 조선 성리학을 연구하겠다는 인생의 원대한 목표를 세우고
나이 스물아홉에 대만대학 철학연구소에 유학하여
훌륭하신 교수님들을 만나 십 년의 세월을 공부하였더이다.


먼저 주자학으로 들어갔다가
『주역』에 눈을 떠 한 세월 여기에 빠졌더이다.
경제적으로 어려웠던 저는 이 긴 세월을 죽어 살았나이다.

학위를 받고 나이 서른아홉에 모국으로 돌아왔으나
계명대는 교수초빙하면서
외국에서 10년의 세월을 죽어라 공부하고 돌아온 모교 출신에게는
세 명이 하는 공개 강의에 강의할 기회조차 주지 않더니
국내에서 학위 받은, 저보다 한참이나 나이가 어린,
다른 대학 출신자를 교수로 초빙하였더이다.

그리하여 나를 모교에서조차 외면한 형편없는 놈,
국내에서 학위 받은 나이 어린 다른 대학 출신자보다 못한 놈으로 만들어
이 좁은 동양 철학계에 완전 생매장시키고
어쩌면 그렇게도 잔인하게 확인 사살까지 하여
대만에서의 10년 공든 탑을 한 순간에 무참히 허물어 뜨려놓았나이다.

너무나 억울하게도,
대만에서 반듯하게 인정받았던 제가
한국 땅에서는 정당하게 평가 한 번 받아보지 못했나이다.

④
국내에서 학위 받은 나이 어린 다른 대학 출신자는 이 대학교수로
외국에서 학위 받은 나이 많은 모교 출신은 저 대학 이 대학 시간강사로
온갖 사람 손가락질 비웃음 받으며
학문은커녕 숨도 못 쉬도록 이렇게 비참하게 죽여 놓았나이다.

고양이가 쥐를 쫓을 때에도
달아날 구멍은 열어두고 쫓는다고 하더이다.
학문하는 모교 출신을 도와주지는 못할망정
이렇게까지 궁지로 몰아 비참하게 죽여 놓을 수가 있나이까?

대만대학에서 박사학위 받은 한국사람 가운데
시간강사하며 비참하게 학문을 하고 있는 사람은
계명대 출신인 나밖에 없음을,
계명대 총장이신 나리께서는 아소서!


⑤
나이 육십이 다 되어 가는 이 긴 세월 동안
하늘 아래 내 공간은 없었나이다.
공간이 없으니 나에게는 시간도 없었나이다.
시간도 공간도 없으니 나는 없었나이다.
내가 없으니 내 인생도 없었나이다.
나에게는 하늘도 땅도 아무것도 없었나이다.
인격이라는 것도,
자존심이라는 것도,
인간의 존엄성이라는 것도,
아무것도 없었나이다.
아무것도 없으면서 한 인생을 살았나이다.
온갖 설움 모진 고난 다 맛보며
눈물 나는 인생을 살았나이다.
원한은 골수에 사무치고
가슴속의 응어리는 독칼이 되었나이다.


⑥
대학교수라는 자는
시간강사에게 돈 주고 번역시켜 자신의 이름으로 책을 출판하고,
시간강사가 연구한 연구물에
자신의 이름을 끼워 넣어 연구 업적으로 내 세우는 이 시대에,

이 대학 출신의 시간강사는 책 보따리 들고
강사실로 독서실로 도서실로 전전하며
학자로써 세상 어디에 내놓아도 부끄럽지 않을 이 책을 썼나이다.


나는 이 세 권의 책에
내 인생 50대 중반의
3년 동안의 모든 정력을 쏟아 부었나이다.


이 책들은 내 인생의 대표작이요,
내가 아니면 이 세상 그 어느 누구도 감히 쓸 수 없다는
나만의 자부심이 담겨 있는 책이오이다.


대학교수라는 자는 연구실에 먼지가 쌓이도록 텅 비워 두고도
연구비 다 받아먹는 이 시대에,
나는 그 긴 세월을 죽어라고 연구만 하고 살아도
연구실은커녕
그 흔해 빠진 연구비조차 한 푼 받아보지 못 했나이다.
그래도 이 학문이 좋아서 이 세계를 떠나지 못 했나이다.


⑦
조용한 연구실 하나 가지고
춥지 않고 배고프지 않고,
연구실에 들어 앉아 세월 가는 것도 모르고
하고 싶은 공부 마음 놓고 해 보는 것이
내 소원이었더이다.


학생들의 피눈물 맺힌 등록금 받아,

정년퇴직하도록 자신의 학문을 대표할 저서 한 권 없는
그 천박한 개들에게는
연구실 연구비 다 지원해 주면서
연구하는 모교 출신에게는
연구실 하나 주고 연구비 지원해 주는 것이 그렇게도 아깝더이까?


⑧
나는 가슴속에 피똥이 터졌나이다.
학문하는 모교 출신은 학문 못하도록 죽여 버리고,
한국 국적도 없는 그 자식은 두 명이나 교수로 특채했더이까?
내 가슴 속에 붉디붉은 피똥이 화산처럼 터졌나이다.


내 인생 내 가정 내 자식들 다 망가지고
붉디붉은 피똥이 터지고 또 터져
내 가슴 속에서
눈물 되고 핏물 되어
무수한 밤을 한도 없이 끝도 없이
무더기로 무너져 내렸나이다.


⑨
기독교는 가난한 자, 억눌린 자, 죄 지은 자,
수고하고 무거운 짐을 진 자를 구원하는
사랑의 종교라고 배웠나이다.
예수님께서는 품속의 99마리 양보다
잃어버린 한 마리 불쌍한 양을 찾기 위해
광야를 헤매었다고 들었나이다.

어떻게 기독교 대학인 계명대가
대구의 다른 종합 대학들에 비해
시간 강사료가 이렇게 형편없이 낮을 수가 있나이까?

못 가진 자, 힘없는 자와 더불어 살아야할 기독교 대학이
이렇게 살기 힘든 시기에 교양과목 강좌를 마음대로 줄여 버리고
불쌍한 시간강사를 이렇게도 처참하게 내 몰 수 있나이까?

이 대학 교육 이념이라는
'진리와 정의와 사랑의 나라'는
힘없는 시간강사를 착취하고 죽이는 나라이오니까?

이것이 정녕 거룩하신 하나님의 뜻이나이까?
이 대학을 설립하신 아담스 박사님의 뜻이나이까?
노욕으로 가득 차 있는 나리의 뜻이나이까?

예수 가로되 "마음이 가난한 자는 복이 있나니, 천국이 저의 것임이라" 하
였나이다.
노욕으로 가득 차 있는 그 마음을 가지고 천국 가시겠나이까?
이 시대는 예수 믿지 않는 시정 잡배들도 약한 자에게 빼앗아 먹지 않나
이다.

⑩
이번 학기 4개월 동안, 겨우 6시간 강의를 얻어,
한 달 강사료 100만원 남짓 받았나이다.
한 달 방세 내고, 의료보험 등 세금 내고,
방학 2개월 동안 강사료 없을 때 쓸 생활비 빼고,

나머지 돈으로 무엇을 먹고 무엇을 하며 살았겠나이까?
안 죽어 살아 있나이다.


나는 이 나이가 되도록 이렇게 비참하게 살아왔거니와
앞으로도 계속 비참하게 살다가 비참하게 죽어가야 하나이까?


⑪
육십이 다 되어가는 이 나이에
아직도 의식주조차 해결하지 못한 채,
추위와 허기에 몸서리치도록 시달리면서
'시간강사 놈'이 감히 주제넘게
『주역』이라는 이 심오한 학문에 신명들은 듯 매달려
이 나라 역학의 학문적 기반을 굳건히 다져놓고자
순수한 마음으로 노력했더이다.


내 학문의 한계는
한 달 몇 푼 안 되는 시간 강사료를 받아
힘겹게 한 달을 생존해야 하는 내 현실의 한계였나이다.


천도시야비야天道是耶非耶!
하나님께서 하시는 일은 도대체 옳은 것인가 그릇된 것인가!


옳다면 왜 나같이 학문하는 사람은 죽을 고생을 해야 하나이까?
하나님이 그릇되었나이까?
나리가 주인 행세하는 계명대가 잘못 되었나이까?

⑫
나에게 죄가 있다면
철없던 어린 시절 한 순간의 실수로
계명대에 진학한 죄밖에 없나이다.

내 고등학교 친구인 영남대 전 총장이
만약 영남대가 아닌 계명대로 진학하여
나리와 그 천박한 개들을 만났더라면,
그 훌륭한 능력을 한 번 펼쳐보지도 못하고
지금 나처럼 초라하게 시간강사를 하면서
비참하게 살아가고 있을 것이오이다.

영남대는 모교 출신을 갈고 닦아 총장 그릇으로 키워놓았고,
계명대는 모교 출신을 짓밟고 뭉개어 시간강사 그릇으로 만들어 놓았더
이다.

나는 하루에 천 리를 달릴 수 있는 능력을 가졌음에도
계명대에 진학한 이유 하나 때문에
평생 동안 단 일 리도 달리지 못했나이다.

⑬
나리께서는 박통이
영구집권의 노욕에 눈이 멀어
그 패거리를 거느리고 무소불위의 권력을 휘두르다가
결국 자신은 비명횡사하고,
한 정권이 붕괴되고,
한 시대가 막을 내렸음을 똑똑히 기억하소서!

그 아버지가 그랬던 것처럼 학교를 통째로 집어삼키고,
그 개들을 거느리고 막강한 권력을 마구잡이로 휘두르며,
자식 두 명을 교수로 공채도 아닌 특채해 놓고,
이제 북한처럼 3대 세습이라는
천인공노할 저질 짓거리를 꾸미고 있는 나리께서는
박통의 전철을 밟지 마시옵소서!

박통처럼 이성을 잃고 점차 사지로 기어들어가고 있는
나리를 위해 충심으로 올리는 말씀이나이다.


⑭
저는 대만대학에서 학위를 받고 돌아왔던 당시에
계명대의 교수초빙이 공정하게 이루어져
객관적으로 나보다 더 우수한 사람을 초빙하였다면
학교의 결정을 존중하고
조용히 물러나 스스로 반성하며 더욱 노력하였을 것이었나이다.

교수초빙 당시에 나는 주희의 『역학계몽』을 해설한,
내 이름으로 출판한 책이 있었더이다.
나리의 눈을 가리고
그 개들이 자신의 입맛에 맞는 자를 뽑기 위해
끼리끼리 짜고 치는 고스톱에
아무리 훌륭한 저서가 있은 들,
아무리 외국의 유수한 대학에서 학위를 받은 들,
아무리 긴 세월 허리띠 졸라매고
훌륭한 교수의 지도를 받으며 죽어라 공부한 들
무슨 소용이 있었겠나이까?

그 얄팍한 개의 줄만 타면 학위가 있든 없든
실력이 있든 없든 다 되는 것을!


⑮
나의 이 억울함을,
나의 이 울화병을,
나의 이 골수에 사무친 한을 어떻게 하면 되겠나이까?


내 자식들에게, 친구들에게, 친척들에게, 선후배들에게,
내 제자들에게, 독자들에게, 나를 아는 모든 사람들에게,
실추된 내 명예를 회복하기 위해 어찌하면 좋겠나이까?
이대로 입 다물고 살다가 한을 품고 죽어야 하나이까?


내 인생은 망가질 대로 망가져 더 이상 망가질 것도 없거니와
이제는 미련을 가질 것도 두려워 할 것도 아무것도 없나이다.


⑯
아담스 박사께서 계명대를 설립하셨던 그 시기에,
나리의 아버지는 계성학교 선생으로 고용된 일개 고용인이었더이다.
계명대를 건설히는데 자신외 돈 일 원 한 푼도 보탠 적이 없는
일개 고용인이었더이다.


계명대는 하나님과 모든 계명인의 학교이지
신 씨 일가의 사유재산이 아니오이다.


아버지에게 그 자리를 세습 받아
나리 혼자 정년퇴임도 없이 총장 다 해먹고 이사장 다 해먹고,

또 다시 그 자식에게 그 자리를 세습하고,
그 개들은 호가호위狐假虎威하며 제멋대로 날뛰고,
학문하는 나 같은 사람은 학자로 인정해주지도 않는
그런 저질 대학이 아니오이다.

계명대를 하나님과 계명인 모두의 품으로 돌려주시고
이제 그만 개들을 거느리고 학교를 떠나소서!

내가 두 눈을 시퍼렇게 뜨고 있는 이상,
계명대의 사유화도 3대 세습도
생각대로 되지 않을 것이오이다.

⑰
나리의 그 천박한 개들이
사람을 잘못 보고 잘못 물었나이다.

진정한 보스는 이순신 장군처럼
자신의 공을 부하의 공으로 돌리고
부하의 잘못을 자신의 잘못으로 여기나이다.

나리께서는 그 천박한 개들을 기른
자신의 천박함을 탓하지
나를 원망하지 마소서!

⑱
그 긴 세월,
때를 기다리며

가슴속 깊이 갈고 또 갈아온 이 독칼을
이제
뽑겠나이다.

계명대를 뒤집어엎어 버리고
미련 없이 이 세상 하직하겠나이다.

위대하신 신 총장 나리!

나는 격한 감정을 억누르고, 긴 세월 동안 그 어느 누구에게도 말하지 않고 가슴 속 깊이 묻어두었던 응어리를, 극히 일부분만 털어 놓았다. 말한 내용 중 법적 문제가 있다면 책임은 내가 모두 질 것이다. 이 가슴속에 맺힌 한을 어찌 다 풀 것인가! 이제 나는 인생의 막장에서 홀로 거대한 악의 무리들과 맞서 최후의 일전을 결행하려 한다. 내 심장에 칼을 꽂은 자들! 나도 그들의 심장에 독칼을 꽂을 것이다! 작게는 이 나라의 학계를 위하여, 크게는 이 민족의 장래를 위하여!

     心中嘆           마음속의 탄식

| | |
|---|---|
| 願遊易之千萬變 | 천변만하하는 역에 노닐며 |
| 悟得玄道行鬼神 | 오묘한 도를 깨쳐 조화신공을 행하고자 하였네. |
| 嗟呼未登雲仙境 | 아아 슬프다. 구름 속을 노니는 신선의 경지에 오르지 못하고 |
| 報仇鋥刀匹夫轉 | 복수의 칼날 세우는 필부로 전락했네. |

　이제 본 책을 출판해준 지호출판사에 대해 말할 차례가 되었다. 지호출판사는 이 책의 출판을 두 말 없이 허락해주었다. 공식대로라면, 이름도 없는 지방 대학 출신의 시간강사가 쓴 이 학술 서적은 결코 대한민국에서 출판되어 이 세상에 나올 수 없었을 것이다. 지호출판사가 머릿속으로 이해타산이나 저자의 명망을 따졌다면 이 학술 서적은 이 땅에서 영원히 출판되어 나오지 못했을 것이다. 지호출판사가 있었다는 것은 필자에게는 행운이었다. 사실 필자는 그동안 책을 쓰는 즐거움으로 살았다. 이 나라에 이 출판사조차 없었다면 어찌 되었을 것인가! 지호출판사는 자신의 신념이 옳다고 생각하는 일에는 어떠한 어려움이 있더라도 굴복하지 않고, 묵묵히 홀로 자신의 길을 걸었던 조선 선비들의 강인한 선비정신을 가지고 있었다. 이 나라에도 사명 의식을 가진 '출판사'가 있었다! 이 시대에도 선비정신이 살아 있었다!

　필자는 지호출판사의 소개로 서울의 독서대학 르네21에서 일반인을 대상으로 『주역』을 강의하였다. 8주라는 제한된 시간이었지만 『주역』의 기초적이고 중요한 내용은 모두 강의하였다. 특히 「계사」는 천하의 명문이어서, 내용이 다소 어려워도 욕심을 내어 중요한 상편만큼은 정독하였다. 수강하신 분들은 필자의 강의를 경청해 주었고, 내 마음 속에 영원히 진한 '감동'으로 남아있을 행복한 시간을 가졌다. 필자는 오래오래 살아야 한다는 생각이 든다. 생에 대한 미련이 있어서가 아니라 지금까지 고생하며 쌓아올린 학문이 아까워서이다. 이제 나는 더욱 성숙한 학문의 경지로 접어들었고, 앞으로 많은 사람에게 강의를 한다거나 후대에 깊은 영향을 끼칠 많은 저서를 쓸 수 있는 바탕은 확고하게 닦았다. "너는 공부하다가 죽어야 한다. 이런 결심이 없다면 학자가 되지 말아야 한다." 내 아버지의 말씀대로 공부하다가 죽는 학자가 되고 싶다. 그러나 아버지! 사는 것이 이렇게 고달픈데 죽을 때까지 학문할 수 있겠습니까? 육십이 다된 이 나이에 연구실 하나 없이 책 보따리 들고 강사실로 독서실로 도서실로 전전하면서 중·고등학생들 틈에서 학문을 계속해야 합니까? 이것을 생각하면 나는 더 이상 학문하고 싶은 마음이 없다. 그 잘난 인간들이 넘쳐나는 이 나라에서 이제 다시는 '시간강사 놈'이 건방지게 주제 넘는 짓을 하지 않을 것이다!—라는 생각이 든다. 그러면서도 한 편으로는 지금 와서 학문을 포기한다는 것은 더 큰 비극이라는 생각이 들기도 하고, 서울에서 『주역』을 강의할 많은 기회를 얻어 수많은 사람에게 '나의 주역'을 강의하고 싶기도 하며, 이 나라의 『주역』의 학문 수준을 중국과 일본에 조금도 뒤지지 않는 수준으로 몇 차원 더 끌어 올려놓아야 한다는 사명감이 들기도 한다. 이것은 필자의 솔직한 심정이다.

『주역』에 '이견대인利見大人'이라는 말이 있다. 대인을 만나보는 것이 이롭다는 말이다. 이 말을 거꾸로 하면 불리견소인不利見小人! 소인을 만나면 이롭지 않다는 말이 된다. 독자들은 대인을 만나지 소인을 만나지 말라! 독자들은 사람을 '생생生生'하는 대인이 되지, 사람을 해치는 소인이 되지 말라! 우주의 운행은 참된 것이고(誠者, 天之道也), 이 참된 우주 속에서 살아가는 사람은 참되게 살아가는 것이 사람이 걸어가야 할 길이다(誠之者, 人之道也). 지호출판사는 필자에게 '이견대인'의 의미를 심득하게 해 주었다.

11

이제 이 글을 마무리하고자 한다. 「계사」 상·6장에 "무릇 역은 넓기도 하고 크기도 하다(夫易, 廣矣大矣)"고 하고, 또 "넓고 큰 것은 천지와 짝한다(廣大配大地)"고 하였다. 이 말은 의미심장하다. 천지만큼 넓고 커야 『주역』을 바로 공부할 수 있다는 말이다. 자신이 알고 있는 것과 다르다고 하여, 혹은 자신이 주장하는 것과 달리 말했다고 하여, 노골적으로 불쾌한 심기를 드러내며 필자가 쓴 책을 엉터리로 몰아세우고, 또 자신은 이 책의 성격이 어떤 것인지 그 의미를 이해할 수준조차도 못되면서, 시간강사가 쓴 책이라고 아예 무시해버리고는, 터무니없는 말을 만들어 이 책을 헐뜯고 흠집 내기에 손과 입이 부지런한 그런 조그마한 사람들에게는 『주역』이라는 이 넓고 큰 학문이 어울리지 않는다. 종지만 못한 그릇에 어찌 천지와 짝하는 『주역』을 담을 수 있겠는가! 이름도 없는 지방 대학 출신의 시간강사가 쓴 이 책은 앞으로 반세기의 세월이 흐른 이후에 『주역』을 바로 알게 된 독자들이 바르게 평가해 줄 것이다.

2010년 늦가울
계명대 백은관 강사실에서